時報出版

ANARCHY, STATE, AND UTOPIA

無政府、國家與烏托邦

經典45週年
新版

諾齊克
Robert Nozick

王建凱、張怡沁——譯

目錄

導讀

何信全，政治大學哲學系教授

當代英美政治哲學的發展，自羅爾斯（John Rawls）在一九七一年發表著名的《正義論》（*A Theory of Justice*）一書之後，頗有春雷驚蟄、大地復甦之氣象。重要的政治哲學著作相繼出現。諾齊克（Robert Nozick）在一九七四年發表的這本《無政府、國家與烏托邦》，便是繼羅爾斯《正義論》之後，所出現的最重要的政治哲學著作之一。

西方近代自由主義的發展，大致上以穆勒（John S. Mill）為界，可以區分為古典自由主義與現代自由主義。穆勒的自由主義，正好是二者之間過渡的橋樑。古典與現代自由主義的差異，主要在於對政府功能的看法不同。前者主張政府祇應扮演一個「守夜人」的角色，不宜逾越消極性的功能；後者則認為政府不應侷限於消極的角色，而應積極地謀求社會正義之實現，特別是在財富的分配方面，不宜放任市場機能之自然運作，而應謀所以調節之道。儘管當代重要的自由主義思想家彼此見解不盡一致，不過大致上分布於上述兩個系譜之下。以諾齊克而言，他是古典自由主義這一系譜在當代最著名的代表人物之一。

當代屬於古典自由主義這一系譜的自由主義思想家，嚴守捍衛個人自由的觀點，對於現代自由主義之轉向平等（特別是財富平等）深致不滿。因此，為了表示與現代自由主義（liberalism）之區別，他們根據「liberty」的拉丁字源「libertas」，另創「libertarianism」一字，代表他們的自由主義。在此一自由主義觀點之下，論述的主題集中在推究政府合法的功能究竟是什麼？他們基本上以一種徹底的激進方式，來回答此一問題。

如同上述，當代此一新古典自由主義運動，不滿於政府扮演積極介入財富重分配的角色，主張回歸市場機能的運作。其倡導人之中，頗多主張自由經濟的重鎮，諸如密塞斯（Ludwig von Mises）、海耶克（Friedrich A.Hayek）、弗利曼（Milton Friedman）以及羅斯巴（Murray Rothbard）諸人。他們強烈主張維護個人權利，特別是財產權與契約自由原則。由於認為財富重分配不啻強制某些人為其他人勞動，乃是對個人權利的侵犯，因而加以拒斥。此一運動在二次大戰之後，於美國此一標榜自由立國的資本主義社會之中，獲得重大的伸展。其在現實政治上的展現，則是英國首相佘契爾夫人（Margaret Thatcher）與美國總統雷根（Ronald Reagon），在一九八〇年代的執政期間，達到了頂峰。

諾齊克這一本著作，基本上可以說是將此一以捍衛市場經濟為主調的運動，推向一個嚴格底哲學論證層次。諾齊克的論證系統，以個人權利（individual rights）為核心，逐次展開，而歸結於「最低限度的國家」（minimal state），乃是真正能在道德上被證成之理想的烏托邦架構。諾齊克在本書中的論證，分成三個部分。第一個部分是根據洛克式的（而非霍布斯式的）論證，指出國家的形成，溯自自然狀態（state of nature）中個人權利的維護，需由個人自己來執行，難免諸多不便。不過，他沒有遵循洛克契約論的模式，而以一種現代市場的觀點，來解釋國家的形成。他設想由個人自己來保護自己的權利，既有諸多不便，則必有提供保護權利服務的機構（protective associations）出現。這些保護機構彼此在市場中競爭的結果，最後可能祇賸下少數保護能力較佳的強勢機構（dominant protective associations）。我們可以設想最後賸下兩個強勢機構，則可能的情況有三：一是這兩個保護機構彼此爭戰，則常常贏的一方逐漸將輸方的委託人吸走，使輸方終歸淘汰；二是這兩個保護機構分屬不同地理區域之強勢機構，則委託人將會移居自己委託之保護機構所在的區域之內，形成一個地理區域之內一個保護機構的情況；三是這兩個保護機構爭戰不已，而又相持不下。於是，他們同意設立一個仲裁者，並由此一仲裁者擁有最後決定權。如此一來，亦形成了一個唯一的強勢機構。要之，不論是上述的任何情況，最後都將形成在某一個地理區域中的人們，在一個裁判彼此爭執以保障個人權利的共同體系之下，國家之雛形於焉形成。

諾齊克此一國家形成之說明，使其將國家角色，定位在個人權利之保障。他雖然對無政府主義者主張個人有權管理自己，其權利不容侵犯深有同感，卻不認可無政府主義者所強調任何政府的存在，都是對個人權利之侵犯。他的最低限度國家，基本上沿循古典自由主義「守夜人國家」（nightwatchman state）的基線，將國家功能定位在防止暴力、偷竊、詐欺，以及保障契約之履行等等。他認為此種最低限度的國家，為保障個人權利所必須，卻不會造成無政府主義者所擔心的侵犯個人權利之結果。不過，任何逾越此一最低限度功能之國家（ultraminimal state），則將不可避免地造成對個人權利侵犯之後果。

諾齊克這本書的第二部分，主要在揭示他的「賦予權利理論」（entitlement theory），據以批判超越最低限度國家的各種觀點。這些觀點，基本上本乎要求財富重分配之分配正義（distributive justice）理念，主張福利國家（welfare state）之規劃與實踐。諾齊克批評分配正義是一種模式的正義觀（a patterned conception of justice），而其賦予權利理論則是一種歷史的正義觀（a historical conception of justice）。模式的正義觀站在社會資源形成的結果處，完全不問這些資源是如何形成的（資源形成的歷史過程），即根據某一特定模式（諸如需要、才能、功績或平等分配等等），作為正義的衡準，據以討論資源應該如何分配始能符合正義原則。他認為探討資源應如何分配始合乎正義的問題，應該考量資源是怎樣形成的歷史過程，始為合理。根據此一歷史的正義觀，他的賦予權利理論包含三項原則：一、占取原則（principle of acquisition of holdings），即對於無主物的占取，來自我們的勞動力（屬於人身的一部分）對無主物的改良，使我們對該無主物取得獨占的所有權。例如對於無主荒地之開墾，因而取得獨占的土地所有權，即是一例。諾齊克的財產權觀點，基本上承襲自洛克，他在論占取原則時亦特別提出「洛克的但書」（Lockean proviso）——即當一個人透過其勞動力而取得對無主物的所有權時，應以「足夠並且使其他的人與以往一樣好」（enough and as good left in common for others）

為條件。換句話說，對無主物所有權的取得，因其排他性的獨占而使他人無法再行占有，其合乎正義與否，繫乎他人是否與其未占有時一樣好。如其排他性的獨占，卻能對所擁有之生產工具開發利用，使他人不但未蒙受損失，甚至因而獲益，亦即他人之情況與原基點相同甚或更佳，則此一占取即合乎正義原則。二、轉移原則（principle of transfer of holdings），即資源之所有權的轉移，無論是交換或贈與，皆必須基於彼此自願的同意。三、矯正原則（principle of rectification of violations of the first two principles），如果對於所有物的占取或轉移未依據上述二原則，即不合乎正義，而必須加以矯正，使其合乎此二原則。諾齊克認為他的賦予權利理論，充分考量資產形成的歷史過程，而非諸如羅爾斯及當代其他平等主義者（egalitarians）僅根據某一時間切面結果之原則（end-result principles or end-state principles），即據以論斷分配之正義。要之，根據賦予權利理論，批判羅爾斯及當代其他平等主義者分配正義之模式的正義觀，構成本書第二部分的主要內容。透過這些批判，諾齊克接續第一部分唯有最低限度國家才是道德上合法（morally legitimate）的論題，指出任何逾越最低限度的國家，皆無法在道德上被證成，並且無可避免地將侵犯了個人的權利。

諾齊克本書的第三部分，則在提出一個烏托邦的架構。諾齊克以他的最低限度國家為基本藍圖，描繪一個可以容許每一個人根據他自己所認定良善的生活觀，去追求他自己的烏托邦之烏托邦架構。就此而言，諾齊克所謂的烏托邦架構，可以說是一種後設的烏托邦（meta-utopia）。他強調要所有的人在某一種烏托邦社會中，快樂地實現生命，實為不太可能之事。

原因在於，每個人良善的生活觀可能不同。因此所謂烏托邦應是一種追求各種烏托邦的架構（utopia is a framework for utopias），亦即任由人們自由地自願結合，嘗試尋求在一個理想的社群中，去實現他們自己良善的生活觀。於此，不容任何人將他自己的烏托邦觀點，強加諸他人之上。諾齊克認為在最低限度國家之中，我們是以不容侵犯的個人被看待。任何個人不會被他人以某種方式作為手段或工具，而是被視為擁有權利與尊嚴的個人。最低限度國家，容許我們個別地或與我們自己選擇的人們，在彼此皆為擁有同樣尊嚴的個人自願的協調合作之下，去選擇我們的生活，實現我們的價值目標。要之，他認為最低限度國家，才是一個真正理想的烏托邦架構。由此，我們可以看出諾齊克的最低限度國家，乃是一個尊重多元價值的自由國家。誠如庫克薩斯（C. Kukathas）與貝悌（P. Pettit）所指出：「自由主義可以視為對形塑現代世界之多元主義（pluralism）一項重要的哲學回應。在現代社會中，賦予宗教與道德價值多樣性，諸多善的觀點（conceptions of the good）競存，若干人對產生一種為所有人所接受之善的理論已經絕望。對此，自由主義的回應，在於倡導對不同生活方式儘可能地寬容。」[1] 自由主義此種尊重多元價值，強調自由國家之價值中立性（liberal neutrality of state）的基本論旨，並非祇是展現在諾齊克理想的烏托邦架構——最低限度國家之中而已。儘管在自由主義的論旨上頗多不同，然而就此一國家價值中立性之基本論旨而言，德渥金（R. Dworkin）、羅爾斯與諾齊克可以說頗為一致。德渥金認為政府應該以平等的關照與尊重（equal concern and respect）對待每一個國民，然而如果政府本身有其價值偏好，即無法對價值觀點未必相同的國民，做到平等的關照與尊重。[2]羅爾斯則為了體現在政治界域中對多元價值的尊重，在代表後期思想之《政治的自由主義》（*Political Liberalism*）一書中，以「交疊的共識」（overlapping consensus）概念為核心，對其正義理論進行重構。[3]

作為當代自由主義的經典著作之一，諾齊克這本書所要捍衛的自由，誠如若干論者所指出，主要是個人擁有不容侵犯的財產權之自由。蓋諾齊克論證的基礎，既非功利主義者的「幸福」，亦非其他自由主義者的「自由」，而是絕對的財產權——對自己以及世界的事物之所有權。除非是在個人自願同意，或因侵犯他人權利而致個人權利受到剝奪的情況之下，否則此一所有權絕不容他人侵犯。同時，就諾齊克而言，個人的自由權利亦非由任何自由主義原則推導而來，而僅僅是此一對自我的所有權（right to selfownership）之歸結而已。[4]這些論斷，基本上頗為中肯。正如本文一開始所指出，諾齊克的這一本著作，乃是對於當代捍衛以私有制為基礎的市場經濟運動，提供一個嚴格底哲學論證體系。

諾齊克因此書而與羅爾斯齊名，兩人的觀點不同，而學術上批評討論的文章則歷久不歇。相較於羅爾斯一生論述，皆圍繞其《正義論》一書而言，諾齊克的《無政府、國家與烏托邦》一書，在其論述中難免稍顯孤兀。蓋在此書之後，諾齊克的三本後續著作《哲學解釋》（*Philosophical Explanations*, 1981）、《生命之檢驗》（*The Examined Life*, 1989），以迄最近出版的《理性之性質》（*The Nature of Rationality*, 1993），除了第二本書對《無政府、國家與烏托邦》中的論題，做了若干討論之外，主要論題皆不在政治哲學，而是一般性的哲學論題，特別是知識論方面。在當代對知識證成理論的探究中，諾齊克是外在理論（externalism）具代表性的重要哲學家之一。

從一般的社會道德觀點，諾齊克此書中的論點，也許很多人未必贊同。不過，除非我們反對市場經濟，否則我們勢必要面對市場經濟的基底——私有財產制此一基本事實，這正是諾齊克本書論證的中心。誠如吳爾夫（J. Wolff）所指出：「諾齊克不像羅爾斯，他在學院的政治哲學家中追隨者極少。然而，就實際政治角度而言，在大約最近的十年來，我們已經看到一種離開羅爾斯所捍衛之左翼的福利主義（left-wing welfarism）之趨勢。就此而言，諾齊克似乎更貼近當前這個時代的政治精神。」[5]放眼當前，市場經濟正在世界各個角落展現空前的、無比的活力。顯然，我們不必盡然同意諾齊克的論點，卻無法忽視諾齊克此書在當今世界的重要性。

---

1 Chandran Kukathas & Philip Pettit, *Rawls-A Theory of Justice and Its Critics* (Cambridge: Polity Press, 1990), p. 94.

2 See Ronald Dworkin, *Taking Rights Seriously*, revised ed. (Cambridge, Mass: Harvard University Press, 1978), Chap. 12; *A Matter of Principle* (Cambridge; Mass.: Harvard University Press, 1985), Chap. 8, 9.

3 See John Rawls, *Political Liberalism* (New York: Columbia University Press, 1993), Introduction, Lecture IV.

4 Jonathan Wolff, *Robert Nozick: Property, Justice and the Minimal State* (Cambridge: Polity Press, 1991), pp. 3-4. See also Will Kymlicka, *Contemporary Political Philosophy: An Introduction* (Oxford: Clarendon Press, 1990), pp. 132-33.

5 Wolff, op. cit., p. 1.

序文

納格爾（Thomas Nagel），
美國人文與科學學院院士暨英國國家學術院院士

《無政府、國家與烏托邦》的寫作時期，正值美國道德和政治哲學進入轉型，各種創意百花綻放的時代。經過二十世紀中葉的長期沉寂，多數哲學家忽視實質性的價值問題，於是新一世代受到羅爾斯（John Rawls）關於社會正義的著作吸引，也關注民權運動、越戰，以及對性和墮胎的法律控制等公共爭論的道德急迫性。

諾齊克以其聰明才智，思維卓爾不群，備受同行推崇，而他同樣屬於這緊密結合的知識共同體，對這些問題的性質有著共同看法，也對思考這些問題的最佳方法具備共同理解。於是在這群對實質道德和政治問題存在基本歧異的學者之間，激發出互動的特別火花。這個社群有個非正式的組織形式，名為「倫理與法律哲學學會」（Society for Ethical and Legal Philosophy, SELF），也就是諾齊克的〈致謝〉裡提到的討論會。我跟他在一九六七年成立這個團體，聚集了哲學家、律師和政治理論家，都對實質道德議題感興趣，包括政治、法律，及個人行為。成員裡有寇恩（Marshall Cohen）、德沃金（Ronald Dworkin）、費斯（Owen Fiss）、弗里德（Charles Fried）、哈曼（Gilbert Harman）、米歇爾曼（Frank Michelman）、羅爾斯、斯坎倫（T.M. Scanlon）、湯姆森（Judith Jarvis Thomson）和沃爾澤（Michael Walzer）等人。有幾年我們每學期會一個月見一次，在紐約與劍橋兩地輪流舉行聚會，成員要各自提出一項正在進行的研究，接受團體裡百家爭鳴的剖析和批評。除了正在完成《正義論》的羅爾斯，其他成員才剛開始進行道德、政治和法律哲學的研究，並在日後幾十年間形塑這個領域。

將我們團結的是兩個信念。一是相信道德領域的現實，這裡不僅存在主觀反應的碰撞，還包括對與錯的答案。另一個信念是，從不同層面的概論形成假設，依據道德直觀可信度的各種實質後果，以及解釋後果的一致程度，加以確認或推翻。這種方法有賴於正視認真特定案例（包括想像案例）強烈道德直觀的證據價值，並在這些直覺背後找出一般原則，也許是相當複雜的原則，這些原則可以說明並證明這些原則。

這兩種信念所產生的哲學態度，是反對近年來占主導位置的道德學。對於價值判斷的一般懷疑，是邏輯實證主義的遺產之一，這基本上解釋為主觀的情感表達，不同於既可證實真偽也能被證明或反駁的事實、科學或數學判斷。於是，道德在以發現事實為目標的分析哲學中，並未被當成正當的研究主題。將推理和論證的分析方法應用於道德問題時，我們拒絕這種主觀主義的觀點。

我們也拒絕以下假設：系統的道德理論如果存在，必須是某種形式的功利主義。我們不僅懷疑該理論的內容，也懷疑其形式，這形式包括以單一標準，不偏不倚的評斷每個人，以及評量行為及制度公正的輔助原則，這原則的有效性又完全取決於促成最大公平利益的工具價值。我們反倒是偏向將正確與錯誤視為獨立的道德概念，而不是根據單一同質化標準來定義結果的好與壞。我們認真看待特定行為與政策實例的道德直覺，以此發現區隔是非、正義與不公義，而且常是隱晦微妙的原則，這些原則限制那些能促成最佳目的的手段。

這些信念形成的深層共同元素，可見於這個團體中的各色研究裡，例如羅爾斯的《正義論》、德沃金的《正視權利》（*Taking Rights Seriously*）、沃爾澤的《公義與非公義戰爭》、湯姆森的〈墮胎之辯〉（A Defense of Abortion）和諾齊克的《無政府、國家與烏托邦》。儘管存在強烈的分歧，但他們顯然都投入共同的主題：以共同方法探索道德領域的實際複雜程度。

也就是說，諾齊克的書提出獨特而激進的立場。他辯稱，唯一正當的政府是最小政府，僅限於維持契約執行、保衛公民安全，以及保護財產，這與我們熟悉的現代福利國家毫無相似之處。他的自由至上主義取決於三個主張：（一）行動與結社自由的個人權利，具備嚴格道德優先權，不應受到任何他者或團體干涉；（二）集體或政治機構所援引的獨立道德原則，必須是源於個體成員的自然權利；以及（三）否定任何減輕社會與經濟不平等的道德理由。

不論諾齊克所定義的特定權利是否具備他所賦予的絕對優先地位，他將權利邏輯作為邊際約束的詮釋，都具有根本的哲學意義。在形式上，道德方面賦予每個人不可侵犯性，禁止他者某些方式相待，像是殺戮、傷害、脅迫、剝奪或欺騙；除非這些是出於防範此人違反同樣權利的必要手段。諾齊克強調，這並不等同於將違反這些權利的行為視為必須最小化的嚴重罪惡，因為如此一來，便證明了為防止他人更多侵害行為，這樣違背權利具備正當性，例如，犯下一起謀殺案，是為了防止更多謀殺的發生。權利不能這樣計算：它們是每個無辜個體的邊界，不得入侵，就算是為了防止更大的罪惡也不行。

從諾齊克綿密而精巧的論述中可以清楚看到，這些權利及其限制的界定既複雜又微妙，也顯示了將權利如一賦予每個人的可能性。他明白合法自衛的範圍和界限的定義有其困難，而對他人施加可接受的傷害也很難規範其適用狀況，此外為強制禁止帶有加害成分的行為，又得提出補償原則作為替代方案。但無論細節如何，諾齊克的中心論點十分明確：只要不違反他人的平等權利，每個人都絕對具備道德權利，可以自由行動，不受他人干涉。

如果有人照此原則作為強制或動武的唯一理由，諾齊克的自由社會的概念便應運而生，因為國家必須強制執行其法律並追求其目標。如果個人自由在未經其同意的狀況下不得受干涉（除非此人違反或威脅侵犯他人的自由），那麼強制性國家的目標不得超越對個人自由的保護。（諾齊克反對洛克透過推定共識而從個人自然權利轉向更強國家）。尊重權利也是正義的唯一條件：優勢和弱勢的狀態是來自歷史累積，這累積方式是個人自由選擇行使權利，從事生產、收購、自願交易、合作協議和遺贈，這樣的社會秩序才符合正義。

自由至上主義和更主流的自由主義觀點的區別，不光是自由主義者為政府行為辯護時結合個人權利與其他價值，他們對權利也有不同看法：最重要的是，自由主義者對於不可侵犯的基本個人權利，並未將私有財產的獲取和處置賦予無限制的自然權利。他們反倒認為財產權的某一部分，是由公約和法律決定，包括稅法。在自由主義觀點中，這些法律的正義不僅取決於個人自由權利，還取決於其他價值觀，例如提升公共福利、減輕經濟不安全感、促進機會平等。相較之下，諾齊克的觀點是，稅收只能用於保護個人自由權利，其他名目的稅收就如同盜竊或強迫勞動一樣謬誤（但在諾齊克的理論中，也難證明此點：以保護個人為名目徵稅並非違法再分配）。

諾齊克反對傳統產權的有限定義，這來自他嚴格的道德個人主義：適用於評估社會和政治制度的獨立道德原則，都該出自先於制度的管轄個人原則。這觀點與羅爾斯的主要區別在於，羅爾斯認為，正義本質上是制度的價值，而不僅僅是個人行為公正的結果。諾齊克的觀點也屬於個人主義，但他並不反對有些人所得微薄，而另一些人財源廣進，因為前者幾乎欠缺任何賺錢的本事，而後者有能力產出大眾需要的事物並以此獲得報酬，或是得到他人賺得的資源捐注。諾齊克極力主張，關注焦點不是在結果——接收者的不平等福利，而是要關注這結果產生的原因，是來自買方或捐贈者的自由選擇，願意投入資源，以期從接收者獲得商品或服務，或只是想照顧他們關心的對象。

經濟行為者如何看待道德重要性，是諾齊克的堅持之一，因此這點絕不能忽視。能帶來好處的事物或行動不會憑空冒出來。諾齊克的說法是，這些行動與事物往往「早就跟那些握有權力的人綁在一起……因此這些人可自行決定行動理由，以及行動要施加給何人。」但同樣重要的是，談到政府行為時，諾齊克主張，政府行為的另一端毫無等量齊觀的因素可作為平衡。具體而言，他認為，即便是自由給予，身處同一社會的成員也沒有資格相互要求積極協助。每個人都有權持有自己的自然資產，有權透過與他人進行自由合作和交流而獲得資產。如果有些人愈賺愈多，另一些人被拋在後頭，這並無不妥，國家不必強行使用權力介入。正如諾齊克一再說明，就算B屬意C，也不代表A不能與B結合。A或許因此黯然神傷，但這中間沒有誰是錯的，也沒有誰遭受不公義的對待。平等這件事並不存在道德推定；個體分離是道德秩序的基礎。

諾齊克後來放棄這毫無妥協的立場，容許國家擁有某些目標，這些目標在過去只開放給個人或志願機構。在《經過審查的人生》（*The Examined Life*, Simon & Schuster, 1989）一書，諾齊克指出，《無政府、國家與烏托邦》的自由至上主義「在某些議題或問題上，忽視官方政治關切的象徵重要性，這是為了突顯這些問題的重要或急迫性，於是我們對這些問題表達、激化、引導、鼓勵和驗證，也同要重要與急迫……某些事情我們選擇合力透過政府鄭重強調人的團結，以這種官方形式與行動內容本身，共同來實踐。」其中含義似乎是，某種形式的社會連帶（social solidarity）也能合法得到稅收的支持，而不光靠慈善捐款支撐。

然而，諾齊克火力集中辯解以個人權利為基礎的政治理論，仍然是對政治制度和政策評估中一個重要因素的經典探索。雖然諾齊克本人的多數觀點和態度，站在政治保守派的對立面，這種自由意志主義成分卻是現代保守主義意識形態的一部分；隨著二十世紀七〇和八〇年代自由市場保守主義的興起，《無政府、國家與烏托邦》有時被看作是為這個運動提供哲學基礎。（類似地，羅爾斯和德沃金的著作被視為平等主義自由主義政治的哲學基礎。）但本書的關注要遠大於此。像其他作品一樣，在極端的位置上發展，即使是那些不能說服的人，也是一種吸引人的思想刺激。諾齊克不只是設立一個職位。這本書的論述密度極高，對每個提案都提出問題與反對意見，對每個問題都有各種替代解答，以充滿想像的例子和類比來說明每個觀點。經濟學和決策理論的材料在本書裡星羅棋布各得其所，包括迷人的離題，其中最著名的是「體驗機」（experience machine）。本書是一場辯證的饗宴，展示最高層次智慧的敏銳迅速，而其寫作風格又有種難以抗拒的聲口，充滿活力與動能，宛如在耳際訴說。滑稽的是，與諾齊克有私交的人，翻開每一頁都像親耳聽到他說話。

諾齊克也持續撰寫其他主題，包括《哲學解釋》和《理性之性質》。雖然《無政府、國家和烏托邦》始終是他最知名的著作，諾齊克並不僅只是政治哲學家，我還想談談他所有著作中所體現，獨到的哲學思想特質。

試圖打破心智慣性的創造性理論想像，以及邏輯和理性辯證的學術要求，這兩者的激盪互動與拉扯對立，一直是哲學賴以發展的土壤。失序與秩序這兩股力量，在整個哲學主體的發展中，相互爭奪主導地位。諾齊克的性格裡，可以同時看到這兩者高度並存，而他也試著充分表達出來。諾齊克喜愛正式結構與邏輯論證，但他對哲學問題的態度從根本來看是直觀的。他的邏輯速度、力道和準確度帶給他智性上的睥睨無畏，隨時能跟著自己的想像與直覺奔馳。

諾齊克的職業生涯早期，被看作是同輩中最為犀利的哲學評論者——即便是來自嚴謹哲學家所提出的主張，諾齊克都有辦法反駁或提出反證。諾齊克一定也明白自己的批判力道，正如別人心裡所想：就連諾齊克本人設想的任何哲學理論也無法攖其鋒芒吧。但因為他相信，創造新事物要好過謹小慎微的避免犯錯，所以他寧願讓創造能量以勢不可擋而來者不拒的態勢自然迸發，而非交給自己的全套解構能力來檢驗——這對理論的蓬勃發展實屬必要。事實上，諾齊克能夠事先看到並承認其他人可能提出的反對意見，這使他有權運用這樣的自由度，以及自己的辯證技巧，在當代哲學複雜的理論——理性、權利、價值、知識、個人身分、解釋、意識、客觀性和真理，產出最原始和最具吸引力的思想結構。這項任務使他遠遠超出傳統的哲學界限，貪婪地試圖掌握和利用社會、物理和生物科學，甚至東方神祕主義的主要成果。他是個守備範圍極廣的哲學家，心智清晰論理強大，加上大開大闔，於是他的作品有種不受約束但在邏輯上顛撲不破的特質，也因此獨特不群。

諾齊克與眾不同。他的天性似乎毫無被動成分，其意志堅定，架構清晰，加上個人與智性的魅力，造就他令人難忘的存在感。不論在個人、政治，還是知識層面，諾齊克都十分敢言，就算可能遭到強烈反對，他寧願表達明確立場，也不願委婉修飾避免衝突。諾齊克不相信旁敲側擊，因為他明白這麼一來定義便輕易稀釋，艱難的抉擇遭到擱置。這的確是一種勇氣：他深知必得持續精進，不畏引戰，才能完全主導自己的論述、行動與觀點。

諾齊克隨著時間年歲增長變得圓融，但其悍然不群未曾稍減：他的最後一本書《不變性》

（*Invariances*）之恣意膽大毫不遜於過去任何著作。他的抱負遠大，運用非凡的才智來轉化自己與對世界的理解，並以少有的剔透清晰一書而就。

——二〇一三年三月

前言

個人擁有權利，有些事情是他人或團體不能加諸於個人的，做了就會侵犯他們的權利。這些權利是如此強有力和廣泛，以致引出一個問題：國家（及其官員）能做些什麼？「個人權利」留給「國家」多少活動空間？國家的性質、它的合法功能，及證明國家為正當的理由，就構成本書的核心關懷。而一系列廣泛不同的論題，亦將在本書的探討中涉及。

我們有關「國家」的主要結論是：一種「最小限度的國家」（a minimal state）——即一種僅限於防止暴力、偷竊、欺騙，和強制履行契約等有限功能的國家——是被證明為正當的（justified）；而任何功能更多的國家（extensive state），都將因其侵犯個人權利（不能被強迫去做某些事）而被證明為不正當。由此可以得到兩個值得注意的啟示：國家不得使用其具強制力的機構，迫使一些公民幫助另一些公民；亦不得以同樣方式，禁止人們追求自身的利益或自我保護。

儘管我說的只是不能用強制的方法達成上述目標，而人們自願這麼做卻是可以的；不過，還是會有很多人直覺地拒絕接受我們的結論，因為他們不願意相信，對他人的需求和痛苦竟可以如此冷漠無情。我可以理解這種反應，因為那正是我最初考慮這些觀點時的反應。然而，基於各種考慮和論據，我雖不情願，但還是信服了人們常稱的所謂自由主義的觀點。本書很少有我早期嫌惡自由主義時所考慮的證據，而是包含很多我現在盡可能有力地提出的考慮和論據。因此，我可能在兩方面冒犯人們：一是我闡述的觀點，另一是我為了支持這一觀點而提出的理由。

我最先嫌惡的態度並沒有在本書中表露出來，因為它現在已經消失了。隨著時間過去，我漸漸習慣這些觀點及其推論，現在我更經由這些觀點來觀察政治領域。（我是否該說這些觀點，使我更能看清政治領域？）由於很多採取類似觀點的人是狹隘、頑固，並且自相矛盾地憎惡其他較自由的生活方式，使得我對這一理論（自由主義觀點）的自然投合，讓我被劃入一個不怎麼好的派別。我不喜歡下面這個事實：大部分我所熟悉和尊敬的人們，不同意我的觀點。我在這方面的遺憾，無疑大過那種通過強有力的證據來支持一種人們不喜歡，甚至嫌惡的觀點，從而使人們感到受刺激或吃驚的快樂——那種快樂不全然是值得贊美。

我是以一種在認識論或形上學方面，頗具當代哲學作品風格的形式進行寫作，其中有精心推敲的論證、被未必存在的反例所反駁的命題、令人驚奇的論點、困難的問題、抽象的結構條件、尋找一種適用於一組特殊事例之理論的嘗試、使人吃驚的結論等等。雖然這有助於引起智識上的興趣和鼓舞（我希望），但有些人可能會覺得倫理學和政治哲學的真理是嚴肅且重要，不能通過這樣一種「華而不實」的手段去獲取。然而，倫理學中的正當（correctness）在我們自然寫實的思考中，可能無法被發現。

對大家所接受之觀點或原則的總結或解釋分析，不需要精心推敲的論證。而想要駁斥某些別的觀點，只需指出它們與讀者希望接受的觀點相衝突就行了。但是，一種與讀者意見不同的觀點，就不可能僅僅指出那個眾所接受的觀點，與它相衝突而為自己提出論證。而是必須藉由相反的論據，使那個眾所接受的觀點面臨智識上巨大的測試及考驗，細查其前提，並提出一系列可使那個觀點的支持擁護者不安的可能情況。

即使不信服我的論證的讀者也應該發現，在堅持自己觀點的過程中，他已因而釐清並深化自己的觀點。此外，我常認為，智識上的誠實要求我們至少在有些時候要特意去面對，與我們的觀點相對立之強有力的論據。不這麼做的話，我們怎麼能使自己免於不斷的錯誤呢？我們只是要光明正大地提醒讀者：智識上的誠實有其危險性；初看起來令人覺得古怪、迷惑的論證，後來可能會變得令人信服，甚至變得自然且自明。只有閉目塞聽才會使一個人不受真理吸引。

本書就是由具有這樣特點的特殊論證所構成，在此我想進一步指出後面要闡述的內容。由於我的論證始於對個人權利的強烈主張，所以我認真地考慮無政府主義者的下述主張：國家堅持使用武力的獨占權和保護領土內所有人的過程，必然會侵犯個人權利，因而在本質上是不道德的。我反對這一主張，並證明：即使沒有人有意圖或試著去創造國家，一個國家亦將經由一種不必侵犯個人權利的方式，從無政府狀態（就像洛克（John Locke）提出的自然狀態）中產生。本書第一部論證的探討，導致許多不同論題，包括：為什麼道德觀點涉及到對行為的邊際限制（side constraints），而不僅僅是目標導向；對動物的態度；為什麼把複雜類型解釋為，是無意中自然產生且令人滿意；有些行為為什麼仍然受到禁止，並不因為其受害者將得到賠償而被允許；懲罰的制止理論的不成立；有關禁止危險行為的問題；哈特（Herbert Hart）所謂的「公平原則」；先發制人的攻擊；預防性的拘留，等等。所有這些論題，都導致對國家和無政府的本質，及其道德正當性的探討。

第一部證明最小限度的國家；第二部論述，沒有功能更多的國家能被證明為正當。在這一過程，我論證各種不同的、旨在證明一個功能更多的國家為正當理由，都是不能成立的。為了反駁這種認為國家將通過在其公民中完成，或產生分配正義而得到證明的主張，我發展出一種不需要功能更多的國家的正義理論（即權利理論（the entitlement theory））。我用這一理論來剖析和批評其他功能更多的國家的分配正義理論，尤其是羅爾斯（John Rawls）的著名理論。我也批評一些人，他們認為能證明某種功能更多的國家為正當理由，包括平等、嫉妒、工人自治、馬克思主義的剝削理論。（覺得第一部內容困難的讀者，將發現第二部較容易，第八章又比第七章容易。）第二部將以「一個功能更多的國家是如何產生」這個假設性敘述作為結束，這個過程的設計旨在說明，這樣一種國家是相當缺乏吸引力的。然而，即使最小限度的國家是唯一可被證明為正當國家，仍可能顯得蒼白無力和令人乏味，而無法振奮人心，或者提示一個值得奮鬥的目標。因此，我轉向考察那種有顯著振奮作用的社會思想傳統——烏托邦理論，並證明能從這一傳統中被挽救出來的，正是最小限度國家的結構。這一論證涉及到對形成一個社會的不同方式的比較，涉及到設計手段和過濾手段，以及對數理經濟學家所稱的經濟內核概念模式的描述。

我強調的結論與大多數讀者的信念相異，可能誤導人們認為本書是某種政治性著作。然而本書不是這種著作，而是哲學探討——探討我們在考慮個人權利與國家時，所產生且相互關聯的本身極具吸引力的問題。「探討」這個詞用在這裡很恰當。有一種哲學著述觀主張，作者應當通盤思考他提出觀點的所有細節及其困難，修飾和琢磨自己的觀點，使之完善、全面和精緻的整體形式呈現給世界。我的哲學觀不是這樣。無論如何，我相信一種並非十分完善的著作，一種包含未完成的觀點、推測、開放性問題、難題、提示、邊際連繫，和論證的主要脈絡一樣，在我們智識生活中應該有其地位和功能。有關各種主題並非定論的那些看法，也應有自己的一席之地。

的確，一般撰寫哲學著作的態度使我感到困惑。彷彿這些哲學著作便是其所探討主題的絕對定論一樣。然而，謝天謝地！並非每個哲學家都認為他最後發現了真理，並已圍繞著那個真理建立牢不可破的堡壘。我們實際上都比那種想法要謙虛得多。理所當然的是，一個哲學家在長期艱苦地思考過他提出的觀點之後，對這一觀點的弱點——亦即那些也許太脆弱，而承受不住深刻有力的智識考察的地方；那些觀點可能由此開始崩潰解體的地方；以及令他感到不安，未經詳細探究的假設——自然是較有概念的。

有一種哲學活動，令人覺得像是把一堆事實強行納入某種特殊形狀的固定範疇中。所有這些事實都在這兒，它們必須相互協調，你連推帶擠地把材料強行壓入這種嚴格固定的範圍，但這邊壓進去了，那邊又鼓出來，你轉來轉去，擠壓露出來的部分，但還是顧此失彼。所以你就把事實突出框架的部分剪裁掉，以便使它們互相協調。你進行這種擠壓工作，直到最後幾乎所有事實都勉強地被塞進這一框架內，而沒有進入的，是因為它離得太遠而未被注意到。（當然，這些工作並非都是那麼粗魯生硬，也包含一些巧言哄騙的優雅動作。）很快地，你發現一個看來非常協調、適合的角度，並且在別的事實也引人注目，於是你迅速按下快門。然後再回到暗房，按上面的範疇結構修補破綻。最後一件事，就是發表這張準確說明「事實是什麼」的照片，並指出這些事實不可能適用於其他範疇。

沒有哪個哲學家會說：「我是從彼端開始，在此端結束；從彼到此，這一段是我著作中的主要弱點。特別是這一段，是我在這一過程中最值得注意的扭曲、牽強附會、削足適履，和曲解可能發生之處，更不要說那些被捨棄和忽略，以及有意迴避不談的事實了。」

我想，哲學家對他們在自己的觀點中認知到的弱點保持沉默，並不只是一個哲學上的誠實或正直的問題——雖然在自覺上它的確是，或至少會變成這種問題。這種緘默跟哲學家形成其觀點的目的有關。為什麼他們力圖把一切事物都納入一個固定的範疇呢？為什麼不用另一個範疇，或更基本地說，讓那些事實保持其本來面目呢？把一切事物都納入一個範疇對我們有什麼幫助？我們為何會想這樣做？（我們要用它保護什麼？）我希望自己在將來的著作中，仍然對這些深刻（和令人震撼）的問題保持關注。

然而，我在此談及這些問題的理由，並不是因為我覺得這些問題屬於本書，而與其他哲學作品無關。我認為，我在本書中所說的是正確的。我並不想收回我的觀點，而寧願把所有的觀點：我的懷疑、焦慮和不確定，連同我的信念、信心和論證，都交給讀者。

在我的論證、假設等等中，使我感到吃緊的特殊之處，我都試圖做出解釋，或至少使讀者注意到，是什麼讓我不安。我也可以預先說出一些常見的理論上的焦慮。本書並不提出精確的、關於個人權利之道德基礎的理論，也不包含對報復的懲罰理論的精確陳述和證明；本書也不是對它提出之分配正義，三個原則理論的精確陳述。我在書中的許多陳述，都植基於或使用了我相信這些理論若要成立，就必須具有的一般特徵。我願在將來再論述這些題目。如果我這樣做了，其結論無疑又會和我現在所想的有些不同，這將需要對樹立於此的上層結構做某些修正。預期我將令人滿意地完成這些基本工作是不明智的，而我在完成這些基本工作之前也將保持緘默。或許本書的嘗試，能激起他人的興趣並給予我幫助。

第一部

自然狀態理論，或如何自然而然地追溯一個國家

第一章 為什麼要探討自然狀態理論？

假如國家不存在，是否有必要創造國家呢？國家是必要的嗎？國家必須被創造嗎？政治哲學和解釋政治現象的理論會面對這些問題，而這些問題則要通過對「自然狀態」（state of nature）——在此用傳統政治理論的術語——的探討來回答。要復興這一具有古典色彩的自然狀態概念，就必須證明其產生的理論將是豐碩有利，富含智識上的旨趣和影響深遠。為了滿足那些希望預先得到某種確信的（不太信服上述看法）讀者需要，本章將論述為什麼對自然狀態理論的探討是重要的，以及把它看作是豐碩有利的理論的原因。這些原因必然有些是抽象的，而最好的理由將是這個已發展的自然狀態理論本身。

政治哲學

政治哲學的基本問題，即一個優先於「國家應如何組織」這個問題的問題，是「是否應當有任何國家存在」？為什麼不會出現無政府狀態呢？既然無政府主義的理論——如果可靠的話——是對政治哲學整個主題的反動；因此，在開始討論政治哲學時，首先考察它的主要替代理論（即無政府主義）是恰當的。那些認為無政府主義有其吸引力的人們，也將認為政治哲學有可能終結於此（無政府主義）。而其他人則迫不及待地要探討無政府主義之後的發展。然而，就像我們將看到的，不論是那些小心謹慎地從起始點出發的建構政制者，抑或是那些不願離開起始點立論的無政府主義者都能同意；政治哲學從自然狀態理論出發有其解釋性的目的。（而試圖從反駁懷疑論開始的認識，卻缺乏這樣一種目的。）

那麼，為了回答為什麼不會出現無政府狀態這個問題，我們應當探討哪一種無政府狀態呢？也許是那種假設現存政治狀態不復存在，而又沒有其他可能的政治狀態能存在的情況下將出現的狀態。但是，除非我們無由地假設所有地方的所有人都同樣處於無政府狀態下，而且在尋求達到與其相反的另一種特殊狀態方面，又近乎無計可施，否則無政府狀態將缺乏最基本的理論旨趣。的確，如果無國家的狀態是相當可怕的，我們就理應防止一個特定國家的崩解和毀滅，並理應避免無政府的狀態取代特定國家存在的狀態。

看來，較能接受的是專注於一種基本的抽象描述，這種描述將包含所有人感興趣的狀況，包括「如果沒有政府我們現在會怎樣」的狀況。假若沒有政府的狀況是可怕的，那麼國家就將成為一個較好的選擇對象，但這樣的「可怕」描述很難使人信服，這不僅是因為這種描述不能鼓舞人心，而且心理學和社會學的材料在這方面也太貧弱了，不能支持這一涉及所有社會和個人，如此悲觀的對於無政府狀態的概括，尤其是當這種概括只針對狀態而不對國家如何運作，提出這類悲觀的假設的時候。當然，人們知道一些實際上國家如何運作的情況，他們在這方面的認知各不相同。而對極其重要的有關國家與無政府狀態的選擇，持謹慎態度的人可能採用「最大極小值」（minimax）標準，強調悲觀地評估無國家狀態，亦即將國家與這種被最悲觀地描述為霍布斯式的自然狀態進行比較。但在使用最大極小值的標準時，應當把這種霍布斯式的自然狀態與可能被最悲觀描述的國家——包括未來的國家——進行比較。在這樣的比較中，最壞的自然狀態將會比最壞的國家更可取。然而，那些把國家視為一種惡的人，將不會認為最大極小值很有說服力，因為事實上，若一個國家一旦變得令人想望的時候，人們總是能將「國家」復原。另一方面，只要你喜歡那類事情，「最大極大值」（maximax）標準對事情將如何發展作最樂觀的假設。但這種輕率的樂觀主義也是缺少說服力。的確，在不確定的情況下，沒有一種為了選擇而提出的決定標準能帶來確信。同樣的，以如此薄弱的可能性為基礎，也不能為那種最大限度期望功利的標準帶來確信。

此外，在決定應當努力達到什麼目標的問題上，我們可以探討人們都滿足的道德限制，一般都像他們所應當作為的那樣行動的無政府狀態。這樣一個假設並非過分樂觀，它並沒有假定所有人都準確地按他們所應當做的那樣去做。然而，這種自然狀態卻是一個人能合理期望的最好的無政府狀態，因此，探討其性質和缺點時，對於決定是否應當有一個國家而非無政府狀態就具有決定性的意義。如果有人能展示國家優於這一最可取的無政府狀態，優於這一能合理期望的最好的自然狀態；或者展示國家將經過不違反道德規範的步驟產生；或者，如果國家的產生將是一種改善，這就為國家的存在提供一個理性的基礎，這一理性基礎並將證明國家為正當的。[1]

這一探討將引出下面問題：人們為了建立和運作國家而必須做的所有行為，是否本身在道德上都是可允許的。一些無政府主義者不僅主張我們沒有國家會生活得更好，而且認為任何國家都必然侵犯人們的道德權利，因此在本質上是不道德的。我們的出發點雖是非政治的，卻有意地避免成為不道德的，道德哲學為政治哲學提供了基礎的界限。人們相互之間可以做什麼、不可以做什麼的約束，限制人們經由國家機器可以做的事情，或者為了建立這樣一種機器可以做的事情。國家的基本強制力擁有的任何合法性之根源，正是那些可以強制實行的道德禁令（基本強制力就是不基於被強制者個人同意的權力），為國家的活動提供一個主要的，但也許是唯一合法的範圍。此外，道德哲學在某種程度上是曖昧不清的，並可能在人們的道德判斷中引起歧異；而且，道德哲學也提出一些人們可能認為能夠在政治領域內被適當處理的問題。

解釋性政治理論

探討自然狀態，除了對於政治哲學的重要性之外，也提供解釋性的目的。理解政治領域的可能方式有三種：（一）經由非政治層面來充分解釋政治領域；（二）把政治領域視為產生於非政治層面，卻不能復歸為非政治，對非政治因素的組織模式，只能藉由新的政治原則來理解；（三）或者把政治領域看作一個完全獨立的領域。既然只有第一種方式能使我們充分理解整個政治領域，[2]它就是最可取的理論選擇了，且只有在知道這種方式是不可能的時候才能放棄它。讓我們把對一個領域最可取、最完整的解釋，稱為這個領域的基本解釋（fundamental explanation）。

基本上，經由非政治層面來解釋政治領域，人們可能從一種非政治狀態開始，展示政治狀態為何及如何會隨非政治狀態之後而產生，或是從一種以非政治方式描述的政治狀態開始，再從非政治的描述中推演出政治的特徵。後一種推演可能是要把政治特徵等同於那些以非政治方式描述的特徵，或是要用科學法則來連結不同的特徵。除了最後一種模式外，解釋的闡明程度（illumination）將直接隨著非政治的起始點（不管它是一種狀態或僅是一種描述）自身的光輝度，隨著這一起始點與其政治上之結果的距離（真實的或表面的）變化而變化。這一起始點愈基本（即它所體現的人類狀態的基本、重要，且不可避免的基本特徵愈多），距離（或看上去離開）其結果愈遠（看起來更少政治性或者更不像國家），它就愈好。如果從一個隨意且不重要的起始點——顯然從最初就與國家很接近的起始點——去探討國家，將不會加深我們對國家的理解。然而，如果發現政治特徵和政治上的關係可以復歸為，或等同於表面上非常不同的非政治特徵和關係，那將會是令人振奮的結果。如果這些特徵是基本的，政治領域將有堅定和深刻的基礎。到目前為止，我們在顯示理論上的主要進展，將使我們致力追求一種顯示政治狀態是如何從非政治狀態產生的理論選擇；也就是說，我們應從政治哲學中為人熟知的自然狀態理論開始一種基本的解釋。

一種自然狀態理論，如果它是從道德上可允許和不可允許的行為，從為何社會中某些人會違反這些道德限制的一般性描述開始，並且繼續描述國家如何從這種自然狀態中產生；那麼它將提供我們解釋性的目的。即使沒有任何實存國家確曾以這種方式產生。亨佩爾（Carl G. Hempel）曾論述潛在性解釋（a potential explanation）的概念，這個概念可以直覺地理解為，如果一個解釋中所提到的任何事物都是真實且可操作的，那麼這個解釋就是正確的。[3] 我們可以說，一種有法則缺陷（law-defective）的潛在性解釋，是一種帶有錯誤類似法則陳述的潛在性解釋；一種有事實缺陷（fact-defective）的潛在性解釋，是一種帶有錯誤前提條件的潛在性解釋。如果是某一過程Q而非過程P導致某一現象的產生（儘管P也能產生這一現象），那麼，把這一現象解釋為過程P的結果的潛在性解釋，就是有缺陷的（即使這種缺陷既不是法則缺陷也不是事實缺陷）。如果某一過程Q沒有導致這一現象，則過程P將導致它的產生。[4] 我們稱這種實際上無法如此解釋某一現象的潛在性，為一種有過程缺陷（process-defective）的潛在性解釋。

即使不是正確的解釋，但一種基本的潛在性解釋〔即一種在它是實際解釋（actual explanation）的條件下，將能解釋整個領域的解釋〕給我們帶來重要的解釋上的啟發。原則上，看到整個領域如何能從根本上得到解釋，將大大增加我們對這一領域的理解。[5] 的確，若不考察各種事例的類型或特殊的事例，想說明更多的東西是困難的。但我們不能在此做這樣的考察，事實缺陷之基本的潛在性解釋，如果其錯誤的起始條件「可能是真實的」，則將帶給我們巨大的啟發；甚至，隨意、錯誤的起始條件也將帶來啟發（有時還是很大的啟發）。法則缺陷之基本的潛在性解釋，可能和正確的解釋一樣闡明一個領域的性質，尤其是當「諸規則」組合成為一個富含旨趣且完整的理論之時。而過程缺陷之基本的潛在性解釋（既非法則缺陷亦非事實缺陷），幾乎完美地適合我們解釋上的目的。

對政治領域自然狀態的解釋，是對這一領域的基本潛在性解釋。即使不正確，它們仍然具有解釋上的效果及啟發。即使國家並不曾如此產生，我們仍從觀察國家可能如何產生的過程中學到許多東西。我們也將從辨明國家為何不如此產生，從試著解釋與自然狀態相歧異的真實世界的特殊成分，為何是它現今的模樣（即人們如何把國家塑造成現在這個樣子）的嘗試中獲益非淺。

由於政治哲學和解釋性政治理論，最終都歸結於洛克的自然狀態，故我們亦將從此開始。更確切地說，我們將從個人開始。「從個人開始」在某方面與洛克的自然狀態非常相似，所以我們在此把許多重要差異忽略不計。只有當我們和洛克概念上的差別牽涉到政治哲學、牽涉到有關國家的討論時，這些差別才被提及。對道德背景完全正確的陳述——包括道德理論及其基礎的準確陳述——需要全面性的呈現。這是另一時期的工作。這一工作至關重要，不完成這一工作將留下非常大的理論缺口，即使我們宣稱遵循受人尊崇的洛克傳統，也僅是很次要的慰藉。洛克在他的《政府論》（*Two Treatises of Government*）下篇，並沒有提出與自然法的地位和基礎，令人滿意的解釋或稍微相似的東西。

第二章
自然狀態

在洛克所描述的自然狀態中的個人，是處在「一種完備無缺的自由狀態；他們在自然法的範圍內，按照他們認為合適的辦法，決定他們的行動和處理他們的財產與人身，而毋須得到任何人的許可或聽命於任何人的意志」（第四節）[1]自然法的範圍要求「任何人都不應侵犯他人的生命、健康、自由或財產」（第六節）。有些人踰越這些界限，「侵犯他人的權利……對他人造成傷害」；於是作為回應，人們可以起而捍衛自己和他人來對抗這種對權利的侵犯（第三章）。受害者及其代理人就可以從侵犯者那裡取得「與他遭受的損害相稱的賠償」（第十節）；「每個人都有權懲罰違反自然法的人，這種懲罰以制止違反自然法為度」（第七節）；每個人都可以，也僅可以「根據冷靜的理性和良心的指示，比照（一個罪犯）所犯的罪行，對他施以懲處，盡量達到糾正和禁止的作用」（第八節）。

洛克說，「自然狀態有種種不便」對於這些不便，「我承認，公民政府（civil government）

是恰當的救濟辦法」（第十三節）。為精確理解公民政府要救濟什麼，我們必須不僅只是重複洛克所描述自然狀態的種種不便，還必須考慮在自然狀態中可能做出什麼樣的安排，來處理這些不便。以避免這些不便，或使它們較不可能發生，或即使發生時也不至於太嚴重。只有當自然狀態中的所有資源都被充分利用之後——亦即所有人在其權利範圍內，可能達到的自願安排和協議都被他們試過，且只有在其效果被評估過之後——我們才能看清這種需要由國家來救濟的不便到底有多嚴重，也才能評估這種救濟是否比不便更糟、更壞。[2]

在自然狀態中，人們理解的自然法不可能為每種偶然情況都提供恰當的處理辦法〔見第一五九和一六〇節，洛克在記述法律體系時提到這一點，並對照第一二四節）〕，而人們根據自己的情況做判斷時，總是給自己以懷疑之便，並假定自己是正確有理的。他們將高估所遭受的傷害程度，而激情將使他們試圖過分地懲罰他人，或要求過度的賠償（第十三、一二四、一二五節）。如此一來，個人權利（包括當一個人被過分懲罰時而被侵犯的權利）的私自執行，將會導致長期不和或宿怨，導致無休止的索取賠償報復行為。沒有一種穩定可靠的辦法可以解決這種爭端，或終結這種爭端並使雙方都知道它已結束。即使一方宣稱他將停止報復行動，另一方也只有在下面這種情況才會感到放心：即只有在知道對方真的不覺得有權利得到賠償或進行報復，因此當條件允許時也不會這樣做的情況下，他才會感到放心。單獨一方可能採取的，試圖永遠擺脫長期不和或宿怨的辦法，對另一方只提供不充分的保證；而停止這種夙怨的默契也是不穩固的。[3] 這種相互受到傷害的感覺，甚至在權利很分明和對每個人的行為事實都無異議的情況下也會出現。當事實或權利有些不分明的情況下，這種復仇之爭發生的機會就更多了。此外，在自然狀態中，一個人也可能缺少執行其權利的力量，或是可能無力對侵犯其權利的較強敵手，施以懲罰或要求賠償。（第一二三、一二六節）

保護性社團

在自然狀態中的個人，要怎樣處理這些麻煩呢？在自然狀態中，一個人可能自己去執行其權利，保衛自己、要求賠償和進行懲罰（或至少盡其所能這樣做）。而其他人則可能應其召喚，而與他聯合起來保衛他。[4]他們與他聯合起來擊退或追捕侵略者，可能是因為他們自己是公眾人物，或是他的朋友。或因為求助者以前曾幫助過他們，或希望他以後能幫助他們，或是為了交換什麼東西。這種個人的聯合可能形成相互保護的社團，社團中的所有人都必須響應任何成員保護或執行其權利的請求。團結就是力量，但這種簡單的相互保護的社團仍面臨兩種不便：（一）每個人總是要隨時準備接受召喚，以履行保護性功能；（還有，在保護性功能不需要所有成員服務即可達成的情況下，如何決定由哪些人來接受召喚呢？）（二）任何成員都可以召喚他的同伴，表達他的權利正被侵犯或曾受侵犯。保護性社團（protective association）並不想對那些脾氣惡劣或個性偏執的成員唯命是從，更不用說那些試圖以自衛為藉口，利用社團侵犯他人權利的成員。下列情況也將產生困難。如果同一社團的兩個成員發生爭執，並各自召喚其同伴尋求幫助時。

相互保護的社團可能試圖採取不干預政策，來處理它內部成員間的衝突。但是，這一政策將在社團內部造成不和，並可能導致相互爭戰的次級團體的形成，從而造成社團的崩潰瓦解。這一政策也會鼓勵潛在的侵略者，盡其所能地大量加入各種相互保護的社團，以刷除他人的報復或自衛行動，如此就會削弱社團原來為了遮蔽和保護作用的初衷。因此，保護性社團（即幾乎所有能繼續存在下去，且人們會願意加入的社團）將不會採行不干預政策。它們將採取某種程序來決定，當一些成員宣稱另一些成員侵犯其權利時應該怎麼辦。我們可以提出程序決定（例如站在首先提出譴責的成員那一邊），但大多數人將願意加入那些遵循某種程序，來確定爭執雙方孰是孰非的社團。當社團中的一個成員與非成員發生衝突，社團也將以某種方式確定誰是對的，（只顧能避免頻繁且代價昂貴的涉入其成員的爭執，不論是否正義）。至於每個人都要隨時接受召喚的不便（不管他們當時是在幹什麼，也不管他們的意向或利益），可以經由勞動的分工及交換來處理。某些人將被雇用來完成保護性功能，而某些企業家將從事出售保護性服務的生意。各種各樣的保護將以不同的價格被提供，以備那些希望更廣泛嚴密保護的人們之需。[5]

個人除了把探查、了解、裁判罪行、懲罰和要求賠償等所有職能，交付給私人保護機構之外，還可能做出更特殊的安排或承諾。他可能考慮裁決涉及自己的案件之危險性，而把他是否真的受到傷害、受到什麼程度的傷害的裁決權，交付給另一個較中立或較超脫的一方。為了使裁決卓有成效地被公開履行，裁決者必須是普遍被人們敬重且被認為是中立和公正。爭執雙方可能都試圖保護自己以免出現不公平的情況，甚至雙方都可能同意由同一個人作為他們的裁決者，並服從他的決定。（或者可以有一種特定的程序，使對裁決不滿的一方能訴諸這一程序。）但很明顯的，上述的功能將強烈地傾向於集中在一個代理人或一個機構之上。

現在，人們有時也把他們的爭執帶到國家的法律體系之外，交付給他們所選擇的其他裁決者或法庭（例如宗教法庭）來裁決。[6] 如果爭執各方討厭國家的某些活動或法律體系，不想與它發生關係，他們可能同意採用國家機制之外的仲裁或判決形式。人們容易忘記獨立於國家而行動的可能性。（同樣地，那些願意被以家長式作風（paternalism）管理的人們，也容易忘記通過契約對他們自己的行為做特別的限制，或自己指定既存的家長式監護團體的可能性。他們只是忍受立法機關碰巧通過的那種限制模式。難道尋求一群明智又感性者來管理自己利益的人，真的會選擇那群構成現在國會兩院的人嗎？）那些不同於國家提供之特定形式的審判裁決形式，是肯定能夠建立的。人們使用國家提供的形式，並不是由於建立和選擇其他形式的代價昂貴——因為很容易可以找到大量且各方能選擇的既定形式。驅使人們採用國家審判體系的原因，大概是最終的強制力的問題。只有國家能夠違反其中一方的意志而強制執行裁決，因為國家不允許其他實體強制執行另外一個體系的裁決。

所以，爭執雙方對解決爭執的方式意見不一時，或者在一方不相信另一方會服從裁決的爭執中（如果另一方訂約保證，若他不服從裁決，則將交出（被沒收）價值不菲的事物時，要依靠什麼機構來強制執行這一契約呢？）希望請求生效的各方，除了國家的法律體系之外，將別無其他被國家法律體系允許的手段。這可能使那些反對既存國家體制的人們，面臨格外痛苦和艱難的選擇。（如果國家的法律體系強制執行某特定仲裁程序的裁決，當人們可能漸漸達成一種共識——假定他們都遵守這一共識——而無須與他們所認知的國家官員或制度有直接接觸。這同樣適用在他們簽訂一份僅能由國家強制執行的契約。）

保護性機構（protective agency）會要求其委託人放棄他們實行私人報復的權利嗎？（假如他們受到非委託人傷害的時候）這種私人報復很可能導致另一個保護性機構或個人的反報復。保護性機構不希望在隨後的階段，由於要保護其委託人免遭反報復而陷入麻煩。保護性機構將拒絕提供對反報復的保護或防衛，除非一開始就允許私人報復。（儘管他們不會因提供更廣泛的保護而收取更多費用嗎？）保護性機構甚至不會要求與機構協議的委託人，必須根據契約放棄對機構的其他委託人執行私人報復的權利。這一機構只需拒絕給某一委託人C（他私自執行了對其他委託人的報復權利），任何對反報復的保護就行了。如果C私自報復的是非委託人，情況也是同樣。C作為這一機構的委託人私行報復這一事實，意味著這一機構對待C的態度將像對待私自執行，對機構委託人的報復權利之非委託人的態度一樣（見第五章）。這就把機構內部私自執行權利的情況，減少到很低的程度。

支配的保護性社團

最初，幾個不同的保護性社團將在同一地區提供服務，但不同保護機構的委託人發生衝突時，會出現什麼情況？如果各機構對案件都做出同樣的裁決，那麼事情是相當簡單的。（雖然每個機構都想要自己來執行處罰）但如果它們對案件的是非裁決不一，且一個機構試圖保護其委託人，而另一個機構試圖懲罰他或要他交付賠償，這時會發生什麼情況？只有三種可能值得考慮：

（一）在這種情況下，就是兩個機構的實力較量。其中一方將贏得這場爭鬥。既然失敗機構之委託人，與勝利機構之委託人的衝突得不到好的保護，他們就會離開這一機構而與勝利的機構發生關係。[7]

（二）一個機構以一個地區為中心而擁有勢力，另一個機構則以另一個地區為中心而擁有勢力。每個機構都在靠近自己勢力中心的地方取勝，離中心越遠就越難取勝。[8]因此，與某個機構發生關係卻處在另一個機構勢力範圍內的人，將會搬到靠近自己機構的大本營的地方，或是轉而尋求另一個機構的保護。（其疆界像國家間的疆界一樣經常在衝突中變動不定。）

在這兩種情況中，都沒有很多地域上的交叉。僅是一個保護性機構，在一個既定地域內活動。

（三）兩個機構勢均力敵，經常爭鬥且勝敗大致相等。他們散布在各地的成員，經常打交道並發生衝突。或許是在爭鬥停止，或是在僅僅一些小衝突之後，兩個機構都能體認：若無預防措施，這種戰鬥將不斷發生。無論如何，為了避免這類經常的、代價昂貴且浪費的爭鬥，兩個機構可經由其執行機關而同意和平解決裁決不一致的爭端。它們同意建立第三個裁判機關或法庭，並服從其決定。因此，當各自的裁決相異時，就能訴諸這一裁判機關。（或者可以創設一套規則，以確定某個機構在那些情況下擁有裁決權。）[9] 因而就出現上訴法庭的體制，和有關裁決權及法律衝突時共同同意的規則。雖然有不同的保護性機構在活動，卻有一個統一、聯合的裁決體系，而這些機構都是這個體系的成員。

在這三種情況中，幾乎所有同一地區的人都處在某種判斷其具競爭性之要求，和執行其權利的共同機制之下。在自發性團體、相互保護的社團、勞動分工、市場壓力、規模經濟和理性自利的驅使下，就從無政府狀態中產生某種最小限度的國家（minimal state）很類似的實體，或者某些在地理上明確劃分的最小限度的國家。為什麼這一購買保護的市場不同於其他市場？為什麼實質的壟斷（virtual monopoly）會在這種市場出現且不需要政府干預？（在其他地方創立並維持壟斷）[10] 被購買的產品（在此即防範他人的保護）的價值是相對的，必須看「他人」有多強而定。不同於其他經由比較評估的物品，最有競爭力的保護性服務（protective service）不可能共存。這種服務的本質，不僅使不同的機構陷入對保護委託者的競爭，也引起它們之間的猛烈衝突。再者，由於相對價值較低的產品，其價值的下降並不相應於購買價值最高產品的人數；顧客並不一定會傾向於購買價值較低的產品，因此相互競爭的公司就陷入衰退的惡性循環。故而我們只列舉三種可能。

前述是假定每個機構都本著誠實，在洛克的自然法範圍內活動，[11]但保護性社團有可能侵犯其他人。按照洛克的自然法，如此一來將是一個違法機構。對此違法機構的勢力，有沒有實際的抗衡呢？（對一個國家的權力有沒有實際的抗衡？）其他機構可能聯合起來反對它。人們可能拒絕與違法機構的委託人打交道，或是抵制委託人以減少違法機構干涉他們的事務。這可能使違法機構較難得到委託人，但這種抵制只有在很樂觀的假定下才會是有效手段。亦即假定不可能保密，以及一個人抵制的代價低於可從「違法」機構提供的，較全面的保護利益。假如「違法」機構僅是一個公開的侵犯者，完全拋棄所謂的正義而敲詐勒索、搶劫掠奪，那麼它將比國家更難存在。因為國家對自身正當性的宣稱，誘導其公民相信他們有責任及義務服從國家的命令、向其納稅、為它打仗，所以有些人會自願與它合作。而一個公開的侵略性機構卻不可能依靠，也不會得到這種自願的合作；因為他們只會自視為它的受害者，而不會看作是它的公民。[12]

「看不見的手」的解釋

總的來說，一個支配性的保護社團和國家有什麼不同呢？洛克的設想：建立市民社會必須有一契約，是錯誤的嗎？這是否就像他在下述的錯誤一樣：他認為貨幣的發明須基於「協議」或「相互同意」。在一個物物交換的體系中，即使要在市場找到你想要的東西，或有人想要你擁有的東西，都是很不便和費力。我們應該注意到，一個市場並不須藉由每個人都明確地同意，在那裡交易而成為一個市場。人們將用他們的物品，去交換那些據其所知比他們所擁有的，更普遍為人所需的東西；因為，這將使他們更有可能用那些東西去換得他們想要的物品。基於同樣理由，別人也更願意交換取得這種較普遍為人所需的東西。因此，人們將集中交換這種較暢銷的物品，並願意以自己的物品與之交換；而他們越是願意這樣做，他們就越了解其他也願意這樣做的人，正進入一個相互增強的過程。〔這一過程，將被那些想在較方便的交換中獲益的中間人（middlemen）所加強和促進。這些中間人會發現，在交換中提供較暢銷的物品對自己最有利。〕顯然，他們經由個人選擇所關注的那些物品，應當具有某些屬性。例如天然就具有獨立的價值（否則它們不會一開始就較暢銷），能長期貯藏，不易腐爛，可以分割，便於攜帶等等。而確定這樣一種交換的媒介並不需要明確的協議，也不需要社會契約。[13]

這類解釋有某種極佳的性質。它們顯示某一全面性的模式或構想（overall pattern or design），是如何經由一種不曾考慮全面性模式或構想過程而產生並維持；而不是像有些人認為的，必須經由一個個人或團體的努力而實現。仿照亞當斯密（Adam Smith），我們稱這種解釋為「看不見的手的解釋」（invisible-hand explanations）。（「每個個人只想著自己的利益，在這種狀態中就像許多其他的情況一樣，他被一隻看不見的手引導去促進一個與其意向無關的目標。」）「看不見的手」的解釋，特別令人滿意的特質（一種我希望在本書對國家的解釋中擁有的特質），可以從它與第一章約略提到的，基本解釋的概念之連繫中得到部分說明。對一個領域的基本解釋，是以別的術語對這一領域進行解釋，它不使用任何這一領域中的概念。只有經由基本解釋，我們才能解釋，從而理解有關這個領域的一切。在其他條件相同的情況下，我們的解釋越少使用構成要被解釋的東西的概念，我們的理解也就越透徹。現在，讓我們考慮那些人們認為只能經由理智的設計、經由實現模式的嘗試，才能產生的複雜模式。一個人可能嘗試直接藉由個人的欲望、需要、信念，來解釋這種模式，並進而實現這種模式。但在這種解釋中，將出現對這一模式（作為信仰和欲望目標）的描述——至少是在引號中出現。這種解釋本身將說明：某些個人的欲望可以產生帶有這一模式特徵的事物，說明某些個人認為，實現這一模式特徵的唯一或最好的方式應該要做些什麼。「看不見的手」的解釋，最大限度地減少使用那些構成藉著被解釋的現象的概念。而與直接的解釋大不相同的，它們並不含括大量作為人們欲望，或信仰目標的模式概念來解釋複雜模式。因此，對現象的「看不見的手」的解釋，比起那種經由設計人們意向目標而產生的解釋，就能帶來更透徹的理解。所以，我們可以理所當然地說，它們是較令人滿意的解釋。

「看不見的手」的解釋將說明：那種看起來像是某人有意設計之產物的東西，實際上不是經由任何人的意向而產生。我們可以稱與此相對的一種解釋為「隱藏的手」的解釋（hidden-hand explanation）。隱藏的手的解釋說明：那種看起來並非有意設計之產物的一組互不相關的事實，事實上卻是一個個人或團體有意設計的產物。有些人也會認為這種解釋是令人滿意的——這從陰謀論的普遍流行可以得到證明。

有些人可能同樣重視「看不見的手」和「隱藏的手」這兩種解釋，以致也可能做一種西西弗斯（Sisyphus）式的嘗試：即把每組非經設計或恰巧相合的互相獨立的事實，都解釋為經由有意設計的產物；同時，又把每一看來是經由設計的產物，都解釋為一組非經設計的事實。繼續這種反覆的工作相當有趣，即使只是完成一個循環而回到原地。

由於我並沒有對「看不見的手」的解釋提出詳細說明，[14]亦由於這一概念將在後文中扮演重要的角色，我舉了一些例子，以便讀者能對我們所理解的這種解釋有較清楚的概念（這裡舉的例子是用來說明解釋的類型，它們本身不必是正確的解釋）：

（一）有機體和群體之特徵的進化論解釋（經由隨機的突變自然選擇、遺傳變異等等）。〔見克勞（James Crow）和基姆拉（Motoo Kimura）的《群體遺傳學導論》（*An Introduction to Population Genetics Theory*），其中概述數學的公式。紐約，哈珀和勞（Harper & Row）公司一九七〇年版〕。

（二）動物群體之調節的生態學解釋。〔見斯諾巴德金（Lawrence Slobodkin）《動物群體的生長與調節》（*Growth and Regulation of Animal Populations*），以作為概述。紐約，霍特，萊茵哈特和溫斯特（Holt, Rinehort & Winston）出版公司一九六六年版）。

（三）謝林（Thomas Schelling）的解釋模型〔《美國經濟評論》（*American Economic*

Review），一九六九年五月號，頁四八八—四九三〕展示了極端的居住隔離模式，如何可以從一些人中產生：他們並不打算隔離，但希望住在比方說鄰居之中有五五%的人是屬於自己團體的地區。他們通過交換居住地而達到這一目標。

（四）對各種行為之複雜模式的某些有效制約的解釋。

（五）赫恩斯坦（Richard Herrnstein）對階級分層的社會類型之遺傳因素的討論〔《知識階級中的智商》（*I. Q. in the Meritocracy*），大西洋月刊出版社一九三三年版〕。

（六）如何在市場中完成經濟預測的討論。〔見密塞斯（Ludwing von Mises）的《社會主義》（*Socialism*）第二篇，《人類行為》（*Human Action*）第四及七—九章〕。

（七）有關市場之外干預的效果，及有關新平衡的建立和性質之個體經濟學的解釋。

（八）雅可布（Jone Jacob）有關什麼因素使城市某些部分獲得安全的解釋〔見《美國大城市的興衰》（*The Death and Life of Great American Cities*），紐約，蘭登書屋（Random House）一九六一年版〕。

（九）景氣循環的奧地利學派理論。

（十）多伊奇（Karl Deutsch）和馬多（William Madow）的觀察：在一個組織中，有大量的重要決定（那些後來能被評價為正確的決定）要在很少的選項中做出，如果許多人都有機會對應當做什麼決定發表意見，有些人就將獲得像是賢能的諮詢者的名望——即使所有發表意見的人，都只是隨意地決定要提供什麼建議〔〈談大型官僚組織中明智的出現〉（Note on the Appearance of Wisdom in Large Bureaucratic Organizations），載於《行為科學》（*Behavioral Science*）一九六一年一月號，頁七二—七八〕。

（十一）經由再修正弗雷（Frederick Frey）所修正之彼得原則（Peter Principle）所提出的類型：人們在他們的無能被察覺時，就從他們無能的層次上升了三級。

（十二）沃爾斯泰特（Roberta Wohlstetter）〔《珍珠港：警告與決策》（*Pearl Harbor: Warning and Decision*），史丹福大學出版社一九六二年版〕，對美國為何沒有根據其掌握的，日本即將攻擊珍珠港的證據採取行動提出解釋。

（十三）「猶太人的傑出智力」的解釋：強調大量最聰明的男性天主教徒，幾個世紀以來都沒有孩子，而猶太教的拉比卻被鼓勵結婚和生育。

（十四）解釋為何公共財（public goods）非僅由個人行為來提供的理論。

（十五）阿爾基恩（Armen Alchian）所持的一種與亞當斯密不同的「看不見的手」的觀點（用我們稍後的術語來說，是一種過濾器的觀點）〔見〈不確定性、進化和經濟理論〉（Uncertainty, Evolution, and Economic Theory），載於《政治經濟學論叢》（*Journal of Political Economy*），一九五〇年，頁二一一—二二一〕。

（十六）海耶克（F.A. Hayek）的解釋：社會合作（social cooperation）如何去利用比起任何個人所掌握的都更多的知識，其方式是人們基於其他人類似的調整活動，如何對其地方狀況造成影響，以及遵循他們面臨的狀況來調整自己的活動。社會合作據此創造新的制度形式、普遍的行為模式等等〔《自由憲章》（*The Constitution of Liberty*）第二章〕。

一種有價值的研究，將列出「看不見的手」的解釋的不同模式及組合，並指出其中何種「看不見的手」的解釋能說明何種類型的情況。我們在此將提及兩種產生模式P的「看不見的手」的過程：過濾過程（filtering processes）和均衡過程（equilibrium processes）。只有適合模式P的成分才能通過過濾過程，因為這種過程或結構濾掉所有非P的因素；而在均衡過程中，每個成分都針對「局部的」狀況而反應或調整，並隨著每一調整而改變其他緊鄰此成分的局部環境，因此這些局部調整聚集的總和就構成或實現P。（有些這類聚集式的局部調整過程，並無法達到均衡的模式，甚至連一個運動中的模式都無法達到。）均衡過程可以有各種不同的方式來幫助維持一個模式，也可能有一個過濾器，清除那些自這一模式逸出的過大而不能由內在平衡機制調整的因素，也許這種解釋的最精緻形式涉及兩個均衡過程，每一過程都在表面的微小偏差下，在其內部維持其模式；每一過程又都是清除發生在另一過程中之大的偏差的過濾器。

我們從以上所述可以注意到，過濾過程的概念能使我們理解：社會科學哲學中被視為方法論的個人主義（methodological individualism）的觀點可能是錯的。如果有一個濾掉（毀棄）所有非P的Q的因素之過濾器，那麼為何所有Q的因素都是P的因素（都適應模式P）的解釋，就要參照這一過濾器。對每一特殊的Q，都可能有一種特殊的解釋——解釋它為何是P，它如何成為P，作為P它維持什麼。但為何所有Q的因素都是P的解釋，並不是這些個別的解釋的連結——即使這些個別的解釋都存在Q的因素——因為那正是要被解釋的東西的一部分。這一解釋將參照這一過濾器。為了弄清楚這一點，我們可想像我們沒有任何為什麼個體Q的因素是P的因素的解釋。某些Q的因素是P，這只是一個基本的統計學法則（就我們能辨別的而言）；而我們甚至可能無法發現任何穩定的統計規則。在這種情況下，我們將知道為何所有Q的因素是P的因素（知道有Q的因素存在，甚至知道它們為何存在），而毋須知道任何個別的Q，以及為什麼它是P。方法論的個人主義的觀點，則不要求有任何基本的（不可復歸的）社會過濾過程。

支配的保護性社團是一個國家嗎？

我們曾提供一種對國家的「看不見的手」的解釋嗎？私人的保護性社團體系，至少在兩個方面不同於最小限度的國家，且不能滿足一個國家最基本的概念：（一）私人的保護性社團允許某些人執行他們自己的權利；（二）私人的保護性社團並不保護其領域範圍內的所有個人。遵循韋伯（Max Weber）理論傳統的作者，[15]把在一個地區內使用強制力的強占權（一種與權利的私自執行相矛盾的獨占權）視為一個國家存在的關鍵。就像寇恩（Marshall Cohen）在一篇未發表的論文中指出的，一個國家毋須獨占它未授權給他人使用的強制力而存在；在一個國家的疆域內，可能存在像黑手黨、三K黨、白種公民協會、罷工的工會會員、「氣象員」組織（Weathermen）等也使用強制力的團體。宣稱擁有這種獨占權是不夠的（即使你這樣宣稱，但你並不會變成國家），對這種獨占權的唯一聲稱者，也不是必要的條件。國家並不需要所有人都承認它對這種獨占權的宣稱的正當性，或是像和平主義者認為的：沒有任何人有權使用強制力，或是像革命家相信的：一個既存的國家缺少這種權利。不管這個國家說什麼，他們有權聯合起來擺脫這個國家。因此，明確的表達國家存在的充分條件，就變成一件困難且煩冗的工作。16

就我們此處的目的而言，我們只需強調私人的保護性機構體系（或其中的組成分子），顯然不能滿足的一個必要條件就可以了。當一個國家說，只有它「可以」決定誰能使用，以及在什麼條件下使用強制力時，它正堅持這種決定的獨占權；它把在其疆域內宣布哪種強制力的使用是「合法」，且「被允許」的唯一權利保留給自己，並且聲稱它有權懲罰違反這一獨占權的人。這種獨占權可以以兩種方式被違反：（一）一個人可能使用強制力，儘管國家未授權他這樣做；（二）一個人或一個團體，雖然不是自己使用強制力，但可能自稱為一個替代的權威（或堅持它是唯一合法的權威），決定在什麼時候、由什麼人，使用強制力是合適和正當。一個國家是否必須宣稱有權懲罰前述第二種違反者是不清楚的，任何國家是否都要避免懲罰在其疆界內，一個有如此意義的團體則更可懷疑。我的略述在此涉及的是哪一種可以、合法和被允許的問題。道德上的許可並不是一種決定，國家也不必如此自負地主張，其為決定道德問題的唯一權威。至於法律上的許可，需要提供對一套法律體系的解釋；為了避免循環論證，這種解釋不應使用國家的概念。

依照我們的目的，我們可以說：國家存在的必要條件是，它將以某人或組織的名義宣稱要盡其所能（要考慮這樣做的費用、可行性，及其他更重要且該做的事情），懲罰一切被發現未經明確允許而使用強制力的人。（之前所說的允許，可能是一種特別的許可，或是經由某個一般性規則或授權而被承認的許可。）但這是不夠，國家還可能保留赦免某人的權力。為了施行懲罰，國家不僅要發現對強制力的「未經授權的」使用，而且要經由某個特定的取證過程，證實這種強制力的使用確曾發生。然而即使這樣，我們在此還是前進一步。保護性機構似乎（無論是個別或集體）不做這樣的宣稱；即使它們這麼做，在道德上也是不正當的。所以，若私人的保護性社團體系不實行道德上不正當的行動，就會缺少獨占的因素，因而就不構成一個國家。為了考察獨占因素的問題，我們必須考慮以下情況：某個生活在私人的保護性機構體系中，卻拒絕加入任何保護社團，且堅持自己判斷其權利是否被侵犯，並堅持藉由對侵犯者的懲罰，或要求賠償來私自執行其權利的團體（或某人）。

認為私人的保護性社團體系，並非國家的第二個原因是：在這一體系下（不考慮偶然的情況），只有那些為保護付了錢的人，才能得到保護；此外，有不同等級的保護可被購買。外部經濟（external economies）的問題又出現了；除非自己願意，否則沒有人必須出錢保護他人，也沒有任何人必須為他人購買的保護出錢或捐助。對人們權利的保護和執行，就像其他重要物品如食物和衣服一樣，被視為一種由市場提供的經濟物品。然而，在一般的國家概念下，每個生活在其疆域內的人（或有時在外旅遊者）都得到（或至少有權得到國家）的保護。如果沒有某個私人團體捐贈足夠的資金來充作這種保護的費用（支付給把罪犯帶到拘留所、法庭和監獄的偵探與警察），或如果國家沒有發現某種它能承擔的，可以以其收入來支付這種保護費用的服務，[17]人們將會預期一個提供如此廣泛保護的國家，會實行重分配的政策。這就是一個國家：某些人付較多錢，以便其他人也能得到保護。的確，大部分的主流政治理論家所認真討論的最小限度的國家，即古典自由主義理論中的守夜人式的國家（night-watchman state），看來就是在這種意義上進行重分配。然而，一個保護性機構（類似一間商店、一種企業）怎麼能向某些人收費，把它的保護提供給別人呢？[18]（我們不考慮某些人為他人付一部分款的情況，因為這對保護性機構而言代價過高，以致無法精細地對其顧客進行分類及收費，以反映所提供之服務的價值。）

如此看來，在一個地區內的支配性保護機構，不僅缺少必要的對強制力之使用的獨占權，也無法對其地域內的所有人提供保護；因此，支配性的保護機構並不足以成為一個國家。但是，這些表象都是似是而非。

第三章 道德限制與國家

最小限度的國家與超小限度的國家

古典自由主義理論的守夜人式的國家，其功能僅限於保護其所有的公民免遭暴力、偷竊、欺騙，並強制實行契約；這種國家被認為是再分配（redistributive）。[1] 我們至少可以想像出一種介於私人的保護性社團體系，與守夜人式的國家之間的社會安排。既然守夜人式的國家常被稱為是一種最小限度的國家，我們將稱上述社會安排為超小限度的國家（ultraminimal state）。除了立即的自衛之需要外，一個超小限度的國家堅持一種對所有強制力之使用的獨占權；這樣就排除了私人（或機構）的報復和索取賠償。但它只對那些出錢購買其保護和強制實行政策的人，提供保護和強制實行契約的服務。沒有購買來自這種獨立權的保護契約的人，就得不到它的保護。最小限度的（守夜人式）國家，等於是在超小限度的國家之外，再加上一種（明顯是再分配）弗里德曼式（Friedmanesque），由稅收供給資金的擔保計畫。[2]在這一計畫下，所有人或有些人（例如那些有需要的人）得到一種以稅收為基礎的擔保；而這種擔保，只有在他們向最小限度的國家購買保護的情況下才能獲得。

既然守夜人式的國家被認為是重分配，甚至到了強迫某些人為另一些人的受保護而出錢的程度；它的支持者就必須解釋，為何這種國家的重分配功能是唯一的。如果為了保護所有人的某種重分配是正當的，為什麼用於其他有吸引力且令人想望的目標的重分配，就不是正當的呢？有什麼特別理由選擇保護性服務，作為唯一正當的重分配活動呢？我們有可能找到一種理由，說明保護性服務這一項並不是一種重分配。更確切地說，「再分配」這個概念是用來指某種社會安排的理由類型，而非指這一安排本身。當然，我們也許可以簡稱一種安排為「重分配」——如果它的主要（唯一可能）支持理由本身是重分配。（「家長制」稱謂也是如此）有說服力的非重分配的理由，將使我們拋棄這一標籤。我們是否認為，把某些人的錢轉交給另一些人的制度是重分配，有賴於我們考慮它這樣做的原因。交還被偷的錢，或因侵犯權利而付的賠款，並不是重分配的理由。我迄今一直說，守夜人式的國家被認為是重分配，而尚未涉及這種可能性——即有可能發現非重分配的理由類型，來證明由某些人為另一些人的保護出錢是正當的。（我在第四和第五章會探討這樣的理由）

一個超小限度的國家的倡導者，可能持一種前後不一致的觀點，即便他避免了是什麼使得保護可以唯獨適合於重分配政策的問題。由於對保護權利不被侵犯的強烈關注，他使這一保護成為這種國家的唯一正當功能，並且堅決主張其他的功能都是不正當的，因為它們本身涉及對權利的侵犯。既然他把對權利的保護和不被侵犯置於最高地位，他怎麼能支持超小限度的國家呢？（這種國家使一些人的權利得不到保護，或者只有很差的保護）他怎麼能藉不侵犯權利之名，去支持這種國家呢？

道德限制與道德目標

這個問題假定：道德關切（moral concern）只能在作為道德目標（moral goal）前提下，成為某些活動要達到目的狀態時而起作用。的確，下述說法是必然的真理：「正當」、「應當」等等，要經由能產生（或傾向於產生）最大「善」（所有目標都包括在這個善之內）的東西來解釋。[3]因此，人們常常認為：功利主義的錯誤在於把「善」的概念理解得太狹隘了。據說，功利主義並沒有恰當地考慮權利及其不可侵犯性，而只是賦予人們一個從屬地位。很多對功利主義的反證，都屬於這種類型；例如，指責功利主義觀點者會同意，為使鄰人免受瘋狂的報復而懲罰無辜者。但是，包含勿侵犯權利的基本方法的理論，卻仍可能以錯誤的態度包容權利，把權利放錯地方。假設要達到目的狀態，是要把對權利侵犯的總量減到最少，如此我們就有一種像「權利的功利主義」的理論了；在此，與一般功利主義不同的地方，僅在於它以最大限度減少對權利的侵犯，代替一般功利主義之幸福總量的目標。〔注意：我們並不堅持把「勿侵犯權利」作為唯一最大的善，甚至不把它放到辭典式（lexico-graphically）的最優先地位，以排除交易或交換的情況。如果有某一可欲的社會，即使在其中我們的某些權利有時會被侵犯，我們還是會選擇在其中居住，而不會去一個我們只能孤獨生存的荒島。）

然而，權利的功利主義仍將要求我們去侵犯某人的權利，只要這樣做能最大限度地減少社會中對權利侵犯的總量。例如，侵犯某人的權利有可能阻止某些人意圖嚴重侵犯別人權利的行動，或者有可能消除他們這樣做的動機，或者有可能轉移他們的注意力。一群暴徒在城市某一地區的殺戮和焚燒，將會侵犯住在那裡的居民的權利。因此，有的人可能試圖證明他懲罰另一個他知道是無辜，卻激怒這群暴徒的人是正當的；因為懲罰這個無辜者，將有助於避免另一些人對權利的侵犯，所以將導致這個社會對權利侵犯的最低值。

把權利納入一種被要求達成目的的狀態，人們可以把權利視為對採取行動的邊際限制（side constraints），即在任何行動中都不能違反限制C。他人的權利，決定對你的行動的限制。（一個加上限制的目的取向的觀點將是：在那些你可以採取不違反限制C的行動中，你可以如此行動，以最大限度增加目標G的總量。在此，他人的權利將限制你的目的取向行為。然而我並非暗示，正確的道德觀點包括那些必須追求的強制性目標——即使是處在限制之下。）這一觀點不同於，試圖把邊際限制C放進目標G的觀點。邊際限制的觀點，禁止你在追求目標時違反道德限制；而目標是最大限度減少對權利侵犯的那種觀點，卻允許你違反這些權利（這些限制），以減少社會對權利的違反總量。[4]

我們現在可以了解，對超小限度的國家提倡者前後不一致的指責，是假定他是「權利的功利主義者」。這種指責假定他的目標，是最大限度地減少社會對權利侵犯的總量；而他應當追求這一目標，即使是經由侵犯人們權利的手段來追求。但我們則說，超小限度國家的倡導者，可以把「勿侵犯權利」作為對行動的限制，不必把它視為要去實現目的的狀態（或作為補充）。這樣看來，超小限度國家的倡導者所持的這一觀點就是前後一致，只要他的權利觀念堅持：你被迫為他人的福利做出貢獻是違反你的權利；而別人不提供你很需要的，包括對保護你的權利必需的東西，這本身並不侵犯你的權利，即使這使別人侵犯你的權利變得較容易。（假定這個觀點不把超小限度國家的獨占因素，理解為對權利的侵犯，那麼它就是前後一致。）當然，前後一致的觀點，並不表示就是可以接受的觀點。

為什麼是邊際限制？

接受邊際限制C，而非最大限度地減少對C的侵犯之觀點，是否不理智呢？（後者把C視為一種狀態而非限制。）如果不侵犯C是如此重要，為什麼不把它視為一種目標呢？對不侵犯C的關心，如何能使人們在下列情況也拒絕侵犯C呢？即在某種對C的侵犯，將防止其他更廣泛侵犯C的情況下，把不侵犯權利視為對行為的邊際限制，而非視為行為的唯一目標的理論，其根據何在呢？

對行為的邊際限制，反映了基本的康德（Immanuel Kant）式原則：個人是目的，而不僅是手段；沒有個人的同意，他們不能被犧牲或被利用來達到其他目的。個人是神聖不可侵犯。

對此有關目的與手段的觀點，應作更多說明。試先考慮一個手段與工具的例子。對我們可以如何使用一種工具的問題，並無任何邊際限制；然而，至於我們可以如何對別人使用工具的問題，卻存在道德限制。有一些保存工具以備將來使用之需的程序，必需被遵循（例如「不要把它留在雨中」），也有一些使用工具有效率的方式。但在我們可以如何使用工具，以最好方式達到目的的問題並無限制。現在設想，對某一工具的使用有一可逾越的限制C。例如，這一工具只能在限制C不被違反的條件下借給你；除非這樣做可以使獲益超過某一特定標準，或除非這樣做對達到某個特定目標是必需的。在此，工具不完全是你的工具，因為其使用是根據你的希望或一時的興致。但它無論如何還是工具，即使它的使用涉及到可逾越的限制。如果我們對其使用加以不可逾越的限制，那麼這個物品就不會以上述方式被當作工具使用。從這方面來看，它不是工具。一個人能否在各方面都加以足夠的限制，而使物品完全不可能被當作工具呢？

人們對一個人的行為，能否被限制得使這個人不是為了任何目的而被使用呢？（除非是他自己的選擇）如果這意味著要求每個提供我們物品的人，都積極地贊同我們所希望的對它的任何用法，那麼這是一個不可能做到的嚴厲條件。甚至只要求他不反對我們所計畫的任何用法，都將嚴重地防礙到雙邊的交易，更不必說這種交易的持續。應該說，只要對方能從交易中得到足夠的好處，以致他願意完成這一交易，這就足夠了；即使他反對你對這個物品的一兩種用法。在這種狀況下，對方在這方面就不僅是被當作一種手段來使用。然而，如果對方若知道你意圖對他的行動或物品加以某種用法，就不會選擇與你打交道；那麼，即使他因無知而選擇與你交往中得到足夠的好處，他還是被用作一個手段。（若是因為不知道對方的目的，也不知道對方將使用的方法而選擇交往的人，可能會說：「你一直都只是在利用我。」）如果一個人有理由相信：對方若知道他的交往意圖就將拒絕與他交往，他負有表明他意圖的道德義務嗎？如果他不表明意圖，他是在利用這個人嗎？有沒有對方不願被利用的情況？一個人因看到他身旁經過的某個有吸引力的人而感到快樂，他是把這個人僅用作手段嗎？[5]會有人把別人利用為性幻想的對象嗎？這些問題及其他相關問題，對道德哲學提出許多很有趣的論題，但我想它們並不是政治哲學的問題。

政治哲學只涉及人們不可利用他人的某些方面，首先是對他人人身的侵犯。對加於他人的行為的特定邊際限制，表明下述事實：不能用邊際限制禁止的特定方式利用他人。邊際限制在指定的範圍內，表明他人的神聖不可侵犯性。這種不可侵犯性表現於下列命令：「不要以某些特定方式利用人們。」另一方面，目的論觀點將以不同的命令表現人們是目的，而不僅是手段（如果它願意完整地表達這一觀點的話）：「最大限度地減少某些特定方式，把人們用作手段的情況。」遵循目的論的這一法則，本身可能包含以這些特定方式中的一種把某人用作手段的情況。假如康德持目的論觀點，他的第二個絕對無條件的道德律（categorical imperative）將是：「如此行動，以最大限度地減少，把他人反用作手段的情況」，而不是康德實際上給出的形式：「不管是對你自己還是對他人，以一種絕不僅僅把人作為手段，而是同時也作為目的的方式行動。」6

邊際限制表明他人的神聖不可侵犯，但為何一個人不可以為了較大的社會利益而侵犯他人呢？個別地說，有時我們都願意承擔某種痛苦或犧牲，以爭取較大的利益或避免較大的痛苦；例如，我們去看牙醫以避免隨後更劇烈的疼痛，或我們去做某些令人不愉快的工作，以獲取它的結果；又如，某些人之節食以改善他們的健康或體型，或存錢以備晚年之需。在所有這些情況中，為了較大的整體利益都付出某些代價。同樣地，為什麼不堅持：為了全體社會利益，某些人必須付出某種能使其他人得益的代價呢？事實上，並不存在一種為自身利益而願意承擔某種犧牲，有自身利益的社會實體。只有個別的人存在，只有個個不同，有其個別生命的個人存在。為了他人的利益而利用某人，利用他去為別人謀利；在此所發生的是：為了別人的緣故，而對他做了某件事情。當論及整體社會利益時，卻隱藏這個事實。（有意的？）以這種方式利用一個人，並沒有充分地尊重和理解他是一個單獨的人，他的生命是他擁有的唯一生命事實。7他並未從他的犧牲中得到超額利益，同樣也沒有任何人有權利把這一犧牲強加給他——而一個國家或政府，尤其不能要求個人在這方面的服從（當其他人並不如此做時）；因此，國家必須小心謹慎地在其公民中保持中立。

自由主義限制

我認為，對於我們可能做的事情的道德邊際限制，反映了我們個別存在的事實，並且說明沒有任何道德上使之均衡的行為，可以在我們之間發生。我們之中的一個生命被其他生命凌駕，以得到較大的整體社會利益，這是不道德的；我們也無法證明，我們之中的一些人要為其他人做出犧牲是正當的。以下這一根本的觀念：存在著個別享有不同的生命，因此沒有任何人可以因為他人而被犧牲，這正是構成道德邊際限制存在的基礎。但我相信，它也導向禁止侵犯他人的自由主義的邊際限制。

追求最大值的目的論觀點愈是強有力，能夠抵制它作為道德邊際限制基礎的根本觀念，也就必須更強有力。因此，我們必須更嚴肅地思考，並非他人之資源的不同，而影響個人的存在。一種強有力且足以支持道德邊際限制、反對具有直覺吸引力，而追求最大值的目的論觀點之根本概念，將足以引出不侵犯他人的自由主義限制（libertarian constraint）。拒斥這種特殊的邊際限制者有三種選擇：（一）他必須拒斥所有的邊際限制；（二）他必須提出不同的解釋，即解釋為何有道德邊際限制，而不僅是目的取向，追求最大值的結構，亦即，他必須提出本身不涉及自由主義邊際限制的解釋；（三）或者，他必須一方面接受強烈的有關個人分立的根本觀念，同時主張對個人的有意侵犯與這一根本觀念是相容的。這樣，我們就很有希望從道德形式到道德內容的論證結構：道德的形式包括F（道德邊際限制）；對道德之為F的最好解釋是P（對個人之差別的一種強有力的陳述），[8]從P推出一種特殊的道德內容，即自由主義的限制。從這論證結構得到的特殊道德內容：其中強調存在著不同的、各自安排生活的個人之事實，將不是充分的自由主義限制。它禁止犧牲一個人去為另一個人謀利；但還須進一步達到禁止家長制的干預，這種家長制對它支配的個人，使用或威脅使用強制力來保證人們的利益。對此，我們必須強調存在著不同的、各自安排生活的個人之事實。

互不侵犯原則，常被看作適當的規範國家之間關係的原則。那麼，在獨立自主的個人與主權國家之間有什麼不同，使得侵犯個人成為可允許的呢？為何某些個人經由政府聯合起來，就可以對某人做任何國家都不可以加諸於另一個國家的事情呢？如果個人與國家之間有什麼不同，這個不同將使個人之間的互不侵犯，有著更強的論據；與國家不一樣的是，個人並不包括這樣的部分，即不包括別人可以正當的介入，來保護或捍衛的部分。

在此，我將不探究禁止人身侵犯之原則的細節，除非為了指出它並不禁止強制力的使用，以抵禦另一個對自己構成威脅的人；即使這個人是無辜且不應受報復。無辜的威脅者（innocent threat），是某個在過程中無辜地成為因果關係中之行為者的人；在這一過程中，如果他願意成為行為者，他就是一個侵犯者。如果約翰抓住傑克向你擲來，要使你落入深淵，那麼傑克是既無辜又是威脅者；如果傑克願意如此被扔擲，那麼他就是侵犯者。現在我們假設傑克擲向你時是活著的，你是否可以在他壓死你之前，用你的雷射槍把他分解掉呢？自由主義的禁令通常是禁止對無辜者使用暴力。但我認為，無辜的威脅是一種必須應用不同原則的情況。[9]因此，這一領域的完整理論必須明確地概括不同的限制，對無辜的威脅這種情況做出反應。對威脅的無辜保護的情況則更複雜；其複雜性在於有些人自己並非威脅者，卻處在這樣的狀態：人們若要阻止威脅，就不能不損害他們。比方說，被捆綁在侵略者坦克前面的無辜者，就是對威脅的無辜保護；亦即，要擊毀坦克就不能不傷害他們。（在此要注意：對某些人使用強制力以抓住侵犯者，並不是對威脅的無辜保護採取行動。例如，侵犯者的無辜孩子——他受到折磨以迫使侵犯停止——並不是對侵犯者的保護。）一個人能有意去傷害無辜的保護者嗎？如果某人可能在攻擊侵犯者時傷害到無辜的保護者，這個無辜的保護者可以反過來進行自衛嗎？（假設他無法反抗侵犯者）那麼，這兩人彼此的戰鬥不都是在自衛嗎？同樣地，如果你對無辜的威脅者使用武力，你是否因此就變成對他無辜的威脅，以致他可以正當地對你再施加武力（假設他可以這麼做，卻不能防止他最初的威脅）？在此我小心謹慎地瀏覽這些尚不足以採信的困難論題，而僅只是指出：聲稱以不侵犯為中心的觀點，必須在某種程度上明確地解決這些難題。

限制與動物

我們可以經由考慮生物來說明道德邊際限制的地位和意義。對於非人類的動物來說，這種嚴格的邊際限制通常不被認為是恰當的。那麼，我們對動物的行為有沒有什麼限制呢？動物中有作為目的的道德地位嗎？是否為了某些目的，而使我們無權使牠們做出巨大的犧牲呢？究竟是什麼，讓我們有權利用牠們？

動物並非無足輕重，至少對某些較高級的動物，是應當在人們有關如何對待牠們的思考中給予重視。但要證明這一點是困難的。（證明人類並非無足輕重，也是困難的。）我們先舉例子，再進行論證。如果你喜歡咬自己的手指（也許是隨著某段音樂的節拍咬），而你知道咬手指的動作會經由某種奇怪的因果關聯，使一萬頭無主的母牛在劇烈的痛苦後死去（或無痛苦地即刻死去）；這樣，你咬自己的手指是完全可行嗎？有什麼理由說明為何這麼做，在道德上是錯誤呢？

有些人說，人們不應當這樣做，因為這種行為會使他們變得野蠻，使他們可能僅為了快樂而剝奪人的生命。這些人認為，那些在道德上無可非議的行為，有一種不可取的道德引申。（如果沒有這種引申，事情將會不同。例如，對一個知道自己是地球上最後一個人的人來說，情況就會不同。）但為什麼竟然有這種引申呢？如果對動物不論什麼原因，不論做什麼事情都是可行的，那麼，假定有一個分解動物與人的明確界線，並在他行動時將此牢記於心的人，殺戮動物怎麼會使他變得野蠻，和較可能傷害或殺戮人類呢？屠夫更容易犯凶殺罪嗎？（比其他有刀在手邊的人更容易嗎？）如果我喜歡用球棒狠狠地擊球，是否這就增加我對某人的頭部做同樣危險的動作？難道我不能理解人不同於球，而這種理解不會阻止這一引申嗎？為什麼事情涉及到動物就不一樣呢？的確，引申是否發生是經驗的問題。但對於為什麼它竟然會發生的問題確有疑問；至少在本書的讀者之間能夠分解動物與人，並予以區別對待的明智的人之間，是會有這種疑問的。

如果某些動物確有某種重要性，那麼，是哪些動物具有此種重要性？這種重要性有多大？這些又是怎麼被決定呢？假設（我相信這是有證據支持）吃動物對健康而言並非必要條件，也不比美國人所能採用的其他同樣健康飲食更省錢。那麼，吃動物所能得到的好處，就是各種口味之樂了。我並不是說，這些口味不是真的使人愉快、歡樂和感興趣。問題在於：這些口味之樂，或是說吃動物比吃素所增加的口味之樂，是否比應給予動物的生命和痛苦的道德考慮重要呢？假如動物確有某種重要性，那麼吃動物比素食所獲得的額外快樂，是否比這種道德代價更大呢？怎樣解決這些問題呢？

我們或可試著考察一些可以相互比較的事例，把我們對這些事例所做的判斷推廣到我們面前的事例。例如，我們可以考察「打獵」這個例子，在此我假定僅因為樂趣而追捕和殺死動物是不好的。但打獵這個例子是否過於特殊呢？因為打獵的目標及其所提供的樂趣，就在於動物的被逐、傷殘和死亡。假設我從揮動球棒中得到快樂，而碰巧在我可以揮動球棒的唯一一塊地方的前面站著一頭母牛，揮動球棒將不幸地打到母牛的頭部。但我並非從打擊牠得到樂趣，而是從活動我的肌肉、巧妙揮棒中得到快樂。我這樣做的一個附帶結果是（不是手段），這隻動物的頭部將被打破。的確，我可以放棄揮棒，而代之以做彎腰觸腳尖或別的運動。但這不會像揮棒那樣使我快樂，我從別的活動中得不到像揮棒這樣大的快樂和陶醉。所以，現在的問題是：我通過揮棒而得到比其他最好、可選擇不傷害動物的活動中獲得更大額外的快樂，這是否恰當呢？假設這不僅是放棄揮棒的快樂問題，假設每天都有同樣的情況發生在不同的動物身上。那麼，有這樣一種原則嗎？它將允許殺死和食用動物帶來額外快樂，而不允許揮棒所帶來的額外快樂？這樣的原則像什麼原則呢？（這類似吃肉的例子嗎？如果殺動物是為了取得一根可以做最好球棒的骨頭，而由其他材料做的球棒都不能帶來同等的快樂，那麼，殺死一隻動物以得到牠的骨頭做球棒，所帶來的額外快樂是恰當的嗎？如果你雇用某人從事這種捕殺，在道德上是可允許的嗎？）

這類例子和問題，有助於人們明白他想劃何種界限和採取哪種立場。然而，他們面臨論據要前後一致的通常限制，他們不能說：一旦發現衝突，我就改變觀點。當然，在設計不出一個原則來區別揮棒與吃動物的情況下，你還是可以認定揮棒歸根結柢是恰當的。此外，對類似事例的這種訴諸，對於我們精確地確定不同動物的不同道德分量，並無很大幫助。（我們將在第九章進一步討論，通過訴諸事例強行得出道德總論的困難。）

我在此提出這些事例的目的，是要探討道德邊際限制的概念，不是要探討吃動物的問題。然而我還要說，依我之見，今天美國人從吃動物能得到的額外好處，並不能證明這樣做是正當的，所以我們不應當如此證明。有一個普遍可見，與道德邊際限制有關的論據值得注意：由於人們吃食動物，人們馴養比不吃食動物時較多數量的動物。活一段時間總比根本不存在要好。所以（這一論據的結論是），由於我們食用動物，動物的情況變得更好了。雖然這種變好並非我們的目的，但幸運地是，這種變好使我們一直讓動物得益。（假如人的口味改變了，不再覺得吃食動物是一種享受，那些關心動物福祉的人，是否應當承擔起繼續吃食動物不愉快的工作呢？）如果有關人的類似論據並不很有說服力，我相信當我說動物應被給予和人同樣的道德重要性時，應不致於被誤解。我們能設想，人口問題將使每對配偶或每個群體，把他們的孩子限制於某個預先規定的數目內。假設一對配偶在達到這個數目之後計畫再生一個孩子，並在他三歲（或二十三歲）的時候處置他：把他賤賣或烹煮。在證明這種行為時，便說這個孩子如果不是他們允許的話根本不存在，所以他存活幾年對他來說是較好的事情。然而，一旦一個人存在，即使與他的存在相互矛盾的事情，也都能夠作為淨增的行為，即使是創造他的人亦然。一個存在的人有權提出要求，甚至有權反對那些創造他，但其目的是侵犯他權利的人。我們有必要探求道德上的反對意見，反對允許父母做任何事情（但要不要生孩子必須得到他們的允許），而且認為這個孩子比他若不降生時情況要好的體制。10（有些人認為，唯一的反對意見在於準確地指出允許範圍時的困難）一旦動物存在，牠們也能要求某種待遇的權利，這些要求相對於人在相同方面的要求，是較不受重視的。但是，某些動物的存在只是因為有人想做違反其要求的這一事實，並不表示這些要求不存在。

讓我們考慮下面有關動物的待遇（也是最低限度）的觀點，讓我們較容易討論這一問題。我們把這種觀點稱為「對動物的功利主義（utilitarianism）和對人的康德主義（Kantianism）」。這一觀點主張：（一）要最大限度地增加所有生物的總體幸福；（二）要對可能對人做的行為施以嚴格的邊際限制。人類不可為了他人的利益而被利用或被犧牲，卻可以為了其他人或者動物的利益來利用或犧牲動物，只要這些利益大於侵犯動物所帶來的損失。（功利主義觀點的這一不太準確的陳述，對我們的目的來說已足敷應用，同時也能方便我們的討論。）只要總的功利大於侵犯動物所帶來的損失，一個人就可以進行這些事情。以這一功利主義的觀點看待動物，就像以規範功利主義的觀點看待人；我們可以仿效歐威爾（George Orwell），把這一觀點總結如下：所有的動物都是平等，但其中有一些比其他動物更平等。（沒有任何動物可以被犧牲，除非是為了較大的總體利益；但人是不可以被犧牲的，或者僅在嚴格的條件下才能被犧牲，而且絕不是為了非人的動物的利益而犧牲。在我看來，上述觀點的第一點僅是要排除不符合功利主義標準的犧牲，而不是指出功利主義的目標。我們稱這種觀點為消極的功利主義。）

我們現在能把動物確有某種重要性的論據，呈現給持不同觀點的人。至於那些對人做的事情施加嚴格邊際限制的「康德式」道德哲學家，我們可以說：

你認為功利主義不適當，因為它允許一個人為另一個人犧牲，因而忽視一個人在合法對待人們的方式之嚴格限制。但是，不也可能在道德上介於人和石頭之間的東西嗎？對它們雖然沒有嚴格限制，但還不能僅作為一個物體來對待。一個人也許期望經由減少人的某些特徵，而使我們得到這一中介的存在。（或許這在道德上居於中間地位的存在，是經由減少我們的某些特徵，並增加另一些和我們的特徵很不同的特徵得到的。）似乎合理的，動物是中介的存在，功利主義是中介的觀點。我們可以從稍微不同的角度接觸這個問題。功利主義假定幸福是有關道德的全部，同時又假定所有的存在都是可以相互交換。這兩種觀點的結合並不適用於人。但是，（消極的）功利主義對於適合上述觀點的任何存在，不都是真實嗎？而且它不也是適合動物嗎？

對於功利主義者，我們可以說：

只要快樂、痛苦、幸福等體驗（以及對於這些體驗的能力）是與道德相關，所以動物必須在牠們擁有這些能力和體驗的範圍內被納入道德考慮。假設有一個矩陣，行代表各種可選擇的行動策略或行為，列代表不同的生物個體，每一交叉項代表某一行動方案將帶給這一生物體的功利（即快樂幸福的淨額）。功利主義的理論經由所在行中的各項總額來評估其每項行動策略，並指示我們實行其總額為最大值的行動或策略。每一列都被平等地衡量，且只計入一次，不管它是指一個人還是一個動物。雖然這一觀點的結構是平等對待牠們，動物卻可能由於牠們本身的事實而在決定中顯得較不重要。如果動物在對快樂、痛苦、幸福的能力比人類要低一些，那麼在動物列中的矩陣項，比起人類列的矩陣項就會低一些。若是如此，在最後做出的決定，這就是重要性較低的因素。

一個功利主義者將發現，否認動物是這種平等考慮的對象是困難的。他能根據什麼前後一貫地區分人的幸福與動物的幸福，從而只考慮前者的幸福呢？即使說苦樂體驗只有達到某一限度才能進入前述的功利矩陣，但肯定還是會有某些動物的苦樂體驗，是大於功利主義希望計入人的苦樂體驗。（試比較一個動物被活活燒死，和一個人輕微的煩惱。）我們可以注意到，邊沁（Jeremy Bentharm）正是以我們剛才解釋的方式計算動物的幸福。[11]

按照「對動物的功利主義和對人的康德主義」觀點，動物將被利用來促進其他的動物和人的利益；但人決不可違反他們的意志而被利用（被傷害或犧牲）來促進動物的利益。決不可為了動物而侵犯人。（這是否包括，違反不可虐待動物的法律時的處罰呢？）這是可以接受的結論嗎？我們不能經由對某人造成輕微的不適，而挽救一萬隻動物免遭激烈難耐的痛苦嗎？（這個人並非是造成動物痛苦的原因。）人們可能會覺得，在可以挽救我們免遭激烈痛苦時，邊際限制並不是絕對的。所以，也許邊際限制在關涉到動物的巨大痛苦時，也是可以放鬆一些，雖然不是很多。徹底的功利主義者（把動物與人聯合為一個整體的功利主義者）走得更遠，主張若其他情況相同，我們可以對一個人施加某種痛苦，以避免一個動物（稍微）大些的痛苦。這一寬大的原則在我看來是很難接受的，即使其目的是要避免一個人較大的痛苦。

功利主義理論被一種功利怪物糾纏、困惑，這一功利怪物能從別人的犧牲中，得到比這些人的損失大得多的功利。因而似乎功利主義理論就要求我們為這一怪物犧牲，以增加總的功利。但這是不能接受的。同樣地，如果人對動物也是這樣的功利饕餮者，總是從動物的犧牲中得到巨大的平衡功利（counterbalancing utility），這也是不能接受的。我們可以感受到，「對動物的功利主義和對人的康德主義」，幾乎總是要求（或允許）動物做出犧牲，使動物太受人支配了。

既然只考慮動物的快樂和痛苦，功利主義的觀點是否把毫無痛苦地殺死動物，看作是正當的？按照功利主義觀點，無痛苦地將人殺死也是正當的嗎？（假設是在深夜熟睡時，殺人者事先也沒有聲張。）眾所周知，功利主義根據人的數目來做決定的主張，是值得爭論的。（必須承認，這方面的總計很難獲得。）最大限度地增加幸福總額，要求不斷地增加人的數量，以使他們的淨功利（net utility）是一正數，且足以抵消因他們在世上的存在，而導致對他人的功利損失。而最大限度地增加平均功利，允許一個人殺死其他人，只要這使他心醉神迷，得到比平均數更大的快樂。（不說他不應當這樣做，是因為他若不殺死其他人，在他死後，這一平均數就將降低。）如果你殺死某人，馬上代之以另一個人（經由生一個孩子或像科幻小說那樣造一個成人），這個人將生活得與被殺者的餘生一樣幸福，那麼你殺那個人就是恰當的嗎？畢竟，這在功利總額（total utility）絕不會有任何減少，甚至在其分配的外觀，也不會有任何改變。我們禁止兇殺只是為了防止潛在的受害者的焦慮嗎？（一個功利主義者如何解釋受害者焦慮的是什麼？他真的能採取一種把他所謂不理智的恐懼，拋在一邊的行動策略嗎？）顯然，一個功利主義者需要對他的觀點加以補充，以處理這些問題；也許他將發現，這一補充理論將變成主要理論，把原先的功利主義觀點降級到一個角落。

但功利主義不是對動物最合適嗎？我不這樣認為。但如果不僅動物感覺的體驗是與道德相關，那麼別的相關因素又是什麼呢？在此另一些麻煩問題出現了。一旦一個動物生存著，我們必須對牠的生命給予多大程度的尊重呢？我們又怎麼決定呢？我們必須引入一種不降級存在的概念嗎？使用基因工程技術，來製造對自己命運感到滿足的天生奴隸合適嗎？何謂天生的動物奴隸？是馴養動物嗎？即使對於動物，功利主義也不能做出完整的理論解釋，但這些問題的艱深繁雜，卻使我們裹足不前。

體驗機

當我們問及，與人們從「內部」感受到的體驗不同的東西有何意義時，也有一些實質性的困惑。假設有一台可以給你任何所欲經驗的體驗機（experience machine）：最出色的神經心理學家能刺激你的大腦，使你覺得正在寫一部巨著、正在交朋友，或讀一本有趣的書。這時候，你是漂浮在一個有電極接著你的大腦的容器內。你是否應當進入這一機器的生活，編製擬定你生命的各種體驗呢？如果你擔心無法包含所有可欲的經驗，我們可假定做這種生意的公司，已徹底研究其他人的生活。你可以從他們收藏這類經驗的大圖書室中挑選，選擇你隨後兩年的生活經驗。兩年過去之後，你將有十分鐘或十小時待在這一容器之外，再為自己選擇隨後兩年的體驗。當然，在容器中時，你不會知道自己在哪裡，你以為一切都是已發生的。其他人也能進入他們想要的經驗中，所以不需要別人留在機器外面為他們服務。（在此略去：如果所有人都進入體驗機生活，誰將修護機器的問題。）那麼，你願意進入這種機器嗎？除了我們從內心感受到的生活之外，還有別的對我們關係重大的東西嗎？你不應當因為進入前做決定時，那短暫的一刻煩惱而制止自己。這短暫的一刻煩惱，比起一生無上的幸福喜悅，算得了什麼呢？（如果這種無上的幸福喜悅是你選擇的。）如果你的決定是最好的，為什麼要感到煩惱呢？

除了我們的體驗之外，還有什麼東西對我們關係重大呢？首先，我們想做某些特定的事情，而不只是想獲得做這些事情的體驗。就特定的經驗來說，首先，我們只是因為想要實際地做某些我們想要有的實行經驗，或完成它們的經驗的行動。（但為什麼我們想要實際地做這些行動，而不只是去體驗呢？）第二個不進入機器的理由是，我們想以某種方式存在，想成為某種類型的人。漂浮在容器中的人，只是一個不確定的形象。對長期處在這一容器中的人會是什麼樣子的問題，是無法回答的。他是勇敢、和善、聰明、明智、富於感情嗎？這不僅是難以辨別的問題，也是因為他什麼也不是。進入這一機器是一種自殺。對某些置身於幻景的人來說，「我們是什麼」的問題，除非反映在我們的體驗中，否則這個問題對我們就沒有意義。但「我們是什麼」對我們而言是重要的，這點難道值得奇怪嗎？為什麼只關心怎樣填充我們的時間，而不關心「我們是什麼」呢？

第三，進入體驗機會把我們限制在一個人造的真實之內，把我們限制在一個沒有比人所能建構的東西，更深刻或更重要的世界之內。[12]我們與較深刻的真實不會有實際接觸，雖然其體驗能夠被刺激出來。許多人希望自己易於得到這種接觸，且更易於了解這種較深刻的重要性。[13]這說明了迷幻藥問題，為什麼會有如此激烈爭論：一些人把迷幻藥視為僅是局部的體驗機，另一些人則視其為通向更深刻的真實之道；或是說，一些人視其為向體驗機投降，另一些人則視之為不投降的理由。

我們經由設想體驗機，並陳述我們不會進入的理由而了解：除了經驗之外，還有些東西對我們有重要意義。我們可以繼續設想一系列機器，每個都旨在補充先前機器的不足。例如，既然體驗機不能滿足我們以某種方式存在的欲望；我們可以設想一種變形機，使我們變成自己想變成的類型的人（與既存的我們相適應）。當然，我們不會用這一變形機來使自己變成想成為的人，就像前述不進入體驗機一樣。[14]所以，除了一個人的體驗和他是什麼之外，還有一些對人有重要意義的東西，這理由不僅是因為一個人的體驗與他是什麼沒有關係，還因為體驗機只限於提供經驗給進入體驗機的那類人。那麼，這是因為我們想在世界上造成差別嗎？那就考慮效果機吧，它將在世界上創造任何你想要創造的效果，把你的行動向量注入任何聯接的活動。我們在此不探索這類或其他機器的迷人細節。這些機器最使人煩惱的一點，就是它在為我們度過人們的生命。尋求某些機器不能為我們完成特殊的額外功能，是走入歧途嗎？也許我們想望的就是要度過（一個主動詞）自己的生命，與真實保持接觸。（這件事是機器不能為我們做的。）我沒有仔細探討這件事的含義，我相信它出乎意料地與自由意志，及知識的因果解釋有關。在此，我們只需注意下述問題的複雜性：除了人們的體驗，還有什麼東西對人們有重要意義。在有人發現令人滿意的答案，且在他確定這個答案並非也適用動物之前，他不能合理地主張只有動物感覺的經驗，限制我們對動物的行為。

道德理論的難於確定

是什麼把人與動物區別開來，使得嚴格的限制僅適用於對待人的方式，而不適用於對待動物的方式呢？[15]來自另一個星系的存在物，能像我們對待動物那樣對待我們嗎？如果可以，他們把我們功利主義式地看作手段，將會被證明是正當嗎？生物是不是按某種上升的等級安排，以便使任何事物都可以為了那些等級較高生物的較大總體利益，而被犧牲或受苦？[16]這種菁英論的階層觀，將分出三種道德地位（構成這些等級的分界線）：

地位一：此生物不可為了其他生物而被犧牲或受傷害。

地位二：此生物只可以為了較高等級的生物，而不能為同一等級生物而被犧牲或受傷害。

地位三：此生物可以為了其他同一等級或較高等級的生物，而被犧牲或受傷害。

如果動物占據地位三，我們占據地位一，誰占據地位二呢？也許我們占據地位二。把人們當作是其他生物謀利的手段，在道德上是被禁止的嗎？或只是禁止把人們用作其他人—即同一等級的生物——的手段？[17]一般的觀點包括，比有意義的道德劃分（例如人與動物的劃分）更多的可能性嗎？我們可以探討人類的另一層面嗎？某些神學觀點認為，上帝可以為了他自己的目的而犧牲人。我們也可以想像，人遇見來自另一個行星的生物，這些生物在他們童年時就經歷了人類心理學家認定的各種道德發展階段。這些生物聲稱，他們歷經十四個連續的發展階段，每個階段對進入下一階段都是必需的。然而，由於地球人的原始，他們無法向我們解釋隨後階段的內容和推理過程。這些生物主張，我們可以為了他們的幸福，或至少為了保護他們較高的能力而被犧牲。他們說，他們已達到道德成熟期的真理，他們不像孩童那樣進行道德思維，而這種孩童般的思維，正是我們道德發展的最高水準。（像這樣的故事可以提醒我們，一系列的其中每個階段，都是下一階段前提的發展階段，可能在某個階段之後趨於退化而非進步。故而，要達到某一階段須先經歷某些別的階段，並不是對這一階段的推崇。）我們的道德觀允許我們為了這些生物的較高能力（包括道德能力）而犧牲自己嗎？這一決定不會容易地，從我們思考與自己不同的道德權威的認識論中得到解決；當我們承認自己可以犧牲時，我們可能是錯的。（即使我們不知道這些生物持有那種觀點，也將達到類似的結果。）

占據中間地位二的生物是可以被犧牲的，但不是為了同等或較低等級的生物而犧牲。

如果他們從未與較高等級的生物遭遇、相知或相互影響，那麼將在他們實際面臨和考慮的一切情況中占據最高等級。於是將有一種彷彿是絕對的邊際限制，禁止他們為任何目的而被犧牲。因此，這兩種很不相同的道德理論：一種是把人放在地位二的菁英階層理論（elitist hierarchial theory），另一種是絕對邊際限制理論（absolute-side-constraint theory）：對人們實際面臨的狀況，給出完全相同的道德判斷，並同樣有效地解釋我們所做的（幾乎）所有道德判斷。〔說「幾乎所有」，是因為我們對假設的狀況做判斷，這些狀況可能涉及來自另一行星的「超人」（superbeings）。〕認為這兩種不同的理論，同樣有效地解釋所有可能的資料，這並非是哲學家的觀點。它也不僅是說，邊際限制的觀點能經由各種不同手段，置入一種追求最大值目的論的主張。我們寧可說，這兩種理論解釋了所有實際的資料，解釋了我們迄今為止遭遇到的所有情況；但它們在某些假設狀況中，還是存在很大的分歧。

如果我們發現很難決定要相信哪個理論，這是不奇怪的。因為我們並非一定要考慮這些狀況，它們並不是形成我們觀點的狀況。然而，這些問題不僅涉及較高等的生物，是否可以為了他們的利益而犧牲我們，也涉及到我們應當做什麼的問題。因為，如果真有這樣優越於人的生物，菁英階層理論並不會在涉及我們時崩潰，而轉變為「康德式」的邊際限制觀點。一個人不可以因為他自己的利益或某個他人的利益，而犧牲他的同胞，但他是否可以為了較高等生物的利益，而犧牲他的同胞呢？（我們感興趣於較高等生物，是否可以為了他們自己的利益而犧牲我們的問題。）

限制的根據是什麼？

這樣的問題不像現實問題那樣咄咄逼人（還是有緊迫性？）但迫使我們去考慮有關道德觀的基本且十分重要的問題。首先，我們的道德觀是一種邊際限制觀點，還是一種更複雜的階層結構的觀點？其次，（借助於精確地確定人的特徵）在他們可能如何相互對待或被對待方面，存在著道德限制嗎？我們也想了解為什麼，這些特徵與這些限制是有關聯的。（也許我們想使這些特徵不為動物所具有，或不像人那樣高水平地具有。）一個人的特徵（由於這些特徵，別人才在對待他時受到限制），本身必須是有價值的特徵。不然，我們將如何理解，為何這些從人的特徵產生的東西會有如此價值呢？（這一自然的假設值得進一步探索。）

傳統認為的，與道德限制有關的重要的個人特徵如下：有知覺和自我意識；有理性（能使用抽象概念，不束縛於對直接刺激的反應）；有自由意志；是能夠以道德原則指導自己行為、相互調節，和克制自己行為的道德主體，且具有靈魂。讓我們撇開有關這些概念如何準確地被理解，以及這些特徵是否為人且僅僅為人所具有的問題；我們只是探究它們與對他人的道德限制的關聯。現在我們把上述所列特徵的最後一項擱置，再來看它們，其中每一個特徵對產生與道德限制的必然連繫，都是不充分的。為什麼一種很機敏、有遠見，或智商超過某一水準的存在物，有理由限制我們對待他的方式呢？那些比我們更有才智的存在物，有權不限制自己對待我們的方式嗎？或者，那些被指為關鍵標準的重要性是什麼呢？如果一個存在物能夠自主地進行選擇，有沒有某種理由讓他這樣做呢？自主的選擇是真正的善嗎？如果一個存在物只能做一次自主的選擇，比方說，在某個特殊的場合對各種口味的冰淇淋進行選擇，而且隨後馬上就會忘記；那麼，有強有力的理由允許他選擇嗎？如果一個存在物能夠和其他存在物都同意相互按規則限制行為，這就說明他能夠遵守限制；但這並未說明，他應當遵循哪些限制（不殺害他嗎？）也沒有說明為什麼任何限制都應當被遵守。

在此，我們需要中介變數M。對變數M而言，上述的特徵是個別需要，也許合起來就會是充分的條件（至少我們能看清需要補充什麼以得到M）。有了M，就與人們行為的道德限制有了明晰且有說服力的關聯。同樣地，借助於M，我們就能明白為什麼其他人強調理智、自由意志，和道德主體這些特徵。如果這些特徵不僅是M的必要條件，也是M的重要成分或者達到M的重要手段，事情就容易多了。

但我們個別且分開地對待理智、自由意志和道德主體，不是不恰當嗎？這些特徵結合起來不是要成為一種意義明確的東西嗎？亦即結為一種能夠為其生命構造長期計畫的存在，這種存在能夠根據抽象原則或者他對自我的概括，而進行思考和做出決定，因此就不僅僅是直接刺激下的產物；他能按照某些原則，或者按他所抱持的對自己和他人理想生活圖景來限制自己的行為。然而，這已超越上述的三個特徵。我們可以在理論上把上述的長期計畫，與全面的指導特殊決定的人生觀，以及作為基礎的三種特徵區別開來。因為「存在」可能擁有這三種特徵，卻不能藉由全面的人生觀和綜合的觀念進行活動。所以，讓我們再補充一個特徵，那就是經由某種選擇，而被接受的全面性觀念調節和指導其生活的能力。據此我們就知道如何行動的全面性觀念、為自己設計何種目標，將成為何種存在所具有的重要意義。試想，如果我們都是健忘症患者，每天晚上睡覺時都會忘記一整天所發生的事情，我們將會變得多麼不同（對待我們的合法態度，也會是多麼不同）。即使偶爾有人能重新記得他所忘掉的每一天，並根據明智的人可能會選擇的有系統的觀念生活，但他還是不能過那種有系統的生活。他的生活與那種有系統的生活形成對比，卻無法以同樣的方式被整合。

這個增加的能力——即形成全部生活的圖景（或其中富有意義的一部分），並按照一個人願意過的某種全面的人生觀行動——在道德上有何種重要性呢？為什麼不能干涉別人對他自己生活的塑造？（而對於那些不積極塑造生活，只是隨波逐流的人們又該怎麼說呢？）一個人應該注意到：任何人都可能實行你所希望採取的生活型態。既然一個人無法預知某人會提出你希望採取的生活型態，所以允許別人去實行他所認為的人生觀，就是合乎你的利益；因為你可以從他的範例中學習（模仿、避免或修正），但這種謹慎細心的論據還是不充分。

我推測上述問題的答案，與「生活的意義」這個不易理解且困難的概念有關。一個人根據某種全面性的計畫塑造其生活，也就是賦予其生活某種意義。只有有此能力塑造其生活的存在者，能夠擁有或者努力追求有意義的生活。但即使我們有令人滿意地解釋和澄清這一概念，我們還是要面對許多困難的問題。這種塑造生活的能力，就是擁有（或追求？）一種有意義的生活能力嗎？或是還需要別的東西呢？（對於倫理學來說，擁有靈魂這一特質的內容，就足以使人努力或能夠努力賦予其生活意義嗎？）為什麼在我們如何對待塑造其生活的存在者的方式上會限制？是否有某些對待方式，是與他們擁有有意義的生活相矛盾？即使如此，為什麼不毀棄有意義的生活呢？或者，為什麼不在功利主義理論中以「富有意義」取代「幸福」，並且最大限度地增加人們富有意義的總額呢？或者生活的意義這個概念，是以不同的形式進入倫理學？我們應當注意，這一概念有權被認為是可能有助於溝通「是」與「應當」（is-ought）之間鴻溝的概念。它看來恰好跨越兩邊。例如，假設我們能說明：如果一個人以某種方式行動，他的生活就將是無意義的。這是假設命令（hypothetical imperative）還是絕對命令（categorical imperative）？一個人需要回答進一步的問題：「為什麼我的生活不應該是無意義的呢？」或者，我們假設以某種方式對待他人，就是一種承認自己的生活（和那些行動）是無意義的方式。這類似實用主義的矛盾：是否對其他人類的行為，不會導致邊際限制的地位二的結論？至少我希望，在其他地方解決這些問題及相關問題。

個人主義的無政府主義者

我們概述了一些重要問題，這些問題是人們相互之間可以如何行為的道德邊際限制的基礎。現在我們回到私人性質的保護體制。一個私人性質的保護體系，即使在一個保護性機構支配一個地區的時候，顯然還不足以成為一個國家，因為它並不像國家那樣為其領域內的所有人提供保護。它看來也不擁有或是主張擁有，對國家而言為必需之強制力使用的獨占權。用我們先前的術語來說，它顯然並不構成一個最小限度的國家，甚至不構成超小限度的國家。

正是這種在一個地區內的支配性保護機構或社團，看來並非一個國家的假象，提供個人主義的無政府主義者（individualist anarchist）反對國家的焦點，因為他們堅持認為：當國家獨占一個地區內的強制力使用權，並懲罰違反這種獨占權的人，或是當國家藉由強迫一些人，為另一些人購買保護來為所有人提供保護，此時它就侵犯有關對待個人的道德邊際限制。因此，他們做出結論：國家在本質上是不道德的。國家承認在某些情況下懲罰侵犯別人權利的人是正當的，因為國家本身就是這樣做。那麼，國家怎麼能僭稱私自擁有禁止權利被侵犯、不具攻擊性的正義強行權呢？如果國家施行懲罰，它並沒有違反權利；那麼，個人私自對正義的強行，又侵犯什麼權利呢？當一群人組織起來成為國家並施行懲罰，卻禁止其他人做同樣的事，其他人將侵犯而這些人自己卻不會侵犯，這是什麼樣的權利呢？又是根據什麼權利，國家及其官員能強硬要求並執行對強制力的獨占權（一種特權）呢？如果個人對正義的私自強行不違反人的權利，那麼，因為他的行為（國家官員也從事這種行為）侵犯了他的權利，因而也就侵犯道德的邊際限制。根據這個觀點，獨占強制力的使用權本身就是不道德的，就像經由強制性的國家稅收機制進行再分配是不道德的一樣。照管自己事情的溫和個人，並沒有侵犯他人的權利。拒絕為某人購買某種東西，也並不構成對某人權利的侵犯（你不必負起購買的義務）。因此，這一論證可以繼續推行：如果國家威脅個人，說他若不為他人的受保護而捐獻便要加以懲罰的話（國家及其官員），就侵犯他的權利。若以某種由私人執行即是對他權利侵犯的事情來威脅他人時，他們就違反道德限制。

為了達到一個可以被承認為國家的實體，我們必須說明：（一）超小限度的國家是怎樣從私人的保護性社團體系中產生；（二）超小限度的國家是怎樣轉變為最小限度的國家，又是如何產生構成最弱意義國家的保護性服務的一般條件再分配。為了說明最小限度國家在道德上是正當的，並說明它本身並非不道德，我們就必須說明：在前述（一）和（二）中的每一轉換，在道德上都是正當的。在本書第一部的其他章節，我們將說明這些轉換是怎樣出現，並說明它們在道德上是可允許的。我們將論證第一個轉換（即從私人的保護性機構體系，到超小限度國家的轉換），將以不侵犯任何人權利、在道德上可允許的方式，經由「看不見的手」的過程而產生。其次，我們要論證：從超小限度的國家到最小限度國家的轉換，也必然合乎道德的產生。個人若在超小限度的國家內堅持獨占權，卻不為所有人提供保護性的服務，這在道德上將是不被允許的（即使這種服務需要某種特別的「再分配」）。超小限度國家的運作者，在道德上有義務創造最小限度的國家。第一部的其他章節，試圖證明最小限度的國家是正當的；在第二部，我們主張沒有任何比最小限度的國家更有權力或管事更多的國家，是正當的或可證明為正當的，因此第一部證明所有能夠證明的東西。在第三部，我們論證：第二部的結論並不是一個不幸的結論。最小限度的國家除了是唯一正當的國家，也是具吸引力、鼓舞人心的國家。

第四章
禁止、賠償與冒險

獨立者與支配性保護機構

現在讓我們假設，在與某個保護性機構打交道的一群人之間，散住著一些不與這個保護性機構打交道的較小團體。這些很少的獨立者（甚至只有一個人），聯合或個別對每個人（包括保護性機構的委託人）強行他們自己的權利。假如美洲原住民不被趕出他們的家園，假如有些人拒絕與周圍的社會發生關係，這種狀況就可能發生。洛克認為，不可以強迫任何人進入公民社會；即使大多數人願意進入公民社會，但仍有人可能切斷他們與社會之連繫，而逗留在自然狀態的自由中。[1]

保護性社團及其成員，可以怎樣處理這種情況呢？他們可能經由禁止那些不願放棄報復和懲罰權利的人，進入其所有地，試圖使他們自己與獨立者徹底隔絕。然後，這個由保護性社團支配的區域，就可能類似一塊瑞士乳酪，既有外部又有內部的邊界。[2]但對於那些有辦法越過邊界報復，或有直升機可以在不侵犯任何人與土地的情況下，直接向犯罪的人進行報復的獨立者而言，將導致某些尖銳的問題。[3]

替代（或除了）在地域上隔絕獨立者的嘗試之外，保護性機構也可能對那些錯誤強行其報復、懲罰，和索取賠償之權利的獨立者進行懲罰。一個獨立者將被允許繼續按他對權利及其狀態事實的見解強行其權利，但隨後保護性機構的成員將檢查其強行權利是否錯誤或是否過度。只要有這種情況發生，他們就懲罰他，或向他索取賠償。[4]

但是，因這個獨立者所為的錯誤且不公正報復的受害者，不僅可能受損害，而且可能被嚴重傷害甚至死亡。這樣的受害者，必須等到保護性機構的成員檢查以後才能行動嗎？確實，獨立者有在強行其權利時犯錯誤的可能性；而這種可能性是足夠高的（雖然比團體少），以致於能證明保護性社團在確定某人的權利，是否真的被其委託人侵犯之前，阻止該人報復的行動是正當的。這難道是保護委託人的正當方式嗎？[5]難道人們不願選擇和提供保護委託人的機構打交道嗎？這些機構宣稱，將懲罰不先經過某種特定程序來確認保護委託人的權利，就逕行報復的人，且這種懲罰將不考慮是否結果證明，該人可能確有這種報復的權利。

這不也是一個人的權利嗎？即聲明若不先確認他確實傷害某人，他就不允許自己受懲罰？他難道不能指定一個保護性社團作為他的代理人，來擬定並實行這一聲明，並監督任何可用來試圖定其罪名的過程嗎？（有沒有眾所周知，沒有傷害別人的能力，因而不在這一聲明範圍內的人呢？）假設有一個獨立者在強行懲罰的過程中，以這機構的委託人應該受到懲罰為理由，告訴保護性機構別防礙他，並宣稱他有懲罰這個委託人的權利，且他並沒有侵犯任何人的權利。如果保護性機構不知道這一點，並不是他的過錯。那麼，保護性機構必須放棄干涉嗎？根據同樣的理由，這個獨立者可以要求那個委託人，不去保護自己免受懲罰的痛苦嗎？如果這個保護性機構試圖懲罰一個曾懲罰其委託人的獨立者，不管其委託人是否的確侵犯獨立者的權利；這個獨立者不是有權利保護自己，免受保護性機構的懲罰嗎？為了回答這些問題，並決定支配性保護機構可能如何對待獨立者，我們就必須研究，在自然狀態中程序權利（procedural rights）的道德地位，研究對冒險活動的禁止，以及權利的實行原則（尤其是強行其他權利的權利）假定了什麼樣的知識。我們現在轉向這些對自然權利傳統來說是困難的問題。

禁止與賠償

一條線（或超平面）劃定了圍繞一個人的道德範圍。洛克認為，這條線是由個人的自然權利所決定；自然權利限制他人的行為。一些與洛克觀點不同的思想家認為，是其他一些考慮決定這條線的位置和外觀。[6] 無論持哪種觀點，下列的回答都會出現：是否要禁止他人實行那些越界或侵奪劃定範圍的行為？或是允許他們實行這些行為，只要他們賠償其邊界被侵越的人？解決這個問題的嘗試，將占據本章大部分篇幅。讓我們說，一個體制對某人禁止某項行動的意思是：它除了為這個行動的受害者向行為者索取賠償之外，還要因為行動而懲罰（或準備懲罰）這個人。[7]充分地賠償一個人的損失的意思是：這種賠償使這個人不比他不受損害的情況要壞。

假設X是受害者，Y是侵犯者，A是侵犯行為；如果Y做了A行為，X收到賠償之後的情況並不比若是Y沒有做A行為，X也沒有收到賠償的情況要壞，那就可說，是為了Y的行動A而對X做出賠償。（用經濟學家的術語來說，因Y的行動而賠償X的損失的意思就是，收到賠償使X的狀況至少是處在他若不受損的狀況，同樣高的無異曲線上。）[8]我冒昧地略去有關像「Y的行動若沒有發生，X將會有的狀況一樣好（處在同樣高的無異曲線上）」的一般性問題；我也略去一些特殊的困難，例如，如果X的狀況在這段時間下降（或上升），賠償的基準線是劃在這段時間的前面還是後面呢？如果X的狀況在第二天無論如何都會變壞，這會使事情有所改變嗎？但有一個問題必須討論，即由於Y的行動而對X付出的賠償，是否要把X對這些行動的最佳反應考慮進去呢？如果X的反應是重新安排其他活動及其資產，以努力減少自己的損失（或者他預先有減少損失的準備），那麼這不是減少Y必須付的賠償而有利於Y嗎？反之，如果X不嘗試重新安排自己的活動來應付Y的行動，Y必須為X所受的全部損害而賠償X嗎？X這樣的行為可能看來是不理性的，但如果要求Y賠償X全部的實際損失，那麼X並不會因為他的不努力和不配合而生活更糟。如果這樣要求Y，Y可能經由付錢給X，以使他做出恰當的反應並減少損失，來降低他必須付的賠償總額。我們將嘗試採用另一種合理地假設X的預防及調適行動的賠償觀。這些行動將使X（在Y所做的行動之後）處於某條無異曲線I上；而

Y則必須透過X在曲線I上的地位與其原始地位間的差額款項，將X提高到實際地位之上。Y賠償X是在不管Y的行動有多糟，X都在合理審慎行動的條件下進行。（這一賠償結構在尺度上使用了功利標準。）

為何要禁止？

我將假定，一個人可以對自己做某些事情，但這些事情若別人未經同意而對他做，將侵越他的邊界。（這些事情，有部分也是他不可能對自己做的。）他也可能給予別人對他做這些事情的許可（包括他不可能對自己做的事情）。自願的同意為越界打開門戶。當然，洛克堅持有些事情即使有你的許可，也是他人不可以對你做的。這就是那些連你自己也沒有權利對自己做的事情。[9] 洛克堅持：即使你允許另一個人殺死你，這也不能使這件事成為道德上所允許的，因為你沒有權利自殺。我所持的非家長制觀點則認為，有的人可以願意（或允許別人）對自己做任何事情，除非他對某個第三者有不做或不允許做的義務。這種觀點對本章後面部分，應該不會帶來困難。讓那些不同意者想想，我們的討論僅限於那些（他們承認的）觀點適用的行為；如此我們就能繼續討論，撇開那些與直接目標無關的分散問題。

有兩個形成對照的問題，表明我們現在的關係是什麼：

（一）假定越界行為的受害者得到賠償，為什麼這些行為仍然要被禁止而不是被允許？

（二）為什麼不禁止所有被侵犯一方，沒有預先同意的侵越道德邊界的行為？為什麼允許某些人，未經事先同意就侵犯另一個人的邊界？[10]

我們的第一個問題太廣泛了。對於在付出賠償的條件下，允許行為A的體制來說，它至少必須禁止那種做A行為但拒付賠償的行為。為了縮小問題的範圍，讓我們假設：有某種容易的方法來集中所估定的賠償。[11]亦即一旦知道賠償應由誰支付，賠償就是容易徵集的。但那些侵犯另一個人的人們，有時並沒有暴露身分而是逃之夭夭；因此，僅要求（通過偵察、逮捕和確定罪名）對受害者的賠償，對制止某人做某事可能是不夠的。難道他不會繼續嘗試逃脫，或不付賠償而獲得利益嗎？確實，如果他被抓住且定罪的話，他將被要求支付偵察、逮捕和審訊的費用；也許這些可能的額外費用足以制止他，但也可能不足以制止他。所以可能導致一個機構禁止某些不付賠償的行為，以及懲罰那些拒絕賠償，或者無法證明自己是否為越界者的人。

懲罰的報復理論與制止理論

一個人對越界行為的選擇，是從這一行為中獲得利益G的機會（1－P）構成。在此，P是他被逮捕的機率，而這個機率考慮的，除了歸還任何可讓渡的東西之外，對受害者的保護還可以從這種不正當的得益中抽出，這種賠償我們稱為C。此外，既然實行這一行為（例如從美好的回憶中得到快樂）所產生的不可轉交的利益，也將被抵消且不留下任何淨賺，我們在後文便可以略過這個問題。其他的代價是被逮捕、審訊等等之心理、社會和精神的代價（稱為D）。我們再把逮捕和審訊過程的財政費用稱為E。這些費用是他必須支付的，因為這是由他試圖逃離支付賠償而產生。如果一個越界行為的預期代價比預期獲益要小：亦即若$P\times(C+D+E)$小於$(1-P)\times G$，那麼制止這一行為的前景就是暗淡的。（然而，一個人可能不去做越界的行為，因為他有更好的事情要做；對他來說，有一個可行，甚至有更高預期獲益的選擇。）如果逮捕是不完全的（儘管是不昂貴），就需要額外的懲罰來制止犯罪。（試圖逃避支付賠償的嘗試，將是被禁止的行為。）

這樣的考慮對於報復的理論（retributive theory）也構成困難。這種理論根據報復的理由，對可施加於一個人的懲罰規定一個上限。讓我們按照這種理論，假設應得的報復$R=r\times H$；在此H是這個行為傷害的嚴重程度，r（包括從0到1的量）則表示這個人對H的責任程度。（我們不考慮下述細緻的問題，像H是代表打算造成的還是實際造成的傷害，抑或是代表這兩種損失的某種函數。以它是否隨案例的類型變化而變化）。[12]當別人知道$r=1$時，他們將相信$R=H$。這樣，一個決定是否採取某種有傷害性行為的人，就面臨獲益G的機率$(1-P)$，和支付的機率$(C+D+E+R)$。

通常（雖然並非始終如此），一個越界行為的獲益接近於它帶給另一方的損失或傷害，R有時候會近於G。當P數小，或R較小的時候，$P\times(C+D+E+R)$就可能小於$(1-P)\times G$，這樣就常常起不了制止的作用，[13]將幸災樂禍地看著報復主義者的躊躇不安。反正他們自己持另一種觀點。但在我們知道有多少這樣的犯罪被制止之前，「對犯罪的懲罰應當是適足以制止這種犯罪的最小懲罰，這種說法並沒有指導作用。如果要制止所有的犯罪，以致於根除罪惡，懲罰就將訂得非常嚴厲。如果僅要制止一個犯罪，以便犯罪只比完全沒有懲罰時少發生一點的話，懲罰就將訂得非常寬厚，導致一個幾乎等於零的制止。那麼，懲罰的目標應當介於這兩者之間嗎？功利主義的制止理論家建議，把對犯罪的懲罰P訂在最低點，因為比P大的任何懲罰都將導致在實行懲罰中不幸的增加；而這種不幸的增加，超過了由於懲罰之增加所制止的犯罪所免除的（潛在）受害者的不幸。

這一功利主義的建議，把懲罰帶給罪犯的不幸，與犯罪帶給其受害者的不幸等同起來。它在計算社會最佳值時，賦予這兩種不幸同等的重要性。所以功利主義者將拒絕從嚴懲處，即使較嚴厲的懲罰（在任何報復的上限之下）將制止較多的犯罪。只要它增加被懲罰者的不幸，多於（即使只是稍微多於）它減少的免遭犯罪之害的人的不幸，以及那些被它制止而免於懲罰的人的不幸，這種懲罰就不能被允許。（在兩種同樣最大限度地增加總體幸福的不等量懲罰面前，功利主義將選擇最大限度地減少受害者之不幸的懲罰嗎？）如何建構這一奇怪觀點的反例，有較輕視被懲罰者的不幸，才能避開這一結果。我們假定「道德應得」的考慮（這是制止理論家本以為能夠前後一貫地避開的概念）在此將起作用。如果為不同的人的幸福（或不幸）分派「合適」的重要性，對於如何進行，甚至使用這一概念並無困難，我們就該承認這一假定。另一方面，報復理論家不必說一個重罪犯人的幸福不如其受害者的幸福重要，因為報復主義者根本不把恰當的懲罰，視為衡量和分配幸福的工作。[14]

我們可以把報復理論的架構，與某些有關自衛的問題連繫起來。根據報復理論，應得的懲罰r×H；在此H是（實際或打算）損害的總量，r是這個人對產生H的責任程度。我們假定，從一個受害者角度觀察的傷害的估計值等於H（若是這個人的意向與他的客觀情況不符合，這個假定更不成立）。那麼，一種比例規則（rule of proportionality）將對可能在自衛中對H者造成的防衛傷害，規定一個上限。它令這種可允許是防衛傷害的上限，是為H的某一函數f，直接隨H變化而變化：H越大，f（H）也越大，這就使f（H）>H。無論如何，至少使f（H）≥H。注意，這一比例規則不提到責任程度r，應用這一規則時並不涉及行動者是否要對他引起的傷害負責的問題。在這方面，它不同於另一個比例規則：這一規則使自衛的上限為r×H的一個函數。後一種規則使我們如此判斷：若其他條件相同，一個人可以在自衛中使用更大的強制力，來反對責任程度r大於零的人。我們在此提出這一理論結構，能夠展開如下：一個人在保護自己時，可對攻擊者施以其應受的懲罰（即r×H）。所以，一個人在自衛中可用來反對造成損害H者的上限是f（H）＋r×H。當自衛中除了f（H）外，又消耗一個量A時，隨後可施加的懲罰就要減去這個量，變成r×H－A。當r＝0時，f（H）＋r×H減少到f（H）。最後還有一個必要性規則（rule of necessity），這個規則要求一個人在自衛中，不使用比擊退攻擊所需更多的力量。如果所需的量大於f（H）＋r×H，就應該作罷。[15]

交換利益的劃分

讓我們回到前述兩個問題中的第一個問題：為什麼即使給予充分的賠償，也不允許越界呢？充分的賠償使受害者處在若無人越界時，他將占據同樣高的無異曲線上。因此，倘若給予充分賠償就允許所有越界行為的體制，與要求所有預先的有關越界權的協議，並要在契約曲線上最有利於買方的體制，是意義相同的。[16]如果你願意付n量的美元購買對我做某件事情的權利，而m量的美元是我將接受的最低線（低於m將使我處在一個較低的無異曲線上）；那麼，如果$n \geq m$，我們就有達到一個相互有利協議的可能性。價格是否應當訂在n與m之間？若是沒有可接受的公正或公平的價格理論（證明各種為兩個人建立仲裁模式的嘗試），一個人就不可能做出回答。確實沒有理由認為，所有的交換都應在契約曲線上發生，使得其中的一方最得利，交換的利益全都歸於它。只允許在充分賠償的條件下越界，等於是以不公平和專斷的方式，「解決」自願交換利益分配的問題。[17]

現在我們進一步考慮這樣的體系如何分配物品。任何人都能抓到一件物品，並慢慢地「擁有」它，只要他賠償原來的擁有者。如果好幾個人想要同一件東西，那麼就是最先抓到的人得到它，直到另一個人再把它拿走，並付給他充分的賠償。（為什麼這種中間人有所得呢？）[18]如果好幾個人都想要一個特殊物品，那麼要給最初的擁有者多少賠償呢？一個知道這種需求的擁有者，可能按其市場價格來估量他的物品，這樣就會由收益較少而落到一個較低的無異曲線上。（在市場存在的地方，市場價格不是賣方接受的最低價格嗎？市場會在此存在嗎？）各種假設條件和虛擬因素的複雜結合，或許能成功地使一個所有者，根據他對別人欲望和願付價格的了解而做出選擇。但實際上還沒有人能提供這種必要的結合。[19] 一個體系，如果它讓越界行為的賠償等於某種在事先有關許可的談判即可達到的價格，那麼它不可能避免不公平的責難。可以稱這種賠償為「市場的賠償」（market compensation），它通常要比充分的賠償較多。當然，發現這種價格的最好方法是讓談判實際發生，然後再看其結果；其他的程序都是不準確且非常累贅。

恐懼與禁止

除了有關交換的公平價格的討論之外，反對只要付出賠償就可隨意允許各種行為進一步考慮，在許多方面是很有趣的。如果某些傷害是無法賠償，它們就與只需付賠償即允許的策略沒有關係。（或者說，假如可付賠償，它們將被允許；但既然任何人都無法賠償，它們實際上就是不被允許。）我們現在把這個困難的問題擱置不談，先注意：即使某些能被賠償的行為也可能被禁止，因為在能被賠償的行為中，有些會引起恐懼。我們害怕這些行為會發生，即使我們知道即將得到對這些行為的充分賠償。X聽說Y溜到某人的房子面前，被人折斷手臂，然後在傷害賠償的訴訟之後得到兩千美元；X可能想：「對Y來說，發生這件事是多麼幸運啊。為了得到兩千美元，一個人是值得被折斷手臂的，這完全能抵消損害。」但如果隨後有某人對X

說：「我可能在下個月折斷你的手臂。如果我這麼做，我會給你兩千美元賠償；倘若我沒做，我不會給你分文。」X會滿意於他的幸運嗎？他不是會憂心忡忡地走來走去，聽到身後一點聲響就嚇得跳起來，或因想像可能突然降臨於他的痛苦而神經質地焦躁不安嗎？只要隨後付給受害者賠償就允許攻擊發生的體系，將導致人們的疑懼不安，他們都害怕攻擊和突然的傷害。這為禁止攻擊提供一個理由嗎？攻擊者不是可以不僅賠償這一攻擊及其後果，而且賠償受害者在等待攻擊時所感到的全部恐懼嗎？但在一個只要付出賠償就允許攻擊的普遍體制下，一個受害者的恐懼並不是由攻擊他的特定個人引起的。那麼為什麼攻擊者必須為其恐懼而賠償他呢？誰又將因為他們的恐懼，而賠償其他碰巧受到攻擊的疑懼者呢？

有些事情是我們害怕的，即使知道將為所發生的或即將發生的事情得到充分賠償。為了避免這種普遍的憂慮和恐懼，這些行為就被禁止和懲罰。（當然，禁止一種行為並不能保證它不出現，因而也不能保證人們總是都感到安全。在攻擊行為雖被禁止卻仍然常常突然發生的地方，人們還是會感到害怕。）然而，並非每一越界都造成恐懼；如果得知我的汽車在下個月可能被偷走，隨後我將因車子被偷和沒有汽車帶來的不便而得到充分補償，我不會在這個月裡焦燥不安、憂心忡忡和感到畏懼。

這提供劃分私人性質的傷害，和具有公共意義的傷害標準。私人性質的傷害是僅被傷害者需要被賠償的傷害，知道將得到充分賠償的人不會對其感到畏懼。公共性質的傷害則是，即便知道將得到充分賠償，人們仍然會感到賠償的傷害。甚至在最高的賠償方案下，亦即在受害者將因他們的恐懼而得到賠償的情況下，其他一些人（非受害者）也不會因他們的恐懼而被賠償。因此，在排除這些越界行為方面，存在著一種正當的公共利益；特別是由於它們的出現，將造成所有人害怕這些事影響他們而恐懼。

這一後果能夠避免嗎？比方說，如果受害者被立即給予賠償，並賄賂他保持安靜，也許就不會有這種恐懼的蔓延。其他人將不會知道這種事發生過，就不會使他們因覺得這種事對他們發生的機率較高，而增加恐懼和憂慮。這樣做的困難是，「知道」我們正生活在一個允許這樣做的體制內，其本身就產生恐懼。當所有有關這種事的報導都被壓住時，人們如何能估計這種事對他發生的機率呢？因此，即使在這種高度人為控制的情況下，若在一個眾所周知允許這種事發生的體制內發生這種事，受到傷害的就不只是直接受害者了；廣泛蔓延的恐懼使這些行為的實際發生，成為不僅是傷害者和受害者之間私人的事情。（然而，既然事後被賠償和賄賂的受害者不會抱怨，強行禁止這些受害者不會抱怨的罪行，將幫助我們理解所謂沒有受害者的罪行之強行禁止的問題。）[20]

我們說過，一個只要其受害者得到賠償就允許產生恐懼之行為出現的體制，對於那些並非事實卻是潛在的、沒有得到賠償的受害者來說，本身就是一種負擔。假使某人宣稱，他將隨意地做某件事情，而他不僅將因而賠償他的所有受害者（如果有的話），也要賠償所有因為他的聲明而感到畏懼的人（即使他實際上並沒有做這件事），那麼體系的這一弱點將因而被避免嗎？這種賠償將是十分昂貴的，以致幾乎任何人都不可能實行。但它不是會逃過我們的論證嗎？即有關禁止那些若被允許（附以賠償條件），將造成一種不會得到賠償的普遍恐懼的論證。它並不容易逃過，因為兩點附加的理由：首先，人們對攻擊可能有一種無具體對象的焦慮，這並不是因為他們聽到什麼特殊的聲明，而是因為他們知道這一體制允許這種宣稱之後的攻擊，所以擔心自己可能沒有聽到某些聲明。他們不可能因自己沒聽說過的聲明得到賠償，也不能按這種沒聽說過的聲明所引起的恐懼而要求賠償。但他們還是可能成為某個沒聽過的宣稱者的受害者。沒有任何特殊的聲明引起這種恐懼，亦稱這種恐懼沒有一個特定的聲明作為其對象；那麼，誰應該賠償這種恐懼呢？這樣我們的論據就在較高的水準上被重複了。但必須承認的是：在這一水準上，恐懼可能是如此稀弱和微小，以致不足以證明禁止這種聲明是正當的。其次，按照我們前面有關公平交換價格的討論，一個人可能要求做出這種聲明的某人不僅是給予充分的，而且是給予市場的賠償。充分的賠償是一個充足的量，但幾乎不可能使受害者在事後變得高興，或是不遺憾所發生的事；市場的賠償則是一種經由預先的協商，取得受害者同意而確定的量。既然事後回顧的恐懼與事情發生時或者事後預期的恐懼很不一樣，要準確地決定市場賠償的量幾乎是不可能的，除非經由實際的協商。

我們有關禁止某些行為（像是攻擊他人）的論證假定：僅僅要求攻擊者為其攻擊的後果（而不是為任何一般可預期的恐懼）賠償其受害者，是不足以把攻擊制止到人們不畏懼的程序。如果這一假定是錯誤的，那麼從恐懼導引出來的論證也將失效。（但有關劃分交換利益的論證仍然有效。）我們可能也懷疑：（根據報復理論）對違反禁令的某些行為應受的懲罰，是否同樣不足以制止這些行為以排除恐懼和憂慮。即使逮捕的機率很高也未必能成功地制止，因為這種懲罰本身就是使人畏懼，把這種懲罰用於使人畏懼的傷害行為又非是不合法。甚至對那些從一個行為中獲利比其受害者所受的傷害大得多（所以也比施加的懲罰大）的人們來說，這也不引起任何困難。我們要記住報復理論所主張的：除懲罰過程之外，倘若某人賠償受害者之後還留下不正當的所得，這些不正當的所得將被剝奪或抵消。

對某些行為的實際恐懼（甚至那些知道這些行為若對他們發生，他們將得到充分賠償的人亦然），說明了為何我們要禁止這些行為。我們的論證是否過於功利主義？如果恐懼不是由某個特定的人所引起，它怎麼證明即使這個人付賠償也不允許他做某事的禁令是正當的呢？我們的論證反對這樣的自然假定，即認為在決定是否禁止某一行為時只須考慮這個行為的結果；而且，也重視這一行為若是不被禁止時會有什麼結果。一旦這樣描述這些結果，這種行為必須被禁止就是很明顯了。但是，繼續探討這一觀點和上述自然假定的差別，有什麼意義和有多大意義是有價值的。

為何恐懼會伴隨某些行為而來還有困惑。畢竟，如果你知道將因一個行為的實際結果而得到充分的賠償，以致（在你自己看來）你將不會因這種事而使狀況變壞的話，那麼你害怕的是什麼呢？你並不是害怕降到較差的狀況或較低的無異曲線上，因為（按假設）你知道這不會發生。甚至總體期待值是正數的時候，他還是會感到恐懼。比方說，當某人得知他的手臂可能被折斷，而他將被付給比充分的賠償多出五百美元的賠償。在此的困難並不在於確定對這種恐懼要賠償多少的問題，而是到底為什麼存在恐懼的問題（假定總體期待值被視為可欲的）。有人可能假設，恐懼的存在是因為這個人不能確定是否僅僅他的一條手臂將被折斷，他不知道這些限制是否將被遵守。但即使保證這個人無論發生什麼事都將得到賠償，或是可以使用折臂機以排除上述超越限制的可能；同樣的問題還是會出現。一個得到這種保證的人害怕什麼呢？我們想知道人們實際上害怕什麼樣的傷害，甚至當這些傷害是一個可欲的總體期待值的一部分的時候。恐懼並不是自成一體的單一感情，它表現為一種複雜結合的部分，獨立於有關總體的「平衡」判斷。我們現在提出的有關禁止可賠償的越界行為的論證就是基於恐懼、憂慮、煩惱等情感的這種非整體性。21「肉體的痛苦」這種通常的概念，或藉由「絕對令人厭惡的刺激」這種心理學的概念，我們可以得到一種指出傷害類型的回答。（但我們不應該跳到這樣的結論：即認為在已知賠償將被給出時，只有肉體的受傷或痛苦是令人畏懼和憂慮的。儘管人們知道如果前述傷害或痛苦發生時，他們將得到補償，人們還是可能會害怕被蔑視、羞辱和為難。）其次，我們想知道這種恐懼是否起因於社會環境的那些可改變的因素。假如人們在某些行為隨意且不可預測地降臨的環境下成長，他們將對這些行為的危險性表現出巨大的憂慮和恐懼嗎？或者他們將能把這種危險作為正常背景的一部分而加以忍受嗎？（如果他們的憂懼表現為高度緊張的狀態，辨別和衡量這種憂懼就很困難。一個人怎麼判斷人們普遍的神經質的程度呢？）如果在這樣壓力環境下長大的人們，能建立對某些行為的忍耐性，且幾乎不表現出畏懼和緊張；則我們對某些行為為何被禁止（而不是在給予賠償的條件下允許）的問題，就不會有深刻的解釋。因為我們的解釋所依據的對這些行為的恐懼，本身並不是一種深刻的現象。[22]

為什麼不一律禁止？

來自普遍恐懼的論證證明：禁止那些會產生恐懼的越界行為（即使人們知道將可因此獲得賠償）是正當的。其他的一些考慮也可得到相同的結論：在給予賠償條件下允許越界行為的體制，表明它是把人用作手段；人們知道自己被如此利用，以致於自己的計畫和期望將容易被任意地侵吞，這對他們將是一種負擔。有些傷害可能無法賠償，而對於那些可賠償的傷害來說，一個傷害者怎麼能知道這些實際的賠償支付不會超出他的能力呢？（一個人有把握對付這種意外情況嗎？）這些考慮，連同那些有關不可有失公正地分配自願交換利益的證據，足以證明禁止其他越界行為（包括那些不引起恐懼的行為）是正當的嗎？我們對本章開始部分提出的第一個問題的討論：「為什麼不在付出賠償的條件下允許所有的越界行為？」把我們引到第二個問題：「為什麼不禁止那些受害者，未事先同意的越界行為？」

把所有未經同意的越界行為都定為有罪，包括把那些偶然和無意的越界行為定為有罪，將把大量的危險和不安定因素帶進人們的生活。人們即使有善良的意圖，也沒有把握說自己不會因為偶然的事件受到懲罰。[23]對許多人來說，也是不公平的。現在我們暫且把這些有趣的問題存而不論，只注意那些行動者知道將要或很可能會侵越某人邊界的行為。那些沒有得到被侵越者事先同意（通常是經過購買）的人們不是應該受到懲罰嗎？這裡的複雜之處在於：有某些因素可能阻礙達到事先的同意，或使事先的同意不可能達到。（某些並非受害者拒絕同意的因素。）有時可能知道受害者是誰，並準確地知道什麼事情將發生，卻暫時無法與他取得連繫。或者有可能知道某人或那些人將是某個行動的受害者，卻無法準確地認定他究竟是誰。在這些情況中，不可能事先舉行任何協商，以達成取得受害者的協議。在另一些情況，協商出一個協議雖然並非不可能，但代價卻是很昂貴。能夠與這個已知的受害者取得連繫，但首先必須對他施行腦部手術；或者必須在非洲叢林找到他；或者必須使他中斷在修道院半年的苦修；而所有這些的代價都是很昂貴。或者，只有藉由對所有可能的受害者的群體進行花費昂貴的普查，才能確定這個不知名的受害者。

在隨後將給出賠償的條件下，被允許的越界行為將是這樣的行為：對它來說，事先的同意是不可能的，或者協商的代價是很昂貴的（略去某些複雜之處不談，這種行動包括偶然的行為、無意的行為、由於判斷錯誤做出的行為。）但它並不是反之亦然。那麼，假定事後將付賠償。但沒有受害者事先的同意，哪些越界行為可以被做呢？那些以前述方式引起恐懼的行為，無疑是不可以的。[24]我們能進一步縮小範圍嗎？在將付賠償的條件下，那些不引起恐懼的越界或可能越界的行為可以被允許嗎？至於想在鑑別受害者，或取得連繫是不可能，與其代價昂貴之間做出嚴格區分，是過於武斷的。（這不僅是因為，要分辨一個既定情況屬於哪一種類型是困難的。如果這種鑑別或連繫的工作要用掉國民生產總額，它是不可能，還是極昂貴呢？）在那個特殊點上劃一條線的理由是含混不清的。一個人有時願意允許事後賠償之越界行為（當事先鑑別受害者與取得連繫是不可能的時候）的理由，大概是這個行為的巨大利益；即它是值得的，應當去做的，能夠支付得起的。但當事先的鑑別和連繫（雖有可能）的費用甚至要比這個行為的巨大利益還要昂貴時，理由有時仍是同樣有效。禁止這種未經同意的行為，將涉及到放棄做這種行為將帶來的利益，就像協商是不可能的情況一樣。最有效的行動策略，應放棄淨利最少的行動；這種行動策略允許任何人，無需事先協議就實行不引起恐懼的行為。只要達到事先協議的交涉費用，比事後賠償過程的費用大，即使只有一點點。（被加諸行為的一方不僅因為行為本身，也因為他步入賠償的過程而得到賠償。）但效率的考慮是不足以證明，懲罰越界行為是正當的；即使賠償比充分的賠償還大，以致其交換利益並不僅有利於越界者。我們可以回憶之前有關不允許事後賠償之越界行為的額外考慮。主張只要利益是「足夠大」就應允許這種行為，在缺少某個可確定這一點的社會機制之情況下是沒有什麼幫助的。有關恐懼的三種考慮、交換利益之劃分和交涉之費用清楚地劃分出我們的領域，但由於我們還沒有發現涉及到最後和之前描述過考慮的精確原則，它們就沒有在所有細節中成為三位一體的解決方案。

冒險

我們在前面提到：危險行為可能只會對某一既定的人有很低的傷害率，以致不會使他煩惱或恐懼。但他可能害怕大量的這樣的行為被實行。每一個人的行為造成傷害的機率處在引起恐懼的標準線之下，但這些行為聯成一體卻可能呈現出相當高的傷害率。如果不同的人做的只是這些聯為一體的各種行為中的一個，就沒有任何人必須對所引起的恐懼負責；也沒有任何人應被輕率地視為是導致恐懼者。由於標準線的緣故，單獨一個行為完全不會引起恐懼，更不易減少恐懼。我們早先對於恐懼的考慮，為禁止這些行為的聯成一體提供一個範例。但既然這一總體的每一部分出現時不會產生不良的結果，因此也就不必嚴格禁止，這一總體行為的每一組成部分出現。[25]

我們要如何決定在這一總體中，究竟哪一個低於標準線的子集是可被允許的呢？要評判任一種行為都需要有一個集中或統一的評定和決策機制。這些話也適用於社會決策——決定那些行為有被允許的價值，而其他的行為則應被禁止以使總體降到足以產生危機的標準線之下。例如，人們可以決定採礦或飛馳的火車是有被允許的價值，即使它們對路人的危險性並不亞於因缺乏價值而被禁止的俄羅斯輪盤。[26]在自然狀態中存在一些問題，即在自然狀態中沒有任何集中或統一的機制能夠或被授權去做這些決定。（我們將在第五章討論哈特所謂的「公平原則」，對比是否有所助益。）如果所有的國家（低於標準線的總體）能經由某種「看不見的手」的機制達到，這些問題就將減少。但是完成這個活動的準確機制還沒有被描述過，這樣一種機制如何在自然狀態中產生也必須說明。〔在此，像在別的地方一樣，我們要利用一種說明什麼樣的微型國家（macrostates）是有服從義務，它是藉由何種「看不見的手」的機制產生理論。〕

有越界危險的行為，對自然權利的立場提出嚴重的挑戰。（各種情況的差異進一步使這些問題複雜化，人們可能明確知道那些人將面臨危險，或者只知道將危及某些人；可能知道傷害的機率，也可能只知道一個特定的範圍。）不論侵犯某人權利的傷害或然率有多低，它仍然侵犯了他的權利呢？如果對所有的傷害都採用一種臨界機率；或許當臨界機率較底時，傷害反而較嚴重。在此一個人可能用對所有行為都同樣適用的特定價值圖像，來標誌權利侵犯的邊界；如果一個行為對他所預期會造成的傷害（亦即傷害程度乘以發生的機率）大於或等於這一特定的價值，那麼這個行為就侵犯他的權利。但這一特定價值的量是多少？是那個侵犯一個人自然權利最微不足道的行為的損害值嗎？這樣對問題的解釋方式無法被傳統派所接受——他們認為偷某人一便士、一根針，或任何東西都侵犯他的權利。如果說傷害必然會出現，那麼傳統派顯然沒有選擇一個衡量傷害的標準線作為底限。我們很難想像一種原則，在這種原則下，自然權利傳統能夠劃出界線，在何種機率下能把不可接受的重大危險強加給他人。這也就意味著在這些情況下，我們很難看到自然權利傳統如何釐清它所關懷的範疇。27

如果說，還沒有任何自然法理論能定出一個危險狀態中，人們的自然權利的準確界線，那麼在自然狀態中會發生什麼情況呢？對於任何有侵犯他人權利邊界危險的特殊行為，我們有下面三種可能：

（一）這個行為被禁止和懲罰。即使對任何侵犯他人權利邊界的事都要賠償，或這個行為結果並沒有越界。

（二）這個行為在向那些權利邊界，使侵越的人們支付賠償的條件下被允許。

（三）這個行為在向所有那些有被越界危險的人們支付賠償的條件下被允許，而不管他們的權利邊界是否真的被侵越。

在第三種選擇下，人們也可以選擇第二種可能性，他們能夠將因有被越界危險（即選擇三）而得到的賠償合資起來，以充分地補償那些邊界真正被侵越的人。如果強加危險在他人身上本身被看作是一種越界，那麼第三種選擇似乎是合理的，因為這樣子的越界引起他人的恐懼。[28]（在市場中自願承受這種危險的人，經由因冒險工作獲得較高工資而得到「賠償」，不論這種危險是否會發生。）

弗里德（Charles Fried）提出：人們將願意承認允許他們相互加諸「正常的」死亡之險的體制，而不喜歡禁止所有這種危險的體制。[29]沒有人是故意要使他人利益受害的；每個人在追求他自己的目標時都有對他們實行冒險活動的權利，交換條件是承認他人也有對他做同樣事情的權利。這些別人加於他的危險，是他自己在追求目標時願意面對危險，而他加於別人的危險也是如此。然而，這個世界的人們在追求自己的目標時常常不得不將危險強加於他人，而他們卻不可能將這些危險直接加於自己。因此，一種交易就自然地出現了。從交換的角度來看弗里德的論據可以暗示另一種選擇，即明確地賠償每一種強加於他人的越界危險（上述的第三種選擇）。這樣一種設計在指向較大的公平性方面，就不同於弗里德的危險總量。然而，實際執行付款和精確地確定這種危險的過程，以及合適的賠償，看來都將涉及到巨大的交易費用。我們很容易能想出（例如，保留對所有人的集中記錄，連同每幾個月的淨支付），但在缺少適切的制定設計的情況下，仍然存在著巨大的麻煩與累贅。由於巨大的交易費用可能使最公平的選擇窒礙難行，人們將尋求其他的選擇對象，例如弗里德的危險總量。這些選擇對象將涉及到經常的較小不公和某些程度的較大不公。例如，因別人危險行為而死亡的孩子，得不到能與危險行為者的利益相稱的實際利益，而且這種狀況並不因為每個大人也像孩子一樣面臨這些危險，以及每個孩子長大以後也能將這些危險加於那時的孩子身上而得到緩和。

一個僅賠償那些危險實際發生於其身上的人的體制（上述第二種選擇），比起一個向所有有被越界危險的人們支付賠償的體制來說（上述第三種選擇），是較易於管理的，並涉及較少的運作和交易費用。涉及死亡的危險是最大的難題。我們怎麼估計「死亡」這一損害的量呢？如果死亡這一損害實際上不可能被賠償，則次佳的選擇（甚至撇開有關恐懼的問題不談）可能就是賠償所有那些被強加危險的人們。雖然，就以死去的人而言，對他親人的賠償和可觀的施捨、墓地的精心維護，仍然有明顯的缺陷，但仍然能從增加受害者遺產的死後賠款體制中獲益。在生前，他可以把對這種賠款的權利賣給購買許多這類權利的公司（如果必須這樣做的話）。這一價格的上限不超過對這個權利預期的貨幣值（總額乘以這種支付的機率），這一個價格的下限有賴於在這一行業中的競爭程度、利率等等。這樣的體制將不會按所測定的傷害充分地賠償任何受害者，而其他實際上未受傷害的人卻也能從賣出他們對賠償的權利中獲益。但每個人合理地把這一體制視為令人滿意的安排。（前面我們描述合併付款以及從第三種轉到第二種的方式：在此我們有了從第二種能轉到第三種的方式。）這個體制也可能給一個人財政上的誘因，刺激他提高由賠償標準衡量的「生命的貨幣價值」，並增加他能夠賣出對賠償權利的價格。[30]

賠償原則

即使對於危險行為來說，在支付賠償的條件下允許它（上述第二和第三種可能）要比禁止它（第一種可能）來得更恰當；但它是要被禁止還是被允許的問題，仍然沒有完全解決。因為有些人缺少足夠的資金來支付當需要出現時所要求的賠償；他們也沒有購買保險來負擔上述需要出現時所須負的責任。這些人該被禁止實行這類行為嗎？對那些無能力支付賠償的人禁止某個行為的情況，不同於除非對那些實際被傷害者支付賠償，否則就禁止這一行為的情況（上述第二種可能）。在前一種情況（而非後一種情況），缺少賠償能力的人可能因他的行為受懲罰，即使這一行為並沒有傷害任何人或越過界限。

人們若實行那些沒有足夠資金或責任保險來負擔其危險的行為，是否就是侵犯另一個人的權利呢？可以禁止他做這種事或因他做這種事而懲罰他嗎？既然很多行為都會增加對他的危險，但禁止這種不能負擔賠償行為的社會，將與自由社會的形象不符，自由社會的前提是支持自由；在這一社會中，人們只要不以某種特定的方式傷害他人，就被允許實行他們的行為。但問題還是如此：人們怎麼能被允許，對那些若有需要時卻無法得到賠償的人們做出危險行為呢？為什麼有些人必須承受其他人的自由代價呢？然而禁止危險行為（由於在財力上無賠償能力或因為太過危險）限制了個人的行動自由——即使這個行動實際上並不涉及其他人的任何損失。例如，某個癲癇病患者，可能終其一生在開車中沒傷害過任何人。禁止他開車實際上並不會減少對他人的傷害，而大家知道事實也確實如此。（當然，我們不可能預先鑑定某人說他將是無害的，但為什麼他應當承受我們的這種不能預先鑑定的全部負擔呢？）在依賴汽車的社會，禁止某人開車以減少對別人的危險，將嚴重地不利於這個人。要補救這些不利——比方說雇用司機或坐計程車——需要花許多錢。

考慮一下這樣的主張，一個人若因這種理由而被禁止做某件事，他就必須因這種加諸於他的不利而得到賠償。那些因自己減少危險而獲益的人，就必須「賠償」那些被限制的人。如果這麼說的話，這個網就撒得太大了。如果我為了自衛而阻止一個人與我玩俄羅斯輪盤，我真的必須因此賠償他嗎？如果某人希望用很危險但很有效率的程序來製造一項產品（如果事情進展得很好也將是無害的），這個工廠附近的居民，必須因他不被允許採用可能的危險程序所遭受之經濟損失，而給他賠償嗎？當然不。

也許應該對汙染發表意見——汙染指傾瀉髒物於人們擁有的像房屋、衣服、肺臟之類的財產，人們從中無法得益，清澈透明的天空也造成惡劣結果。我將只討論財產的效果。至於有些人造成的汙染遠高於任何人的財產，並使天空變得汙穢灰暗的情況，這是不可欲的，且不會被我下面所說的任何話所排除。試圖經由某種說法——比如說使天色改變的人也將影響人們的眼睛——來把第二種情況變成第一種情況將一無所獲。我接續的探討是不完全的，因為並不處理上述使天空變得汙穢黑暗的情況。

自然禁止所有會產生汙染的活動將排除太多東西，一個社會（社會主義社會或資本主義社會）如何決定哪些汙染活動要被禁止，哪些又可以允許呢？大概可以說，應當允許那些利大於弊的汙染活動（其弊害要包括它們的汙染結果在內）。對這種淨利最可行的理論測試是：這一活動是否能夠自我支付；那些從它得益的人們是否願意付足夠的錢，作為那些受其損害的人們的賠償費用。（那些支持不適用這一測試活動的人能夠換以慈善捐款。）例如，某種類型的飛機運輸對居住在機場周圍的住家產生噪音汙染；經由各種方式（如較低的轉賣價值，較低的房屋租金），這些住家的經濟價值下降了。但只要飛機旅客的利益大於這些機場鄰居所受的損害，這種噪音較大的飛機就將繼續運行。一個社會必須擁有某種方法來確定是否利的確大於弊；其次，它必須決定這些弊害如何被分配。它可以讓這些弊害落到它們恰好落到的地方，在我們這個例子裡就是落到那些機場附近的住家身上。它也能嘗試把弊害廣泛地分攤於社會，或者把它分攤到那些從這一活動中得益的人和團體身上，在我們這個例子裡就是機場、航空公司，和飛機的乘客。最後一種辦法（如果可行的話）似乎是最公平的辦法。如果一種會產生汙染的活動由於其利大於弊（弊要包括其汙染結果在內）而被允許繼續進行，那麼那些實際上的得益者應賠償那些最初被這種汙染傷害的人們。這一賠償可能包括為減少最初的汙染結果而設計的裝置之付款。在我們的例子裡，航空公司或機場就可能為一幢房屋的隔音裝置付款，然後按這幢房屋比其最初未受噪音干擾、未裝隔音裝置時在經濟上所減少的價值額進行賠償。

當汙染的每個受害者都遭受巨大損失時，通常的追究違法行為責任的體制（只需加以少許的修正）就足以產生這種結果。在這些案例中，執行他人的財產權將足以把汙染控制在一個適當的範圍內。但如果各個汙染者非常分散，且都只產生很小的影響，情況就不一樣了。假如某人對美國的每個人都造成大約二十美元的損失，這將不會使任何人去控訴他，儘管損害的總額非常巨大。如果許多人同樣對每個人造成輕微的損害，那麼這個損害的總額對一個人來說就可能是相當大的。但既然沒有一個嚴重影響其一個人的單獨汙染源，就還是不會使任何一個人去控訴任何個別的汙染者。這是具有諷刺性的：汙染通常被認為是呈現出私有財產制的私有性的弊病；然而在此汙染的問題卻是，高昂的交易費用令人難於執行汙染受害者的私有財產權。

允許集體對汙染者提出控訴可能是一個解決辦法。任何律師或法律事務所都可以代表一般公眾提出控訴，並被要求把徵集來的賠款總額按份額分配給對之提出要求的團體的每個成員。（由於不同的人受到同一汙染行為的影響程度不同，律師們可能被要求把不同的份額分配給不同的特定團體中的那些人。）律師的收入將來自那些沒有寫信來要求他們的一份的人們，以及那些沒有及時提出要求的人的所得。看到一些人以這種方式得到巨大的收入，其他人也將從事這種「公眾代理人」的生意，取得一份年金來徵集並向其委託人交付他們有權要求的所有汙染賠款。既然這樣一種方法使行動迅速的律師得到巨大利益，它就保證了許多人將機敏地保護那些被汙染者的利益。另一種方法可能被設計，以允許幾個人同樣為公眾中一些可明確劃分的群體提出控訴。的確，這些方法對法院體系將產生很大的壓力，但他們應當像任何政府機關確定和分攤付款的活動一樣操作。[31]

為達到一個可接受的賠償原則，我們必須確定要求賠償的行為種類。有些類型的行為是普遍的，在人們生活中扮演重要的角色，且若不對某人產生嚴重的不利就不會受到禁止。一個原則可能如下：當這種類型的行為基於它可能傷害別人，且行為者行為時特別危險而禁止從事時，那些為使自己得到較大保障的禁止者，必須因為他們給被禁止者造成的不利而付給他賠償。這一原則適用於賠償被禁止開車的癲癇病患者，但排除了上述非自願的俄羅斯輪盤和特殊製造程序的情況。這一原則注意的幾乎所有人都從事的重要活動，雖然有些人從事它們比別人更危險。幾乎人人都開車，而玩俄羅斯輪盤或採用一種特別危險的製造程序，卻不是所有人生活的正常部分。

不幸地，對原則的這種處理方式對劃分行為種類的辦法加諸很大的負擔。我們不能只根據一種認為某人的行為不同於他人的行為的描述，就把這種行為定為非通常的，並因而將其排除在這一原則的應用範圍之外。另一方面，主張任何行為只要被描述為幾乎其他人都實行的，就可被看成是通常的，且被包括在這一原則範圍之內，也是太過武斷了。因為非通常的活動也可以被某些描述說成是人們正常做的活動。玩俄羅斯輪盤是一種較危險的「取樂」方式，而「取樂」是其他人被允許做的。同樣，採用特殊的製造程序是一種較危險的「謀生」方式。幾乎任何兩個行為都能被解釋為同類或是異類，這要依其行為背景中那些次要特徵而定。對行為的各種不同描述的可能性，使上述的原則不可能隨意地實行。

如果這些問題能夠令人滿意地得到釐清，我們可能還希望把這一原則擴展到某些非通常的行為。如果使用某一危險的製造程序是那個人能謀生的唯一方式（就像如果與另一個人玩槍裡有一萬個彈膛的俄羅斯輪盤，是那個人能夠取樂的唯一方式——我承認這是兩個極端的假設），那麼這個也許應該因為被禁止做這件事而得到賠償。由於對他禁止的是他能謀生的唯一方式，相對於正常狀態他遭受了損失，但禁止他這一最有利的選擇的人，相對於這種正常狀態來說卻沒有受到損失。一種相對於正常狀態而言的損失，不同於一個人若不如此就要陷入更壞狀況的情況。如果如此，一個人可能用損失的理論來陳述「賠償原則」：那些因被禁止從事只是有可能傷害他人的行為而受損的人們，必須因那些旨在為他人提供保障而帶給他們的損失而得到賠償。如果上述禁令增加的安全保障帶給人們的利益數額，不大於被禁止者將損失的數額；那麼，潛在的禁止者將不能或不願去支付巨大的賠款，從而禁令將不會被施加。（在這種情況的處理是恰當的。）

這一賠償原則包含我們先前陳述的情況，那些陳述涉及劃分行為分類的麻煩問題。這一原則並沒有完全避免，有關人們在其中變得特別不利的環境的類似問題。但就像它們在此出現的那樣，這些問題現在較容易處理。例如，那個不能採用最佳選擇的製造者（雖然還有別的有利選擇），在其他所有人都能採用他們最佳選擇（這些選擇碰巧是不危險）的情況下，是特別不利嗎？顯然不是。

賠償原則要求，因人們被禁止做某些危險行為而付給他們賠償。有人可能反對說：你要麼有禁止這些人的危險行為的權利，要麼沒有。如果你有這種權利，你不必因為做了你有權對這些人做的事而付給他們賠償；如果你沒有這種權利，那麼與其為你無權做出的禁令而設計一種賠償這些人的辦法，還不如直接停止這種禁令。在這兩種情況裡恰當的方式看來都不是先禁止然後賠償。但這樣的方法：「你要麼有權禁止而無需賠償，要麼無權禁止而應當停止」是太過簡單了。情況可能是：你的確有權禁止一個行為，但只有在你賠償那些被禁止者的條件下才能禁止。

怎麼會這樣呢？這種情況是之前被討論過的那些情況之一嗎？（越界行為在給予賠償的條件下被允許）如果是，那就是要有某種界線來劃分禁止人們做某些危險行為的範圍；如果被侵越一方得到賠償，越過這種界線就是可允許的。甚至，既然在我們所討論的例子中，我們能先鑑別出被禁止者，為什麼我們不轉而要求與他們談判，以達成某個他們同意不做某些危險行為的契約呢？為什麼我們不提供他們一個誘因，或雇用他們，或賄賂他們不要做這種行為呢？在我們先前關於越界行為的討論中提到，我們缺少一種有說服力的公平價格理論或有說服力的理由，來解釋為什麼所有自願交換的利益都會匯集到一方。在契約曲線上哪些可接受的點將被選擇的問題，最好留給有關各方去解決。這一考慮贊成預先的協商甚至贊成事後的充分賠償。然而，現在提出的類型劃分的情況中，選擇契約曲線上的一個極端的點看來是唯一恰當的，不像那些雙方都有利的交換。關於禁止一方做一種將會或可能會使別人遭受危險的行為的協商中，利益要如何分配是不清楚的，被禁止一方需要得到的只是充分的賠償。（被禁一方能夠為其被禁而協商的付款——即使他被允許做這一行為——不是他因此得不到因禁止帶來的賠償而造成的損失部分。）

生產性交換

如果我從你那裡購買一件物品或一種服務，我便從你的活動中得益；我的狀況因此比以前要好，比你沒有做這種活動，或者你完全不存在的狀況要好。（略去下面這種複雜性不談，即某人可能曾經真誠無欺地把一件東西賣給他常傷害的另一個人。）然而，如果我因你不傷害我而付錢給你，我從你那裡就得不到任何東西，而這些東西是假如你根本不存在，或者雖然存在但根本與我無關時我不擁有。（如果我應受你的損害，這一比較將不適用。）大致說來，生產活動是那種使買者比起假如賣者完全跟他們無關時生活過得好些的活動。更確切地說：這為非生產性的活動提供了一個必要條件，但不是一個充分條件。如果你的鄰居打算在其土地上蓋一幢結構特殊的建築物（這是他有權做的），那麼如果他根本不存在，你可能會覺得較好。（沒有其他人會選擇建造那種古怪的建築。）但花錢購買使之不實行的計畫將是一種生產性交換。然而，假設這個鄰居並不想在其土地上蓋這種建築；他制定他的計畫並告訴你，只是為了讓你購買而使得他不實行其計畫。這樣一種交換就不是生產性交換。它只是使你解除某件如果不是因為有交換的可能性（可以從交換中得到解脫）就對你不會有什麼威脅的事情。這種情況可以普遍化到這個鄰居的目標並非僅指向你的狀況。他可能制定這種計畫，並向好幾個鄰居拍賣他的不實行計畫。無論誰購買它，都只是得到非生產性的「服務」。

這種交換不是生產性的交換，它不會給每個購買者帶來利益；這見之於下列事實：如果這種交換不可能發生，或者它們被強行禁止，以致每個人都知道不可能發生；則可能的交換一方就絕不會比以前狀況更壞。這將是一種奇怪的生產性交換，因為禁止使一方的狀況絕不會變得更壞。（不為了使那種計畫不被實行而放棄任何東西，或不需要因為這個鄰居沒有其他繼續進行某一行動的動機而放棄任何東西的一方，就比以前狀況要好了。）雖然人們希望勒索者保持沉默並為此付錢，他的沉默也不是一種生產性活動。如果這個勒索者根本不存在，因而沒有對其受害者造成威脅，則其受害者的狀況就是好的。[32]如人們知道這一交換絕對不可能發生，他們的狀況也絕不會變得更壞。按照我們在此所持的觀點，這樣一位沉默的賣主只能夠因他經由沉默所放棄的東西而正當地索價。雖然他放棄的東西包括其他人要使他說出祕密所需要的付款，並不包括他能從不說出他所知道的東西而收到的付款。

所以，若某人寫一本書，並在其研究中無意發現有關另一個人的一些情況，而這些情況如果放在書裡將有助於書的銷路；這時他可能向那個希望保留這些祕密的人（包括那些情況的當事人），為不把這些情況寫進書裡而索價。他的索價額可能等於他預期他的書包含這些情況，和不包含這些情況時之間的差額。而可能不會從他的沉默的購買者那裡，索取他能得到的最好價錢。33保護性的服務是生產性的，並給它們的主顧帶來利益；然而「保護性勒索」卻不是生產性的。僅僅購買勒索者之不傷害你，這並不會使你的狀況比假如他們跟你完全沒有關係時要好。

因此，我們前面劃分自願交換利益的討論，就應當被限制於這類的交換——在這些交換中，交換各方作為生產活動的受惠者而得益。在其中其一方並不如此得益，而只是被非生產性地服務的情況；說他只是在賠償另一方（如果任何賠償都是起因於另一方的話）就是公平的。在某些情況中，只是非生產性的交換的第一個條件得到滿足，而第二個條件卻不存在；即作為交換的結果，X的狀況並不比假如Y根本不存在時更好，但是Y的確有某種不同於拍賣他之所以不做某件事的另外動機。如果從Y不做某一行為的情況中，X只得到使他自己的邊界被逾越（一種有意的實行被禁止的逾越）的較低可能性，那麼Y需要被賠償只是因為對某些活動的禁令加諸於他的不利。這些活動是危險性很重，足以證明以某種方式禁止它們是正當的活動。

我們拒絕認為對危險行為的禁令是不正當的觀點；經由預先的協議和公開的談判，人們必須被引導到自願同意克制某些行為。但是不應當把我們的例證僅僅解釋為，是對那種可以保護一個人的危險行為之逾越邊界的賠償，而預先談判的要求也被這一例證的特殊性質所排除（它並不涉及任何生產性的交換）。因為這並沒有解釋為什麼所有人都不回到，他們若沒有禁令時將占據的無異曲線上；只是解釋了由禁令造成的那些受損者必須得到賠償，而他們只是因為受損而要受賠償。如果對某個危險行為的禁令，對某人的兩種不同結果；第一種雖然未使他受損，但使他相對於他人來說狀況變壞了，第二種則使他受損。賠償的原則將要求只對第二種結果給予賠償。不像通常的越界行為，在這類情況中的賠償，不須把這個人提高到他被干涉以前所處的地位。為了在賠償的原則下把這種賠償看作對越界行為的通常賠償，一個人可能要試圖去對邊界重新定義或劃分，以使只有在某人受損的情況下才可以說被越界了。但更明白的是：不要把這種賠償的情況混同於另一種情況而歪曲我們的觀點。

當然，不使之混同於賠償越界行為的情況，並不排除我們從更深的原則來推演出賠償原則。就本書的目的而言，我們不必做這一工作，也不需要精確地陳述這一原則。我們只需堅持某些原則（例如賠償原則）的正確性，並要求那些對危險活動施以禁令的人去賠償那些因為被禁止從事危險活動而損失的人。我並不對現在提出和隨後將應用的，其細節尚未充分闡明的原則感到完全滿意，即使這個原則尚未闡明的方面，看來與我們將用它來處理的問題沒有關係。我想，我可以不無公平地聲稱：作為一個開始，使一個原則處在多多少少模糊的狀態中是對的；主要的問題是類似的原則是否生效。然而只要下章即將細述的另一原則的支持者，知道我遵循他們的原則比起我現在遵循我的原則，將要困難得多，我這樣的看法就可能得到他們的接受。

第五章 國家

禁止個人私自強行正義

一個獨立者可能被禁止私自強行正義，這或者是因為人們知道他的行動程序太過危險——也就是說，那種程序（比起別的程序）包含較高的懲罰無罪者或過分懲罰有罪者的危險性，或者是因為人們不知道他的行動程序是危險的。（如果其程序無法懲罰有罪者的可能性要大得多，那將顯示出另一種形式的不可靠性；但這將不構成禁止他私自強行正義的原因。）

讓我們依次考慮這些問題，如果獨立者的行動程序很不可靠，並對別人有較大的危險性；那麼如果他經常這樣做，他可能使所有的人都感到恐懼——甚至那些並非其受害者的人亦然。任何會以行動自衛的人，都可能阻止他進行高危險性的活動。即使他並非始終是一個威脅，但這個獨立者肯定還是會被阻止去採取很不可靠的行動程序。如果人們知道這個獨立者將每十年使用一次很不可靠的程序來強行其權利，那麼這將不會給社會帶來普遍的恐懼和憂慮。因此，禁止他這種間歇性的採取行動程序的理由，就不是為了避免廣泛和得不到賠償的憂慮和恐懼。

如果存在許多容易造成錯誤之懲罰的獨立者，這將增加對所有人造成危險狀態的可能性。這樣，其他人就有權聯合起來，禁止所有的這類活動。但這一禁止是如何實行的呢？人們將禁止每一個人並不造成恐懼的活動嗎？在自然狀態中，人們根據什麼程序選擇和決定哪種活動將繼續，又是什麼給他們這麼做的權利呢？任何保護性社團，無論它們多麼具有支配性，都沒有這種權利。因為一個保護性社團的正當權力僅僅是其成員，或委託人移交給這個社團之個人權利的總和。沒有新的權利和權力產生。這一社團的每一權利，如果不是根據那些獨自在自然狀態中活動的個人所持有的個人權利，它就要消解為無。一群個人的聯合體，可能有權做某個任何單獨的個人都無權做的行動C；如果C等同於D＋E，則有權做D和有權做E的個人就會聯合起來。假如某些個人的權利是這樣的形式：「如果有五一％或八五％或任何其他人的同意，你就有做A的權利」；那麼一群個人的聯合體就將有做A的權利——即使任何單獨的個人都沒有這種權利。但沒有任何個人的權利是這種形式。任何人或團體都無權從整體中挑選某人，允許他繼續進行對正義的個人強行。所有的獨立者可能集合起來決定這件事，例如，他們可能採用某種隨機的程序來分配一些（能轉賣？）可繼續由個人私自強行的權利，以便把總的危險降低到某一標準線之下。困難之處在於，如果很多獨立者這麼做，將可能為了個人而抵制這種安排；他可以隨其所欲地繼續其危險行動，而其他人則相互限制他們的行為，以便把行為的總體

（包括他的危險行動）降到危險線的標準之下。由於其他人可能使他們自己與危險的界線保持一定距離，而給他留下為所欲為的空間。甚至於其他人可能如此緊鄰危險的標準，以致使他的活動把行為總體帶過危險線。如果這樣，我們可以根據什麼理由來禁止他的活動呢？同樣地，為了每一個個人著想，在自然狀態中應該避免任何無異議的協議；例如設置國家的協議。一個人能從這種無異議的協議得到的任何東西，他也能從個別的雙邊協議中得到。任何實際上需要全體一致同意的契約，任何本質上是共同合作的契約，不管某個特定的人是否參加，都要致力於實現它自己的目的。這樣，那個不參加這種契約的人就將是得利者。

公平原則

哈特提出的原則，我們將仿效羅爾斯把它稱為公平原則（principle of fairness）。這一原則認為，當一些人按照規則致力於公正、相互有利的合作時，就以為所有人謀利的方式限制了自己的自由。那些甘受這些限制的人，就有權要求從他們的受限中獲益的人默認同樣的限制。[1] 根據這一原則，一個人接受利益（甚至當沒有明確或隱含對合作的承諾時亦然），就足以產生出束縛他的義務。如果對公平原則加上下述主張，即這種義務的擁有者或其代理人，可以強行在這一原則下產生的義務（包括限制一個人的行為義務）；這樣，處在自然狀態、一致同意挑選某些人執行某些行為程序的團體，將擁有正當的權利禁止「搭便車者」。這種權利對一致同意的存在是至關重要的。我們應當很仔細地審查這種強有力的權利，特別是因為它看來對自然狀態中強制性政府的一致同意成為不需要。然而，考慮它的進一步理由是，它作為我的主張的一個反證似乎是有道理的；我的主張是：沒有任何新的權利在團體的層次上「出現」，個人的聯合體不可能創造出，並非先前存在之權利的總和的新權利。以某種特定方式來強行他人之義務，以限制他們行為的權利，可能來自義務的某種特殊性質，也可能被認為是來自某個一般性原則的推論：即所有源於他人的義務都是可以被強行。在對多半產生於公平原則的這種可證明強制有理（enforcement-justifying）的義務，其特別性質缺少論證的情況下，我將首先考慮所有義務的可強行性原則，然後考慮公平原則本身的適當性。如果這兩個原則中有一個被否定，強制他人在這些情況中合作的權利就岌岌可危。我將證明這兩個原則都必須拋棄。

哈特對自然權利[2]之存在的論證，植基於對所有義務的可強行性原則的特殊引申：某些人負有對你做A的義務（那可能是產生自他們向你所做的將做A的承諾），這就給了你不僅要求他們做A的權利，而且給了你強制他們做A的權利。哈特說，只有不是在那種人們不會強制你做A（或別的你承諾過的事情）的背景下，我們才能理解特殊義務的要點和目的。他繼續說，除非達到某種特定的條件，否則將有一種不被強迫做某事的自然權利；這種自然權利被放進某種背景，特殊義務正相對於這一背景存在。

哈特的這一著名論證令人迷惑。我可以免除某些人不強制我做A的義務。（「我現在免除你不准強制我做A的義務，現在你可以自由地強制我做A。」）但這種免除並不給我帶來對他們做A的義務。既然哈特假定，我負有對某人做A的義務，就給了這個人（只指定他有）強制我做A的權利；又既然我們看到相反的推論並不成立；我們可以考慮在對某人做某事負有義務中，有高於他有權強制你做這件事的成分。〔我們可以假定這種可明確區分之成分的存在，而不被指責為「邏輯原子主義」（logical atomism）嗎？〕在哈特負有義務的概念裡，包含有強制權利的內涵；而反對他這一看法的觀點認為：這一附加的成分正是某人有義務做某事之內容的全部。如果我不盡我的義務，那麼（在其他條件相同的情況下），我就是在做某種錯事；對這種局面的控制權是在他手裡，他有權力免除我這一義務，除非他答應過別人不這麼做。也許，若不提出這種附加的強制權利，所有這一切都似乎是短暫的。但強制權利本身也僅是權利，亦即對我做某事的許可和他人負有的不干涉我的義務。的確，我們有強行這些進一步義務的權利；但如果我們一開始就假定整個結構是脆弱的，那麼把強制權利包括進來是否真的能支撐整個結構就並非是毫無疑問的。或許我們只須認真地對待道德的領域，並考慮在沒有和強制發生連繫的情況下也很重要的成分。（當然，這並不是說這一成分絕不會與強制發生連繫。）按這種觀點，我們能夠在不引入強制權利，也不假定一個非強制義務，由此產生之一般背景的情況下來解釋義務的要義。（當然，即使哈特的論證沒有表明這種非強制義務的存在，它可能還是存在。）

在反對所有特殊義務的可強行性原則方面，除了這些考慮之外，令人困惑的實例也會出現。例如，如果我向你允諾說我不會謀殺某人，這並不給予你強制我不謀殺這個人的權利，因為你已經有這種權利，儘管它並不產生對於你的特殊義務。或者，如果我堅持你首先必須承諾不強制我做Ａ，然後我才向你做出做Ａ的承諾；如果現在我的確先從你那裡得到這一許諾，那麼說我在許諾中給了你強制我做Ａ的權利是沒有道理的。（雖然可以考慮這樣做的後果：如果我愚蠢到單方面地免除你對我的允諾。）

哈特的下述主張：即只有相對於所要求的非強制的背景，我們才能理解特殊權利的意義，這如果能使人信服的話，那麼下述主張看來就是有同等說服力：即只有相對於被允許的強制的背景，我們才能理解一般性權利的意義。因為按照哈特的意見，只有對所有人（Ｐ＋Ｑ）時，一個人才有做Ａ的一般性權利。Ｑ不可以干涉Ｐ做Ａ的行為或強制他不做Ａ，除非Ｐ給了Ｑ這樣做的特殊權利。但不是所有的行為都能替代Ａ，人們僅僅擁有做某些特殊類型行為的一般性權利。所以一個人可以爭辯說，如果擁有一般性權利，擁有做某種特殊類型之行為Ａ的權利，以及擁有其他人有義務不強迫你不做Ａ的權利，這些話確有意義的話，那麼它一定是相對於某種背景而言——人們不負任何義務去避免強迫你做或不做什麼事情。亦即，就一般的行動而言，人們並不擁有做它們的一般性權利。如果哈特能根據特殊權利之具有意義而主張反對強力的假定，他就同樣能根據一般性權利之具有意義，來證明這樣的假定是不存在的。[3]

對可強行之義務的論證有兩個階段：首先要推導出這種義務的存在，其次要證明其可強行性。在討論了第二個階段之後（至少在它一般被假設為來自第一個階段的範圍內），讓我們轉向在他人的共同決定中限制自己行為之合作的假設義務。在此，我們根據哈特和羅爾斯之原意所陳述的公平原則，是值得質疑和難以接受的。現在假設你的鄰居（共三百六十四個成年人）

創設了一種公開演講制度，並決定創立一種公共娛樂體系。他們公布一份名單，包括你在內，每天一人。某人在指定給他的那天（人們可以容易地調換日期）必須使公開演講制度得以進行，在那裡放唱片、發布新聞、講他聽到的逗人故事等等。過了一百三十八天，每一天每個當班的人都履行他的職責以後，輪到分配給你的那一天。你有義務去值班嗎？你已經得益了，偶爾你可以打開窗子傾聽或欣賞音樂，或者因某人的滑稽故事而感到開心。其他人都已經盡過力了，而當輪到你這樣做時，你必須響應嗎？照現狀來看，肯定可以不響應。雖然你從這一安排中得益，你還是可能覺得由別人提供的三百六十四天的娛樂，還不值得你放棄自己的一天。你寧可沒有這些娛樂也不放棄自己的一天，不願意擁有這些娛樂而因此花費你自己的一天時間。假定這就是你的想法，那麼當預定給你的時刻來臨，而別人要求你參加時，你怎麼辦呢？或許在你感到疲倦的深夜，你可以隨時扭開收音機因聽到朗讀哲學作品而感到愜意；但若作為該節目的朗讀者，你得花去一整天，這可能就不那麼愜意了。不管你想要什麼，別人都能藉由自己率先進行這一節目，而給你帶來也這樣做的義務嗎？在這種情況下，你可以選擇不打開收音機而放棄這種利益；而在另一些情況中，這種利益可能是不可避免的。如果每天都有不同的和你住同一條街的人在掃街，當輪到你時，你也必須去掃嗎？即使你不怎麼在乎街道的整潔，你也必須去掃嗎？當你穿過街道，你必須想像它是髒的，以便不像搭便車者那樣無功受益嗎？你必須避免去打開收音機聽哲學作品的朗讀嗎？你必須像你的鄰居一樣經常修剪門前的草坪嗎？

至少，人們想在公平原則中加進這樣的條件：一個人從他人行為中的得益，要大於他履行他的職責時付出的代價。我們應怎樣設想這個條件呢？假如你確實喜歡你鄰居的公開演講制度的每日廣播，卻更喜歡一天的遠足而非整年聽這些廣播；這時，這個條件被滿足了嗎？對於你負有放棄一天的時間來廣播的義務而言，這不是至少說明這一天（即藉由增加其他天要做的事情而騰出的一天。）你什麼事也不能做嗎？如果要聽廣播的唯一方法就是花一天時間參加這種活動，為了使利益超過代價的條件被滿足，你必須願意花一天時間廣播，而不會獲得任何可得之物。

即使公平原則被如此修正，以包含這一要求很高的條件，它仍將是值得質疑的。你所得的利益可能只與你所付的代價相等，而其他人卻可能從這一制度中獲得比你多得多的利益。他們都很重視收聽廣播，而你作為這一活動得益最少的人，有義務做出同等的貢獻嗎？或許你更喜歡大家都在另一種活動中合作，限制自己的行為並為它做出犧牲。假使他們都不遵循你的計畫（這樣就限制了你可以選擇的其他方案），那麼他們的活動所產生的利益就確實值得你參加合作（相對於合作的代價而言）。然而，由於你要他們集中注意你的替代方案，而他們不予理睬，或至少在你看來他們沒有為之做出適當的努力，你還是不願參加合作。（例如，你想要他們在收音機裡讀猶太法典，而不是讀哲學作品。）你如果參與這種合作，就等於支持這種制度（他們的制度），那只會使其更加難以改變。[4]

由此看來，強行公平原則是值得質疑的。你不可以決定給我一件東西（比方說一本書），然後強奪我的錢來償付書款；即使我沒有更好的東西要買。如果你給我書的行為也使你得益，你就更沒有理由要求我償付書款了。比方說，如果你最好的鍛煉方式就是把書投進人們的屋裡，或者你把書投進人們的屋裡只是你的其他一些活動之不可避免的副產品。如果你無法為那本不可避免地落到別人屋裡的書籌措書款，以致使你這種帶有如此副產品的活動很不可取或代價昂貴，情況也沒有什麼改變。不管一個人的目的是什麼，他不能如此行動：先給人們利益，然後要求（或強取）償付。任何一個群體也不能這麼做。如果你不可以為你沒有預先協商的贈與索取利益，你肯定也不可以為你未花代價的饋贈而索取報酬；而更為肯定的是，人們不必為那還是別人提供的未花代價的贈利而付酬給你。所以，以下事實：我們在某種程度上都是「社會的產物」，亦即我們都得益於許多世代已被忘卻的人們之無數行動，所創造的現行活動方式，包括制度、行為和語言方式〔語言的社會性質可能涉及到我們現在的用法，這種用法植基於維根斯坦（L. Wittgenstein）所說的對他人言語的適應〕，並不給我們帶來一種普遍的使現行社會能夠隨意地索還使用的流動債務。

也許我們能對公平原則作一些修正，使它擺脫這些困難和類似的問題。可以肯定的是，任何這樣的原則如果能成立，都將是非常錯綜複雜的，以致我們不可能把它與一種特殊的原則結合起來，而這種特殊原則試圖在自然狀態中把在其中產生之義務的強行正當化。因此，即使公平原則能得到有系統的闡述，以致不再受到質疑，它也不能免去下述要求：要使人們參加合作並限制他們的行動，必須先徵得他們的同意。

程序的權利

讓我們回到前面所說的獨立者。撇開其他非獨立者的恐懼（也許他們不會如此煩憂）不談，將被懲罰者是不是可以自衛呢？如果他能說明這一懲罰是不公正的，他也必須先允許懲罰發生，然後再索取賠償嗎？但他向什麼人說明呢？如果他知道他是無辜的，他可以立即要求賠償，強行他的這種索取賠償的權利嗎？程序權利的概念、對罪行的公開揭示，在自然狀態理論中的地位是很不清楚的。

有人說，每個人都有一種權利，使他的定罪由某個最少危險的眾所周知的程序來決定；亦即由一種最不可能把一個無辜者定為有罪的程序來決定。下面有一著名的箴言：寧可使m個有罪者逍遙法外，也不許n個無罪者被判為有罪而且受罰。對每個n而言，每條箴言都將鼓勵對m／n這一比例提出一個上限。它將說：最好是m，而不是m＋1。（一個體制可能對不同的罪行提出不同的上限。）按照一個很不實際的假設：假設我們知道每種程序體系，把無辜者定為有罪[5]和把有罪者定為無罪的機率，我們將自低而高地選擇上述兩種錯誤的長遠比例，最接近於我們能接受的最高比例的程序。把這種比例定在何處是很不清楚的。若說寧可讓所有的犯罪者都逍遙法外，也不讓一個無辜者被判為有罪，大概等於完全不要任何懲罰體制。因為，我們能設計的任何在某些時候對某人實施懲罰的體制，都將涉及到可能懲罰一個無辜者的危險。而當應用於一大群人時，它幾乎不可避免地將會如此。任何體制S，都能被轉變為一種懲罰無辜者的機率較低的體制——經由與輪盤賭的程序相結合。由此，這種機率僅是被S定為有罪的人實際上都受到懲罰的零點一。（這個程序是反覆的。）

如果有人反駁說，獨立者的行動程序有很高的機率會使無辜者受到懲罰，那麼某些程序機率太高是怎麼確定的呢？我們可以設想每個人都經過下列的推理：程序的保護性越大，我被不公正地定罪的機率就越小，而一個有罪者逃脫懲罰的機率也就越大；因此，這一體系制止犯罪的效率也就越差，而我成為犯罪受害者的機會也就越大。最有效率的體制是那種最大限度減少對我的額外傷害之預期值的體制，而這些傷害或是經由我被不公正地懲罰，或是經由我成為犯罪的受害者而加諸於我的。如果我們極其簡化地假設處罰和受害的損失可以相互抵銷，我們將願意要這種最嚴格的保護。

在此，對這種保護的任何削弱，都將比（經由加強的制止）減少對受罪行之害的可能性更甚地增加我們被不公正地懲罰的機率；而對這種保護的任何加強，都將比減少我們被不公正地懲罰的機率，更甚地增加我們受罪行所害的可能性（經由削弱的制止）。既然人與人之間的利益是不同的，故而沒有理由期望做一種眾多個人會傾向於同等的程序。此外，有些人可能認為犯罪者受到懲罰是重要的，因而他們願意冒自己被錯誤懲罰的較大危險以達到這一點。這些人將考慮，自己越是退縮，使有罪者逃脫懲罰的機率就越高，因而除了程序在制止方面的效果外，他們也將把這一點納入他們的計算。至少，下述說法是很值得懷疑的：即認為任何自然法的條款，將（為人們所知）解決賦予這類考慮多大重要性的問題，或者將調和人們對與被罪行所害，相對而言的無辜者受罰之嚴重性的不同評價（即使兩者都涉及到發生於他們的同樣事物）。即使懷有世界上最良善的意願，不同的個人仍將贊成不同的程序，這些程序在使一個無辜者遭受懲罰方面有著不同的機率。

看來，不能允許一個人僅僅因為某個程序比他認為最好的程序，有較高的懲罰無辜者的機率，就禁止別人採用這個程序。畢竟，你贊成的程序，也可能和其他人贊成的程序一樣陷入這種連繫。很多人採用你的程序的事實，也不會使事情有什麼改變。看來處在自然狀態中的人必須忍受（亦即不禁止）他們的鄰居對各種程序的採用，但他們似乎可以禁止過於危險的程序之採用。如果有兩個團體，每一個都相信自己的程序是可靠的，卻認為另一個團體的程序是危險的，這就產生了一個尖銳的難題：沒有任何看來可以生效的解決雙方爭端的程序。而提出非程序性的原則——對的一方應當勝利（另一方應當服從）——似乎也不太可能帶來和平，因為每個團體都堅定地相信自己是對的一方，是在奉行正確的原則。

當真誠和善良的人們意見不一時，我們傾向於認為他們必須接受某種程序來解決他們的爭執，接受某種他們雙方都認為是可靠和公平的程序。但在此我們看到這樣的可能性，即他們的爭執可能擴展到程序的問題。一方有時將拒絕由這種程序來做出與他們意見相左的對爭端的決定，特別當錯誤的決定比拒絕接受這種程序帶來的分裂和損失（包括發生戰鬥）更壞的時候。考慮對立雙方都感到發生衝突，比接受由任何程序做出的相反決定更可取的情況是令人沮喪的。每一方都把這種情況看作是他必須有所行動（因為他是對的），而另一方應該服從。

假如有個中立的一方對雙方說：「看，你們雙方都認為自己對，所以按照你們將採用的原則，你們將發生戰鬥。因此，你們必須同意經由某種程序來解決這一爭端。」這麼說是沒用的，因為他們雙方都相信衝突要比失敗更好。[6]而他們之中的某一方在此可能是對的。那麼，他不應當介入這場衝突嗎？（當然，他們雙方都認為自己是對的。）一方可能試圖經由訴諸程序來避免這些痛苦的問題，不管結果會怎麼樣。（採用這些程序可能使程序本身被拒絕嗎？）有些人把國家看作一種轉移道德決定的工具，以便在個人中間不會導致這樣的衝突。但是，什麼樣的個人會放棄自己的權利呢？誰會把每一決定都轉交給一種外在的程序，接受由此產生的無論什麼樣的結果呢？發生這種衝突的可能性正是人類狀態的一部分。雖然這個問題在自然狀態中是不可避免的問題，但藉由恰當制度方面的努力，這個問題在自然狀態中不會像也存在這種問題的國家那樣緊迫。[7]

究竟哪一種決定可以留給外在有約束力之程序的議題，跟另一個有趣的問題相連繫，即那些知道自己無辜卻要受懲罰的人，負有什麼樣的道德義務的問題。司法體系（假設不包含任何程序上的不公平）已經宣判他受監禁或者死刑。他可以逃脫嗎？他可以為了逃脫而傷害另一個人嗎？這些問題不同於另一個問題，即某個錯誤地攻擊（或參加攻擊）另一個人的人，可能以自衛之名來證明他殺死另一個人是正當的，因為這個人在自衛的行動中使他的生命遭到危險。這種說法無疑不能成立。首先，攻擊者不應當攻擊；再者，自衛者也不應以死威脅他，除非攻擊者的行動迫使他這樣做。他的任務是要擺脫這種情況，如果他無法做到，那麼他就處在道德上的不利地位。知道自己的國家是在進行一場侵略戰爭，卻不得不在防禦性的炮位上操縱高射炮的士兵，不可以自衛之名向採取自衛行動的被侵略國家的飛機開火，即使這些飛機正在他們頭頂，準備轟炸他們。決定自己這一方是否正義，是士兵的責任。如果他覺得這個問題太複雜、不清楚或者混亂，他不可以把責任轉移到肯定會說自己是正義一方的長官身上。這個自我選擇、有良心的反對者，如果主張他有不戰鬥的道德義務，這可能是對的。如果他是對的，另一個默認這場戰鬥的士兵，不是可以因自己做了道德義務上不應做的事情而受到懲罰嗎？這樣我們就回到先前停止的地方；我們拒絕那種認為不可能期望某些士兵獨立思考的道德菁英論觀點。（當然，他們的獨立思考肯定不會受到鼓勵，不會受到戰爭規則免除他們對其行為全部責任之實踐的鼓勵。）我們也不理解為何政治領域是特殊的。當一個人的某些行動是在政治領袖們的指示或命令，根據其政治動機而共同實行時，為什麼恰好對這個人就可以特別免除其行為的責任呢？8

我們迄今一直假設，你知道另一個人與你不同的裁決程序是較壞的。現在，假設你對另一個人的裁決程序沒有任何可靠的知識。僅僅因為不知道他的程序是否可靠，你可以自衛性地阻止他嗎？你的保護性機構可以為你採取行動嗎？你有權利讓你的有罪、無罪或懲罰，由某個眾所皆知為可靠和公平的體系來判定嗎？是為誰所知呢？那些掌握它的人可能知道它是可靠和公平的。如果某人認為只有聽盜賊的意見才是可靠的，或者他不能理解其他人採用的體系，以致他不知道它是否可靠等等，他的權利就被侵犯了嗎？有的人可能把國家視為解決有關可靠與公平爭端的權威。但說國家將解決爭端肯定是沒有什麼保障的（耶魯的校長並不認為黑豹黨人能得到公正審判），而且也沒有理由假定國家將比別的體制做得更有效率。自然權利傳統在下列問題上幾乎沒有提供什麼指導：例如一個人在自然狀態中有些什麼樣的程序權利，各種指示人們如何行動的原則怎樣把知識放進它們各自的條款等等。但處在這一傳統中的人們並不認為沒有程序權利的存在；也就是說，人們並不認為一個人不可以保護自己免受不可靠和不公平程序的支配。

支配性機構可以如何行動？

那麼，一個支配性的保護社團可以禁止其他個人做什麼呢？支配性保護社團可以為自己保留這樣的權利：判斷任何要被應用於其委託人的裁決程序。它可以聲明：將懲罰對其委託人使用不可靠和不公平的行動程序的人，並按照這一聲明行動，並保護其委託人不被加諸這種程序。然而，它可以宣稱將懲罰任何對其委託人採用一種在懲罰時，尚未被證明是可靠和公平的程序的人嗎？它可以把自己確立為預先通過任何用於其委託人之程序的審查機關，以便懲罰任何對其委託人使用一種尚未得到他贊成的程序的人嗎？顯然，個人無此權利。說一個人可以懲罰任何一個對他採用一種尚未得到他贊成的裁決程序的人，等於是說一個拒絕贊成任何人的判決程序的罪犯，能夠正當地懲罰任何試圖懲罰他的人。也許保護性社團可以正當地做此事，因為它不會偏袒其委託人。但是這種不偏袒並無任何保證。我們也看不到有什麼途徑可使這樣一種新權利，從個人先前存在之權利的結合中產生。我們必須做出這樣的結論：保護性社團並沒有這種權利，包括唯一支配性的社團也沒有這種權利。

每個個人的確都有這樣的權利，即可以公開得到或可以得到足以充分顯示，一個即將應用於他的裁決程序是可靠和公平的訊息（或不亞於其他使用中的程序）。他有權利得知他是在受某種可靠和公平的體系所支配。若他無法得知，他可以保衛他自己，抵制那種不熟悉的體系的強迫裁決。當這種訊息是可以公開獲得或可以為他所獲得時，他就能知道這一程序的可靠性和公平性。[9]他檢視這一訊息，如果他發現這種體系是在可靠和公平的範圍內，他就必須服從它，而如果他發現它不可靠和不公平，他就可以抵制它。他的服從意味著他不能因別人使用這一體系而懲罰那個人，他也可以根據自己是無辜的理由來抵制其特殊決定的強加。如果他不願意，那麼他就無須加入這一體系裁決他是否有罪的過程。既然還沒有確定他是有罪的，他就不可以被侵犯或被強迫加入。然而，謹慎細心的考慮可能使他覺得：如果他如入這種提供了某種保護的合作，他被發現為無罪的機會將會增加。

有一個原則是：如果別人試圖對一個人採用一種不可靠或不公平的裁決程序，這個人可以自衛之名進行抵制。應用這個原則，一個人將抵制那些經過其反覆思考而認為是不可靠或不公平的體系。一個人可以授權給他的保護性機構代行他的權利，去抵制任何尚未表明其程序是否可靠和公平的裁決程序，以及抵制任何不公平或不可靠的程序。在第二章中，我們簡要地描述了將導致一個保護性社團在一個地區取得支配地位的過程；或者導致一個使用規則去和平地裁決它們之間爭端的支配性社團聯合的過程。這一支配的保護性社團將禁止任何人，向其成員採用沒有充分提供其可靠性和公平性訊息的程序。他也將禁止任何人對其成員，採用不可靠或不公平的程序。這意味著，由於保護性社團採用這一原則，並有力量這樣做，因而其他人將被禁止對這個保護性社團的成員採用任何被保護性社團認為是不公平或不可靠的程序。撇開逃避這一體系之運作的可能性不談，任何違反這一禁令的人都將受到懲罰。這個保護性社團將公布一份它認為是公平和可靠程序的名單（或許是公布一份它認為是不公平或不可靠程序的名單），並會繼續發現和採用尚未列入其名單的已知程序。既然社團的委託人期望它盡其所能地阻止那些不可靠的程序，這一保護性社團將使其名單具有時效性，並包括所有公開已知的程序。

人們可以指責說，我們有關存在著程序權利的假設使我們的論證過於容易了。一個侵犯別人權利的人，有權要求這一侵犯事實由一個公平和可靠的程序來決定嗎？的確，一個不可靠的程序太容易把無辜者定為有罪，但對一個犯罪者採用這樣一種不可靠的程序，是侵犯他的權利嗎？

他可以出於自衛而抵制這樣一種程序強加在他身上嗎？但他的自衛是在反對什麼呢？過高懲罰的可能性是他應得的嗎？這些問題對我們的論證來說是重要的。如果一個有罪者無法保衛自己免於這種不可靠的程序，也無法懲罰對他使用這種程序的人；那麼他的保護性機構可以撇開他是否有罪的問題（即使有罪），而保護他免於這類程序，或者隨後懲罰對他使用這類程序的那個人嗎？人們本來以為這一機構的唯一行動權利是其委託人轉交給它的權利，但如果一個有罪的委託人沒有這種權利，他就不可能把它轉交給這一機構。

當然，這一機構不知道它的委託人有罪，而這個委託人本身也不知道（讓我們假設）他自己的罪行。但這種知道或不知道的不同，產生了這種必要的區別嗎？這個不知道此人是否有罪的機構不是應該去調查其委託人的罪行問題，而不是繼續假設他無罪嗎？機構與委託人之間這種認識上的不同可以產生下列的區別。這個機構在某些情況下可以保護其委託人免於刑罰的施加，同時迅速著手調查其罪行問題。如果這個機構知道懲罰一方使用可靠的程序，就應接受它做出的有罪判決，而不能根據其委託人是或很可能是，無罪的假設來進行干預。如果這個機構認為這個程序不可靠或不知道它的可靠程序，那麼就無須假設其委託人是有罪的，而且可以自行調查案件本身。如果根據調查，它認定其委託人有罪，它就允許他被懲罰。這種保護其委託人免於刑罰的立即施加，相對而言是很直接的，除非涉及以下問題，即當保護性機構想令自己滿意地決定其委託人是否有罪時，它是否必須賠償因這種拖延而對預定的懲罰者造成的損失。看來，這一保護性機構的確必須因強制的拖延造成的損失，而賠償那些相對來說是不可靠的程序的使用者；對於那些可靠性並不清楚的程序的使用者來說，如果這些程序是可靠的，這一保護性機構就須給予充分的賠償，否則就僅賠償實際的損失。（誰承擔證明程序之可靠性問題呢？）既然這個機構可以（強制性）從曾主張自己無罪的委託人那裡索取這筆費用，所以這將是對僭稱自己無罪的一種制止。10

這一機構對免除刑罰的暫時保護是相當直接的。這一保護性機構若在刑罰施加以後，再採取適當的行動就不那麼直接了。如果懲罰者使用的程序是可靠的，這一機構將不反對懲罰者。但是，這一機構可以根據某人採用不可靠的程序來懲罰其委託人而懲罰他嗎？它可以不管其委託人是否有罪而懲罰這個人嗎？或是它必須用自己的可靠程序來調查，並決定其委託人是否有罪；而只要它認定其委託人無罪，就可以懲罰那個懲罰者呢？（或者只要它沒有發現他有罪？）這一保護性機構基於什麼權利來宣稱：不管其委託人是否有罪，它將懲罰採用不可靠的程序來懲罰其委託人的人呢？

使用不可靠的程序並按其結果行動的人，不管他的程序在具體情況中是否起了作用，他都給別人帶來危險。要跟別人玩俄羅斯輪盤的人，同樣也是強加危險於他人身上——即使扣扳機時並沒有擊發。這個保護性機構對待以不可靠方式強行正義的人，就像它對待從事危險行為的人一樣。我們在第四章中，根據不同的情況，區分了對危險行為之各種可能的反應：禁止；賠償邊界被實際侵犯者；賠償所有邊界有被侵犯之危險的人。對正義的不可靠的強行者可能做出令其他人恐懼的行為，也可能不這麼做；而他們之強行正義可能是想因某種先前的錯誤而獲得賠償，或是進行報復。[11] 一個用不可靠的程序強行正義，但沒有做出使人恐懼之行為的人，將不會受到懲罰。如果他的行為所針對的人確實有罪，那麼他取得的這種賠償就是恰當的，而這種情況也不會被干涉。如果他行動的對象證明是無辜的，那麼這一不可靠的強行正義者，將因其行為而被迫充分地賠償他的行動對象。

另一方面，對正義的不可靠的強行者可以被禁止，對別人施加那些預計將帶來恐懼的結果。為什麼呢？因為，如果這種情況經常發生的話，將帶來普遍的恐懼。所以，為了避免這種普遍的無法賠償的恐懼，可以禁止這種不可靠的強行正義。即使這種情況不多，這個不可靠的強行者也可能因其給無辜者帶來恐懼而受到懲罰。但如果這個不可靠的強行者很少這樣做，且沒有帶來任何普遍的恐懼，為什麼他還會因對有罪者帶來恐懼的結果而被懲罰呢？一個因其對有罪者的懲罰而懲罰那些不可靠之懲罰者的體系，有助於制止他們對任何人使用不可靠的程序，因而也有助於制止他們對無辜者採用不可靠的程序。但並非一切有助於這種制止的方法都可以使用。問題在於，知道了不可靠的懲罰者所懲罰的人確實有罪者之後，懲罰這個不可靠的懲罰者，是否還是正當的。

沒有人有權利去採用一種相對而言不可靠的程序，來決定是否懲罰另一個人。在這一體系之下，某人無法知道別人是否應受懲罰，因而也就沒有權利懲罰這個人。但我們怎麼能這樣說呢？如果某人犯了罪，自然狀態中的所有人也都無權懲罰他嗎？也因此，不知道這個人犯了罪的人就不能懲罰他嗎？在我看來，我們在此面臨的是一個怎樣把認識論的考慮與權利結合起來的術語問題。我們應該說某人無權做某件事情，除非他知道某些事實嗎？或是我們應該說，他的確有這樣一種權利，但實行上可能錯誤，除非他知道某些事實嗎？以第一種方式決定這一點可能是較適當的，但我們還是要說，我們希望採用另一種方式，而在這兩種說法之間可以有一種簡單的轉換。[12]我們將選擇第二種說法，這將使我們的論證看起來不那麼咄咄逼人。如果我們假定任何人都有從小偷那裡拿取其盜竊物的權利，那麼，按照第二種說法，從小偷那裡拿取一件他偷來的東西的人（假設他並不知道它是偷來的），本來確實是有拿取這件東西的權利，但由於他並不知道他有這種權利，他拿取這件東西就是不正當和不被允許的。即使那個小偷的權利並沒有被侵犯，但由於取物者不知道那件東西是偷來的，所以他的行為是不正當和不被允許的。

借助於這種術語的幫助，我們可以提出一種有關越界行為的認識論原則：如果沒有達到條件C，做行為A就將侵犯Q的權利；那麼，不知道C是否達到的人就不可以做行為A。既然我們可以假設所有人都知道，除非某人有罪，否則對他施以懲罰就侵犯他的權利，我們便可以採用以下述較弱的原則：如果某人知道，除非條件C被達到，否則做行為A就將侵犯Q的權利；那麼，如果他不知道C是否達到，他就不可以做A。這個原則還可以再弱一些（但對我們的目的來說已足敷應用）：如果某人知道，除非條件C被達到，否則做A就侵犯Q的權利；那麼，如果他處在可以確定C是否達到的最佳地位，卻仍沒有確定這一點，他就不可以做A。（這一結論的變弱，也避免與認識論的懷疑論相關的各種問題。）任何人都可以懲罰違反這種禁令的人。更確切地說，只要不與這一禁令衝突，任何人都有權利懲罰違反禁令者；亦即，只要他們處在可以確定別人是否違反這一禁令的最佳地位，而且也確定這一點，他們就可這樣做。

按這一觀點，一個人可以做的並不只受他人權利的限制。一個不可靠的懲罰者沒有侵犯有罪者的任何權利，但他還是不可以懲罰這個人。這一多出的限制範圍是由認識論的考慮帶來的。（如果能避免陷入考慮像「主觀的應當」和「客觀的應當」這樣的泥潭，這將是一塊可供探討的沃土。）按照這種解釋，一個人並不具有這樣的權利，即只經由採用一種相對可靠的程序而受到懲罰。（即使他允許另一個人對他採用一種可靠性較低的程序。）按照這一觀點，許多程序權利就不是來自被行動影響的個人權利，而是來自有關這個人或做出這個行動的人的道德考慮。

這是否是一個適當的焦點，對我來說尚不清楚。也許，被行動影響的人有這種程序權利來反對一個不可靠的程序的使用者。（但是，有罪者反對不可靠的程序是什麼意思呢？是這種程序太容易錯誤地懲罰他嗎？不可靠程序的使用者應賠償他所懲罰的有罪者嗎？這是因為他侵犯有罪者的權利嗎？）如果答案是肯定的，我們有關保護性機構因不可靠程序的使用者，處罰自己的委託人而懲罰使用者的論證，就將更為圓滿妥貼。這個委託人只是授權他的機構強行他的程序權利。對於我們在此論證的目的來說，我們已說明的結論是站得住腳的，即使沒有程序權利的便利假設時亦然。（我們並非暗示沒有這種權利的存在。）在這兩種情況下，一個保護性機構都可以懲罰對其委託人採用不可靠或不公平程序的使用者（他違反其委託人的意志），而不管這個委託人是否真的有罪；即使這個委託人確實有罪也是如此。

事實上的獨占權

我們在第二章簡略討論國家的傳統理論，主張國家要有使用強制力的獨占權。那麼，有任何獨占因素進入我們對支配性保護機構的解釋嗎？每個人都可以抵制未知或不可靠的程序，都可以懲罰那些對他使用或試圖對他使用這種程序的人。作為其委託人的代理者，保護性社團有權為他們這麼做。它承認每一個人（包括那些未加入社團的人）都有這種權利。至此，還沒有提出任何獨占權的要求。確實，在下列主張中存在一種普遍性的因素：通過任何人的程序的權利。但是，支配性的保護機構並不主張自己是這種權利的唯一所有者，而是承認每個人都有這種權利。既然沒有人提出某種權利只有它才擁有的主張，因而也就沒有提出任何獨占權。然而，它對自己的委託人卻運用或強行這些它承認是每個人都擁有的權利。它認為自己的程序是可靠和公平的，並強烈地認為其他的程序，甚至由別人實行的「同樣」程序都是不可靠或者不公平。但我們不需要假設它排除別的程序。每個人都有權利抵制，那些事實上不是或不知道是不是可靠和公平的程序。

既然支配性的保護社團判斷自己的程序是可靠和公平，並相信這一點是普遍為人所知，它將不允許任何人抵制它們；也就是說，它將懲罰任何抵制者。這個支配性的保護社團將自由地按照自己對狀況的理解行事，而別人都不能這樣做。雖然沒有提出獨占權，但這一支配性的機構藉由其力量，的確占據一個獨特地位。它，也只有它，以它認為適合的方式強行禁止別人的裁決程序。它並不聲稱有任意禁止他人程序的權利，只是主張有禁止任何人對其委託人使用事實上有缺陷之程序的權利。但是，當它認為自己是在反對事實上有缺陷的程序時，其他人可能認為它只是在反對它自認為是有缺陷的程序。無論別人怎樣想，只有它能自由地反對它認為是有缺陷的程序。它承認每個人都有權利正確地採用這些原則，但它作為這些原則之最有力的採用者，它強行它認為是正確的意志。由於它的力量，它占據了一種對其委託人來說是最終的強行者和最後裁決者的實際地位。它只主張正確地行動的普遍權利，但它是按自己的判斷去正確地行動。也只有它是處在這種僅僅按自己的判斷而行動的地位。

這一獨特的地位構成了一種獨占權嗎？支配性的保護社團並沒有主張任何一種只有它才擁有的權利。但其力量使它成為唯一的越界強行，一種特殊權利之行動的代理者。它不僅是碰巧成為它承認所有人都擁有之權利的唯一實行者，而是這一權利具有如此的性質，以致一旦支配性的權力出現，就只有它能執行這一權利。因為這一權利包括阻止他人錯誤地實行這一權利，只有支配性力量能針對其他人實行這一權利。此處正是應用事實上的（de facto）獨占權這一概念的地方。事實上的獨占權，意指一種並非根據權利的（de jure）獨占權；因為它並不是只承認某種排他性的權利，而把其他人排除使其不能實行類似權利的結果。的確，其他保護性機構也能進入市場，並試圖從支配性保護機構那裡拉主顧。它們也嘗試自己取而代之成為支配性的機構。但占據支配性保護機構的地位，將使一個機構在爭奪主顧的競爭中擁有重要的市場優勢。這個支配性機構能向其顧客提供一種其他任何機構都無法匹敵的保障：「只有那些我們認為恰當的程序，才可用於我們的顧客。」

支配性保護機構的領域，並不擴及非其委託人之間的爭端。如果一個獨立者將要對另一個獨立者採用他自己的裁決程序，那麼這個保護性社團大概無權干涉。它擁有我們大家都有的下述權利：進行干預以援助一個其權利被威脅的不情願的受害者。但由於它不可以在家長制基礎上干預，故若兩個獨立者都滿意於他們自己的裁決程序，這一保護性社團就將沒有恰當的干預生意好做。但這並不表示這個支配性保護社團就不是一個國家。一個國家也可能不去管那種所有當事人都不願利用國家機制來解決的爭端。（然而，人們想經由選擇某種別的程序來解決他們的特殊爭端，而有限地擺脫國家將更為困難；因為那種程序的解決，及各方對那種解決的反應可能涉及某些層面，在這些層面，並非所有當事人都願意放棄國家的關心。）每個國家都不應當（也不允許）讓其公民做出這種選擇嗎？

保護其他人

如果保護性機構認為，某些獨立者對其委託人採用的強行自己權利的程序，不是充分可靠或公平，它將禁止獨立者做這種自助式的強行。這一禁止的根據是，這種自助式的強行對其委託人有帶來危險的可能。既然這一禁止使獨立者不可能確實可靠地對侵犯其權利的委託人形成懲罰的威脅，也就使他們不能在自己的日常活動中保護自己免受傷害和嚴重損失。但以下情況還是完全可能的：獨立者的包括自助式的強行在內的活動，可以在不侵犯任何人權利的情況下進行（撇開程序權利的問題不談）。根據我們在第四章中提出的賠償原則，在這些情況中，那些頒布禁令且從中得益的人們必須賠償那些因之受損的人們。因此，這一保護性機構的委託人，就必須賠償那些因其對委託人的強行自衛權利被禁止，而遭受損失的獨立者。毫無疑問地，賠償獨立者最省錢的方式就是對他們也提供保護性的服務，以抵消他們與這一保護性機構的付費顧客間的衝突。這比起聽任他們不受保護地被侵犯權利（即不懲罰任何這樣做的委託人），然後再試圖賠款給他們，以彌補他們由於權利被侵犯（和處在一種可被侵犯的狀態下）而遭受的損失要節省得多。如果這不是較便宜一些，那麼人們就不會購買保護性服務，而是省下他們的錢來彌補他們的損失——或許經由存錢的方式建立一種保險體系。

保護性機構的成員必須為提供給獨立者的（相對其委託人）保護性服務付款嗎？他們能堅持要獨立者自己購買這種服務嗎？畢竟，採用自助式的程序並非不花獨立者任何代價。賠償的原則也不要求那些禁止癲癇病患開車的人，為他支付計程車或雇用司機的全部費用。假如這個癲癇病患被允許自己開車，他也要付出代價：用於汽車、保險、汽油、修理帳單和病情惡化的錢。在賠償損失時，禁止者只需付一筆足以賠償禁令帶來的損失的數額，但要減去假如沒有禁令時被禁一方仍必須支付的費用數額。禁止者不必付坐計程車的全部費用，他們只需付與被禁一方若自己開車時所需費用相比多出的部分。他們可能發現用實物賠償他們所加諸的損失，要比用貨幣賠償便宜一些；他們也可能藉由某種活動來消除或減少這種損失，而用貨幣來賠償剩下的淨損失額。

如果禁止者付給被禁者的貨幣賠償，等於與損失額相抵的數額減去被允許之活動的費用，這一數額就可能不足以使被禁者克服其不利。如果他實行被禁活動的費用本來將是貨幣形式的，他就能把賠償付款和這種還沒用掉的貨幣合起來購買等價的服務。但如果他的這種費用本來不是貨幣形式，而是涉及到精力、時間，就像獨立者對某權利的自助式強行一樣；那麼，這種對差額的貨幣支付，本身就不能使被禁者經由購買與他被禁的東西等價之物，來克服其不利了。如果這個獨立者，有其他的他能使用且不會使自己受損的財政資產，那麼這種對差額的付款將足以使被禁者不致受損。但如果這個獨立者並沒有其他的財政資源，則其保護性機構就不可以付給他少於其最便宜的保護性政策之費用，以致使他處於對委託人的侵犯無力抵抗的狀態；或是必須到現金交易市場工作，以賺取支付保護性政策之全部費用的足夠資金。對於這個財政上窘迫的被禁者來說，保護性機構必須補齊在他不被禁止之活動的貨幣價值，和購買一種能克服其被加諸之損失的手段，所必需的數額之間的差額。禁止者必須完全提供，足以克服這種損失的貨幣或實物。而對於不會因替自己購買保護而受損的人，則無需提供任何賠償。對於那些資金不足的人，對於那些其不被禁止的活動沒有任何貨幣價值的人，保護性機構必須提供在他們能不受損地使用的資金和保護費用之間的差額。對於那些其不被禁止的活動有某些貨幣價值的人，禁止者必須提供其克服損失所必需之額外的貨幣量（大於他們能不受損地使用的費用）。如果禁止者以實物賠償，他們可以為此向財政上窘迫的被禁者開價，直到他不被禁止的活動的貨幣價值不大於這個實物的價格為止。[13]作為唯一有效率的提供者，支配性的保護機構必須在賠償中提供它自己的收費，與這一被禁者的自助式強行的貨幣價值之間的差額。它幾乎總是要在購買保護性政策的部分付款中，收回這一差額的費用。毋庸置疑的是，這些處置和禁止僅適用於那些使用不可靠或不公平的強行程序的人。

因此，支配性的保護機構必須提供獨立者——即所有它根據他們的強行程序是不可靠或不公平的理由，而禁止他們對其委託人進行自助式強行的人——保護性的服務（針對其委託人），它可能必須向其中某些人提供其收費價格少於這些保護性服務的服務。這些人當然可以選擇拒絕付這筆費用，這樣就沒有這些賠償性的服務了。如果這一支配性保護機構以這種方式向獨立者提供保護性服務，這會不會導致人們離開這一機構以便免費得到其服務呢？看來發生這種事情的程度不會太嚴重，因為賠償只付給那些若為自己購買保護將遭受損失的人們，賠償額只是等於加在自助式保護的貨幣費用總額上的實際保險費用，與這個人能夠不窘迫地支付的數額之和。再者，這一機構保護它賠償的這些獨立者，只是對向其付款的委託人而言；這些獨立者因此而被禁止對他們採取自助式的強行。搭便車者越多，作為一個總是受到機構保護的委託人就越可取。這個因素，伴隨著其他因素，將使搭便車者的數目減少，並推動幾乎所有人都加入保護性社團。

國家

我們在第三章說明一個地區內的支配性保護社團，滿足了作為國家的兩個關鍵性必要條件：一是它擁有必要的對在這個地區使用強制力的獨占權；另外是它保護這個地區內所有人的權利，即使這種普遍性的保護只能以一種「再分配」的方式來提供。國家的這兩個要點構成個人主義的無政府主義者，把國家譴責為不道德的主要根據。我們也說明了這種獨占和再分配因素本身在道德上是正當；說明從一種自然狀態過渡到超小限度的國家（出現獨占因素）在道德上是正當的、不會侵犯任何人的權利;而從一個超小限度的國家過渡到最小限度的國家(出現再分配因素)在道德上也是正當的,且不會侵犯任何人的權利。

在一個地區內具支配地位的保護性機構,的確滿足了作為國家的這兩個關鍵的必要條件。它是禁止其他人使用(它所認為的)不可靠的強行程序之唯一普遍有效的強行者,對這些程序進行監督。它保護它的地域內那些被它禁止對其委託人採用自助式強行程序的非委託人,即使這種保護必須由其委託人來資助(以明顯的再分配的方式)。這麼做是基於賠償原則的道德要求;這一原則要求那些採取自我保護以增強自身安全的人們,去賠償那些被他們禁止做出冒險行為,因而遭受損失的人們,雖然這些行為實際上可能是無害的。14

我們在第三章開始時提到:由一些人向另一些人提供保護性服務的規定是否是「再分配的」,將依賴於這樣做的理由是什麼。我們現在看到,這種規定不必然是再分配的,因為它能用並非再分配的理由來證明;亦即,可以用賠償原則提供的理由來證明。(可以回憶一下前述「再分配」應用於實踐或制度的理由,它只是在省略和衍生意義上應用於制度本身。)為使這一點更鮮明,我們可以設想保護性機構提供兩種類型的保護性政策:一種是保護其委託人免受危險的對正義的私人強行;一種是不這樣做,而只保護他們免受偷竊、攻擊等行為的侵害(假設這些行為在私人強行正義的過程中並不發生)。既然第一種政策只涉及到那些需要禁止別人私自強行正義的人們,也就只要求他們來賠償那些被禁止私自強行正義而遭受損失的人。僅僅購買第二種政策的人將不必為他人的保護付款,因為沒有任何他們必須賠償這些人的理由。既然想得到針對私自強行正義的保護的理由是強有力，所以幾乎所有購買保護的人，將購買第一種保護政策而不計較多出的價格；因此也將加入為獨立者提供保護。

我們已經成功地解釋了國家是怎樣以不侵犯任何人權利的方式，從自然狀態中產生。個人主義的無政府主義者，對最小限度國家的道德反對意見已被克服。這種國家並不是一種獨占權的不公正的強加。事實上的獨占權，是經由「看不見的手」的過程和道德上可允許的手段產生；並沒有侵犯任何人的權利，也沒有主張其他人不具有的特殊權利。而要求事實上的獨占權的委託人，為那些被禁止對他們進行自助式強行的人的保護付款，這並不是不道德，而是出自第四章簡述之賠償原則的道德要求。

在第四章，我們仔細探究禁止人們實行某些行為的可能性——如果他們缺少為這些行為可能造成的傷害賠償他人的手段，或者如果他們沒有賠償這些傷害的責任保險（liability insurance）。這樣的禁令如果是正當的，那麼根據賠償的原則，被禁止者將必須因這種禁止加予他們的損失而得到賠償。他們能夠用這些賠款來購買責任保險。只有那些因為禁令而遭受損害的人將得到賠償，亦即那些缺少其他的他們，能挪過來購買這種責任保險資金的人將得到賠償（這種挪用不帶來任何不利）。當這些人把他們的賠款都用於責任保險，我們就有某種相當於特殊責任保險的公共儲備（public provision）；它是提供給那些無法承擔其費用的人，而且只包括那些屬於賠償原則範圍內的危險行動——即那些若不補償，是可以被正當地禁止的行為（假設損失被賠償），以及那些對他的禁止將給他帶來嚴重損失的行為。提供這種保倹，幾乎可以肯定是因禁止帶來的損失，而賠償那些對他人只造成普通危險的人最省錢方式。既然他們隨後將對他們對別人的危險行為的某些後果做出保險，所以這些行為就不會對他們禁止了。這樣我們就看到，如果對那些沒有責任保險保護的人禁止某些行為是正當的，而且如果真的這麼做；國家的另一種明顯的再分配方式，將如何由堅定的自由主義道德原則引申出來！（這個驚嘆號表示我的驚奇。）

在某一特定地域內的支配性保護機構構，成了這個地域內的國家嗎？我們在第二章看到：要準確敘述使用強制力的獨占權這個概念是很困難的，以致在明顯的反證面前也不致於因而瓦解失效。這個概念——按一般的解釋來說——很難有把握地用來回答我們的問題。我們應當接受某些教科書中的精確定義，只要這種定義是被設計來用於像我們的實例一樣的複雜情況，並經受一系列同類實例的考驗。沒有任何隨便和偶然的分類，能作為有益的方式回答我們的問題。

考慮下列人類學家的推論式描述：

把所有物質力量集中到中心權威的手中，是國家的主要功能和關鍵特徵。為了釐清這一點，應考慮在國家的規範下不可以做的事情：在由國家支配的社會裡，除了根據國家的許可外，無人可以奪走另一個人的生命、損害他的身體、侵犯他的財產、破壞他的名聲。國家的官員則有權力奪走生命、施行肉體上的懲罰、經由罰款或沒收來剝奪財產，以及影響一個社會成員的地位和名聲。

這並不是說在沒有國家的社會，一個人可以不受懲罰地奪走別人的生命。但在這樣的社會（例如在布希曼人、愛斯基摩人和澳洲中部的部落），保護家族免受侵害的中心權威是不存在的、較弱的或零散的。在美國西部大草原的克羅人和其他印第安人中，應用中心權威只是在緊張局面出現的時候。在這種沒有國家的社會裡，家族或個人是由不明確的手段保衛的，例如由整個群體加入對侵害者的壓制，或由暫時或偶然地對強力的使用（當應用的原因消失時，就不再有需要，也就不再被使用）。國家擁有壓制那些社會認為是錯誤或罪行之行為的手段，像警察、法庭、監獄等在這一活動領域內，有明確和專門功能的制度。再者，這些制度在社會的結構中是穩定和持久。

當國家在古代俄羅斯形成時，統治君主主張並維護其施加罰款、報復傷害和處以死刑的權力，而不允許任何其他人這樣做。他經由不把其權力讓與任何他人或機關而再一次主張國家權力的獨占性質。如果一個臣民未經君主的明確許可而傷害另一個臣民，他就要受到懲罰。而且，君主的權力只能明確地被代理。如此被保護的臣民階層因此被仔細地劃分出來；當然，並不是所有在他的勢力範圍內的人，都如此被保護。

沒有任何人或群體能阻擋國家，國家的行為只能被直接地實行或被明確地代理。權力被代理的國家使其代理人成為國家的一個器官。根據這一社會的法規，警察、法官和監獄的警衛直接從中心權威那裡獲得強制的權力；徵稅者、軍隊和前線士兵也是如此。國家的權威功能植基於它對這些作為其代理人的力量的命令。15

在此並未主張列舉的特徵都是國家的必要特徵。特徵上的差異不表示某個地區的支配性保護機構就不是一個國家。顯然，支配性機構幾乎有前述之國家的特徵；它持久的行政機構（及其專職人員）使它相當不同於（指向國家的方面）人類學家們所稱的無國家的社會。根據之前引述的作品，我們可以將其稱為國家。

以下結論是合理的：一個地區內的支配性保護社團，只有在其擁有某個固定範圍的領域，並擁有不少的人口時才是一個國家。我們並不主張，每個處在無政府狀態下的人，只要在他的二點五英畝土地上之強制力的使用握有獨占權，這就形成一個國家；同樣，一個面積不大的海島上僅僅三個居民，也不構成一個國家。試圖規定一個國家要存在所需要的人口數量和版圖大小的條件將是徒勞的，並不會有助任何有用的目的。我們也談到這樣的情況：即幾乎所有這一地區的人都是這個支配性機構的委託人，而獨立者在與這個機構及其委託人的衝突中，處在較次要的實力地位。（我們曾論證這種情況會出現。）委託人必須占多大的比例，以及獨立者的實力地位必須多低，這是一些較有趣的問題；但是對於這些問題，我沒有任何特別的話要說。

國家的另一個必要條件是經由我們在第二章的討論，從韋伯的理論傳統中抽演出來的，即國家聲稱是暴力的唯一授權者。支配性保護社團沒有做出這種聲稱。在描述過支配性保護社團的地位，以及明白它是如何接近人類學家的概念之後，我們應當削弱韋伯式的必要條件嗎？我們應當削弱它，以使這一條件僅意指一種事實上的獨占權嗎？即它是這個地區內，對是否允許實行暴力的唯一有效裁決者，它擁有對這個事態做出判斷和按照正確判斷行動的權利（的確，這是所有人擁有的權利）這麼做的論據是很強有力，而且是可取和恰當的。因此我們的結論是，上述的一個地區內的這個支配性保護社團正是一個國家。然而，為了提醒讀者記住我們對韋伯式條件的稍微削弱，我們有時也稱這一支配性的保護機構為「似國家的實體」（a state-like entity），而不單單稱為「一個國家」。

對於國家「看不見的手」的解釋

我們對國家從自然狀態中的產生，提供「看不見的手」的解釋嗎？（見第二章）我們對國家本身提供「看不見的手」的解釋嗎？國家擁有的權利是自然狀態中的每個人已經擁有的，這些權利由於已被包含在解釋的部分，所以並不提供「看不見的手」的解釋。對國家如何獲得它的獨特權利，我們也沒有提供「看不見的手」的解釋。這是幸運的，因為既然國家沒有特殊的權利，也就沒有任何這樣的東西需要被解釋。

我們解釋了：在任何人都無此意圖的情況下，處在洛克具自然狀態中的人的自利和理性行為，將導致在一個地區內的唯一具支配地位的保護機構。每個地區都將有一個支配性機構，或者是一些機構的聯合體（這些機構是如此親近以至本質上化為一體）。我們也解釋了：在不主張持有任何獨特權利的情況下，一個支配性保護機構將在一個地區內占據一種獨特地位。雖然每個人都有權利正當地行動以禁止他人侵犯自己的權利（包括：除非情況顯示自己罪有應得否則不受懲罰的權利），但只有支配性的保護社團能夠不受制裁地強行它自己所認為正當的東西。它的力量使它成為正當與否的仲裁人，它決定（為了懲罰的目的）什麼可看作是違反了正當。我們的解釋並不假定或主張強權創造權利，但強權的確創造了強行的禁止；即使沒有人認為強權有這樣的特殊權利——在世界上實現它們自己有關什麼是正當強行的禁令的觀念。

我們對事實上的獨占權的解釋是一種「看不見的手」的解釋。如果國家是這樣的制度：（一）它有權強行權利，禁止那種危險的個人私自對正義的強行，審查這樣的私人程序等等；（二）它是在一個地區內對包括在（一）中的權利之唯一有效的強行者。那麼經由提供對（二）的「看不見的手」的解釋，雖然不是對（一）的這種解釋，我們就以「看不見的手」的方式，部分地解釋國家的存在。更確切的說，我們以這種方式部分解釋了超小限度國家的存在。對一個最小限度國家之產生的解釋是如何呢？擁有獨占因素的支配性保護社團，在道德上被要求賠償，因它禁止某些人對其委託人的自助式強行而帶給他們的損失。然而，它實際上可能無法提供這種賠償。那些運作超小限度國家的人，在道德上被要求使這種國家轉變為最小限度的國家，但他們可能選擇不這樣做。我們假定人們將普遍地去做他們在道德上被要求做的事情。解釋一個國家如何在不侵犯任何人權利的情況下從自然狀態中產生，駁斥了無政府主義者的主要反對意見。但如果對國家將如何從自然狀態中產生的解釋，除了道德理由之外，還能指出為何超小限度的國家將轉變為最小限度的國家；以及如果它除了在說明人們欲做他們應當做的事情之外，也能提出提供賠償的誘因或賠償被提供的原因，那麼人們就會覺得這個解釋更有說服力。我們應當注意到，即使在沒有任何非道德誘因，或原因被認為是從超小限度國家轉變到最小限度國家的充足條件，以及在這一解釋依然強烈地關注於人們的道德動機的情況下，它也不把人們的目的看作是建立一個國家。相反地，人們認為他們只是因為加給某些人的特殊禁令而賠償他們。這樣，這種解釋仍然是「看不見的手」的解釋。

第六章
對國家論證的進一步探討

我們細述一個最小限度的國家，是如何正當地從自然狀態產生的論證，現在已告完成。然而，我們還須考慮對這一論證提出的各種反對意見，並把它與某些別的論題連繫起來，對它做進一步的評論。只是想探尋我們主要之論證的讀者，可以直接翻到下一章。

停止這一過程？

我們論證過：不可靠或不公平之強行程序的危險的正當自衛權利，使每個人都有權利監督其他人針對他而來的自我權利的強行；他並可以授權給他的保護性機構來為他執行這一權利。當我們把這一論證與我們對產生事實上的獨占權的解釋結合起來時，這種「證明」仍然不夠嗎？事實上的獨占權的存在造成了（在權利平等的情況下）權力的不平衡。它加強了對某些人的保障，卻使另一些人陷入危險。被加強保障的人是那些若無這一支配性機構允許，便不能被他人懲罰的這一支配性機構的委託人，而陷入危險的則是那些在保護自己免受這一機構委託人，或這一機構本身對他的不公平的傷害方面力量較弱者。正當自衛的權利允許這些人中的每一方去禁止對方而減少自己的危險嗎？出於自衛，這個支配性保護機構及其委託人可以禁止別人與另一個競爭的保護性機構聯合嗎？由於一個競爭的機構在權力上可能超過這一支配性機構，這就使其委託人陷入危險，並使他們的地位較少保障。這樣一種禁止也將應用於這一支配性機構的委託人（如限制他們轉移到其他機構的自由）。

即使沒有任何可威脅這一支配性機構的競爭者，所有較弱的機構也可能聯合起來反對這一支配性機構；因此就對它構成重要的威脅，甚或變得比它更強而有力。這一支配性機構可以禁止其他機構的權力超過某一界線，以消除它自身弱於所有反對者之聯合體的可能性嗎？為了維持這種權力的不平衡，這一支配性機構可以正當地禁止其他機構獲取權力嗎？同樣的問題也在另一方面出現：如果自然狀態中的某一個人預見，其他人若結為一個保護性機構或社團就將削弱他自己的保障並因而陷入危險，他可以禁止別人如此聯合嗎？他可以禁止別人協助建立一個事實上的國家嗎？[1]

自衛的權利：允許一個機構審查其他人的自我強行的權利，也允許每個人去禁止其他人聯合為一個保護性社團嗎？如果這種權利是如此強烈和廣泛，那麼不正是為國家的建立提供一條正當之道德渠道的那種權利，將經由給予他人禁止使用這一渠道的權利，而抽去國家的基石嗎？

下一頁矩陣Ⅰ中描述了任何兩個個人在自然狀態中所占據的地位和相互關係：如果我們假定，一個人作為一個地區內之強有力的支配性保護機構的委託人比不加入要好；再假定如果其他人不加入，自己作為一個支配性機構的委託人要更好些。那麼，矩陣Ⅰ顯示矩陣Ⅱ中提出的結構（其中，數字差距並非是很認真地確定）。

如果我們不支持任何禁止上述行為的道德限制，那麼第一個人Ⅰ將做B，第二個人Ⅱ將做B′。其論據如下：B（B′）略微優於A（A′），所以Ⅰ將不做A，Ⅱ將不做A′。[2] C與D（C′與D′）是相重疊的，所以我們只探討其中一種亦不失其普遍性。我們在此只探討C（C′），剩下的問題是：是否每個人都願意選擇他的B行動或他的C行動。我們只需考慮減縮的短陣Ⅲ，它把D（D′）疊入C（C′），省略A和A′。既然，若另一方做A，就無任何損失可言，只要X∧10。情況顯然是這樣：就一個人而言，處在無組織的自然狀態，不如他處在有支配性保護社團，但他卻未加入。）B就大大地優於C，B′亦大大地優於C′。所以，在沒有道德限制的情況，兩個有理性的個人將做B和B′。如果X∧10，這已足以根據一種優越性的論證而產生（B，B′）[3] 如果X∨5（例如是7），我們就面臨「囚徒困境」（prisoner's dilemma）的情況。在那裡，個別的理性行為者聯合起來就會失效，因為它導致（5，5）的結果；而每個人都更喜歡，對他們來說是可行（7，7）的結果。[4] 有些人論證說，政府的適當功能就是禁止人們在囚徒困境的情況中，實行具優越性的行為。然而，如果自然狀態中的某人賦予自己這種國家的假定功能（試圖禁止他人實行A或B），那麼他的相對於其他人的行動就不是在做C，

矩陣I

	第二個人（II）			
第一個人（I）	A′ 加入一個保護性社團，並允許I加入任何保護性社團。	B′ 加入一個保護性社團，試圖禁止I加入另一個保護性社團。	C′ 不加入一個保護性社團，是允許I加入一個保護性社團。	D′ 不加入一個保護性社團，試圖禁止I加入一個保護性社團。
A.加入一個保護性社團，並允許II加入任何保護性社團。	聯合體系的權力平衡，或者：（a）I的保護性社團是支配性的。或者：（b）II的保護性社團是支配性的。	在一地區內的支配性社團，它比較可能是II的社團——雖然也可能是I的社團。	I的社團具有支配地位，II在強行權利方面的地位較低。	I的社團具有支配地位，II在強行權利方面的地位較低。
B.加入一個保護性社團，試圖禁止II加入另一個保護性社團。	在一地區內的支配性社團，它比較可能是I的社團；雖然也有可能是II的社團。	聯合體系的權力平衡，或者（a）I的保護性社團是支配性的；或者（b）II的保護性社團是支配性的。	I的社團具有支配地位，II在強行權利方面的地位較低。	I的社團具有支配地位，II在強行權利方面的地位較低。
C.不加入一個保護性社團，是允許II加入一個保護性社團。	II的社團處在支配地位，I在強行權利方面的地位較低。	II的社團處在支配地位，I在強行權利方面的地位較低。	沒有任何一方加入保護性社團；I與II處在純粹洛克式的無組織的自然狀態。	沒有任何一方加入保護性社團；I與II處在純粹洛克式的無組織的自然狀態。
D.不加入一個保護性社團，試圖禁止II加入一個保護性社團。	II的社團處在支配地位，I在強行權利方面的地位較低。	II的社團處在支配地位，I在強行權利方面的地位較低。	沒有任何一方加入保護性社團；I與II處在純粹洛克式的無組織的自然狀態。	沒有任何一方加入保護性社團；I與II處在純粹洛克式的無組織的自然狀態。

因為他禁止他們實行具優越性的行為——即加入一個保護性社團。那麼，這個自命為國家的人將實行行為D嗎？他可能試圖這樣做。但是，撇開D對他來說並非個人的最佳情況不談，他幾乎不可能成功地反對那些結合為保護性機構的個人，因為他幾乎不可能比他們更強而有力。為了有真正的成功機會，他必須與其他人聯合起來行動（實行A或B）；因此他不可能成功地迫使每一個人（包括他自己）脫離其追求具優越性之行為A或B。

這種X>5的狀況可以引起比對囚徒困境更大的理論興趣。因為在這種情況下，無政府的自然狀態是在所有均衡狀態中最好的結合，而從這一最好的結合中分離是符合每個人利益。但任何試圖（並有望成功地）強行這種最好結合的嘗試，本身就構成與它的分離（它引起自衛方面的其他分離。）如果X>5，那麼被某些人提出來作為避免囚徒困境之「解決辦法」的國家，將反而變成它的不幸結果！

如果每個人都理性地行動，不受道德的限制，（B，B′）的情況將出現。如果加上全部的道德限制，情況將會有什麼不同呢？人們可能想，道德上的考慮要求允許別人做任何你所做的事情；由於這個情況是對稱的，因而某些對稱的解決辦法就一定會產生。對此可能做出靠不住的回答。認為（B，B′）是對稱的，因而實行B類行為的人將認識到別人也將如此行動。但認識到別人也將如此並不等於允許別人如此。一個實行B類行為的人試圖強加一種（B，C′）的解決辦法。而他有什麼道德權利強加這種不相稱，迫使別人不像他那樣行動呢？但在接受這一強烈的反詰作為定論之前，我們應當問，是否每個人都面臨或把自己看作面臨一種對稱的狀況

矩陣II

	第二個人II			
第一個人I	A′	B′	C′	D′
A	5.5	4.6	10.0	10.0
B	6.4	5.5	10.0	10.0
C	0.10	0.10	X,X	X,X
D	0.10	0.10	X,X	X,X

矩陣III

	第二個人II	
	B′	C′
第一個人I		
B	5.5	10.0
C	0.10	X,X

呢？每個人對自己比對他人了解得多，每個人都能確信他自己的意圖不是侵犯他人（如果他發現自己處在優越的權力地位），但對別人的同樣意圖卻不能如此確信。〔遵從阿克頓（J. E. E. D. Acton）的意見，可能不知道我們之中有什麼人能夠確信，甚或合理地相信。〕在這種每個人都對自己的意圖知道較多的不相稱情況下，[5] 每個人都追求B類行為不是合理的嗎？既然這樣做是理性的，那麼可以說這種不相稱可用來駁斥支持（A，A′）的解決辦法，和反對（B，B′）的解決辦法的相稱論據嗎？顯然，事情變得很混亂。

我們與其關心整個狀況，不如問是否在B類行為中有某種特別的東西使它在道德上不被允許。有某些道德禁令排除了B嗎？如果是這樣的話，我們必須把B類行為與其他因為其危險而被禁止的行為區別開來（後者我們已經承認是正當的。）禁止別人加入另一個保護性機構，或藉由強力以防止另一個機構變得比你的機構或你自己更強而有力的行為，與一個機構禁止別人懲罰其委託人，除非他使用可靠的程序（以及它懲罰那些違反這一禁令的人，即使結果是這些委託人的確傷害別人並非無罪。）它們之間有什麼樣的區別呢？讓我們首先考慮這些通常被區分開的事例。

先發制人的攻擊

根據一般的說法，一個國家X在某些情況下可以對另一個國家Y，發動一場先發制人的進攻，或發動一場預防性戰爭；例如，在Y正打算直接進攻X的時候，或者Y宣稱在達到某種程度的戰備且這一時刻預計已經臨近的時候。但如果說因為國家Y正在日益強大，而當它變得更強大時可能進攻另一個國家X時（在此是國家的行為），X就可以對Y發動一場戰爭的話，這就不是可接受的理由了。第一種攻擊可以合理地用自衛來說明，而第二種卻不可以，這是為什麼呢？

人們可能認為差別僅在於可能性的大小。當一個國家要發動一場攻擊，或宣稱它在達到某種戰備水準就將這樣做時，它發動攻擊的可能性是很高的。當任何正趨強大的國家變得更強大時，將發動攻擊的可能性卻不像前一種那樣高。但這兩種情況之間的差別並不在於可能性的考慮。因為，不管由中立國的「專家」估計、Y在今後十年內攻擊X（第二種情況）的機率是多麼低（零點五、零點二、零點零五），我們可以轉而設想Y，現在打算使用剛剛通過科學試驗的新式超級武器，它用這種武器加上剛才那種低的發動攻擊的機率，將征服X。但假若它發動攻擊的機率比這一機率低，它將什麼也不會做。（也許這一機率是這件武器有效運作的機率，或者也許這件武器本身就要計入機率。）假設這件武器被計畫在一周內使用，Y已著手其步驟，時間表已開始運行，倒數計時開始。此時X出於自衛可以發動攻擊，或發出最後通牒，說明這件武器在兩天內若不拆除，它就要發動攻擊等等。（如果時間表是不需要的，這一武器能在第二天甚至馬上使用，在這樣的情況下怎麼辦呢？）假如Y已在旋轉發射新武器的輪盤，卻只有零點零二五將戰爭損失加諸於X的機率，那麼X能採取自衛行動。但是，在第二種情況，即使在可能性相等的情況下，X也不可以如此行動來反對Y的自我武裝。因此，事情不僅僅是機率多高的問題。那麼，如果與機率大小無關，第一種情況與第二種情況之間的區別，是依據什麼呢？

這一區別植基於，這個傷害如果發生，它與Y已經做的事情有什麼關係的問題。對於某些以不同機率產生不同結果的行動來說，行為者（在這個行動之後）無須做更多的事情來產生一種結果。當結果產生時，它是一件他做的或他使之發生的事情。（在某些情況，其他人的進一步行動可能是需要的；例如，士兵服從指揮者的命令。）如果這種行動會產生機率很高的「越界」危險，另一個人可以禁止它。另一方面，某些行動過程可能導致某些可能的結果，但只有當事人做出進一步的決定時才會產生這些結果。就像我們所考慮的事例一樣；過程可能使人們處在做某件事的較佳地位上，以致使他們更有可能決定做它。這些過程涉及到這些人做出的進一步的重要決定，越界依賴於這些決定（過程只是使之更有可能）。禁止前一種人們不必再多做什麼的行動是可允許的，而禁止後一種過程卻不被允許。[6]這是為什麼呢？

或許原則大致是這樣的：如果某個行動沒有進一步的導致侵害的重要決定就是無害的，那麼這個行動就不是侵害性質的，因而就不能夠被禁止。（亦即如果行為者十分堅定地反對這進一步的侵害決定，這個行動就不是侵害性質的。）只有在它被納入計畫，成為下一步的侵害行動的序幕時，它才能被禁止。這樣，這一原則將保護那些僅僅只會幫助其他人之侵害行動的行動——只要這些行動本身是無害的；例如，公開銀行警報系統的計畫。只要清楚別人不打算用以侵犯他人，這一行動就將被容忍。在這類行動中，禁止的最明顯對象是那些被認為只是想幫助犯罪的行為。（甚至在此，我們不總是可以設想一個雖然古怪卻以正當的理由行事的怪人嗎？）我們可以避免下述問題：那種非常清楚只是想幫助他人進行侵害的行動可否禁止。我們在此所關心的只是那些因正當和值得尊重的理由（例如自衛）而能採取的行動；如果要發生侵害，行為者本人須做出進一步的實行侵害的決定。

一個嚴格的原則將堅持，一個人只可以禁止對產生侵害所必需的最後決定。（或在一系列行為中，發現其他可行辦法所必需的最後一個行為；這一系列行為，每一個也都是必需的。）更為嚴格的原則則堅持：只可以禁止使侵害能夠發生所必需的最後決定，在最後明確的那一點上通過。下列的原則給了禁令較多的活動自由（因此它是一個對於禁止的較弱原則），這一原則主張，只禁止那些實行侵害的決定和相應的行為（或那些不要求進一步侵害決定的危險行為）。一個人不可以禁止那些並非建立在侵害決定的基礎上，而只是立足於它們有助於或使行為者有可能做出侵害決定及其相應動作的行為。既然這個較弱原則足以排除對別人加強其保護機構或加入另一機構的禁令，我們在此無須決定哪個原則最適當。（當然，那兩個較強的原則也將排除這種禁令。）

有人可能反對說，前述的原則不應當用來禁止某一團體A，強制干涉B之加強其保護性機構的過程。因為這一過程是特別的，如果它成功的話，當A最後有權禁止時，它將處在一個若非不可能，也是很難強行對侵害的禁令。當A知道有些侵害將在稍後不能有效抵禦它們時對它做出侵害，怎麼能要求A不禁止其先前的階段呢？但如果B的先前階段不涉及隨後之侵害的罪名，又如果B對它的行動有好的（非侵略性）理由；那麼，堅持別人不可干涉那些先前和本身（假定某種連續性）無害的階段就是有道理的——即使別人的不干涉將使他處在一個較弱的地位。[7]

我們建立一個具有理論上之重要性的標準，可用來區分一個保護性機構對別人向其委託人使用不可靠，或不公平的強行正義程序的禁令與其他禁令的不同。例如，禁止他人形成另一個保護性機構，初看起來，允許前一種禁令就要允許後一種禁令，但事實上卻不然。就本書的目的而言，我們不必提供構成這一區分基礎並解釋其意義的理論，即使探討這些問題可以很快引導出基本的問題。而這已足夠駁斥我們早先設想的下述指責了，這一指責說我們的論證由於其「證明」得太多而失敗了；說它不僅為支配性保護社團的合法產生提供了理由，而且為這一社團強迫某人不改換團體，或某人不准別人加入任何社團提供理由。我們的論證並沒有為後一種情況提供理由，也不可能用來為其辯護。

我們提出一個原則，這一原則不允許禁止那些本身並不具有侵害性，而僅是使依賴於（行動者尚未做出的）其他侵害決定的侵害行為，較方便或更有可能的行為。（對這一原則的陳述是有意含糊，以便使它同時包括較強和較弱的原則。）這一原則並不主張，企圖使他人做出侵害行為的舉動，無人負責或因此受罰，因為這種企圖的進行，使他人進行侵害的決定成為必需。這一原則關注的只是，侵害的舉動是否已經在做和是否出自這個人之手，至於他人的決定是否和能在什麼程序上減少他對最初企圖之後果的責任，這是更進一步的問題。須承擔這種責任的主要因素是那些使他人做出侵害的企圖，是那種成功地使他們做出侵害決定和行為的企圖（不是偶然，而是有意）。（在這種情況，最初的行為不是本身就具有侵害性，因而不受這一原則所規定之禁令的保護嗎？）

對立的觀點認為：他人的進一步決定，排除了成功使這些人以某種行動的人的責任。因為雖然是他引誘、說服或刺激他們這樣做，但他們還是可以選擇不做。下列模式可能構成這一觀點的基礎。這個模式是：每一行為都有一個確定的責任量，這可以經由對這一行為要施以多重的刑罰來衡量。被另一人說服去做某事的人可能因他的行為受到充分的懲罰，他可能受到和完全是由自己決定去做這一行為的人一樣重的懲罰。既然對這個行為的全部懲罰都已用掉，對這個行為的全部責任也就算清了，就沒有更多的這一行為的責任或懲罰留給另一個人了。所以，這一論證的結論是，一個說服他人去決定做某件事的人，不能對別人的行為後果負責或因之受到懲罰。但這種對一個行為之確定責任量的模式卻是錯誤的。如果兩人合作謀殺或攻擊另一個人，那麼每個謀殺者都應該被充分地懲罰，即對每個人都可加以像對獨自進行謀殺者一樣地懲罰——比方說若干年的監禁——而不必讓他們每人各分一半。責任並不是一桶東西，拿出一些就少了一些。也沒有一種固定的懲罰量或責任量，以致一個人用掉了就什麼也不留給另一個人。既然責任的這種模式是錯誤的；那麼，那種說服另一個要負責任者做某事的人不受懲罰的觀點，就失去了其主要的支柱。[8]

在這一過程中的行為

我們論證過：即使某人預見到一個保護性社團將成為支配性社團，他也不可以禁止別人加入這個社團。但雖然不能禁止任何人加入社團，難道大家不可以選擇留在社團外，以避免國家在這一過程結束時出現嗎？一群無政府主義者不是有可能認識到，個人購買保護的努力將經由「看不見的手」的過程導致一個國家嗎？由於他們有歷史的根據和理論的基礎，擔憂國家是一種弗蘭肯斯坦式（Frankenstein），將胡作非為而不限於最小限度功能的怪物，他們每個人不是會明智地選擇不走這條路嗎？[9] 如果無政府主義者得知這些，對國家產生的「看不見的手」的解釋不是會自行失效嗎？

想成功地阻止國家形成的這種共同努力將是困難的，因為每個人都認識到，加入保護性社團是對他自己有利的（如果別人加入將愈加如此），而他的加入與否對國家是否發展建立將不會產生什麼影響。（前面矩陣中的B類行為是獨占優勢。）然而，必須承認其他具有特殊動機的個人，將不會像我們所描述的那樣行動；例如，其宗教禁止他們購買保護，或與別人一起加入保護社團的人，或拒絕與人合作或雇用別人的厭世者，以及拒絕支持或加入任何使用強制力（即使是出於自衛）機構的個人和平主義者。必須對我們所說的，國家將從自然狀態中產生的命題加一些限制條件，以排除這些妨礙我們描述「看不見的手」的過程的特殊心理。對每種特殊的心理，我們可以在排除它的命題中插入一個特殊條件。這樣就成為：在一個地區內居住著一些理性的人，他們願意使用強制力以求自衛，願意和別人合作和雇用別人。

在第五章末尾，我們曾論證：存在著支配性保護機構的地區內包含一個國家。洛克會同意：在這樣一個地區內存在一個國家或公民社會嗎？如果同意，他會說它是由一種社會契約創造的嗎？同一個保護性機構的委託人相互處在公民社會的狀態中；委託人和獨立者作為自然狀態中的兩種人相對存在，有著完全同樣的權利，因此是相互處在一種自然狀態中（《政府論》下篇，第八七節）。但是，這樣的事實：獨立者在支配性保護機構的優越力量前讓步，不能對其委託人執行自然法（儘管有這一權利），意味著他們相對於委託人來說，並不處在洛克式的自然狀態嗎？或者可以說，他們是處在一種權利上的而非事實上的自然狀態嗎？洛克將使用某種政治社會或公民社會的概念嗎？在這種概念下，若在一個地區內，雖然並非一切雙邊連繫都是公民社會的關係，但還是可能存在著一個公民社會。但如果在一個地區內的許多人中，只有兩個人是相互處在公民社會的連繫中，那麼說這個地區存在著公民社會是不夠的。10

我們描述過這樣一個過程：一個地區內的個人分別與不同的提供保護性服務的生意機構簽約，導致只有一個機構留存下來或所有機構達成暫定協議等等。那麼，這一過程在多大程度上符合洛克所想像的：個人「與其他人一致同意聯合和統一為一個共同體」，同意「創立一個共同體或政府」（第九五節），立約建立一個聯邦呢（第九九節）？這一過程看來與創立一個政府或國家之全體一致的同意毫無相同之處。當人們從其地域的保護機構中購買保護性服務時，並沒有人在心裡抱有創建國家的遠大目標。但也許對洛克式的契約來說，那種每個人都知道別人將同意並打算致力去實現的共同協議並不是必需的。[11]我看不出下述情況——即如此擴展「契約」的概念，以致把從分別行動的個人之互異自願行為中產生出來的每一事件類型，都看作是從社會契約中產生——有多少意義（即使沒有人在心中設想過這種類型或致力於達到）。或者，如果要擴展這一概念，就應說得非常清楚以使別人不會誤解其內涵。應當說清楚，這一概念意味著下述每件事都來自社會契約：像是誰和誰結婚或同居所構成的全部情況；某人在某個晚上去他所住城市的某家電影院；某一天在某國高速公路上的特殊交通形態；以及某一天在某雜貨店內的顧客和他們購買的特殊方式等等。我並不是認為這一較廣泛的概念是沒有意義的；但我不認為：能按照適合這一較廣泛概念（而不適合較狹礙之概念）之過程，而產生的國家有很大的意義。

我們在此提出的觀點不應混淆於別的觀點，它在「看不見的手」的結構方面不同於社會契約觀點。它也不同於認為，「事實上的強權創造出國家（法律）的權利」的觀點。這種觀點堅持強行的權利和監督這種強行的權利，是獨立存在的，是由所有人而非某人或某個小團體擁有的，因而集中唯一有效的強行和監督權力的過程，可以不侵犯任何人的權利而發生；一個國家亦可以經由不侵犯任何人權利的過程而出現。我們可以說，一個由上述過程從自然狀態中產生的國家，取代了那個因此不再存在的自然狀態嗎？或者我們可以說，國家存在於自然狀態中，因而與它並不矛盾？無疑地，前一種說法較適合於洛克的傳統；但國家從洛克式自然狀態中產生得如此緩慢且不易為人察覺、沒有任何重要或基本的斷裂，以致可能誘使一個人採取第二種說法而忽視洛克的以下懷疑：「……除非有人說自然狀態和公民社會是同一回事，而我卻尚未遇到如此堅決地捍衛無政府狀態以致肯定這一點的人。」

正當性

有些人可能反對（或許是適當的）把規範性的概念放進對國家的解釋之中，甚至反對把強行權利的權利和在付給被禁止者賠償的條件下，禁止危險的個人私自強行正義的權利這一概念放進去。但既然沒有將任何不為個人所擁有的權利，交給國家或其代理人，放進這些觀念似乎就是無害。它沒有給國家任何特殊的權利，也不表示國家的所有統治行為都是正當的。同樣，如果那些國家行為的代理人侵犯了別人的權利，它並不賦予他們任何對懲罰的豁免權。公眾可以給其代理人提供責任保險，或為抵償他們的責任提供保障，但不可以減少他們相對於他人的責任。保護性機構將不會限定其責任，任何別的社團也不會。那些自願與一個社團發生關係的人（主顧、債權人、職員），將經由明確限定這個社團之責任的契約來這樣做（只要這個社團願意如此）。一個社團對那些非自願與它發生關係者的責任將不被限定，它大概會選擇保險的辦法來抵償這種責任。

我們描述的這個國家有正當性嗎？它是合法地在統治嗎？支配性保護機構擁有事實上的權力；它在獲得這種權力、達到這一支配性地位的過程中並沒有侵犯任何人的權利；它如任何人所期望的在使用這種權力。這些事實足以說明它是這種權利的合法使用者嗎？當「正當性」用在政治理論時，那些合法使用權力的人是有權利，且有特殊權利使用它的。[12]這一支配性保護機構有什麼特殊權利嗎？一個支配性機構和另一個小機構，或者一個支配性機構和一個獨立者，雙方這種強行其他權利的權利在性質上是相同的嗎？他們能有不同的權利嗎？

讓我們考慮支配性保護機構，是否有權成為支配性。你在某個傍晚選擇去用餐的一家餐館，對你的光顧是有權利的嗎？也許有人會說，在某些情況下，這家餐館是值得光顧的，因為他們提供較好的食品，價格較低，環境較優雅，他們為此工作的時間很長很辛苦；然而，他們對你的光顧還是沒有權利。[13]如果你選擇到他處用餐，你並沒有侵犯他們的權利。雖然你選擇這家餐館，就等於授權他們為你服務和向你收費，但他們無權成為唯一一家為你服務的餐館，而只是有權為你服務。同樣地，我們必須區別一個機構之有權成為使用某種權力的唯一機構，和有權使用這種權力之間的不同。[14]那麼，這一支配性機構的唯一權利，就是它有權使用這種權力嗎？我們可以另一種方式，經由展示處在自然狀態中的人們進一步狀況來探尋權利的問題。

一個保護性機構可能反對或支持某人。如果它對某人強行別人的權利，懲罰這個人、向他索取賠償，它就是在反對這個人。如果他保護某人免受別人侵犯、為其權利被侵犯而懲罰別人、強迫別人賠償他，它就是在支持這個人。自然狀態的理論家們認為：受害者具有某些如果他授權給人，別人就可以代行的權利；還有另一些不管受害者是否授權，別人都可以代行的權利。索取賠償的權利屬於第一種，懲罰的權利屬於第二種。如果受害者不願接受賠償，任何別人都不可為他索取賠償或以他的名義為自己索取賠償。但如果這個受害者願意接受賠償，為什麼只有他授權代理的那些人可以索取賠償呢？顯然，如果好幾個人都向侵犯者索取充分的賠償，就是對他不公平。那麼如何決定由誰來行動呢？這個可以行動的人是首先去為受害者索取充分賠償的人嗎？但如果允許許多人競爭以成為索取賠償的第一人，將把受害者拖進許多不同的耗費精力的聽證過程。實際上，這些過程只有一個會產生賠償付款的結果。換一種說法，也許第一個開始索取賠償的人先占了這一領域，其他人都不可再介入這件事情。但這將允許侵犯者本人安排他的同盟者最先開始索取賠償的過程（那將是漫長、複雜，也許最終沒有結果的過程），以便阻止其他人向他索取賠償。

理論上，可以使用一個任意的規則來選擇索取賠償者（或授權另一個人索取賠償），例如：「賠償的索取者將是居住在這個地區的所有人，其姓名在字母表上緊隨受害者姓名之後的人。」（這將導致人們侵害其姓名字母，排在他們姓名字母之前的人嗎？）如果選擇索取賠償者是受害者自己，這至少可以保證他將對過程的結果感到滿意，不會繼續試圖得到進一步的賠償。這個受害者將不相信他選擇一個本質上對他自己不公平的過程；或者如果他後來相信這一點，那也只是他自己的錯。受害者介入和著手這一過程，也符合侵害者利益。否則這個受害者將開始第二個索賠過程，以得到他認為應得的其餘部分。只要最初的過程是受害者參加並抱有某種信任（如相信不會是由侵害者的同盟者來做出最初的判斷），人們就可以期望，這個受害者將同意一種使被罰者不致處於雙倍危險的限制。但假定其結果是不公正的，懲罰者能夠自己採取行動，使被罰者處於雙倍危險又有什麼錯呢？而且，即使第一個過程是受害者本人授權的，為什麼他不可以對侵害者施以雙倍危險呢？這個受害者不能說：他曾授權另一個人為他索取公正的賠償，但由於這個代理人沒有充分做到這一點，他自己不是有權而授權另一個人這樣做嗎？如果他派出的第一個反對侵害者的人沒有接觸到侵害者，他可以再派另一個人；如果接觸到了但沒有做成功，他還可以再派；那麼如果他的第一個代理人無法適當地完成他的任務，為什麼他不可以再派另一人呢？的確，如果他派另一個人去索取超過他派的第一人試圖索取的東西，他就要冒以下危險：別人將認為他增加的索賠是不公正的，因而反對他。但他不這樣做，除了明智之外還有別的理由嗎？

一般的民法體系是反對這種雙倍危險。既然它只取一個判決，允許那種不斷嘗試直到成功的起訴就是不公正的。但這不適用於自然狀態，在那裡情況並不是絕對穩定的；而當受害者的代理人或代理機構做出判決時，它並不是對所有人都有約束力。在民法體系下，給起訴者許多機會達到有約束力的最終判決是不公平的，因為如果他在某一次幸運地達到自己的目的，被定罪者就幾乎是無可求助的。然而，在自然狀態中，那個認為對他的決定是不公正的人卻有地方求助。[15]但是，即使無法保證受害者將認為其代理人的決定是可接受的，由他自己選擇代理人比起由他不了解的第三方來代理此事，還是使他更有可能接受其決定，所以他自己選擇索賠者就是朝向結束這一案件邁出了一步。（他的對手也可能同意接受這一結果。）使受害者處在自選索賠者這一恰當地位還有一個理由，而且也許是主要的理由：這個受害者是賠償由此產生的根源，這不僅是在錢要付給他的意義上說的，也是在別人有付錢給他之義務的意義上說的。（這二者是不同的，假如我向你許諾將付錢給另一個人，我就對你負有付錢給他的義務。）作為這種可強制的義務產生之根源的人，受害者看來是決定如何強行的恰當一方。

所有人懲罰的權利

相對於被視為只能由受害者，或他授權的代理人做出恰當的索取賠償；自然狀態理論通常把懲罰看作是任何人都可實行的一種職能。洛克了解「對某些人來說似乎是一種很奇怪的理論」（第九節）。他辯護說，如果自然狀態中沒有任何人有權力去執行這一職能，自然法就將是毫無用處了。而既然自然狀態中的所有人都有平等的權利，如果有那個人可以執行這一職能，那麼所有人就都有這種權利（第七節）。他也說到，一個侵害者對全人類都是危險的，所以每個人都可以懲罰他（第八節）。要不，就無法解釋一個國家懲罰在本國犯罪的外國人了。普遍的懲罰權是與直覺相忤的嗎？如果某一重大罪行發生在另一個國家，而這個國家拒絕懲罰這一罪行（也許該國政府與侵害者結盟，或其本身就是侵害者）；那麼由你去懲罰那個侵害者，因他的罪行而對他施以損害不是正當的嗎？而且，我們可以試著從別的道德考慮獲得這種懲罰權：從保護的權利，以及與此結合的侵害者的道德邊界已經改變的觀點。我們可能採取一種類似契約論的道德禁止觀點，認為那些自己已侵犯別人邊界的人，喪失了讓別人尊重自己的某些道德邊界的權利。按照這一觀點，一個人對已經侵犯道德禁令，但尚未得到懲罰的人採取某些行動，在道德上是不受禁止的。某些侵害給了別人去做某些越界行為的自由（不去這樣做的義務已不復存在）；某種報復觀點的理論包含這方面的詳細內容。[16] 如果我們把懲罰權嚴格地解釋為一種別人決不可插手，也決不能由他們自己執行的權利，而不是解釋為一種其他人也擁有的這樣做的自由，那麼談論懲罰權看來就是奇怪的。對權利的更嚴格解釋是不必要的，懲罰的自由就將給洛克許多他需要的東西；甚或是全部的東西——只要我們加上侵害者負有不抵抗對他的懲罰的義務。對於這種承認普遍懲罰權的主張，我們可以增加一些論據使之看來更為合理；我們可指出懲罰不像賠償，它的根源不在受害者（雖然他可能是與懲罰之實行關係最大的人），所以也不是受害者對之擁有權力的事情。

這種開放懲罰的體系將如何運作呢？我們在前面設想開放的索賠過程，如何運作時的所有困難又都出現了。此外還有一些別的困難。第一個行動者將占據懲罰的領域嗎？虐待狂將爭著成為第一個行動者，以得到一次痛毆的機會嗎？若是如此，這將大大地增加以下困難——如何使懲罰者不逾越恰當的懲罰範圍——並將使這個辦法成為不可取，儘管它為快樂和不可轉讓的工作提供了機會。在一個開放的懲罰體系中，一個人能做出憐憫的決定嗎？而另一個人可以被允許去否決這一決定嗎？（藉由額外施加懲罰，只要懲罰之總和不超過其應得懲罰的總額就行）侵害者可能會有一個只是輕微地懲罰他的同盟者嗎？有沒有任何可能，使受害者感到正義已被實行？

如果把懲罰交給任一個人去做的體系是有缺陷的，那麼，它怎麼在那些願意並渴望去做的人之中，決定由誰去實施懲罰呢？人們可能認為像前述一樣，應當由受害者或其授權的代理人去做。但雖然受害者處在不幸作為受害者的特殊地位，且是賠償由此產生的根源；但他卻不是懲罰由此產生的根源。（懲罰是「根源於」這個應受懲罰的人。）侵犯者並不是對受害者負有應該受懲罰的義務，他並不是由於「這個受害者」而該受懲罰。所以受害者為什麼竟有一種特殊權利去懲罰或作為懲罰者呢？如果他沒有對懲罰的特殊權利，他還有什麼特殊權利選擇完全取消這種懲罰，或者給予憐憫呢？即使某種懲罰違反了在道德上反對懲罰的被侵犯者的心願，別人還是可以懲罰侵害者嗎？如果甘地的追隨者受到攻擊，別人可以用他道德上拒斥的手段保護他嗎？如果這種罪行逃脫懲罰，別人也將受到影響，他們會感到恐懼和缺少保障。受害者作為最受罪行影響者的事實，給了他懲罰侵害者的特殊地位嗎？（別人也受到罪行影響嗎？還是僅在它逃脫懲罰時才受到影響？）如果受害者被殺，這一特殊地位就被轉交給與他關係最近的親屬嗎？如果某個凶手有兩個受害者，在這兩人的近親中，每個人都有權利爭著作第一個行動者，並將罪犯處死嗎？也許，解決辦法與其說是任何人都可以懲罰或僅僅受害者有權懲罰，不如說是所有有關的人（即所有人）共同實施懲罰或授權某人執行懲罰。但這本身將要求在自然狀態中，創立某種制度手段或決定的模式。如果我們規定每個人都在懲罰的根本決定中有發言權，那麼，這將是人們在自然狀態中擁有的唯一一種這樣的權利，它將合為一種由人們集體而非個別擁有的權利（決定懲罰的權利）。看來沒有什麼很適切的方式來理解懲罰的權利，在自然狀態中是如何運作。從這種誰可以索賠和誰可以懲罰的討論中，出現另一個指向支配性保護社團之權利的問題。

支配性保護社團被許多人授權，作為他們索取賠償的代理人。它有權代表這許多人行動，而一個小機構亦有權代表較小的一群人行動，個人則只有權代表自己行動。在這種擁有較大數目的個人權利，而不是別人也有的權利的意義上，支配性保護機構擁有較大的權利。懲罰權在自然狀態中如何運作不清楚的情況下，我們還有更多的話可以說。在下述意義上，即在所有對懲罰權有所要求的人必須共同行動的意義上，保護機構將被視為擁有最大的懲罰權；因為幾乎所有人都授權給它，以他們的名義行動。它在實施懲罰時，比起其他很少數人實施的懲罰來說，占有行動的優勢和先機。任何行動的個人都包括不了其他人的行動和權利；而當許多人的代理人（即支配性保護機構）活動時，他們卻感到他們的權利正在被實行。這將解釋支配性保護機構，或一個國家具有某種特殊的正當的觀點。擁有的行動權越多，它就越有權利行動。但它並不是被授權成為支配性機構，任何別的機構也沒有這種權利。

我們應當注意，把某種東西看作執行強行權力的正當根據，可能有一個進一步的根源。個人選擇一個保護性機構作為合作，以及了解集中於同一個機構將對他們有好處（雖然究竟是哪一個並不重要）；在此意義上，他們可能把機構看作是現在去尋找保護的適當機構。讓我們考慮一個為鄰里青少年而設的聚會場所。這個場所設在哪裡並不重要，只要每個人都知道別人將在這個場所集會，知道別人要去的話都是去那裡，這個地方就變成了「與別人聚會的地方」。這不僅是因為，如果你要找別的地方聚會很可能會失敗；而且，別人從你常去那個地方而得益，並指望著你去那裡；而你也同樣因別人常去那裡而得益，並指望他們在那裡聚會。這個地方並不是被授權成為集會場所。如果它是一間倉庫，並不是這間倉庫的所有者被授權使他的倉庫成為人們集會的場所。這些個人並不是必須在那裡聚會。它只是個聚會的地方。同樣地，一個人也可以如此設想既定的保護性機構變成保護他的機構。在人們試圖協調他們的行動，並將其集中於一個把所有人包括進來的保護性機構的意義上，這一過程並不完全是「看不見的手」的過程；將有一些中間的情況，其中某些人把它視為是一種協調和合作，而另一些人僅僅是對局部的信號做出回應。17

當實際上只有一個機構在禁止別人採用其不可靠程序來強行正義時，這就使它成為事實上的國家。我們提出這一禁令的理由是根據人們的無知、不確定性和缺少訊息。在某些情況中，人們並不知道一個人是否做了某些事情，而確定這一點的各種程序有著不同的可靠性或公平性。我們可以試問，在一個對事實有完善的知識和訊息的世界裡，是否有人能正當地主張禁止另一個人懲罰一個有罪者的權利（並不主張作為這種權利的唯一擁有者）。甚至在有既定協議的情況下，在有關一個特殊行為該受多重懲罰和哪種行為該受懲罰的問題上，也還可能存在歧異。我在本書中（將盡可能地）不探詢或專注於許多烏托邦和無政府理論的共同假定，亦即認為有一系列顯而易見，可為所有懷有良好意願的人所接受的原則；它們足夠精確，能在特殊情況中給予明確的指導；它們足夠清楚，所有人都將了解其指令；它們足夠全面，涵蓋了所有將出現的問題。

要把有關國家的論證放在否定這種假定的基礎上，就將拋棄以下這種希望：希望人類（和道德哲學）未來的進展可能產生這種一致，以致取消國家存在的理由。所有有善良意願的人都同意，自由主義原則的這一天不僅看來是遙遠的，而且這些原則本身也還沒有得到完整的闡述，也沒有單獨的一組原則為所有自由主義者所同意。例如，完整版權是否正當的問題，有些自由主義者說它不正當，但認為如果作者和出版商在他們賣書的契約中加上這樣一條：禁止任何未經授權的翻印；然後因違反契約而對任何盜印提出起訴，完整版權的效果就能達到。但他們顯然忘記了有些人有時遺失書、而另一些人撿到它們的情況。[18]但同樣是為了專利權，其他自由主義者並不同意這一觀點。如果在一般理論上如此接近的人們都可以在如此基本的點上意見分歧，兩個自由主義的保護性機構就可能因此而發生戰鬥。一個機構可能試圖強行一條禁令：禁止某人出版某本書（因為這侵犯了作者的財產權），或禁止複製並非他獨立發明的某一發明；而另一個機構則會把這一禁令，看作一種對個人權利的侵犯而抵制它。設計政體者認為，關於什麼該被強行的意見的分歧，為國家機制提供另一個理由（除缺少事實知識之外），就像有時要被強行之事情的內容發生變化，也帶來這一需要一樣。喜歡和平甚於喜歡強行他們的正當觀念的人們，將聯合為一個國家。當然，如果人們真誠地堅持這一選擇，他們的保護性機構就不會發生戰鬥。

預防性限制

最後，讓我們注意「預防性制止」（preventive detention）或「預防性限制」（preventive restraint）的問題是如何與賠償原則（第四章）產生關聯，以及是如何與第五章中要求超小限度國家，向那些甚至不付款的人提供擴大性保護的討論產生關聯。應當擴大這個概念，以包括所有旨在減少個人侵犯他人權利之危險的對個人的限制，並稱這一擴大的概念為「預防性限制」。這包括像要求某些個人一星期向一個官員報告一次（彷彿他們是在假釋期）；禁止某些個人在某些時刻待在某些地方；以及槍枝管制法等等。（但不包括禁止公開銀行警報系統的法律。）預防性制止也包括監禁不是因為某人犯什麼罪，而是因為預測他將犯罪的可能性大大超出正常值時對他的監禁。（他先前犯的罪可能是做出這一預測的部分根據。）

如果說這些預防性限制是不公正的，這不會是因為它們在危險但事實上可能無害的活動之前，就禁止這些活動。因為一個包括對個人私自強行正義的禁止的強制性法律體系，本身就是根據預防性的考慮。[19]不能夠把這種作為禁止個人強行正義的所有法律體系之存在根據的考慮，看作是與一個公正的法律體系之存在不相容；無論如何，只要一個人願意相信能夠存在一種公正的法律體系，他就不能夠如此。有沒有什麼可以把預防性限制譴責為不公正的理由；同時這些理由又不是那樣強烈，以致也會譴責作為所有國家法律體系存在根據，對私人強行正義的禁令呢？我不知道預防性限制是否能夠根據正義，而與其他作為法律體系基礎，旨在減少危險的類似禁令區別開來。也許，我們在本章前面討論的，有關區分無需進一步的決定就可產生侵害之過程，與需要進一步的決定才能產生侵害過程的原則，能對我們有所助益。在下述意義上：即在某些人被視為不能做出對未來的決定，及被僅僅視為是現已投入運轉且將要（或可能要）產生侵害行為的機器（或者，在他們被看作是不能不做出侵害決定）的意義上，預防性限制可能看來是正當的。假定損害會得到賠償（見下文），預防性限制將會基於作為法律體系根據的同樣考慮而被允許。（雖然別的考慮可能將其排除。）但如果一個人可能做出引起恐懼的罪行，實際上要依他尚未做出的侵害決定而定，那麼先前的原則將把預防性制止看作是不正當且不被允許。[20]

即使預防性限制不能基於正義，而與作為法律體制根據的類似禁止區別開來；但如果面臨的危險非常嚴重，足以使經由禁止而進行的干涉得到允許。那麼，那些試圖為自己帶來較大保障的禁止，還是必須賠償那些被禁者（他們實際上可能不傷害任何人），以彌補禁令加於他們的損失。這是由第四章的賠償原則所得到及要求的。在一些較輕微的禁止和要求的情況裡，這種賠償可能是容易提供的（也許即使在不構成損害的情況中也應當提供）。其他禁止措施，包括對某些人實行宵禁、對他們的活動加以某些限制，都要求給予實質性的賠償。對一個被監禁（作為一種預防性限制）的人來說，公眾幾乎不可能賠償加諸於他的損失。也許只有經由把這些預計有高度危險性的人，隔離在一個令人愉快的地方——那裡雖然有柵欄和守衛，但是有療養的旅館和種種娛樂設施——對這一損失的賠償要求方能被滿足。（根據我們先前的討論，向這些人收取不高於外面一般的租金和餐費可能是可允許的，但如果某人不能繼續賺到相當於他在外面賺到的收入，這就將不被允許，因為這種收費將耗竭他所有的財政來源。）

這樣一個制止犯罪的中心必須是吸引人的地方；當一些人被送到那裡時，人們能斷定他們得到更多的享受因而足以賠償因被禁止生活在外面社會而遭受的損失。21在此我並不討論這一體制的細節、其理論上的困難（例如，某些人和外面社會隔離可能會比其他人遭受更大的損失），以及其在道德上可能有的反對意見（例如，當某人被送到一個地方和其他有危險性的人待在一起時，這侵犯他的權利嗎？增加的享受能夠賠償增加的危險嗎？）因為我描述制止犯罪的中心並不是為了提出這種建議，而是說明支持預防性制止的人們必須考慮這類事情，並願意鼓勵和贊助它。以下事實：公眾必須在那些它可以正當地限制某些人的情況中（如果有這種情況），為這種預防性限制加於這些人的損害而給予賠償。大概可以作為對公眾施加這種限制的嚴格約束而起作用。我們可以直接譴責任何沒有恰當賠償條款的預防性限制體系。如果把這裡的討論與我們上一節的結論合起來，那麼（即使留有餘地）它並沒有為正當的預防性限制留下多少活動空間。

對某些反對這種預防性限制之意見的簡要討論，將使我們能夠對準先前在別處處理過的考慮。我們可能不知道是否能允許某些人預防性地限制別人，即使他們要為加給這些人的損失而給予賠償。作為對預防性限制的替代，那些希望別人受預防性限制的人，為什麼不雇用他們（付錢給他們）去承受這些限制呢？既然這一交換將滿足「非生產性」交換的第一個必要條件（見第四章）；又既然其中一方（倘若另一方什麼也沒有對他做，他並不會因為交換而生活得更好）得到的僅是降低的機率，即他減少遭受將被禁止的越界行為（如果這個行為是有意做的）的可能性；我們先前對互利交換的利益劃分，將由市場決定的論證在此就不適用了。我們對帶有賠償的禁止有另一個選擇，說得強烈一點（根據我們在第四章的討論），就是僅賠償被施加損失的禁止。其次，在許多預防性限制的情況中，「產品」（即他被限制）只能由對方來提供。沒有，也不可能有其他人、其他競爭者，能把產品賣給你（如果第一個人的價格太高）。要弄清楚在這些非生產性交換的情況中（至少按第一個必要條件），壟斷價格為什麼被看作是分配利益的適當模式是困難的。然而，如果一種預防性限制程序的目標，是要把對他人造成危險之行為的總機率降到某一標準線之下，而不是要限制每一個對這一總的危險量提供超過最低標準的人，那麼這個目標也許可以在不限制這些人的情況下而達到。如果有足夠的人被雇用，這將把別人帶來的總的危險降到標準線之下。在這種情況中，預防性限制的候選者就有理由相互在價格上競爭，因為他們將占據一個多少不那麼壟斷的市場地位。

即使這些限制者不必與他們限制的人達成自願性的協議，為什麼不至少要求他們不要把那些他們限制的人推向較低的無異曲線呢？為什麼只要求對由此帶來的損失給予賠償呢？人們可能把對損失的賠償視為一種妥協，這種妥協是人們在兩個都有吸引力，且不互相衝突的立場之間無法決定時達到的：（一）不付賠償。因為危險者是可以被限制的，所以有限制他們的權利；（二）充分的賠償。因為這個人可能在沒有限制的情況下卻不傷害任何人，所以沒有限制他的權利。但賠償損失的禁止，並不是在兩個同樣有吸引力的立場之間「互相讓步」的妥協。這兩個立場中有一個是對的，但我們不知道是哪一個。在我看來，正確的立場寧可說是適合這兩種相對卻重要的考慮（道德）向量結果——它們每一種都必須在各方面被納入考慮。22

這就結束本章對我們導出最小限度國家之論證的反對意見的考慮，並把在這一論證中發展出來的原則應用於其他問題。由於我們已從無政府進到最小限度的國家，下一個主要工作就是要確認，我們不應當再往前進（即不應從最小限度的國家往前進）。

第二部

超越最小限度的國家？

第七章
分配的正義

最小限度的國家是能夠被證明為功能最多的國家。任何功能更多的國家都將侵犯人們的權利，但還是有許多人提出各種理由來證明功能更多的國家。本書不可能考察所有這些理由。因此，我將集中注意那些被普遍認為是最有份量和最有影響力的理由，並弄清它們的失敗之處。在本章，我們將考慮那種認為一個功能更多的國家，能因為其為達到分配正義所必需的手段（或是最好的工具）而得到證明的觀點；在下一章我們將討論其他不同的觀點。

「分配的正義」這一概念並不是中性的。一聽到「分配」這個詞，大多數人會以為是由某個體系或機制使用某種原則或標準來提供某些東西。錯誤則可能已經順勢進入這種分配的過程。所以，我們是否應當進行再分配，是否應當把做過的事情再做一遍（即使做得同樣拙劣），這至少是一個可質疑的問題。然而，我們並不是由某人來分配餡餅的一群孩子：這個人最後做一些細微的調整來修正前面粗心的切割。沒有任何集中的分配，沒有任何人或團體有權控制所有的資源，並連帶地決定怎樣施捨它們。每個人得到的東西，是他從另一個人那裡得到的；那個人給他這個東西是為了與某物交換，或作為禮物來贈與。在一個自由社會中，不同的人們控制各種不同的資產；新的持有來自人們的自願交換和饋贈。就像人們選擇他們結婚對象的社會，並沒有對配偶的分配一樣；也沒有對財產或份額的分配。總的結果是眾多個人分別決定的產物，這些決定是各個當事人有權做出的。的確，「分配」這個概念的某些用法，並不暗示由某一標準恰當裁定的預先分配〔例如，機率分配（probability distribution）〕；然而，儘管本章的標題也用「分配」一詞，我們最好還是用中性的術語。我們將談論人們的持有；一種持有的正義原則描述正義告訴我們的，有關持有的要求。首先將敘述我認為是正確的有關持有的正義觀，然後轉向其他觀點。[1]

第一節

權利理論

持有之正義的主題由三個主要論點組成：第一是持有的最初獲得（the original acquisition of holdings），或對無主物（unheld things）的獲取。這包括下列問題：無主物如何變成被持有；它們經由哪個或哪些過程變成被持有；哪些事物可以經由這些過程變成被持有；它們是在什麼範圍內由特殊過程變成被持有，等等。我們將把有關這一論點的複雜真理稱做獲取的正義原則（the principle of justice in acquisition）（其內容我們暫不在此細述）。第二點涉及從一個人到另一個人的持有的轉讓（the transfer of holdings）。一個人可以經由什麼過程把自己的持有轉讓給別人呢？一個人如何能從一個持有者那裡獲得一種持有呢？在這一論題下引出了關於自願交換、饋贈，以及（從另一方面來看）欺詐的一般性描述；並且談到在一既定社會中約定成俗的特殊慣例。有關這一論點的複雜真理，我們將稱為轉讓的正義原則（the principle of justice in transfer）。〔我們將假設它也包括有關一個人怎樣可以放棄持有，使它轉入無人持有之狀態（unheld state）的原則。〕

如果世界是完全公正的，下列的歸納性定義就將完全包括持有正義的領域：

（一）一個符合獲取的正義原則而獲得一種持有的人，對那個持有是有權利的。

（二）一個符合轉讓的正義原則，從別的對持有擁有權利的人那裡獲得一種持有的人，對這個持有是有權利的。

（三）除非經由對上述（一）與（二）的（重覆）應用，沒有人對一種持有擁有權利。

整個分配正義的原則只是說：如果所有人對分配在其份下的持有都是有權利的，那麼這個分配就是公正的。

如果一種分配是經由正當手段來自另一個公正的分配，那麼它也就是公正的。從一種分配轉到另一種分配的正當手段是由轉讓的正義原則規定的。正當的最初「運動」則是由獲取的正義原則規定的。[2]無論什麼，只要它是以公正的步驟從一公正的狀態中產生，它本身就是公正的。由轉讓的正義原則規定的改變手段保持著正義，就像正確的推理規則保持著真理，而任何經由這種規則的重覆應用，從唯一真實的前提中演繹出來的結論本身都是真的；由轉讓的正義原則規定的從一種狀態到另一種狀態的轉讓手段也保持著正義，而任何從一公正狀態經由符合這一原則的重覆轉讓產生出來的狀況，本身都是公正的。但這種保持正義的轉換和保持真理的轉換之間的對照，既有有效之處也有無效之處。一個結論能夠經由保持真理的手段從真實前提中演繹出來，這一點足以表明該結論的真理性；而一種狀態能夠從一公正狀態中經由保持正義的手段產生出來，這一點卻不足以表明該狀態的正義性。被盜者本來能夠把其持有作為禮物送給竊賊的事實，並不授予竊賊對他非法所得的權利。持有的正義是歷史的，它依賴於實際發生的事實；我們稍後將談到這一點。

並非所有的實際持有狀態都符合兩個持有的正義原則，即符合獲取的正義原則和轉讓的正義原則。有些人偷竊別人的東西，或是欺騙他們、奴役他們、強奪他們的產品，不准他們按自己的意願生活，或者強行禁止他們參加交換的競爭。所有這些都不是從一種狀態到另一種狀態之可允許的轉讓形式。另外，有些人並沒有按獲取的正義原則所核准的手段獲得其持有。過去的不正義的存在（對前兩個持有正義原則的先前侵犯（previous violations））提出了持有正義的第三個主要論點：對持有中的不正義的矯正（the rectification of injustice in holdings）。如果過去的不正義以各種方式形成今天的持有，有些可以辨明，有些不能辨明；那麼，現在應當採取什麼措施來矯正這些不正義呢？對於那些因不正義的發生，使其狀況變得比本來可以有的狀況，或立即給予賠償的狀況要壞的人們，不正義的實行者負有什麼義務呢？如果得益者和受損者並非不正義行為中的直接一方，而是（比方說）他們的後裔，整個事情又會怎樣改變呢？可以對某個其持有是基於未矯正之不正義的人施以不正義嗎？人們必須回溯多遠才能掃清這一歷史上的不正義的遺跡？不正義的受害者可以被允許做些什麼，以矯正對他們做出的不正義（包括許多別人經由其政府對他們做出的不正義）？我不知道對這些問題徹底的或理論上精緻的回答是什麼。[3]讓我們非常理想化地假設，理論的探討將產生一個矯正的原則。這一原則應用有關先前的狀況及其間做出的不正義（由前兩個正義原則和反對干涉的權利所確認的不正義）的歷史訊息，應用從這些不正義演變出來的實際事態之過程的訊息，並給出這個社會之持有的一種或一些描述。假如這種不正義未曾發生，矯正原則將應用它對虛擬訊息的最佳估計〔或用期待值（expected value），對可能發生之事情的機率分配〕。如果持有的實際描述並不是這一原則給出之描述中的一種，那麼這些給出之描述中的一個就必須付諸實現。[4]

持有正義之理論的一般綱要是：如果一個人按獲取和轉讓的正義原則，或者按對不正義的矯正原則（這種不正義是由前兩個原則確認的）而對其持有是有權利的；那麼，他的持有就是正義的。如果每個人的持有都是正義的，那麼持有的總體（分配）就是正義的。為了把這些綱要轉變成一個具體理論，我們必須規定這三個持有正義原則的細節：即持有的獲取原則、持有的轉讓原則，和矯正對前兩個原則之侵犯的原則。我不在此做這一工作。（洛克的獲取正義原則將在下面討論。）

歷史原則與目的—結果原則

前述對權利理論的扼要說明，顯示出其他分配正義觀的性質和缺點。分配正義的權利理論是歷史的，分配是否正義依賴於它是如何演變過來。與此形成對比之正義的即時原則（current time-slice principles）認為，分配的正義決定於事物是如何分配的（即誰有什麼），而這種分配方式又是由某種或某些結構性的正義分配原則來判斷的。一個功利主義者判斷任何兩種分配的標準，是看哪種分配產生較大的功利總額；如果總額持平，就採用某種固定的平等標準來選擇較平等的分配。在此，他便是持一種即時的正義原則。同樣，試圖在平等與幸福總額之間建立一個固定的交易表的人，也是持這種原則。按照即時原則，在判斷一種分配的正義時，需要注意的僅僅是那個結束分配的人；在比較任何兩種分配時，一個人只需注意顯示分配的矩陣。一個正義原則無須參考任何進一步的訊息。任何兩個結構相同的分配都是同等正義的，這就是這種正義原則的結論。（如果兩種分配呈現同樣的外觀，它們在結構上就是相同的，但或許有不同的人占據不同的地位。我有十份、你有五份的分配，與你有十份、我有五份的分配在結構上是同樣的分配）。福利經濟學（welfare economics）就是這種即時正義原則的理論，它主要是在表現分配之當前訊息的矩陣上操作，這一點加上一些通常的條件〔例如，分配的選擇不受列的重標（relabeling of columns）的影響〕，使福利經濟學確實成為一種即時的理論，並帶有這種理論的所有不當之處。

許多人在分配份額方面並不完全接受即時原則。他們認為在評價一個狀態是否正義時，不僅要考慮它所體現的分配，也要考慮這一分配是怎麼來的。如果某些人因謀殺或戰爭罪被關在監獄裡，我們不會說，為評價社會內分配的正義性，我們只須注意現在這一刻這個人有什麼，那個人有什麼……我們認為探問某人是否做了某事而應受懲罰，或應得較低的份額與分配的正義性是有關聯的。大多數人涉及到懲罰和罰款時都會同意進一步訊息的相關性，也會考慮事物的可欲性。傳統的社會主義觀點認為：工人對產品及其勞動的全部成果是有權利的，他們掙得了它；如果一種分配沒有給工人他們有權得到的東西，那麼這種分配就是不公正的。這種權利基於某種過去的歷史。任何堅持這一觀點的社會主義者如果得知下述情況，都會感到不安：因為實際的分配A碰巧在結構上符合他所欲的分配D，A因此就與D同樣正義。兩者的區別僅在於「寄生性」的資本家，在分配A中得到工人在分配D中擁有權利的東西；而工人在分配A中得到資本家在分配D中擁有權利的東西，即結構上幾乎沒有什麼差別。在我看來，社會主義者正確地延續了掙取、生產、權利、應得等概念，拒絕只注意持有結果之結構的即時原則。（這些持有源自什麼呢？持有如何產生和達成，如果沒有對誰應持有什麼的問題產生絲毫影響，這看來不是不合理的嗎？）他的錯誤是在於，他認為權利是來自其生產過程的觀點。

我們分析了這種由於論及即時原則而使討論很狹隘的觀點。如果結構原則是作用於目前的某個時間系列（例如，現在給某人較多的東西，以平衡他先前只有較少東西的狀況），這並不會使事情有什麼改變。一個功利主義者、平等主義者或任何持調和觀點的人，仍將承繼其更短視的同道的困難。某些人認為，在評價分配中相關的某些訊息不可改變地反映過去的矩陣中這一事實，並不能對他有所幫助。此後，我們把分配正義的這種非歷史原則（包括即時原則）稱為目的—結果原則（end-result principles）或目的—狀態原則（end-state principles）。

相對於正義的目的—結果原則，正義的歷史原則（historical principles）堅持認為：人們過去的環境或行為能創造對事物的不同權利或應得資格。一種不正義能夠在從一種分配轉向另一種結構相同之分配的過程中產生；因為外觀相同的第二種分配，可能侵犯人們的權利或應得資格，可能不符合實際的歷史。

模式化

我們所描寫之持有正義的權利原則是正義的歷史原則。為了更精確地理解它們的特徵，我們將把它們與另一類歷史原則區別開來。例如按照道德價值分配的原則。這一原則要求全部分配份額，直接因人的道德價值不同而不同。與道德價值比自己高的人相比，任何人都不應當比他們持有更大的份額。（如果道德價值不僅能夠被排列出高下，而且能按照間距或比例來衡量，就能夠形成更強有力的原則。）再如以「對社會有用」取代「道德價值」之後形成的原則。或者除了「按照道德價值分配」和「按照對社會的有用性分配」，我們還可以考慮「根據道德價值、對社會的有用性和需求之加權後的總額進行分配」；而在此，這三個面向的份量是相等的。如果一個分配原則規定分配要隨著某種自然的面向，或某些自然的面向加權後之總額，或隨著自然的面向之辭典式次序的不同而不同，那麼我們就稱這種原則為模式化的原則。如果一種分配符合某一模式化的原則，我們就稱這種分配為模式化的分配。（我談的是自然的面向。對它們而言，顯然並沒有一個普遍的標準，因為對任何持有來說，有些人為的面向能夠被巧妙地設計，而隨著這些持有的分配變化而變化。）根據道德價值分配的原則是一個模式化的歷史原則，它規定了一種模式化的分配。「按照智商分配」是一種注重那種不包含在分配矩陣中之訊息的模式化原則。然而，在它並不注重任何創造了對分配之不同權利的過去行為的意義上，它並不是歷史的；它只要求一個由智商分數來標定的分配矩陣。無論如何，社會中的分配可能是由這樣一些簡單的模式化分配構成的，但它本身並不是簡單模式化的。不同的領域可能應用不同模式，而某些模式的結合可能以不同的比例在社會中運作。以這種方式由幾個模式化分配構成的分配，我們也將其稱為「模式化的」分配。我們擴展了「模式」的用法，使其包括經由目的原則的結合而提出之全面計畫。

幾乎所有被提出的分配正義原則都是模式化。如按照每個人的道德價值、需求、邊際產品、努力程度，或上述因素加權後的總額來對每個人進行分配。而我們前面曾描述過的權利原則卻不是模式化，[5] 因為並沒有任何一種自然的面向，或一些自然的面向加權後的總額使分配的產生符合權利原則。產生於下列情形的持有將不是模式化：一些人收到他們的邊際產品、一些人在賭博中贏了錢、一些人得到他們配偶收入的一份、一些人從基金會得到資助、一些人收到貨款的利息、一些人從崇拜者那裡得到禮物、一些人從投資中得到回報、一些人從他們所擁有的東西得到很大利益、一些人發現某些東西，等等。各種各樣的模式制約著分配，各種各樣的持有的很大一部分將由各種各樣的模式來解釋。如果多數人在多數時候只願在與人交換某種東西時才選擇把自己的某些權利轉讓給人，那麼，許多人之持有在很大程度上將依他們持有什麼別人想要的東西而定。更多的細節將由邊際生產的理論來提供。但是，送給親戚的禮品、出於慈善動機的捐贈、留給孩子的遺產，卻不適合以這種方式來理解。撇開模式的影響不談，讓我們在此刻假定：一種實際上經由權利原則的運作造成的分配，對任何模式而言都是隨機的。雖然持有的結果是非模式化的，但它並非是不可理解的；因為它能被視為是從少數幾個原則的運作中產生。這些原則規定最初的分配可能怎樣產生（持有的獲利原則）和分配可能怎樣轉移給他人（持有的轉讓原則）。這種產生持有的過程將是可以理解的，儘管作為這一過程之結果的持有本身，將是非模式化的。

海耶克的著作比一般的著作較少注意那些模式化分配正義的要求。海耶克論證說，我們不可能對每個人的狀況都知道得那麼清楚，以致能按照他的道德價值對他進行分配（但如果我們的確有這種知識，正義將要求我們這樣做嗎？）。他繼續說，「我們的目的是要反對所有把某種精心選擇的分配模式強加給社會的企圖，而不管它是平等的抑或不平等的模式。」[6] 然而，海耶克的結論是，在一個自由社會裡，將按照價值（value）而非道德價值來分配；亦即，按照一個人行為的價值和他對他人服務之可以察知的價值來分配。儘管海耶克反對模式化的分配正義觀，他自己卻還是提出了一種他認為是合理的模式：根據給予他人之可察知的利益進行分配，從而對一個自由社會並沒有準確地實現這一模式的抱怨開了方便之門。這種模式化的自由資本主義社會可以更精確地敘述如下：我們將「根據每個人有利於他人的量額給予每個人，因為受益者擁有可使那些施益者亦得益的資產。」除非規定某種可接受最初的（initial）持有，或者堅持這一體系在一段時期內的運作將剔除掉從最初的持有產生之重大影響；否則，這樣做看起來將是任意專斷的。作為後一種情況的實例，如果所有人都從福特（Henry Ford）那裡買一輛車，那麼，即使把誰將有這筆錢（從而買車）假定為一件任意專斷的事情，這一假定也不會使福特的收入受到懷疑。無論如何，他之擁有這一收入並不是任意專斷的。

就像海耶克所指出的，按照給予他人的利益分配，是自由資本主義社會中的一種主要模式；但它只是一種模式，而並不構成各種權利（包括任意的饋贈、繼承、仁慈等等）體系的完整模式，也不是人們應當堅持的一個社會要去適應的標準。人們將長期容忍一種產生非模式化分配的體系嗎？[7]無疑地，人們將不會長久地接受一種他們認為是不公正的分配。人們想使他們的社會成為正義的社會，且成為看來是正義的社會。但這種正義必須居於一種目的模式（resulting pattern）之中，而不能居於基礎的推動原則（underlying generating principles）之中嗎？我們不能做出如此的結論，認為體現了持有之權利正義觀的社會內的居民，將會覺得它是不可接受的。但我們還是必須承認，假如人們把他們的某些持有轉讓給他人的理由總是非理性和任意專斷的，這將是一個麻煩。（假設人們總是經由一種隨機的方法來決定他們轉讓什麼樣的持有和轉讓給誰。）如果大多數轉讓者都做得合乎理性，那麼我們堅持這種權利正義的體系就會覺得安心得多。但這並不一定表示所有人得到的持有都是他們應得的，而只意味著在某人轉讓一個持有給這個人而非那個人的行為中某種目的或意義；表示我們通常能明白這一轉讓者讓他的所得的看法、他做出這種服務的原因，以及他想幫助實現的目的等等。既然在一個資本主義社會裡，人們常常根據他們所認為的，別人給他們帶來的利益額而把自己的持有轉讓於人，這種由個人間的交易和轉讓形成的結構就大致是合理且可以理解。[8]（贈給愛人的禮物、留給孩子的遺產、對匱乏者的捐贈，也是這一結構中非任意的成分。）在強調這一根據給他人的利益來分配的主流時，海耶克說明了許多轉讓的意義，也說明了權利的轉讓體系並不是無目的地運轉。權利體系在由個人交易的個人目的構成時是站得住腳的。不需要建立什麼另外的目標，也不需要任何分配的模式。

認為一種分配正義理論的任務，就是要在「按照每個人的□□給予每個人」的公式中填空的人，將傾向於去尋找一種模式；另一種陳述：「按照每個人的□□從每個人那裡給出」，則是把生產和分配視為兩個分離且獨立的問題。按照權利的觀點，這些問題並不是兩個分離的問題。無論誰生產出什麼東西，只要某人是經由購買或與其他有資源用於這一過程的人簽約，他就對這一東西擁有權利。這種情況並不是某個東西被生產，然後必須問誰將得到這個東西的情形。物品（things）是帶著人們對它們的種種權利進入這個世界。按照持有正義的歷史權利觀點，那些試圖再去為「按照每個人的□□給予每個人」的公式填空的人，就等於是把物品當做是從虛無中產生的東西。一個完整的正義理論可能含括對這一限制的論證，或許這對一般的分配正義觀是有用的。[9]

一般形式的原則非常狹隘，我們也許應當提出權利的觀念來與之競爭。略去獲取和矯正的情況不談，我們可以說：

> 按照每個人所選擇的從每個人那裡給出，按照每個人的下列情況給予每個人：即根據給予者本人正致力從事的事情（也許有別人的契約援助），根據他人選擇對他做的事情和選擇給他們以前一直（按這一公式）給予他，而現在又尚未用掉或轉讓的東西。

敏銳的讀者將注意到：這種說法作為一個口號有它的缺點。所以作為一個極其簡化的總結（不是作為一個有獨立意義的原則），我們得到：按其所擇給出，按其所選給予。

自由如何攪亂模式

我們不明白，持別的分配正義觀的人們如何能拒絕持有的權利正義觀。現在假設某種非權利論的正義觀贊成某種分配，並假設這種分配已經實現。我們還假設它就是你贊成的分配，並稱這種分配為D_1。在此，或許每個人都有相等的份額，或許份額是隨著你重視的某一面向之不同而不同。現在再假設張伯倫（Wilt Chamberlain）是一名籃球隊非常想要的明星選手，且能吸引很多的門票。（也假設契約期限只有一年，選手們可自由簽約。）張伯倫和一支球隊簽訂了這樣一份契約：在國內的每場比賽中，從每張門票的票價裡抽出二十五美分給他。（我們不管他是否正在「敲詐」的問題。）球季開始了，人們興高采烈地觀看他所參加的球隊比賽；他們買票時，每次都把從入場券分出的二十五美分投入一個寫有張伯倫名字的箱子。他們為看到他的表演而歡欣鼓舞；對他們來說，花這些錢是值得的。現假設在一個球季中，有一百萬人觀看他參加的比賽，結果張伯倫得到二十五萬美元；這是一個比平均收大得多的數字，甚至大於任何其他人能得到的收入。他對這個收入有權利嗎？這一新的分配D_2是不公正的嗎？如果是，原因是什麼呢？關於是否每個人都有權利支配他們在D_1中擁有之資源的問題是毫無疑問的，因為這是你贊成的分配，是我們假設有充分論據可以接受的分配。這些人每一個都自願從他們的錢裡拿出二十五美分給張伯倫。他們本來可以把這二十五美分花在看電影、買糖果或買《異論》（*Dissent*）或《曼特利評論》（*Montly Review*）雜誌。但他們（至少一百萬人），卻把這筆錢給張伯倫以換取觀看他的籃球表演。如果D_1是公正的分配，而且人們自願從D_1轉到D_2，把他們在D_1中得到份額的一部分轉讓出去，那麼D_2不也是公正的嗎？如果人們有權處置他們（在D_1中）擁有權利的資源，這不也包括他們有權把它分給張伯倫，或者與他交換嗎？別人能根據正義的理由抱怨嗎？其他人在D_1中都有他正當的分額。在D_1中，對任何人擁有的東西，他人並沒有根據正義提出應當歸於自己的要求。某些人把某些東西轉讓給張伯倫之後，第三方仍然有他們正當的份額，他們的份額並沒有改變。假如在轉讓之前，第三方並沒有對其他人的任何持有提出基於正義的異議；那麼，兩人之間的轉讓能經由什麼過程，引起被轉讓的部分對正當的分配正義的要求呢？[10]為消除與此不相關的討論，我們可想像這種交換發生在社會主義社會的工作時間之外的情形。假設張伯倫打完了作為他日常工作的籃球，或者做完了任何其他他要做的日常工作之後，他決定用額外的時間來掙取額外的收入。（首先他完成了他的工作定額，然後才是他想在額外的時間裡工作。）或者我們也可假設一個技藝高超的魔術師，人們喜歡看他的戲法，他在下班之後給人們表演。

在一個假定人們的需求都得到滿足的社會裡，為什麼有些人可能要在工作時間外的時間工作呢？這或許是因為他們關心某些需要之外的東西。我喜歡在我讀的書上做眉批，喜歡有方便的管道得到書以供我在閒暇時間消遣。如果懷德納圖書館（Widener Library）的書都放在我家後院，那對我將是愉快和便利的。我假定，任何社會都不可能把資源提供給每個想使之成為他（在D_1中的）日常份額一部分的人。因此，人們要麼沒有他們想要的這些額外的東西，要麼被允許去做某些額外的事情以得到一些這樣的東西。由此產生的不平等能基於什麼理由而被禁止呢？還要注意一些除非被禁，否則將從社會主義社會產生出來的小工場。我花掉（在D_1中）部分的個人所有，購買材料製造了一台機器。我每星期給你和別人提供一次哲學講演，以換取你操作我的機器；我又用這機器的產品交換別的東西。（這台機器所用的原料是在D_1中擁有它們的另一些人給我的，以交換聽我的講演。）每個人都可能參與，旨在獲得比他們在D_1中得到之份額更多東西的活動。有些人甚至可能想放棄他們在社會主義企業中的工作，把全部時間都用於這種私人部門的工作。關於這些問題，我將在下一章做更多的探討。在此，我只希望人們注意：私有財產如何藉由生產（甚至）在社會主義社會中產生；只要這個社會不禁止人們，如其所願地使用他們在社會主義分配D_1中分得的某些資源。[11]社會主義社會將不得不禁止自願同意的人們之間的資本主義行為。

張伯倫的例子和社會主義社會、企業的例子所展示的普遍意義在於：如果沒有不斷干涉人們的生活，任何目的原則或模式化的分配正義原則就不能持久地實現。只要人們能自願選擇以各種方式行動；例如，能與別人交換物品和服務，或者贈送什麼東西給別人（這些東西是轉讓者在原則所贊成的分配模式中擁有權利的東西），由這種原則贊成的任何模式都將轉變為它所不贊成的模式。為了維持一種模式，必須不斷地進行干涉，以阻止人們如其所願地轉讓其資源，或者不斷地（或定期地）從某些人那裡奪走某些資源，而這些資源是另一些人為了某種原因自願轉讓給他們。（但如果對人們可以把別人自願轉讓給他們的資源保留多久規定一段時間期限，那麼為什麼讓他們把這些資源保留一段時間呢？為什麼不馬上沒收充公呢？）人們可能提出反對說：所有人都將自願地避免做破壞模式的行為。這種說法的預設是不切實際的，因為：（一）它假定所有人都很想維持這一模式（那些不想如此的人將被「再教育」或被迫進行「自我批評」嗎？）。（二）它假定每個人都能對他自己的行為和別人正進行的活動得到足夠的訊息，所以能發現他的哪些行為將破壞這一模式；（三）它假定廣泛不同的人們能協調他們的行動，以適應這一模式。試比較對人們的欲望保持中立的市場方式；它經由價值來反映和轉達廣泛零亂的訊息，並協調人們的活動。

認為每一個模式化（或目的）原則，都容易被個人轉讓他們在這一原則下所得份額的自願行為所破壞，這可能把情況說得過於嚴重了，因為有些很弱的模式不會被如此破壞。[12]任何帶有平等主義成分的分配模式都是可推翻的（經由個人在一定時期的自願行為），一切內容非常充實，以致實際上被作為分配正義之核心提出的模式化原則也是如此。雖然有下述可能性：某些較弱的條件或模式在這方面保持某種穩定，但最好還是提出有意義和有內容之模式的詳細描述，以證明一種有關其不穩定性的法則。既然一種模式的模式化傾向越弱，就越可能是權利體系本身滿足了它；因此，一個合理的推測就是：任何模式都是不穩定的，或者都是被權利體系滿足的。

斯恩的論證

我們的結論可經由考慮斯恩（Amartya K. Sen）提出的一般性論證而得到加強。[13]假設個人權利被解釋為：在兩個對象中選擇，看哪一個在社會評定中處在較高等級的權利。再補充一個弱條件（weak condition），即如果某一對象被一致同意優於另一個對象，那麼它就處在社會評定的較高等級。如果有兩位都擁有上述個人權利的個人，面對著幾對不同的對象；因為他們對這些對象有某些可能的選擇等級，因而不存在線性的社會評定。現在假設第一個人A有在（X，Y）中選擇的權利，第二個人B有在（Z，W）中選擇的權利，並假定他們的個人選擇如下（沒有其他個人），A選擇的喜好次序是：W↓X↓Y↓Z，B選擇的喜好次序是Y↓Z↓W↓X。按照意見一致的條件，在這一社會評定中，W優於X（因為兩個人都把W放在X前面），Y優於Z（因為兩個人都把Y放在Z前面）；而按照A有權在（X，Y）中選擇的條件，X就在這一社會評定中優於Y。把這三對等級劃分結合起來，我們就得知：在這一社會評定中，W優於X，X優於Y，Y優於Z。然而，根據B的選擇權，Z在社會評定中一定是優於W。所以，沒有任何過渡性的社會評定能滿足所有這些條件，社會評定因此是非線性的。這就是斯恩的論證。

這個矛盾來自把個人的選擇權看成是，在社會評定中決定對象的相對等級的權利。那種使個人分別地、一對對地排列對象的選擇並不更好，他們的一對對的排列被吸收到某種合併的選擇裡，以產生對一組組對象的社會評定；而對這一社會評定中最高的一對對象的選擇，是由有權決定這一對對象的個人決定。這個體系也有以下結果：一個對象可以被選擇，即使所有人都更傾向於選擇別的對象。例如，A認為X優於Y；在此，（X，Y）不知何故是這一對對的社會評定中最高等級的一對；雖然所有人（包括A在內）比起選擇X都更願選擇W。（但A只可以在X與Y之間進行選擇。）

有關個人權利的一種更恰當的觀點如下：個人權利是同時可能的，每個人都可如其所選擇地實行他的權利。這些權利的實行確定了這個社會的某些特徵。在這些確定之特徵的限制之內，一種選擇可能經由一個基於社會評定的社會選擇機制做出——如果還有什麼選擇留待做出的話。權利並不決定一種社會評定，而是對社會選擇確立某些限制條件；而這些限制條件是經由排除某些選擇對象，確定另一些選擇對象而確立。（如果我有權選擇在紐約或是在麻塞諸塞州生活，而我選擇了麻塞諸塞州；那麼有關我住在紐約的選擇就不是放入社會評定的恰當對象。）即使所有可能的選擇都獨立於任何人的權利而被列為第一，這種情況還是沒有改變；因為那種沒有被任何人實行其權利排除的最高等級的選擇對象，隨後就被確定下來了。權利並不決定一個選擇對象的地位，或兩個選擇對象在社會評定中的相對地位；權利是作用於一種社會評定，以限制它能產生的選擇。

如果對持有的權利就是處置它們的權利，那麼社會選擇就必定發生在人們將如何實行這些權利的限制之內。如果有什麼模式化是正當的，它是屬於社會選擇的領域，且因此受到人們權利的限制。此外，我們能怎樣對付斯恩所述的結果呢？首先有一種社會排列，然後再使權利在其限制下實行的選擇，這根本不是一種選擇。如果這樣的話，為何不選擇最高等級的選擇對象而對權利置之不理呢？如果那種最高等級的選擇對象本身為個人選擇留下空間（在此是選擇的「權利」假定進入的地方），那麼一定有某種東西阻止這些選擇從它轉向另一個對象。這樣，斯恩的論證就又引出這樣一個結論：模式化要求對個人的行為和選擇不斷進行干涉。14

再分配與所有權

顯然，模式化原則允許人們把他們在其贊成的分配模式D_1下擁有權利的資產，用於自己而非他人。因為如果有好幾個人都願意把他們的某些D_1資源用於另一個人，那麼這個人就將得到比其D_1份額更多的東西，從而擾亂原則所贊成的這一分配模式。堅持一種分配模式就因而成了徹底的個人主義。模式化的分配原則並不給予人們權利原則能給予他們的權利，而只是要更好地分配。因為模式化的分配原則並不給人們權利去選擇用他持有的東西來做什麼，並不給人們權利去選擇追求一種旨在（內在或作為手段）提高另一個地位的目的。對這種觀點來說，家庭是一種干擾；因為在一個家庭中會出現破壞原則所贊成的分配模式的轉讓。要麼家庭本身成為分配發生的單位，成為列的占據者（根據什麼理由呢？）要麼禁止家人相愛的行為。我們應當順便注意一下激進主義者對家庭的矛盾態度。一方面，家庭的友愛關係被視為應當被模仿和擴展到整個社會的模式；另一方面，它又被指責為一個需要打破之令人窒息的制度，和妨礙達到激進目的的狹隘關心。我們不是有必要說：把家庭中恰當的和自願承擔的友愛關係和關心，強行擴展到一個較大的社會中是不恰當的嗎？[15]附帶地說，愛是另一種也是歷史關係的有趣例子，它（像正義一樣）也依賴於實際發生過的事情。一個成人可能因為另一個人的某些特點而愛上這個人，但他所愛的並不是這些特徵，而是這個人。[16]這種愛不能轉換到另一個也具有同樣特點的人身上，甚至不能轉換到在這些特徵方面「得分」更高的人身上。這種愛並且要經歷引起愛意的這些特徵的改變而保持不變。一個人愛他實際上遇到的那個特殊的人。為什麼愛是歷史的，為什麼它以這種方式依附於人而不依附於特徵；這是一個有趣且使人迷惑的問題。

模式化分配正義原則的支持者，集中注意力於決定誰將收到持有的標準；他們思索著某人應當擁有某物以及整個持有狀況的原因。他們不僅沒有考慮給予比接受更好，而且完全忽略了給予。在考慮物品、收入等東西的分配中，他們的理論是接受者的正義理論，他們完全忽視了一個人可以擁有的給予某人某種東西的權利。即使在雙方同時都是給予者和接受者的交換中，模式中的正義原則也只強調接受者的角色及其假定擁有的權利。因此，討論的焦點將集中於人們是否（應當）有權利繼承，而不是集中於人們是否（應當）有權利贈與；或者對持有擁有權利的人們，是否也有權利選擇別人代替自己來持有。我尚無一種好的解釋，來說明為什麼一般的分配正義理論是如此具有接受者取向，且忽略了給予者和轉讓者及其權利（也就等於忽略了生產者及其權利）。但為什麼它竟整個地被忽略呢？

模式化的分配正義原則使再分配的活動成為必需。任何自由達到的實際持有，符合一種既定模式的可能性是很小的；當人們交換和給予時，實際事態將繼續符合這一模式的機率等於零。從權利理論的觀點來看，再分配的確是一件涉及到侵犯人們權利的嚴重事情。（那種屬於對不正義原則之矯正的再分配是例外。）從其他觀點來看，它也是嚴重的。

勞動所得稅與強制勞動是同等的。[17]有些人認為下述主張顯然是正確的：取走n小時的勞動所得跟從這個人那裡取走n小時一樣，跟強迫這個人為另一個人工作n小時一樣。另一些人卻覺得這個主張是荒謬的。但即使是這些人，只要他們反對強迫勞動，他們亦將反對強迫那些無業的嬉皮為貧乏者的利益工作。[18]他們也將反對每個禮拜強迫每個人為了貧乏者的利益多工作五個小時。但在他們看來，一個經由稅收拿走五小時工資的體系，跟一個強迫某人多工作五小時的體系並不一樣；因為它和指定了特定勞動的強制勞動比起來，提供了被迫者更寬廣之選擇活動的機會。（但我們能想像各種等級的強制勞動體系：從指定一種特殊活動，到允許在兩種活動之間選擇的體系。）此外，人們還面臨一種類似於對超過基本需求量的一切東西，採比例稅的體系。有些人認為這並非強迫某人作額外的工作，因為這並沒有規定他被迫作額外工作的時間；且因為他能經由僅僅賺取夠他基本需求的錢而完全逃避這種稅收。這在那些認為若是人們面臨其他選擇對象相當糟糕的情況下，他們也等於是在被迫做某事的人看來，並非是一種很典型的強迫觀。然而，這兩種觀點都不是正確的。其他人有意地干涉、違反禁止侵越的邊際限制、威脅要強行限制選擇對象，使得你要麼納稅，要麼僅僅維持基本生存（或更壞的選擇）。這些事實使稅收體系成為一種強迫勞動，而不同於別的限制選擇但並非強迫的情況。[19]

願意工作得長些，以得到比滿足其基本需求更多收入的人，可能——比起他本來可以在不工作的時間裡享受的閒暇和活動——較喜歡某些額外的物品和服務；而另一個不願在額外時間工作的人，卻可能較喜歡這些閒暇的活動，而不喜歡他可以經由較長的工作得到之額外物品或服務。假定情況是這樣，那麼如果一個稅收體系經由強迫勞動而取走某人之某些閒暇時間來為貧乏者服務是不正當的，一個為此目的而取走某人的某些物品的稅收體系又怎麼能夠是正當的呢？我們為什麼不對這兩種人一視同仁呢？（一種人的幸福要求某些物品或服務，而另一種人的欲望和喜好卻使這些物品對其幸福來說是多餘的）為什麼比較喜歡看電影（並要為此去賺一張票錢）的人就被要求援助貧乏者；而比較喜歡凝視落日（因而無須去賺額外的錢）的人卻不被如此要求呢？的確，再分配論者寧願忽略那些其快樂無須額外勞動而容易達到的人，而在那些可憐的必須多工作才能求得其快樂的不幸者身上又加上負擔，這不是令人奇怪的嗎？為什麼那個抱有非物質或非消費願望的人，被允許不受阻礙地進行他最喜歡的可行活動；而那個其快樂或欲望涉及到物質，且必須為額外的錢工作的人（因而要為重視其活動而付錢給他的人服務），卻在他能實現此目標的方式上受到限制呢？或許在原則上並無差別。也或許有些人認為答案只涉及行政上的便利。（這些問題將不會動搖那些認為服務於貧乏者，或實現某種可取之目的模式的強迫勞動是可接受的人們。）若是做一較充分的討論，我們必須（也希望）把論證擴展到利息、企業利潤。那些懷疑這種擴展是否行得通，並把所得稅與勞動劃分開的人，將不得不敘述更為複雜之模式化的分配正義的歷史原則：因為目的原則不能以任何方式區分收入的來源。現在我們已足以擺脫目的原則，來說明不同的模式化原則如何依賴利潤和利息來源，及不正當性或較低正當性的特殊觀點；而這些特殊觀點很可能是錯的。

一個合法、制度化的目的模式給一個人什麼正確的對他人的權利呢？一個對X的所有權的概念核心（這個概念的其他部分都要相對於它來解釋），是決定要對X做什麼的權利，是決定在有關X之受限制的方案中選擇哪一個來實現或嘗試的權利。[20]這些限制是由在這一社會中運作的其他原則或法律規定；在我們的理論中，也就是由人們（在最小限度國家裡）擁有的洛克所說的那些權利規定。我對我的小刀所有權，允許我把它放到任何我願意放的地方，但不能插到你的胸口。我可以在那些涉及小刀的可接受方案中，選擇一個來實現它。所有權的概念有助於我們理解：為何以前的理論家認為人們擁有對自身及其勞動的所有權。他們認為每個人都有權決定自己要成為什麼人、應當做什麼，以及有權獲得自己的行為所帶來的利益。

這種從有限的對象中選擇一個去實現的權利，可以由一個個人擁有，或者由一個團體擁有（這個團體以某種程序達到共同決定）；或者，這種權利還可以被轉來轉去，例如這一年由我決定使X變成什麼，下一年則由你來決定（也許要排除具毀滅性的選擇）；又或者，在同一時期，有關X的某些類型的決定可以由我做出，而某些類型的決定則由你來做。我們尚無一種適當、有意義，和分析性的手段，來對加於選擇方案之限制的類型進行分類，以及對決策力量能夠被持有、被劃分，和被合併的方式之類型進行分類。財產理論將包括對各種限制和決策模式的分類；而且，從少數幾個原則中將引出，許多有關限制和決策模式之結合的結果及影響的有趣陳述。

如果分配正義的目的原則被放進一個社會的法律結構中，它們（像大多數模式化原則一樣）將使每個公民可以對全部社會產品的某些部分有強行的權利要求；也就是說，對個別和共同製造之產品總額的某些部分，擁有強行的權利要求。全部產品是由眾多個人（使用了別人的生產工具）的勞動所生產；是由那些組織生產或創造生產新產品，或以新的方式生產產品之工具的人們所生產。正是根據這樣一組個人的活動，模式化分配原則給每個個人一種可強行的權利要求。每個人對他人的活動和產品都有要求的權利，而不管他人是否進入了產生這些要求的特殊關係，也不管他們是否自願地經由仁慈或交換來接受這些要求。

不管是經由工資稅或對超過某一量額的工資課稅，還是經由對利潤的奪取，或者經由這樣一口社會大鍋——這口大鍋使人不清楚東西的來路和去處；模式化的分配正義原則都涉及到對他人之行動的擅自挪用。奪取某人的勞動成果，就等於是從他那裡取走時間，命令他進行各種活動。如果人們強迫你在某段時間裡做某種工作，或做無報酬的工作；那麼他們就是在決定（而不管你的決定是什麼）你要做什麼，決定你的工作要服務於什麼目的。他們據此對你做出這種決定的過程，使他們成為你的部分所有者，並給了他們對你的所有權。這就像對動物或無生命物體，所擁有之正當的部分控制和決策權，將成為對它的一種所有權。

分配正義的目的原則和大多數模式化原則，確定了這種他人對人們及其行為和勞動的（部分）所有權。這些原則涉及從古典自由主義者的自我所有權的概念，到對他人之（部分）所有權概念的轉變。

考慮目的原則和其他模式化的正義觀時，我們面臨著：為達成所選擇模式所必需的那些行動本身，是否不違反道德邊際限制的問題。認為對行為存在著道德邊際限制的觀點，認為並非所有的道德考慮都能放進目的論的觀點（見第三章），都必須面對下述可能性：它的某些目標是不可能經由任何道德上可允許的手段達成。只要那些對實現「產生持有的正義原則」而言，是唯一可行的行為本身，侵犯了某些道德限制，權利理論家就將面臨這種偏離了產生持有之正義原則的社會衝突。既然對前兩個正義原則（獲取和轉讓原則）的偏離，將引起其他人對侵犯權利行為的直接和強硬的干預；又既然道德限制將不排除在這些情況下的防衛或報復行為，那麼權利理論家的困難就不那麼緊迫。無論他在對那些並未違反前兩個正義原則的人，應用矯正原則時會遇到什麼困難，這些困難都只是平衡相衝突的各種考慮，以正確地陳述複雜的矯正原則本身的困難；他將不會在應用這一原則時侵犯道德的邊際限制。然而，模式化正義觀的支持者，卻常常要面臨道德邊際限制（規定如何對待個人），和他們的模式化正義觀（提出了一種必須實現的目的或模式）之間的正面衝突。

一個人可以離開把某種目的或模式化分配原則制度化的國家嗎？對某些原則（如海耶克的原則）的移居不會引起什麼理論上的困難，但對於另一些原則來說，這卻是一個複雜的難題。現考慮一個國家，它建立了一種強制要求人們在最低限度上援助最貧困者的體制（或一個旨在最大限度地提高狀況最差之群體的地位的國家），且沒有人能自外於這一體制。（沒有人可以說：「不要強迫我捐助他人；而如果我是貧乏的，也不要經由這一強制性的機制來向我提供。」）每個處在某一標準線之上的人，都要被迫去援助貧乏者。但假如從這一國家移出是被允許的，任何人都可選擇移居到另一個沒有這種強制性的社會規定，但在其他方面卻還是（儘可能地）一樣的國家。在這種情況下，這個人離開的唯一動機將是要避免加入這一社會規定的強制性體系。而如果他真的離開了，他原先國家的貧乏者將得不到任何他的（被迫的）幫助。這一結果給出了什麼理由證明這個人可以被允許移居，卻禁止他停留於此地時逃避這一社會規定的強制體系呢？如果說，對貧乏者的提供十分重要，以致不能對內部的逃避解禁，那又怎麼能允許向外的移居呢？（在某種意義上，這種理由也將支持去綁架居住在沒有強制社會規定的地方的人嗎？因為這些人可以被迫對你國家裡的貧乏者做出捐助。）或許，這種允許只為避免某些社會安排的移居，卻禁止任何在內部的人逃避這些社會安排的關鍵理由，是對這一個家內部兄弟似的情感關心。「我們不想要任何不捐助的人待在這裡，不想要對需要捐助的其他人不夠關心的人待在這裡。」在這種情況下，這種關心將不得不依附於這樣的觀點：強迫的援助易於在援助者與被援助者之間產生兄弟似的感情。（或許僅僅依附於下觀點：知道別人不願援助會產生不友好的感情。）

洛克的獲取理論

我們仔細考慮其他正義理論之前，必須把另一個複雜問題引入權利理論的結論。這最好從探討洛克所嘗試規定之獲取的正義原則來著手。洛克把對一個無主物的所有權，視為是由某人對無主物的勞動產生的。這引起了許多問題。如勞動所導致之所有權的範圍如何界定？加入什麼樣的勞動才能導致所有權？如果一個太空人在火星上掃乾淨一塊地方，這種勞動能使他占有整個火星，乃至整個無人居住的宇宙嗎？還是僅僅使他占有一塊特定的地方呢？在所有權之下，一個行為使他占有的那塊地方呢？這塊地方的最小範圍（也許不聯接）只是一個行為能使其減熵（decrease entropy）的地域嗎？一塊處女地能夠經由洛克式的過程，而被置於某種所有權之下嗎？圍繞著一個地區建起一道柵欄，大概將使一個人成為僅僅這一柵欄（和柵欄下的土地）的所有者吧。

為什麼一個人的勞動與某物連結，就使這個人成為這一物品的所有者呢？或許是因為一個人對他的勞動有所有權，所以他也就對一個原先無主的，但現在滲入了他的勞動的某物有所有權。所有權擴大到了其他東西。但為什麼不把我有所有權的東西，與我所沒有的東西相連結。亦即，與其以一種得到非我擁有的東西的方式，不如以一種喪失我擁有的東西的方式去做此連結呢？如果我擁有一罐番茄汁，我把它倒入大海以使其分子均勻地溶於整個大海（我使分子具有某種放射性而能驗證這一點），我就因此而擁有了大海嗎？或者我只是愚蠢地浪費了我的番茄汁？也許應當把這一觀點修改為：對某物的勞動改善了它，使它更有價值；任何人都有權擁有他創造了其價值的東西。（也許「勞動是不愉快的」這一觀點能加強這一理由；如果某些人可以像《黃潛艇》（*The Yellow Submarine*）中的卡通人物，跟蹤花的足跡那樣毫不費力地做一些事情，難道他們對自己的不須花費什麼的產品就將只有較少的權利要求嗎？）且把對某物的勞動可能減少其價值的事實略而不論（比方說在你發現的一塊浮木上噴上粉紅色的亮光漆），為什麼一個人的權利竟擴展到整個物品，而不僅僅是他的勞動所產生的附加價值呢？（這種對價值的參照也可用來確定所有權的範圍，例如用「增加價值」來取代上文的「減熵」標準。）

現在尚沒有設計出一種可行且前後一貫的有關增加價值的所有權理論體系，而任何這樣的體系都會受到使喬治（Henry George）的理論無法成立之意見的反對。

如果可以改善的無主物品是有限的，那麼把改善某一物品看作是創造了對它的全部所有權就是不合理的。因為，一個物品之歸某人所有會改變其他人的狀況。他們先前可以自由地〔在霍菲爾德（W. Hohfeld）的意義上〕使用這一物品，但現在卻不行了。這種他人狀況的改變（由於奪去他們先前可使用一個無主物的自由而造成的），並不一定使他們的狀況變壞。如果我占有庫尼島（Coney Island）上的一把沙粒，那麼現在將沒有任何人能如其所願地對這把沙粒做什麼了，但是還有許多沙粒可以讓他們做同樣的事。或者是，我用我占有的這把沙粒做了某些可以改善別人地位的事，因而抵消了他們不能用這把沙粒的損失。關鍵之點在於：對一個無主物的占有是否使他人的狀況變壞。

洛克的條件：「還留有足夠且同樣好的東西給其他人共有」（第二十七節）意味著確保其他人的狀況不致變壞。（如果這一條件被滿足，他對「不浪費」的進一步條件限制還有什麼必要嗎？）人們常說這一條件曾經有效，但現在不再有效了。但如果這一條件不再有效，看來就會出現這樣的論證結果：這一條件之不再有效，將使持久且可繼承的所有權不可能產生。現考慮一個人Z，沒有足夠且同樣好的東西留給他占有，他之前的最後一個占有者Y使Z失去了他先前使用一個物體的自由，所以使Z的狀況變糟了。按照洛克的條件，Y的占有就是不被允許的。同理，倒數第二個占有者X也使Y的狀況變壞了，因為X的行為結束了可允許的占有。因此X的占有也是不被允許的。然後倒數第三個占有W，同樣因為結束了可允許的占有而使X的狀況變壞，所以其占有也不被允許。如此可一直追溯到要取得持久之所有權的第一個人A。

然而，這一論證進行得太匆忙了。一個人的占有可能以兩種方式使另一個人的狀況變壞；首先，使別人失去經由一個特殊占有來改善自己狀況的機會；其次是使別人不再能夠自由地使用（若無占有）他先前能使用的東西。一種規定占有不能使別人狀況變壞的嚴格要求，在沒有別的方式能抵消機會之減少的情況下，將不僅禁止第二種方式的占有，也禁止第一種方式的占有。而一個較弱的要求則只禁止第二種方式的占有，但不禁止第一種方式的占有。若以較弱的要求來衡量，我們就不能像前面的論證那樣飛快地從Z回溯到A，因為雖然Z不再能夠占有，但還保留著某些東西使他可以像以前一樣去使用。在這種情況下，Y的占有就不違反較弱的洛克式條件。（由於人們可以自由使用的東西減少了，使用者可能面臨較多的不便、擁擠等等；在這個意義上，他人的狀況可能變壞，除非占有在離這種情況尚遠的某一點上停止。）是否在滿足了較弱條件的情況下，任何人都不能正當地抱怨，這一點是值得爭論的。然而，既然這不比在較嚴格條件的情況下那樣明確，洛克可能用「足夠和同樣好的」保留物的條件，而打算採用這個嚴格的條件；又或許他是指，用不浪費的條件來使人難於達到論證可以回溯的終點。

那些不再能夠占有之人們的狀況（因為不再有容易得到和可利用的無主物），是因為一種允許占有和永久所有權的體系而變壞了嗎？在此讓我們看看贊成私有財產制之各種常見的社會方面的考慮：例如私有制，經由把生產工具放在那些能最有效率（能產生利潤）使用它們的人手中而增加了社會產品；在私有財產制中，因為由不同的人掌管資源，就不會有新點子的人必須說服某人或某個小團體才能試驗的現象，試驗因而受到鼓勵；私有財產制使人們能夠決定他們願意承受什麼類型的冒險，並從事各種各樣的冒險事業；私有財產制使一些人為了未來的市場而節制現在對資源的使用，從而保護了未來的人們；私有財產制為那些不受歡迎的人提供了各種工作的資源，使他們不必去說服任何人或小團體雇用他們。這些考慮進入洛克式理論來支持這一主張：私有財產制的占有，滿足了隱藏在「留下足夠和同樣好的東西」這一條件後面的意圖，而不是對財產制作一種功利主義的辯護。它們也有助於駁斥這樣的主張：由於這一條件被侵犯，所以沒有任何私有財產的自然權利能經由洛克式過程而產生。論證這一條件被滿足的困難，在於很難確定用於比較的占有基線。洛克式的占有如何使人們的狀況不致變壞呢？[21] 確定這一基線的問題，需要更為詳細的探究（比我們在此能做的）。一個可取的辦法是去評估最初占有的一般經濟重要性，比弄清為不同的占有理論和基線確定留有多少空間。這種經濟重要性或許可以經由所有收入的百分比來衡量：這些收入的根據是未經加工改變的原料和既有的資產（而非根據人的行為），主要是那種代表未經改良的土地價值和保持原樣的原料價格的租金收入；或經由過去這種收入在現行財富中的百分比來衡量。[22]

我們應當注意：不僅那些贊成私有財產制的人們需要一種解釋所有權如何正當地產生的理論，而且那些信奉公有制的人們（例如那些相信生活在一個地區的一群人共同擁有這一地區及地下資源的人們），也必須提供一種解釋所有權如何產生的理論。他們必須說明，為什麼生活在那裡的人們有權利決定如何利用那塊土地及其資源，而生活在別處的人們沒有這種權利。

洛克的條件

不管能否把洛克的特殊占有理論解釋為能克服這些困難，我假設任何恰當之獲取的正義理論，都將包含類似於我們剛才歸因於洛克的那種較弱條件。如果不再能夠自由地使用某物的其他人的狀況將因此而變壞，那麼要產生對一原先無主物的永久和可繼承之所有權的過程，就不被允許。規定這一使他人狀況變壞的特殊類型是重要的，因為這一條件並不包含別的類型。它不包含由於占有機會減少造成的狀況變壞（即上文相對於較嚴格條件的第一種方式），它也不包含下述「狀況變壞」：即如果我占有了某些可製造一個賣者所賣之東西的材料，然後與他競爭，從而導致他的狀況「變壞」。如果某人賠償別人，使他們的狀況並不因其占有而變壞，那麼，其占有本來要違反這一條件的人就仍然可以占有。除非他的確賠償了這些人，他的占有才不會違反獲取之正義原則的這一條件，從而才是正當的占有。23 一種與這一洛克式條件結合的占有理論，將正確地處理某人占有，為生活所必需的某種東西全部供應的情況（這種情況反對缺乏這一條件的理論）。24

一個在其獲取的正義原則中包括了這一條件的理論，也必須包含較複雜之轉讓的正義原則。有關占有的這一條件的某種反思，限制著其後的轉讓行為。如果我占有某種東西的全部違反這一洛克式的條件，那麼我占有其中一部分，又從違反了洛克條件而得到這些東西的人們那裡購買所有剩下的部分，也同樣違反這一條件。如果這一條件不允許某人占有世界上所有可供飲用的水，也將不允許他購買所有可供飲用的水。（用一種較弱和較含混的說法是，它可以禁止他對他的某些供應品做某種索價。）這一條件（幾乎？）絕不可能被實際應用：因為某人獲得別人想要的匱乏品越多，這種匱乏品之其餘部分的價格就會越高，而他獲得所有這種匱乏品的可能性就越少。但至少，我們仍然可以想像類似的事情發生；例如某人同時祕密地向某種物品的各個所有者購買，他們每個人都在假設他能更容易地從其他所有者那裡購買的情況下賣給他；或者除他所擁有的之外，某一天然災害完全毀掉某種物品。在最初的時候，一個人要占有全部物品是不可能被允許的。他後來獲得全部物品並不表示最初的占有違反了這一條件（即使經由類似於上文的試圖從Z回溯到A的反證），而寧可說是：最初的占有加上所有後來的轉讓和行為的結合，違反了這一洛克式條件。

每個所有者對其持有的權利，都要受到這一有關占有的洛克式條件的歷史限制。這一限制禁止他把他的轉讓某物變成一種侵犯到這一條件的聚結；禁止他在與別人合作或獨立行動中，用一種使他人的狀況比其基準狀況變壞，而違反這一條件的方式使用某物。一旦人們知道某人的所有權與洛克式條件相衝突，就會對他利用「他的財產」可以做的事情施以嚴格的限制。這樣一個人就不可能占有沙漠中的唯一一口泉井，並隨意開價。即使他有一口泉井、而沙漠中的其他水源不巧又都乾涸了，他也不可以隨意開價。這樣不湊巧的情況（確實並非他的錯），就進入洛克條件的活動範圍，且限制他的所有權。[25] 同樣地，一個擁有某地區之唯一一個海島者的所有權，並不允許他把一個船難的遇難者看作非法侵入者而命令他離開，因為這將違反洛克的條件。

我們要注意，這一理論並不是說所有者沒有這些權利，而是為避免某種災難的情況下，這些權利是可以被逾越的。（被逾越的權利並未消失，它們討論的事例中仍留下缺席的痕跡。）[26] 這種逾越並非外在的（和特殊的？）逾越。在這一所有權理論本身的內部，在其獲取和占有理論的內部，提供了處理這些情況的方法。然而，這些結果可能與大災難的條件同時空。因為這一比較基線相對於私有制社會的生產來說是如此之低，所以洛克式條件被侵犯的問題就僅出現於面臨災難的事例中（或上述沙漠與海島的情況）。

某人擁有某種他人生存的必需品之全部的事實，並不意味著他（或別人）對某物的占有一定會使某些人處在（當時或隨後）比基線更糟的狀況。一個合成了可有效治療某種疾病的新藥品，但堅持要按他的條件才肯出賣的醫學研究者，並沒有從別人那裡奪走任何其擁有的東西而使他們的狀況變壞。別人可以容易地占有他所擁有的同樣原料，而這個研究者對某些化學物品的占有或購買，並沒有以一種違反洛克式條件的方式使之變得極其稀少。也沒有人將從這個醫學研究者那裡，購買這種新合成藥品之全部。這個醫學研究者使用容易得到的化學藥品來合成新藥的事實，就跟唯一能完成某種手術的外科醫生吃容易得到的食品，以維持生存和工作精力的事實一樣，都不違反洛克的條件。這說明洛克的條件不是一種「目的原則」，它關注的是占有行為影響別人的特殊方式，而不是目的狀態的結構。[27]

一個是取走某種東西之全部公共供應的人，一個是從容易得到的物品中創造出某種東西之全部供應的人；而居於這兩者之間的，則是以並不奪走別人對某物之占有的方式而占有對某物之全部供應的人。例如，某人在一個偏遠的地方發現一種新的物質；他發現它能有效地治療某種疾病，並占有了這種物質之全部。他並沒有使別人的狀況變壞；因為如果他不偶然碰到這種物質，別人的狀況仍將保持原樣。然而，隨著時間的過去，別人無意中發現這種東西的可能性增加了；根據這一事實，可能在此人對這種東西的所有權上能加予一種限制，以使他人不至落到其基線地位之下；例如，對這種所有權之遺贈的限制。這種某人經由剝奪別人本來可擁有的東西而使他狀況變壞的論題，也可用來說明專利權的例子。發明者的專利權並不從別人那裡奪走一種物品，因為這種物品若不是這個發明者就不會存在。但專利權還是會對其他獨立發明這種物品的人，產生使其狀況變壞的影響。因此，這些可能被要求證明其是獨立發現的獨立發明者，不應當被禁止如其所顯的利用他們自己的發明（包括把它賣給別人）。此外，一個已知的發明者會大大減少實際上的獨立發明的機會。由於知道了某種發明的人們通常不會再去嘗試這種發明，因而獨立發現的概念在此將是含糊不清的。但我們還是可以假設，若是沒有最初的發明，別人過一段時間也將可以發明它。因此，這就提出了要對專利權加以時間限制的建議。（以若是不知道這種發明，獨立的發現大約要多久才會出現來規定）。

我相信市場體系的自由運作，實際上將不會與洛克的條件衝突。（回憶一下我們在第一部中某些敘述的關鍵點：在談到一個保護性機構如何變成支配性機構，以及事實上的獨占權是指它在與其他機構衝突，而不只是競爭的情況中使用強制力的事實時。如果這是正確的，這一條件就不會在保護性機構的活動中扮演很重要的角色，就不會為未來國家的行為提供重要的機會。的確，如果不是有先前之不正當的國家行為的結果，人們對這一條件被侵犯的可能性，本來不會比對別的邏輯可能性更感興趣。（在此我像其他不同意這一點的人一樣，提出了一種經驗性的歷史主張。）就此，我們完成了對權利理論中由洛克的條件引入的一個複雜問題的說明。

第二節

羅爾斯的理論

我們可以經由探討羅爾斯對《正義論》的貢獻，使我們對分配正義的討論更為鮮明和集中。《正義論》[28]是自密爾（John Stuart Mill）的著作以來所僅見的一部有力、深刻、精巧、論述寬廣，且有系統的政治和道德哲學著作。它把許多富啟發性的觀念結合為一個精緻迷人的整體。現在，政治哲學家們必須在羅爾斯的理論框架內工作，要不然就必須解釋不這樣做的理由。我們所發展出來的有關考慮和區分，將從羅爾斯對另一種觀念的傑出論述得到啟發，同時它們也將有助於闡明羅爾斯的理論。甚至那些與羅爾斯之有系統的觀念苦苦糾纏一番之後仍未信服的人們，也將從對它的縝密研究中獲益良多。只要閱讀羅爾斯的書，就不可能不把許多東西（也許經過變化）吸收進他自己深化的觀點。如果在道德理論可以達到何種高度、可以如何統一，以及一個完整理論可以美妙精確到什麼程度，沒有一種嶄新且富於靈感的洞見，一個人就不可能完成他的著作。我允許自己在此集中討論與羅爾斯的分歧，只是因為我相信我的讀者將自己去發現這本書的眾多優點。

社會合作

我將從探討正義原則的角色開始。為使觀念確定起見，我們假定一個這樣的社會，這個社會是由一些個人組成、自足的聯合體，這些人在他們的相互關係中都承認某些行為規範具有約束力，並且使自己的大部分行為都遵循它們。我們再進一步假定，這些規範標誌著一個旨在推進所有參加者利益的合作體系。而且，雖然一個社會是為了相互利益的合作形式，它卻不僅具有利益一致的典型特徵，而且也具有利益衝突的典型特徵。由於社會合作，存在著一種利益的一致，它使所有人有可能過一種比他們僅靠自己的努力獨立生存更好的生活；另一方面，由於這些人對他們協力產生的較大利益怎樣分配，並不是漠不關心（為了追求他們的目的，每個人都更喜歡較大的份額而非較小的份額），這樣就產生了一種利益衝突，就需要一系列原則來指導在各種不同的決定利益分配的社會安排之間進行選擇，並達到一種有關恰當之分配份額的契約。這些原則就是社會正義的原則，它們提供了一種在社會的基本制度中分配權利和義務的辦法，確定了社會合作的利益和負擔的適當分配。[29]

讓我們設想有n個不一起合作，僅僅靠自己的努力生活的人。每個人i都得到某種收益、報酬、收入（用Si來表示），可知每個人分別行動得到的總額是：

$$S=\sum_{i=1}^{n} Si$$

經由合作，他們可以獲得一個較大的總額T。按照羅爾斯的意見，分配的社會正義的問題就是如何分配這些社會合作的利益。這個問題可以兩種方式來理解：一是如何分配總額T；另一是如何分配由於社會合作而增加的那一部分利益，即T－S之後的社會合作利益。後一種陳述假定，每一個人i都從包含在總額T中的部分總額S中得到他的份額Si。對此問題的這兩種陳述是不同的。當問題涉及到對S的非合作性利益的分配時（每個i得到Si），按第二種理解的對T－S的一種「看來公平」的分配，不可能產生（按第一種意見）對T的「看來公平」的分配。反過來說，對T的看來公平的分配，可能使某一特定個人i的得益比他的份額Si要少。（對此問題的第一種理解中若加上Ti≧Si的限制——設Ti為第i個個人在T中的份額——則將排除這種可能性。）羅爾斯沒有區分對這一問題的這兩種理解，但在其闡述中彷彿他關心的是第一種，即總額T將如何分配。為了支持第一種理解，一個人可能提出這樣的主張，即由於社會合作的巨大利益，非合作性利益的份額Si相較於任何合作性利益的份額Ti來說是微不足道的，因此可以在確立社會正義的問題時把它們忽略不計。然而我們應當注意到，這肯定不是那些相互進入合作的人們同意去理解的劃分合作利益問題的方式。

為什麼說社會合作創造了分配正義的問題呢？如果根本沒有社會合作，如果每個人僅僅憑自己的努力得到他的份額，就不會存在任何正義問題，就不需要任何正義理論嗎？如果我們像羅爾斯認為的那樣，假設這種非合作的狀況並不會造成分配正義的問題；那麼，藉由什麼樣的社會合作才會使這些正義問題出現呢？在有關社會合作的事實中，有什麼因素使正義的議題產生呢？人們不能說僅僅在有社會合作的地方才有衝突的要求產生，也不能說獨立生產的個人和（一開始）彼此隔離的個人不會相互提出涉及正義的要求。如果有十個都在相互隔絕的荒島上獨自工作了兩年的魯賓遜（Robinson Crusoes），他們用二十年前留下來的發報機做通訊聯絡，彼此知道了別人及其不同命運的事實。又假定從一個島向另一個島運送物品是可能的，他們難道不能夠相互提出要求嗎？[30]其中資源最貧乏的那個人不能根據需求、根據他的島是最貧瘠的事實，或根據他先天缺乏獨立生活能力的事實而提出要求嗎？他不可以說正義要求別人應當給他多些，不可以指責說他竟然只得到這麼少、陷入貧困，甚至瀕於餓死是不公平的嗎？他可以繼續說，各種不同的個人非合作性利益的份額是源自不同的天賦能力，這些天賦能力並非是個人應得的；而正義的任務就是要矯正這些獨斷的事實和不平等。然而，與其說會出現這種情況，不如說任何人都將不會在沒有社會合作的狀態中提出這種要求，其原因是這種要求顯然沒有意義。它們為什麼顯然沒有意義呢？因為在非社會合作的狀態中，每個人都應得非他自己努力所得到的東西；或寧可說，沒有任何別人能對這種持有提出基於正義的要求。在這種狀況中，誰對什麼東西擁有權利是十分清楚的，所以不需要任何正義理論。按照這一觀點，社會合作就使得誰對什麼東西擁有權利變得不清楚或不確定了。但與其說沒有任何正義理論適用於這一非合作狀態（如果某人在非合作狀態中偷了別人的產品，這不也是不正義的嗎？）我寧願說這是可以應用正確的正義理論——即權利理論——的明顯情況。

社會合作是如何改變了這一情況，使同樣適用於非合作狀態的權利原則，變得對合作狀態就無法應用或不恰當了呢？這是因為我們無法把參加合作的各個人的貢獻分離開來；一切東西都是所有人的共同產品。基於這種共同產品或其中的任何部分，每個人都可以合理地做出同樣有力的要求；或不管在什麼情況下，沒有人可以提出明顯優於別人的要求。然而（按照這一思路）我們還是必須決定如何劃分這種共同社會合作的全部產品（由此，個人的權利不再能有區別地應用於它們了）。這就是分配正義的問題。

個人權利不適用於合作性產品的各部分嗎？首先，假設社會合作是基於勞動分工、專業化、比較利益和交換；每個人都單獨地對他收到的某種收入進行轉換，並與其他將進一步轉換或把其產品轉運到最終消費者手中的人們訂有契約。人們合作創造事物，但他們是分別工作的；每個人都是一個小型的公司。[31]每個人的產品都是容易鑑別的，而交換是在以競爭取價和訊息有限等條件下的公開市場上進行。在這樣一個社會合作的體系中，正義論的任務是什麼呢？也許可以說，無論什麼樣的持有結果，都將依賴於交換的比率或交換進行時的價格；因此，正義論的任務就是要確定「公平價格」的標準。這裡不是探究各種公平價格理論之幽深曲折的地方，甚至要弄清這些問題為何竟在此出現也是困難的。人們是自願地選擇與別人交換和轉讓權利，對他們與任何一方按相互接受的比率進行貿易的自由沒有任何限制。32為什麼這種連續性的社會合作（與人們的自願交換結合在一起）會產生有關如何分配的特殊問題呢？為什麼這種恰當的持有，不正是那種經由相互同意的交換（人們據此自願給別人他們有權給予或持有的東西）而實際發生的持有呢？

現在讓我們放棄這個假設：人們是各自獨立地工作，只是經由自願的交換而依著順序相互合作；並轉而考慮在一起工作以生產某種產品的人們。分離人們各自的貢獻現在是不可能的嗎？這裡的問題並不是邊際生產理論是不是適當的公平份額理論，而是對可鑑別的邊際產品是否存在某種前後一致的概念問題。羅爾斯的理論似乎未能依據，認為完全沒有這種可合理運用之概念的強烈命題。無論如何，我們再次假設一種存在著大量的雙邊交換的情況：資源擁有者分別與企業家們對他們的資源之使用達成協議；企業家們與每個工人分別達成協議；或者首先在工人群體中達成某種共同的協議，然後再向某個企業家提出。人們以通常的交換比率，在自由市場上轉讓他們的持有或勞動。如果邊際生產理論是合理的，人們在這些對持有的自願轉讓中，將收到與他們的邊際產品大致相當的東西。33

但如果邊際產品的概念如此無效，以致在實際的共同生產中各種成分的邊際產品，不能夠經由這些成分的雇用者或購買者被鑑別，那麼對這些成分的結果性分配就不會符合邊際產品的模式了。那些把邊際生產理論看作是可應用的一種模式化正義理論的人，可能認為這種共同生產和邊際產品不確定的情況，為引入某種決定恰當交換比率的正義論提供了一個機會。但權利理論家發現，無論什麼分配，只要它來自當事人一方的自願交換，就都是可以接受的。[34]有關邊際生產理論是否可行的問題是錯綜複雜的，[35]我們在此僅注意使資源擁有者關注邊際產品的強烈個人動機，以及推動產生這一結果的強大市場壓力。各種生產成分的雇主並不全是傻瓜——並不是不知道他們在做什麼，而把他們珍惜的持有任意且無理性地轉讓給別人。羅爾斯有關不平等的觀點，要求對共同產品的分別貢獻至少在某種程度上是能夠分離的；因為羅爾斯努力想說明某些不平等是可以被證明為正當的——只要它們有助於提高社會中狀況最差之群體的地位。若是沒有這些不平等，這一群體的狀況會變得更壞。而這些有益的不平等至少部分是源自下述必要性：即為某些人提供誘因以使他們去實行某些活動或擔任某些角色，而這些活動或角色並不是所有人都能做得同等好的。（羅爾斯並不是設想：不平等是要去滿足「人人都能做得同樣好」的觀點，或者是給那些幾乎不需要技藝的單調而辛苦的工作最高報酬。）但是，這種誘因要付給誰呢？付給從事什麼活動的哪些實行者呢？當有必要提到誘因促使某些人去實行他們的生產性活動時，就不能說一種不能在其中分辨個人貢獻的共同社會產品了。如果這種產品是完全不能分離的共同產品，那就不可能知道額外的誘因要給予哪些關鍵人，就不可能知道由這些得到刺激的人，所生產的額外產品是否大於對他們的誘因之費用；所以，也就不可能知道有關誘因的規定是否有效，是帶來淨利還是淨失。而羅爾斯對可證明為正當之不平等的討論，預設這些事情是能知道的。所以我們假設的共同產品不可劃分、不可分離之性質的觀點看來就消失了。同時我們有理由相信：那種認為社會合作創作了一種特殊的、若無合作就不會產生的分配正義問題的觀點，即使不是神祕的，也是含混不清的。

合作的條件與差別原則

另一種對社會合作與分配份額之連繫問題的探討，使我們去注意羅爾斯的實際討論。羅爾斯設想有理性的、相互冷淡的個人是在某種狀態中集合在一起，在此他們脫離這一狀態所沒有提供的他們的其他特徵。在這種假設的、羅爾斯稱為「原初狀態」（the original position）的選擇狀態中，人們選擇正義觀的首批原則，這些原則規範了所有隨後對他們之制度的批評和改造。當做出這種選擇時，沒有人知道他在社會中的位置、他的階級或社會地位、他的自然資質和能力，以及力量、聰明才智。

正義的原則是在無知之幕（veil of ignorance）後被選擇的。這可以保證任何人在原則的選擇中都不會因自然的機遇，或社會環境中的偶然因素得益或受害。既然所有人的處境都是相似的，且無人能夠設計有利於他之特殊情況的原則，因此正義的原則就是一種公平的協議或契約的結果。[36]

在原初狀態中的人們將一致同意什麼呢？

處在原初狀態中的人們將選擇兩個原則：第一個原則要求平等地分配基本的權利與義務；第二個原則則認為社會和經濟的不平等（例如財富和權力的不平等）只有在其能給每一個人，尤其是那些最少受惠的社會成員帶來補償利益時才是正義的。這些原則拒絕為那些經由較大的利益總額來補償一些人之困苦的制度辯護。減少一些人的所有以便其他人可以發展可能是方便的，但不是正義的。但是，假如另一些人也因此得到改善的話，在這樣一些人賺來的較大利益中就沒有什麼不正義了。在此直覺的觀念是：既然每個人的幸福都依賴於一個合作體系，沒有這種合作，所有人都不會有滿意的生活；因此利益的劃分就應當能夠導致每個人自願加入合作體系，包括那些處境較差的人們，只要提出的條件合理，這是可以期望的。上述兩個原則看來是一種公平的契約，以它為基礎，那些才智較高、社會地位較好（對這兩者我們都不能說是他們應得）的人們，能期望當某個可行的體系是所有人幸福的必要條件時，其他人也會自願加入這個體系。[37]

被羅爾斯稱為「差別原則」（the difference principle）的第二個原則主張：制度結構至少要在它的狀況最差的群體，和任一其他制度結構下狀況最差的群體（不必是同一個群體）生活得一樣好。羅爾斯論證說，如果原初狀態中的人們在進行對正義原則的重要選擇時，遵循最大極小值策略，他們就將選擇差別原則。我們在此所關心的，並不是是否羅爾斯描述的原初狀態中的人將採用最大極小值策略，以及是否人們將選擇羅爾斯所規定的特殊原則的問題。但我們還是要問：為什麼原初狀態中的個人會選擇一個關注群體，而不是關注個人的原則呢？最大極小值原則的採用，不是要使原初狀態中的每個人都贊成去最大限度地提高狀況最差之個人的地位嗎？的確，這一原則將把評價社會制度的問題還原為最不幸的受壓迫者如何發展的問題。但經由關注群體而避開個人看來卻是很特別的，也是不適當的（對那些按個人觀點來看的人而言）。[38]究竟哪些群體要得到恰當的考慮也是不清楚的；為什麼不考慮抑鬱病患者、酒鬼或半身麻痺患者的群體呢？

如果差別原則沒有被某一制度結構J所滿足，那麼在J之下的某一群體G的狀況，就比假如它在另一種滿足了差別原則的制度結構I之下生活的狀況要差。如果另一群體F在J之下生活，比假如它在由差別原則贊成的I之下狀況要好，這足以使人說在J之下「某些人……所得較少是為了使別人可以發展」嗎？（在此應記住G所得較少，以便F發展的情況。對於I，我們也能這麼說嗎？F在I之下所得較少是為了使G可以發展嗎？）假設在一個社會中普遍存在下列狀況：

（一）群體有量A，F群體有量B，B比A大。同時可以透過另一種安排，使G的所得大於A，F的所得小於B。（這一不同的安排可能涉及把某些持有從F轉讓給G的機制。）

這是否就足以說：

（二）因為F的狀況好，所以G才狀況差；G狀況差是為了使F狀況好；F的狀況好使得G的狀況差；G的狀況差是因為F的狀況好；G的狀況不好是因為F的狀況好。

如果可以這麼說，那麼陳述（二）的真實性是有賴於G處在比F差的狀況中嗎？還有另一個可能的制度結構K，它從狀況最差之群體G那裡把其持有轉讓給F，使G的狀況甚至更差。K的這種可能性使下述說法成為真實的嗎——在J之下，F的狀況因為G的狀況好一些而變得（甚至於）不那麼好了？

我們通常並不認為一個假設語句，如（一）的真實性，就足以證明某種直說式因果陳述，如（二）的真實性。如果你自願成為我忠順的奴隸，這將在各方面改善我的生活（假設我能克服最初的良心不安）。那麼我現在狀況不那麼好的原因，是因為你沒有變成我的奴隸嗎？假如你使自己成為一個窮人的奴隸，這將改善其命運而使你的狀況變壞；我們就將說這個窮人現在的狀況不好，是因為你的狀況沒有改變（和現在一樣好）嗎？他所得較少是為了使你可以發展嗎？

（三）假如P要做行為A，那麼Q將不會處在S狀態中。

我們將得出結論：

（四）P之不做A成為Q處在S狀態中的原因，P之不做A導致Q處在S狀態中。

只要我們也相信：

（五）P應當做行為A，或P有義務對行為A，或P有責任去做行為A等等。39

因此，在這種情況下從（三）到（四）的推論就預設了（五）。一個人不能為了達到（五）而一步就從（三）論證到（四）。這種在某種狀態中有些人所得較少是為了使別人可以發展的陳述，常常正是基於被引來作為支持理由的對一種狀態或制度結構的評價。既然這一評價並不只是來自假設語句，例如（一）和（三），對它就必須有一個獨立的論證。40

正如我們前面所見的，羅爾斯認為：

既然每個人的幸福都依賴於一種合作體系，沒有這種合作，所有人都不會有一種滿意的生活；因此利益的劃分就應當能夠導致每個人自願地加入到合作體系中，包括那些處境較差的人們。只要提出的條件合理，這是可以期望的。上述兩個原則看來是一種公平的契約，以它為基礎，那些才智較高、社會地位較好（對兩者我們都不能說是他們應得）的人們，能期望當某個可行的體系是所有人幸福的必要條件時，其他人也會自願加入這個體系。41

毫無疑問，差別原則提出了那些天賦條件較差（less well endowed，或者 worse endowed）的人們願意合作的條件。（他們是否能為自己提出更好的條件？）但是，這是一個那些天賦條件較差的人們能期望得到別人之自願合作的公平協議嗎？在產生社會合作的收益方面，各方的狀態是對稱的（symmetrical）。天賦條件較好的人（better endowed）是經由與天賦條件較差者的合作得益的；同時，天賦條件較差者也是經由與天賦條件較好的人合作而得益的。但差別原則在這兩者之間卻不是保持中立的。這種不對稱是來自何處呢？

也許當某人問，各方從社會合作中得到多少時，這種對稱就被破壞了。這個問題可能以兩種方式被理解。一種是相較於在非合作體制中的個人持有來說，人們從社會合作中得益多少？亦即對每一個人 i 來說，在 Ti－Si 之後還有多少？另一種不是相較於不合作狀態，而是相較於較有限的合作，來問每個人從普遍的社會合作中得益多少？在涉及到普遍的社會合作時，後者是較恰當的提法。因為當對規範有關普遍社會合作的利益，將如何被保有的原則無法達成普遍協議，而又如果有某種別的涉及某些人（但非所有人），其成員都能夠同意之有利的合作安排時，就不會出現所有人都留在不合作狀態的情況。這些人將加入這種範圍較狹窄的合作安排。為了集中探討天賦條件較好者與天賦條件較差者一起合作的利益，我們必須試著去設想一些範圍較狹窄的社會合作體系；在其中，天賦條件較好者僅僅在他們自己之間合作，天賦條件差者也僅僅在他們自己之間合作，而沒有任何交叉的合作。兩個群體的成員都從他們各自群體的內部合作中得益，比他們若是完全沒有社會合作擁有較大的份額。一個人從範圍較寬廣的、天賦條件較好者，與較差者之間的社會合作體系中得益，在某個程度上是指他從這一較寬廣的合作中增加了收益；亦同，他在普遍合作體系中得到的份額，大於他在較有限的群體內（非交叉合作將得到的份額。用一個簡單的標準：如果某個群體從普遍合作中（相較於較有限的群體內合作）增加的收益要比另一個群體增加的收益大，那麼可以說，普遍的合作將對天賦條件較好者或較差者有更大的利益。

我們可以思考，是否各群體增加的收益間存在著不平等；以及若存在著不平等，應當取哪種方式。如果天賦條件較好者的群體，包括那些致力完成某些對別人有巨大經濟利益事情的人（這些事情如新的發明，有關生產或製造的新觀念，及經濟事務的嫻熟技藝），[42]那麼就很難避免這樣的結論：即天賦條件較差者，將從普遍合作體系中得到比天賦條件較好者更多的利益。從這一結論將引出什麼推論呢？我並非意圖暗示說，天賦條件較好者應當得到比他們在權利體系的普遍社會合作中所得的更大利益，[43]而是說從這一結論中確實會引出對下列情況的深深懷疑：以公平的名義給自願的社會合作（以及從它產生的持有）施加某些限制，使得那些已經從這一普遍合作中得益最多的人還能得益更多！

羅爾斯要我們想像天賦條件較差者會這樣說：「天賦條件較好的人們，你們會從與我們的合作中得益。如果你們想要我們的合作，就必須接受合理的條件。我們建議的條件是：如果我們能盡可能多得，我們就將與你們合作。也就是說，我們合作的條件應該帶給我們這樣一種最大份額──如果試圖再多給我們，結果我們反而會得到較少。」這些建議條件到底有多慷慨寬大，我們也許可以從天賦條件較好者做出對稱的相對建議中看出：「天賦條件較差的人們，你們也會從與我們的合作中得益。如果你們想要我們的合作，就必須接受合理的條件。我們建議的條件是：只要我們盡可能多得，我們就將與你們合作。也就是說，我們的合作條件應帶給我們這樣一種最大份額──如果試圖再多給我們，結果我們反而會得到較少。」如果這些條件是蠻橫的（它確實是如此），為什麼那些天賦條件較差者提出的條件就不是蠻橫的呢？假設某人有勇氣直言不諱地陳述第一種建議，為什麼天賦條件較好者就不應把第二種建議列入考慮呢？

羅爾斯花了許多精力來解釋，為什麼條件較差者不應當為得益較少而抱怨。他的解釋簡單說來是這樣的：因為這種不平等會促進其利益，條件較差者就不應當為此抱怨；他在這種不平等的體系中，會比他在一個平等體系中得益更多。（雖然他在另一個把某些人放在他之下的不平等體系中得益可能還更多。）但羅爾斯僅僅在下列段落中討論了那些條件較好者，是否將（或應當）覺得這一條件是令他滿意的（在此A與B是任何兩人作為代表的人，其中A是條件較好者）：

現在的困難是說明A沒有抱怨的理由。既然A之擁有較多將導致B的某些損失，或許他的

> 擁有將被要求比本來可能得到的要少。現在我們可以對這個條件較好者做什麼呢？首先清楚的是：每個人的幸福都有賴於一個社會合作體系，沒有這種合作體系，任何人都不可能有一種滿意的生活。其次，我們只可能在這一體系的條件是合理的情況下要求每一個人的自願合作。這樣，差別原則似乎就提供了一個公平的基礎；在這一基礎上，那些天賦條件較好，或社會條件較幸運者，能夠期待別人在所有人的利益都要求某種可行之安排的條件下，與他們一起合作。[44]

羅爾斯想像的上述對條件較好者所說的話，並不表示這些人就沒有理由抱怨，也全然沒有減輕他們可能產生抱怨的份量。所有人的幸福都依賴於社會合作，沒有這種合作，任何人都不可能有一種令其滿意的生活。這些話也可以由提出別的原則（包括最大限度提高天賦條件最好者狀況的原則）的人們，來對那些天賦條件較差的人們說。同樣地，只要條件合理，我們就能要求別人的自願合作也是如此。問題是，什麼樣的條件是合理的？羅爾斯想像的這些話只提出了他的問題；這些話並不能把他提出的差別原則，與幾乎是對稱的相對建議（比方我們前面設想的天賦條件較好者的建議，或別的建議）區別開來。因此，當羅爾斯繼續說：「差別原則似乎提供一個公平的基礎；在這一基礎上，那些天賦條件較好，或社會條件較幸運者，能夠期待別人在所有人的利益都要求某種可行之安排的條件下，與他們一起合作」，這一推論是令人迷惑不解的。既然在這一推論之前的句子，是在他的建議與別的建議之間保持中立，差別原則為合作提供了一個公平基礎的結論，就不能夠從它前面的句子中推演出來。羅爾斯只是重複地說它似乎是合理的，而對那些並不覺得它合理的人們，他並沒有提出令人信服的回答。[45]羅爾斯並沒有說明，天賦條件較好的A為什麼沒有理由因自己被要求為了使另一個人B，比他本來要有的狀況更好而減少自己的收益而抱怨。他不可能說明這一點，因為A的確有理由抱怨。難道不是這樣嗎？

原初狀態與目的—結果原則

怎麼樣才能假設天賦條件較差者提出的條件是公平的呢？讓我們設想這樣一塊社會大餅，沒有人對其任何部分擁有權利，也沒有人比任何別人有更多的要求權；但在人們之中必須達成一個如何分配它之全體一致的協議。撇開交涉中的威脅或拖延不談，一種平等的分配將被提出，並被視為一個合理的解決辦法。（在謝林的意義上，它是一種聚焦的辦法。）假如這一塊餅的大小並不確定，人們也了解追求一種平等的分配將導致一塊總體而言較小的餅；則人們可能會樂於同意一種擴大最小份額的不平等分配。但在任何實際狀況中，這一了解不是說明對餅的份額有著不同的權利要求嗎？誰是能使這塊餅擴大的人呢？是否給他較大的份額，他就會去做這件事；而在平等分配的體制下給他平等的份額，他就不會去做這件事呢？要提供給誰誘因，以使他做出這種較大的貢獻呢？（在此不談那種錯綜複雜的共同產品，而是假設人們知道誘因是付給誰，或至少在事後要付給他一筆獎金。）為什麼這種可鑑別的不同貢獻導致不同的權利呢？

假如事物都是像「嗎哪」（manna）一樣從天而降，沒有任何人對其任何部分有特殊的權利；且除非所有人都同意一種特殊分配，不然就不會有「嗎哪」從天而降，而其數量又基於這種分配而不同；下述主張看來就是合理的：被安置因而不能經由威脅或拖延而爭取特別大之份額的人們，將同意按差別原則來實行分配。但是，在考慮如何分配人們生產的東西時，這是一種恰當的模式嗎？有什麼理由認為存在著不同權利的狀況，會像權利相同的狀況一樣得到同樣的結果呢？

要在不知道自己的情況或其歷史的理性人中間，確立分配正義原則的程序，將會同意以正義的目的原則作為基本的原則。或許有些正義的歷史原則是源自於目的原則，就像功利主義者試圖從他的目的原則中引出個人權利、對懲罰無辜者的禁止一樣；或許這樣的論據能被塑造得適合於權利原則。但似乎沒有任何歷史原則，能夠被羅爾斯原初狀態中的人同意。因為聚集在一起的人們是在無知之幕後決定誰得到什麼的，他們不知道任何人可能有的特殊權利，並把所有的一切都視為從天而降的嗎哪來分配。46

假設有一群讀一年的學生進行考試，得到從零到一百的不同分數，但他們尚不知道誰得多少分。他們現在聚集在一起，在誰都不知道自己得多少分的情況下，被要求按某一分數總額分配分數（這一分數總額實際上就是他們從老師那裡得到之分數的總和）。首先，讓我們假設他們要共同決定對分數的特殊分配，他們要給每個出席會議的人一個特定的分數。在此，假定他們互相威脅的能力得到了足夠的限制。他們也許同意每個人都得到同樣的分數，每個人的得分等於總分除以人數。而他們肯定不會去試圖發現他們已經得到的那一特殊得分。我們進一步假設，在他們集會地點的佈告欄貼了一張題為「權利」的紙，上面列出每個人的名字及其分數，這一分數表與老師打的分數相同。然而，這一特殊分配還是不會被那些平時成績差的學生贊同。即使他們知道「權利」的意思是什麼（也許我們必須假設他們不知道，以符合羅爾斯的原初狀態在人們的計算中沒有道德因素的條件），為什麼他們應當同意老師的分配呢？他們有什麼自利的理由去同意它呢？

我們接著假設他們一致同意不去達到一個特殊的分數分配，而寧可得到指導分數分配的一般原則。什麼樣的原則將被選擇呢？給每個人同樣分數的平等原則將有被選擇的明顯優勢。如果事情轉變成：分數總額是隨他們劃分的方式而變化，並依賴他們之中誰得到某一分數的情況，而且雖然他們相互之間並不競爭，但還是期望得到較高的分數（例如，他們中每個人都與另一個團體的成員競爭某種地位）；那麼，為了最大限度地增加最低分數的分配原則，就可能是合理的原則。這些人將同意分配之非目的的歷史原則嗎？也就是說，他們會同意根據一位有資格勝任且不偏不倚的老師的評估，來給每個人分數嗎？[47] 如果所有決定者都知道這種特殊分配將經由歷史原則產生，他們將不會同意。因為那樣的話，情況就等同於先前他們決定一種特殊分配時的情況；而我們在前面已經看到，他們將不同意那種按權利的分配。那麼假設這些人不知道這種特殊分配，實際上是由歷史原則產生的。他們不可能因為歷史原則在他們看來是正義或公平，而導致選擇這種原則，因為任何這樣的概念都不被允許在原初狀態中使用。（否則人們在那裡就會像在此一樣，爭論正義的要求是什麼。）每個人都會進行評估，以決定接受這種分配的歷史原則是否符合他自己的利益。在歷史原則下，分數依賴於天賦和智力的發展、人們努力的程度，以及偶然情況等等；而對這些因素，原初狀態中的人們幾乎一無所知。（如果某人認為，既然他在有關原則的思考中推理得這麼好，所以他一定是天賦較高的一個，這種想法是危險的。誰知道別人在他們的推理過程中使用了多麼漂亮耀眼的論證。）每個在原初狀態中的人，都將按這些不同的面向為自己的地位指定機率分配。每個人的機率計算都導致把歷史性的權利原則看得比其他原則更優先。這似乎是不太可能的。考慮我們可稱為反權利原則（reverse-entitlement principle）的原則。它建議按量的次序畫一張歷史權利的表格，給予歷史上權利最少的人最多的權利，給權利次少的人次多的權利，等等。[48]在羅爾斯原初狀態中的自利者的任何機率計算，或我們所考慮的學生們的任何機率計算，都將導致他們在關心自身利益的範圍內把權利和反權利原則視為是相等的。（什麼樣的計算能使他們把其中的一個原則視為優於另一個呢？）他們的計算將不會導致他們選擇權利原則。

人們在原初狀態的無知之幕後面所面臨的決定問題的性質，使人們只能選擇分配的目的原則。自利的人評價任何非目的的原則，都是根據它對他產生什麼結果；他對任何原則的計算，都集中於他在這一原則下會得到什麼結果。（這些計算包括他要進行勞動的考慮，而這並不出現於前面有關分數的例子。）因此對任何原則而言，一個原初狀態中的人主要關注那一原則將導致的物品分配D；或關注那一原則可能導致的D_1……D_n的機率分佈，關注他在每種分配D_1中占據每一地位的機率（假設那一原則可以實現）。如果他不用個人機率（personal probabilities）的規則，而是用決策論者討論過的某一別的決定規則，這一點也還是相同。在這些計算中，這一原則所扮演的唯一角色就是產生對物品（或任何他們關心的其他東西）的分配，或產生對物品分配的機率分佈。不同的原則僅僅是按照它們產生的各種分配來進行比較。這樣，原則就漸行消失，每個自利的人都是在不同的目的性分配中進行選擇。原初狀態中的人們或者直接同意一種目的性分配，或者同意一個原則。如果他們同意一個原則，他們的同意僅僅是基於對目的性分配的考慮。他們同意的基本原則，他們能一致傾向於達成協議的原則，一定是目的性的原則。

羅爾斯的理論結構不可能產生一種權利或歷史的分配正義觀。由他的程序所產生之目的性正義原則，可能與事實訊息結合，並嘗試去引出歷史—權利原則（historical-entitlement principles）時被使用；而這些歷史—權利原則隸屬於一種非權利的正義觀之下。[49]要弄清這種嘗試怎樣引出歷史—權利原則，和解釋這些原則的特殊連繫是困難的。任何從獲取、轉讓和矯正原則近似之目的原則引出的原則，都會使人覺得就像功利主義者試圖從功利原則引出（接近於）一般的正義法則的那種扭曲；但所期望的結果並沒有產生，他們為自己試圖達到結果的是錯誤的理由。如果歷史—權利原則是基本的，那麼羅爾斯的結構充其量將產生近似於它們的東西；它將為它們提供錯誤的理由，而且從它引申出來的結果有時將和正確的原則衝突。在羅爾斯原初狀態中選擇原則的人們的整個程序，實際上預設了這樣的前提：任何歷史－權利的正義觀都是不正確的。

可能有人反對我們的論證，認為羅爾斯的程序是被設計來確立有關正義的全部事實；他的理論沒有提供任何獨立的權利概念，因而不能用這種概念來批評他的理論。但我們並不需要任何特別發展出來的歷史－權利原則，作為根據來批評羅爾斯的結構。只要任何這類基本的歷史－權利觀點是正確的，那麼羅爾斯的理論就是不正確。因此，我們就能對羅爾斯提出的理論類型和它必然產生的原則類型做這種結構性的批評，而不必先去詳細陳述一種可代替其理論之特殊的歷史－權利原則。除非我們確定不可能達到任何適當的歷史－權利原則，否則我們將無分別地接受羅爾斯的理論及其對問題的解釋，作為無知之幕後之理性自利的個人將選擇的原則。

既然羅爾斯的結構不會產生歷史或權利的正義觀，那麼從這一否定性就可以看出他的結構的某些特徵。除了注意這些特徵、並說它們使羅爾斯的理論結構在原則上不能產生權利或歷史正義觀之外，我們還做了什麼事情呢？除了它實際產生的觀念外，這一結構原則上不能產生任何觀念；在這個意義上，這種批評將是一種軟弱無力的批評。我們的批評比這一說法較為深刻（我希望讀者也能明瞭），但要準確地陳述其必要標準則是不容易的。為了不使這種批評顯得殘缺不全，讓我們補充：「正如羅爾斯所說，無知之幕的根本觀念（最傑出地表現於對權利觀念之協議的排除），是要防止某些人把原則剪裁得適於他自己的利益，把原則設計得有利於他的特殊狀況。但無知之幕並不止做這些事，它也確實使任何對權利的考慮都不能進入那些無知、與道德無關之個人的理性計算之中；而這些人是被限制在一種僅反映道德的某些形式條件的狀態中做決定的。50或許，在類似羅爾斯的結構中，有些比無知之幕弱的條件，能夠有助於排除對原則的特殊剪裁；或者，也許某種選擇狀態的其他「類似結構」的特徵能夠被闡述，並反映權利的考慮。但就現狀來看，在原初狀態中並沒有反映出任何形式對權利的考慮；這些考慮甚至沒有有被放進來作為被否定、被凌駕的對象，或以另一種方式被排除。既然沒有任何權利原則進入原初狀態的結構中，這些原則就絕不可能被選擇；而羅爾斯的結構在原則上就不可能產生它們。當然，這並不是說權利原則〔或「自然的自由原則」（the principle of natural liberty）〕就不能列入原初狀態中，人們要考慮的原則。羅爾斯甚至沒有這麼做，因為很清楚地：把它放在那裡列入考慮是毫無意義。

總體與個體

我們先前曾懷疑，是否存在著獨立之權利概念的反對意見。這連繫於羅爾斯的主張。他認為他陳述的原則僅適用於整個社會之基本的總體結構，而任何反對它們的個體的反例都是不切題的。從表面上來看，差別原則是不公平的（雖然這將與原初狀態中的選擇者毫無關係），因為我們能對它舉出大量的反例，而這些反例多為易於理解和掌握的小狀況。但羅爾斯並不主張差別原則適用於一切狀態，而認為它只適用於社會的基本結構。我們怎麼確定它是否適用於社會的基本結構呢？由於可能對我們的整個社會結構是否正義的直覺和判斷信心不足，我們可能試圖經由注意較易掌握的個體情況來支援我們的判斷。對我們許多人來說，達到羅爾斯所稱的「反思的平衡」（reflective equilibrium）過程的重要一環，是由我們假設的個體情況上試圖找到原則的思想實驗所構成。在我們考慮過的判斷中，如果它們不能應用於個體情況，那麼它們就不是普遍可以接受的。我們認為，既然正確的正義原則是普遍適用，那麼不適用於個體情況的原則就不可能是正確的。無論如何，既然我們依賴柏拉圖的傳統，我們便可以試著在大範圍和小範圍內尋找原則。柏拉圖認為「大寫」的原則較易辯明，而其他人的想法則可能恰恰相反。

然而，羅爾斯的論述彷彿是以不同的原則分別應用於總體結構與個體結構，分別應用於社會的基本結構和我們能理解的狀況。正義的基本原則是以這樣的方式出現嗎？它僅僅適用於最大的社會結構，卻不適用於這個社會結構的部分嗎？也許有人會認為有這樣的可能性：整個社會結構是正義的，即使它的各個部分都是不正義；因為每個部分中的不正義彼此相互平衡、抵消掉了，結果整體也就不是不正義了。但除了無法完成假定的、平衡另一種存在之不正義的任務之外，一個能滿足最基本之正義原則的部分，就仍然是（明顯地）不正義的嗎？如果一個部分涉及某一專門領域，可能會是這樣。但一個正規、通常、不具有任何反常特徵的部分，在它滿足正義的基本原則時應該會成為正義；如果它沒有成為正義，就必須對這種情況提供專門的解釋。一個人不能僅僅說他是在談論只適用於基本結構的原則，所以就不談論個體的反例。究竟基本結構有哪些個體事例不具有的特徵，以致某些特殊的道德原則僅僅適用於它而在其他地方卻不被接受呢？

只注意所描述之複雜整體的直覺性正義（intuitive justice），將給論述帶來一些特殊的不利。由於複雜的整體不容易被探察，我們也就很難抓住一切相關的因素。整體社會的正義可能有賴於它對一系列不同原則的滿足。這些原則雖然分別地看都是有說服力的（根據它們應用於廣泛不同的個體事例的情況），但當合在一起時卻可能產生令人驚奇的結果。亦即一個人可能對能滿足所有這些原則的那種（且是唯一的一種）制度形式感到驚奇。（試比較在發現究竟是什麼唯一地滿足一系列不同，和個別說來是有說服力的恰當條件時感到的驚奇，以及對這種發現多麼富於啟發性所感到的驚奇。）或許那個「大寫」的原則是一個簡單的原則，而當一開始這樣做時，事情看起來是令人驚奇的。我並不是說新的原則在大範圍內的出現是意外的，而是說舊的個體原則如何在大範圍內被滿足是令人驚奇的。如果情況是這樣，那麼一個人就不應當依賴有關整體的判斷，把它們作為唯一或甚至是主要的資料來源來檢查他的原則。要改變一個人對某個複雜整體之直覺判斷的主要途徑，就是使之看清原則在較大範圍內，常常令人驚奇的應用是否穩固地建立在個體層次的基礎上。同樣地，發現一個人的判斷是錯誤的，必定要常常經由對基於個體層次之原則的嚴格應用來推翻其判斷。由於這些理由，試圖經由排除對原則在個體層次上的驗證來保衛原則就是不可取的。

我想，撇開對基本原則在個體層次上之驗證的唯一理由是：這些個體狀況把一些特殊的權利放進自身中了。當然（繼續我們的論證），所考慮的基本原則就將與這些權利衝突，因為這些原則要在比這種權利更深的層次上運作。而既然它們在比這種權利更深的層次上運作，就沒有任何在自身中包括權利的個體狀況，能被用作一個例證來測試這些基本原則。我們要注意，這一推理承認：羅爾斯的程序假定基本的權利觀點都是不正確的，並假定有某種權利都達不到的深刻層次。

所有權利都可以在相對的表面層次上被調節嗎？（例如，人們對他們自己身體各部分的權利。）對最大限度地提高那些狀況最差者之地位的原則應用，正好涉及到對身體器官的強制再分配（「你自己用眼睛看了這麼多年，現在要把你的一雙眼睛移植到另一個盲人身上。」）或者使一些人早些死去，以用他們的身體提供必要的器官來拯救本來將早夭的人。[51]舉這樣的例子聽起來有些歇斯底里，但我們也是被迫用這種極端的例子，來考察羅爾斯禁止用個體的反例驗證是否合理。並非所有個體狀況中的權利都可以被合理地解釋為表面的，因而它們被看作是不適於用來驗證我們建議的原則——這一事實在我們強調那些顯然不以社會或制度為基礎的權利時表現得特別明顯。這樣的事例（其詳細的規定我把它留給膽大的讀者）是基於什麼理由而被歸為不被允許呢？又根據什麼理由認為基本的正義原則只需應用於社會的基本制度結構呢？（我們不可能把這種有關身體器官，或結束人們生命的再分配實踐放進社會的基本結構嗎？）

我們因羅爾斯的理論與正義的歷史—權利觀，根本不相容而批評它是有諷刺意味的，因為羅爾斯的理論本身描述了一個抽象的產生結果的過程。他並沒有提出一種直接的演繹性論證，把他的兩個正義原則從其他規定的陳述中推演出來。對羅爾斯之論證的任何演繹都將包含形上陳述（metastatements），即有關原則的陳述：諸如像任何被某種狀態中的人們同意的原則，都是正確原則的陳述。根據顯示在那種狀態中的人將同意原則P的論證，一個人能推出P是正確的，然後再演出這個P。在論證的某些地方，「P」是在引號中出現的，以使這個論證能區別於對P之真實性的直接演繹的論證。代替直接演繹之論證的是規定一種狀態和過程，而任何將從那一狀態和過程中出現的原則都被認為是正義的原則。（在此我略去了在一個人想要獲得什麼樣的正義原則，和一個人規定什麼樣的最初狀態之間複雜的互相作用的問題。）就像從權利理論家看來，任何從（由轉讓原則規定）正當的過程出現之持有都是正義的一樣；對羅爾斯而言，任何經由一致同意的強制性過程，而從原初狀態中出現的原則系列，都是（正確的）正義原則系列。兩種理論都規定了起點和轉變過程，且都接受由此產生的任何結果。根據這兩種理論，無論什麼結果都要因其起源和歷史而被接受。任何將到達一個過程的理論，都必須從某種本身並不是作為過程之結果而得到證明的東西開始（否則，它就必須再往前追溯）——亦即，要麼從主張這一過程之基本優先性的一般性陳述開始，或者從這一過程本身開始。權利理論和羅爾斯的理論都到達一個過程。權利理論規定了一個產生持有系列的過程。以這一過程為基礎，並以這一過程作為其主題的三個正義原則（獲取、轉讓與矯正原則），本身是分配正義的過程原則而非目的原則。它們規定了一個正在進行的過程，而沒有規定它要產生何產結果，沒有提出它必須滿足的外在模式化的標準。羅爾斯的理論為產生正義原則而達到一個過程P，這一過程P涉及到在無知之幕後的原初狀態中的人，同意某些正義原則。根據羅爾斯的意見，任何從這一過程P出現的原則都將是正義的原則。但正如我們已經論證過的，這一產生正義原則的過程P本身不可能產生作為基本正義原則的過程原則。P一定會產生目的原則或目的的結果原則。即使羅爾斯理論中的差別原則適用於一種正在進行的連續的制度過程（這種過程包括基於這一原則所支配的制度期望而獲得的權利，以及從純粹程序正義獲得的權利），它還是一個目的—結果原則（但不是即時原則）。差別原則規定了這一正在進行的過程要產生何種結果，並提出了一個它必須滿足的外在模式化的標準；而任何沒有滿足這一標準之測試的過程都將被拒絕。僅僅由某個原則調節正在進行的制度過程的事實，並不使它成為過程原則；否則，功利主義原則也將是一個過程原則，而不是目的原則。

這樣，羅爾斯的理論結構就出現兩難。如果過程是如此重要，那麼羅爾斯的理論就是有缺陷的。因為它不能產生正義的過程原則。如果過程不是那麼重要，那麼羅爾斯為達到原則而提出的過程P對產生的原則就只提供不充分的支持。有關契約的論證體現了這樣的假定：任何從某種過程產生的東西都是正義的。契約論的根本力量正在於這種基本假定的力量。那麼，把契約論建構得不讓過程原則成為據以判斷，一個社會制度之分配正義的基本原則，就是毫無道理的；把契約論建構得使其結果不可能成為與它依據的假定同類的原則，也是毫無道理的。52 如果過程好到足以支持一個理論，那麼它們也將好到足以成為這一理論的可能結果。

我們應當注意，差別原則是一種特別強的模式化目的的原則。我們可以這麼說：如果某一分配原則認為某一分配是公正的，但假設從這一分配中刪除某些人及其份額，就可以得到一個在這一原則看來是不公正的分配，那麼這一分配原則就是有機的原則。有機的原則強調各種基於全面的模式的特徵。相對的，那種主張「按照每個人在特殊的自然面向D的得分給予每個人」的模式化原則就不是有機原則。如果一種分配滿足了這個原則，那麼當某些人及其持有被刪除時，它將繼續滿足這一原則；因為這一刪除不會影響剩下人們的持有比率，或是他們在自然面向D的得分比率。這些不變的比率將繼續保持，並繼續滿足這一原則。

差別原則是有機的原則。如果狀況最差的群體及其持有從某個狀態中被刪除，就不能保證在這種刪除之後的狀況和分配，將繼續最大限度地提高新的狀況最差之群體的地位。如果頂層群體擁有較少的話，或許新的底層群體可以得到較多（雖然並沒有從頂層群體向先前的底層群體轉讓的途徑。）[53]

無法滿足刪除條件（即一種分配在刪除某些人及其持有的情況下仍保持其正義性）是有機原則的標誌。也請考慮另一個額外的條件，即認為如果兩種（對沒有連繫之兩群個人）分配都是正義的；那麼，由結合這兩種正義分配而構成的分配也是正義的。（如果一種分配在地球上是正義的，另一種分配在某個遙遠星球上也是正義的，那麼這兩種分配的總和也是正義的。）「按照每個人在特殊的自然面向D的得分給予每個人」的分配原則就違反這一條件，因此它是非集合性的原則。因為，雖然在每一群體內所有份額的比率都符合D的得分比率，但這種比率在不同群體之間卻不必符合。[54]持有正義的權利原則同時滿足了刪除和另一額外的條件；權利原則是非有機且具可集合性。

在離開差別原則的性質這一主題之前，我們應當提一下斯坎農（Thomas Scanlon）有趣的，但我想是不正確的看法。斯坎農認為：「看來沒有任何與差別原則有明顯區別的合理的原則；在差別原則與嚴密的平等之間沒有中間道路好走。」[55]怎麼能夠說除了絕對平等之外，就沒有任何將排除嚴重的不平等，以達到稍稍有利於狀況最差者看來合理的平等主義原則呢？對平等主義者來說，不平等是一種代價，一種負因素。嚴格的平等主義者不允許任何不平等，把不平等的代價視為是無限大的。而差別原則只要它將（給狀況最差之群體）帶來某種哪怕是微小的利益，就允許付出這種代價。這並沒有把不平等看作一種重要的代價。我在進行評論時想起下面的原則，可稱為平等主義的一般原則一、二、三、四、……一：表示不平等只有在某利益超過代價時才可被證明為正當。仿效羅爾斯，我假設這些利益僅僅是給狀況最差之群體的利益。我們將怎樣衡量其代價呢（以一種可與其利益比較的方式）？這種代價應當代表可以以各種方式敘述的社會中之不平等的總量。所以，讓我們把狀況最好者與狀況最差者之間的差別，作為一個特殊體系內不平等（及其代價）的尺度來考慮。假設X_W是X體系之下狀況最差者的份額，而X_B是X體系之下狀況最好者的份額；又假設E是一個效率的平等體系（在其中每個人都得到不少於任何別的平等體系中的份額）。（$E_B=E_W$）——這樣我們就得到下列平等主義一般原則一的第一個規定：（其他的規定將使用其他的不平等尺度。）如果$U_B-U_W>U_W-E_W$（或者應當是≥？），一個不平等體系U就得不到證明。不平等只有在它給狀況最差之群體的利益（U_W-E_W）大於（或等於？）這種不平等的代價

（$U_B－U_W$）時，它才是可以被證明為正當的。這是平等主義者可能覺得有吸引力的一個中間立場，是一個比差別原則更強的平等主義原則。

除了嚴格的平等主義之外，甚至有一種更嚴厲的平等主義原則。支持這種原則的理由，類似於因道德原因而拒絕一種簡單的代價－利益原則的考慮。[56]這將給出我們平等主義的一般原則二：表示不平等的體系U只有在下列兩個條件下才可被證明為正當：（a）其利益超過其代價；以及（b）沒有其他的不平等體系S，其不平等的程度較輕，以致U對S多出的利益不超過U對S多出的代價。像前面一樣，把$X_B－X_W$作為體系X中的不平等代價，我們得到的平等主義一般原則二的第一規定如下：不平等的體系U僅在下例條件下被證明為正當：

（a）$U_W－E_W > U_B－U_W$；以及

（b）沒有這樣的體系S，在其中$S_B－S_W < U_B－U_W$，且$U_W－S_W \leq (U_B－U_W)－(S_B－S_W)$

（注意，b意指：沒有這樣的體系S，其不平等程度較U為輕，以致U對S多出的利益少於或等於它多出的代價。）

我們可以按平等主義嚴格性的漸增次序列出如下原則：差別原則；平等主義一般原則一的第一規定；平等主義一般原則二的第一規定；以及嚴格平等的原則（選擇E）。平等主義者確實將發現中間的兩個原則要比差別原則更有吸引力。（這樣一個平等主義者可能想考慮：原初狀態結構或其中人們的性質要發生什麼變化，才能導致這些平等主義原則被選擇。）當然，我自己並不認為這些平等主義原則是正確的。但考慮它們有助於準確地說明差別原則的平等主義程度，使那種自以為是除了嚴格平等之外，最合理的平等主義原則的觀點看來並不那麼合理。（然而，也許斯坎農是指：任何更嚴格的平等主義原則，都將把代價歸咎於不平等；也沒有任何理論的驗證，能使人把代價精確地歸咎於該歸咎的地方。）

有一種方式我們應當提一下，它使平等主義程度更高的原則，也都能經由這種方式從羅爾斯的原初狀態中產生。羅爾斯設想，無知之幕後的理性自利的個人將選擇支配其制度的原則。在他著作的第三篇中，他進一步設想，當人們在一個體現了這些原則的社會中成長時，他們因此發展出一種正義感和一種特殊的心理（對他人的態度）。我們把這稱為論證的第一階段。論證的第二階段將涉及到那些作為第一階段產物的人們，以及根據第一階段的原則而運作的社會；要再一次把他們置於原初狀態中。在第二階段的原初狀態中，包含那些作為第一階段產物的有特定心理和正義感的個人，而不再是那些（僅僅）理性自利的個人。現在這些人將選擇支配他們要生活在其中之社會的原則。他們在第二階段選擇的原則，將與其他人在第一階段選擇的原則一樣嗎？如果不一樣，設想人們在一個體現了第二階段之原則的社會中生活，弄清他們將發展出什麼心理，再把這些作為第二階段的個人放進第三階段的原初狀態，繼續像前面一樣重覆這一過程。我們說：這一重覆的原初狀態將產生特殊的原則P，只要：（一）有一個P在第n階段的原初狀態中被選擇，且P也在第n＋1階段的原初狀態中被選擇；或者（二）如果在每個新階段的原初狀態中都是新原則被選擇，那麼這些原則都趨向於以P為極限。否則，就沒有任何特殊的原則會由重覆的原初狀態中產生。（例如，連續階段的原初狀態在兩組原則之間搖擺不定。）

羅爾斯的兩個原則實際上是由這種重覆的原初狀態產生的嗎？也就是說，帶有羅爾斯所描述的兩個正義原則之運作產物的特殊心理的人們，當他們再被置於一個原初狀態中時，他們本身將選擇這兩個原則嗎？如果是這樣，這將加強羅爾斯的結論。如果不是，我們就面臨這樣的問題：是否任何原則都是由原初狀態產生的？它們是在什麼階段上產生（或者它們是在極限產生）？這些原則精確地說，是什麼樣的原則？這對那些不同意我的反對論證，而是選擇在羅爾斯的架構中進行或發展的人來說，似乎是一個有趣的探討領域。

自然資質與任意性

羅爾斯考慮權利體系的地方，是在討論他稱為「自然的自由體系」的段落：

> 自然的自由體系選擇有效率的分配方式的過程大致如下：讓我們假定，我們從經濟理論得知，在典型的市場競爭經濟的條件下，收入和財富將以有效率的方式分配；這種始終起作用的有效率的分配是由資源的最初分配決定，亦即由收入和財產、天賦才能和能力的最初

分配決定。正是在所有這些最初分配的條件下，達到了一種確定的有效率的結果。最後，倘若我們要把這一結果接受為正義的而不僅僅是有效率的，我們就必須接受在某個時候決定資源之最初分配的基礎。

在自然的自由體系中，最初的分配是由隱含在「向才能開放的前途」這一概念中的安排所調節。這些安排預設了平等自由的背景（由第一個原則指定）和自由的市場經濟。它們要求一種形式的機會平等，即所有人都至少有同樣的合法權利進入所有有利的社會地位。但由於沒有做出努力來保證一種平等的或相近的社會條件（除了保持必要的背景制度所需之外），資源的最初分配就受到自然和社會的偶然因素的強烈影響。比方說，現存的收入和財富分配方式就是自然的資質（自然稟賦，即天賦的才能和能力）的先前分配累積的結果。這些自然稟賦或得到發展，或不能實現，它們的運用在一定時間內受到社會環境以及諸如好運和惡運，這類偶然因素的有利或不利的影響。我們可直覺地說，自然的自由體系最明顯的不正義之處，就是它允許分配的份額受到這些從道德觀點看，是非常任意專橫之因素的不恰當影響。[57]

在此我們看到，羅爾斯拒絕自然的自由體系的理由如下：它「允許」分配的份額受到從道德觀點來看，是非常任意專斷之因素的不恰當影響。這些因素是：「在一定時間內受到社會環境以及諸如好運和惡運，這類偶然因素影響的天賦才能和能力的先前分配。」請注意：羅爾斯完全沒有提到人們怎樣選擇發展他們自己的自然資質。為什麼把這一點忽略了呢？或許是因為這類選擇也被視為是人們不能控制之因素的產物，因此「從道德觀點來看是任意的。」「認為一個人應該得到能夠使他努力培養其能力的優越個性的主張，同樣是有問題的；因為他的個性在很大程度上依賴於幸運的家庭和社會環境，而對這些條件他沒有任何權利。」[58]（在此預設了什麼樣的有關個性及其與行為連繫的觀點呢？）「從道德的觀點來看，自然資質的最初授與和早期生活中發展及教養的偶然性是任意的……一個人願意做出的努力是受到他的天賦才能和技藝，以及他可選擇的對象所影響。在其他條件相同的情況下，天賦較好的人較可能做出認真的努力……」[59]這一論證只能經由把有關人的一切顯著的事情，完全歸因於某種「外在」的因素而繼續進行下去，直到成功地阻止一個人的自主選擇和行為（及其結果）。如此貶低一個人的自主性和對他行為的首要責任，對本來希望支持自主存在的尊嚴和自尊的理論來說，是一件危險的事情；特別是對（包括有關良善的理論）如此依賴於人們的選擇而建立的理論來說更是如此。人們會懷疑：這種作為羅爾斯理論前提和依據的人類形象，是否能與它試圖達到和體現人類尊嚴的觀念相適應。

在我們探討羅爾斯拒絕自然的自由體系的理由之前，我們應當注意那些在原初狀態中的人的狀況。根據羅爾斯的意見，自然的自由體系是對他們所接受之一個原則的解釋；這一原則是：社會和經濟的不平等要如此安排，使人們可以合理地期望它們符合每一個人的利益，並規定各種地位和職務向所有人開放的條件。但原初狀態中的人，是否明確地對這一原則的所有不同解釋，進行過考慮和選擇是不清楚的，雖然這種解釋看來是最合理的解釋。（羅爾斯在第一二四頁列舉的，提供給原初狀態中的人考慮的正義觀的表格中，並不包括自然的自由體系。）無疑地，原初狀態中的人明確地考慮和選擇以下這一種解釋——差別原則。羅爾斯並沒有說明，為何原初狀態中考慮過自然的自由體系的人要拒絕它。但他們的理由不可能是：它使分配依賴於在道德上看來是任意（自然資質）的分配。我們必須假定的是（就像我們前面所見），原初狀態中人們之自利的計算並不（也不可能）使他們採用權利原則。無論如何，我們的評論與羅爾斯的評價是建立在不同的考慮。

羅爾斯對原初狀態及其選擇地位的設計有一點很明確，就是要體現和實行他對允許持有的份額，受自然資質影響之否定的反思評價。「一旦我們決定尋求一種可使自然天賦和社會環境中的偶然因素無效的正義觀，我們就被引導到這些原則……」[60]（羅爾斯對這一要使自然天賦的社會環境中的偶然因素無效的主題，做了許多散見各處的評論。）這一探索決定性地塑造了羅爾斯的理論，並成為他描寫原初狀態的根據。這並不是說那些應該得到其自然資質的人，若處在羅爾斯的原初狀態中就將做出不同的選擇；而是對這些人，羅爾斯大概不會堅持：那些要支配他們之相互連繫的正義原則，要由他們在原初狀態中的選擇來確定。記住羅爾斯的結構相當依賴於這一基礎是有用的。例如，羅爾斯論證說，某些平等主義的要求不是由於嫉妒產生，而是因為這些要求符合他的兩個正義原則，或因為人們對不正義感到憤恨。[61]正如羅爾斯所認識到的，[62]如果構成原初狀態（由此產生了羅爾斯的兩個正義原則）之基礎的考慮本身，就體現了嫉妒或以它為基礎，那麼這一論證就會從根本上被推翻。所以，我們除了想理解羅爾斯對其他觀念的拒斥，和評價他對權利理論所做的有力批評之外，還想評論隱含在他理論內部的某些理由——這些理由為探尋一種旨在抹去社會環境和自然資質（以及由它們導致在社會環境中的差別）中差別的正義觀提供了動力。

為什麼個人的持有不可以部分地依賴於其天賦呢？（它們也將依賴於這些天賦的發展和使用方式。）羅爾斯的回答是：這些自然資質或天賦是不應得的，「從道德觀點看來是任意的。」對這一回答有兩種理解的方式：它可能是那種想證明按照自然差別來分配的結果，應予以取消之論證的一部分，對此我稱為肯定的論據（positive argument）；也可能是那種想反駁某一可能，且堅持認為按自然差別分配的結果不應被視為無效之證的一部分，對此我稱為否定的論據（negative argument）。一方面是肯定的論據，試圖證明按自然差別分配的結果應該被取消；另一方面是否定的論據，它僅僅反駁某一種認為不應當取消差別的論證，但仍認為差別不應取消的可能性（由於別的理由）。（這種否定的論據，也把是否要取消按自然差別分配之結果的問題，視為在道德上是無關緊要的；它注意到了，說事情應當是這樣，與說事情不是它不應當是那樣，這兩種說法是不同的。）

肯定的論據

我們將從肯定的論據開始。在一種旨在證明從天賦差異產生之持有的差別，應當被取消的論證中，認為天賦差別從道德觀點看來是任意的觀點，是怎樣運作的呢？我們將考慮四種可能的論據，首先是論據A：

（一）任何人都應該在道德上應得他的持有，不應該允許人們有他們不應得的持有。

（二）人們在道德上並不應得他們的自然資質。

（三）如果一個人的X部分地決定他的Y。那麼，如果他的X是不應得的，他的Y也就是不應得的。

因此，

（四）人們的持有，不應當部分地受其自然資質決定。

這一論據是其他類似、較複雜的論據的代表。[63]但羅爾斯明確且堅決地拒絕了根據道德應得進行分配的觀點：「常識傾向於假設：收入、財富和一般生活中的美好事物，都應該按照道德上的應得來分配。正義即為由德性決定的幸福。雖然人們認識到這個理想絕不可能完全地實現，但它卻是分配正義的適當觀念，至少是一個首要原則。當環境允許時，社會應當試圖實現它。現在，作為公平的正義反對這一觀點。這樣一個原則不會在原初狀態中被選擇。」[64]因此，羅爾斯不可能接受任何如論據A中的第一個前提；所以這一論據的任何其他形式，都不能構成他拒斥由不應得之天賦差別產生的分配份額差別的基礎。羅爾斯不僅拒斥前提

（一），他的理論也不能與之共存。如果誘因能大大改善最不利者的命運，他贊成給予人們這種誘因；而這些人常常會因為其天賦而得到這種誘因，和擁有較大的份額。我們先前注意到，非模式化的有關持有正義的權利觀念，也不接受按道德應得進行分配的觀點。任何人都能把他擁有權利的東西給別人，而不管接受者在道德上是否應該得到它。根據正當地轉讓給他的正當權利給予每個人，這不是一個模式化的原則。

如果論據A及其第一個前提被拒絕，如何再去建構肯定的論據就是不明確的。現在接著考慮論據B：

（一）持有應當按照某種從道德觀點看來，是非任意的模式來分配。

（二）從道德觀點看，人們擁有不同的自然資質是任意的。

因此，

（三）持有不應當根據自然資質來進行分配。

但是，自然資質的差別與其他的差別可能是有相互關係，而這些差別從道德觀點來看並非是任意，它們顯然與分配問題有某種可能的道德關聯。例如，海耶克論證說，資本主義社會的分配，一般是根據對他人的可察知的服務來進行。既然自然資質的差別將產生服務他人之能力的差異，那麼在分配的差別與天賦的差別之間就存在著某種相互關係。資本主義體系的原則並不是根據自然資質分配，但在其原則是按照對他人的可察知的服務來分配的體系下，自然資質的差別將導致持有的差別。如果要把前述的結論（三）的解釋擴大到能排除這一體系的程度，那就應當使之明確。但若補充這樣一個前提：任何分配模式，如果其結果與從道德觀點來看是任意的分配原則有一大致相同的外觀，那麼它本身從道德觀點來看也就是任意的。這種說法未免太苛刻了，因為它將產生這樣的結果：一切模式從道德觀點來看都是任意的。也許，要避免的關鍵並不僅是外觀上的相合，而是某些引起分配份額之差別的道德上任意的特徵。因此，我們就來考慮論據C：

（一）持有應當按照某種從道德觀點看來，是非任意的模式來分配。

（二）從道德觀點看，人們擁有不同的自然資質是任意的。

（三）如果對一個模式為何容許持有差別的解釋，有一部分理由是說，在人們中的某些其他差別引起了這些持有差別；又如果這些其他的差別從道德觀點來看是任意的，那麼這一模式從道德觀點來看也是任意的。

因此，

（四）自然資質的差別，不應當導致人們持有的差別。

這一論據的前提（三）認為：任何構成一種模式之基礎的道德任意性也影響到這一模式，使它在道德上也成為任意的。但是，任何模式都包含某些道德上之任意性的事實，以作為解釋其如何產生的部分理由；由羅爾斯提出的模式也不例外。差別原則的運作給某些人較多的分配份額（比其他人），而這些人收到較多的份額至少部分是由於這些人與其他人之間，存在著從道德觀點來看是任意的差別；這些有特殊天賦的人被提供較大的份額，以作為使他們以某些方式運用這些天賦的誘因。也許某種類似（三）的前提，能被闡述得足以排除羅爾斯所期望排除的原則，同時卻不排除他自己的觀點。但由此產生的論據還是假定持有的系列，應當實現某種模式。

為什麼持有的系列應當被模式化呢？模式不是正義論不可缺少的內在成分，就像我們在對權利理論的闡述中看到的：權利理論關注的不是一種持有系列要實現什麼模式，而是關注那些產生持有系列的根本原則。如果否認這些根本原則的理論是分配正義之分立的理論，而僅把它們視為是來自其他領域的零散考慮的集合，那麼問題就變成：有沒有任何分配正義的分立領域，這個領域要求有一種分立的理論。

在前面提出的「從天而降的嗎哪」的例子中，尋求一個分配模式的理由可能是較強有力的。但既然現實生活中產生的事物已經被人持有（或對如何持有它們已經達成協議），就不需要為無主的持有尋找足以適應它的模式；又既然持有據以實際形成的過程本身不需要實現任何特殊的模式，就沒有理由期望任何模式產生結果。這種狀態並不適於下述好奇心：「到底什麼東西會變成這些事物呢？我們要怎樣對待它們呢？」在沒有嗎哪降臨的世界裡，在事物只能由人們製造、生產或加工的世界裡，對分配理論來說就沒有什麼分立的分配過程。讀者可以回憶我們先前提出的論證：在某一模式下持有的人們的自願交換、贈與，會改變任何（大致）實現這一特殊模式的持有系列，使之成為另一種並不適於這一模式的持有系列。當看到人們可能不會選擇去做擾亂模式的行為時（即使是以他們正當地持有的東西這樣做），認為持有必須被模式化的觀點似乎就更不合理了。

另外有一條通向模式化之正義觀的途徑，也許應當在此提及。假設每一道德上正當的事實都有一個「統一的」解釋來說明它在道德上的正當性，這種連結就落入事實的領域而被解釋為在道德上是正當的。如果p與q都是道德上正當的事實，它們各自的道德正當性的解釋是P與Q；那麼如果p∧q也被解釋為道德上正當的，又如果P∧Q並不構成一種「統一的」解釋（而只是不同解釋的聯接），那就需要某種進一步的解釋。把這種觀點應用於持有，假設對我有我的持有和你有你的持有的事實，各有各的說明其正當性的權利解釋，那就要面臨下面的問題：「為什麼我的持有和你的持有是正當的呢？為什麼這種連結的事實和所有包含於其中的關係是正當的呢？」如果這兩種解釋的連結並不被認為，能以統一的方式解釋這一聯合事實的正當性（即其正當性並不被視為是，由其組成部分的正當性構成）；那麼看來就需要某些模式化的分配原則來說明其正當性，並使任何不統一的持有系列正當化。

在對特殊事實的科學解釋中，通常的做法是認為，某些被解釋之事實的連結並不需要另外的解釋，因為這種連結已在對這些事實之解釋的聯合中得到了解釋（即如果E_1解釋了e_1，E_2解釋了e_2，那麼$E_1 \wedge E_2$就解釋了$e_1 \wedge e_2$。）如果我們要求必須以某種統一的方式來解釋任何兩個聯接物和任何n處的連結，而不是僅僅用分別和不同之解釋的聯合來解釋它們；那麼我們就不得不拒絕大多數通常的解釋，而尋求一種根本的模式來解釋那些看來是分離的事實。（當然，科學家們常常對顯然是分離的事實提供一種統一的解釋。）探討下述拒絕的有趣結果是有價值的：即從一開始就拒絕把任何兩個事實看作是可以正當地分離，看作是有著分別的解釋的（這分別的解釋的連結就是對它們解釋的全部）。如果我們要求對所有的連結做出統一的解釋，那麼我們是持一種什麼樣的世界觀呢？也許是一種類似偏執狂的人的世界觀，或者（不帶貶抑地）說它是有某種麻醉品經驗者看待世界的方式。這樣一種世界觀，與我們通常看待世界的方式從根本上說是不同的。而令人驚奇的是：起初是一個簡單的要求，對聯接給予充分解釋的條件導致上述世界觀，然後我們才認識到這樣一個要求充分解釋的條件，必然導致一種深層的和完全模式化的世界觀。

一個類似的、要求對各個道德上正當事實之連結的道德正當性，給予充分解釋的條件，將導致一種要求持有系列體現全部模式的觀點。看來，不太可能有具說服力的論據來支持施加這樣一個充分解釋原則。有些人可能覺得，這種統一的觀點僅對一個領域來說是合理；例如，僅對有關持有系列的道德解釋領域來說是合理，而對通常非道德解釋領域卻是不合理；反之亦然。對於解釋非道德事實的情況，這一挑戰將會產生這種統一的理論。如果產生了統一的理論，這一理論引入了新的考慮，且除了解釋舊事實的連結之外，不能解釋任何新的事實；那麼，是否能接受這一理論的決定可能就是困難的，且將相當依賴於我們看待舊事實的新方式，在解釋方面能多大程度地令人滿意。至於說明各種事實之道德正當性的道德解釋，情況多少有些不同。首先，（我相信）假設統一的解釋是適當和必需的觀點，在此甚至更缺少理由。比起當產生持有之同樣的根本原則以不同的解釋出現時，此時更無對較高程度的統一解釋的必要。（羅爾斯的理論包括了他稱為純粹程序正義（pure procedural justice）的成分，他的理論並沒有滿足要求充分解釋連結的嚴格條件，並認定這種條件不可能被滿足。）其次，對統一解釋的要求在這方面比在科學領域所具有的更大危險是：這種要求將塑造「道德事實」，以便解釋它們。（「這兩者不可能都是事實，因為沒有產生這兩者統一的模式化解釋。」）因此，成功地發現被如此認真看待之事實的統一解釋，反而使人們不清楚這一解釋理論的根據是什麼了。

我現在轉向最後的肯定論據。這一論據試圖從自然資質的分配在道德上是任意的陳述，推論出分配份額不應依賴於自然資質的結論。這一論據集中於平等的概念。既然羅爾斯之論證的大部分，都是在證明或展示對平等份額的特殊偏離是可以接受的（有些人可能得到較多，只要有助於改善狀況最差者的地位），也許對他以平等為核心的根本論據進行重組是富有啟發性的。論據的重組是這樣進行的：如果對應當有這種差別的結論沒有道德的論據，那麼，這種差別從道德觀點來看就是任意的，並非所有這樣的差別都是可以在道德上被反對。沒有這種道德論據的命題，看來只有在涉及到這樣一些差別時才是重要的。除非有道德理由使人確信應當接受它們，否則我們就深信不應當接受它們。可以說，有一種反對某些能夠被道德理由所凌駕的命題，（或它們只是被中性化？）；在缺少任何充足的道德理由的情況下，就應當實行平等。因此我們就得到論據D：

（一）持有適當是平等的，除非有（有力的）道德理由說明它們應當是不平等的。

（二）人們不應得他們因自然資質而不同於他人的狀態，也沒有任何道德理由說明，為何人們應該在自然資質上有所不同。

（三）如果人們在某些方面的差別沒有道德理由，那麼他們在這些方面的實際差別就沒有，也不可能為他們為何應當在其他方面有差別（例如持有）提供一種道德理由。

因此，

（四）人們在自然資質上的差別，不應該成為說明持有應當不平等的理由。

（五）人們的持有應當是平等的，除非有某種別的道德理由（比方說，提高那些狀況最差者的地位）說明他們的持有應當是不平等。

我們較少注意類似第三個前提的陳述。在此讓我們集中考慮第一個前提，即平等的前提。為什麼在缺少特殊的道德理由來證明對平等的偏離時，人們的持有就應當是平等呢？（為什麼認為應當有某種特殊的持有模式呢？）為什麼把平等作為這一體系的根基（或方向），而任何從平等的偏離卻只能由道德力量推動呢？許多對平等的「論證」只是主張：人們之間的差別是任意的，是必須被證明為正當的。作家們常常以下列的方式陳述一個贊成平等的命題：「人們在待遇上的差別必需被證明為正當的。」65 對這種命題來說，最可取的狀態是這樣一種狀態：在其中一個人（或團體）同等地對待所有人，這個人（或團體）沒有任何權利如其所願或任意地給予某人某種特殊的對待。但如果我去某家電影院而不去鄰近的另一家，我必須證明我對這兩家電影院老闆的不同態度嗎？我覺得我喜歡去其中一家不就夠了嗎？在待遇上的差別需要被證明為正當，這個命題的確適用於現代的政府，在其中存在一種對待所有人的集中過程，它沒有權利隨意給予一種特殊對待。然而，在自由社會中，大部分的分配並不是經由政府行為形成的，而無法推翻某一地區個人交換的結果，也不成為「國家行為」的構成要素。當沒有人持此態度，且所有人都有權按其意願贈送他們的持有物時，這種認為待遇上的差別必須被證明為正當的原理，為什麼被擴大應用的理由是不清楚的。

人們之間的差別為什麼必須得到證明呢？為什麼認為我們必須改變、修正，或賠償任何能被改變、修正或賠償的不平等呢？或許這裡正是社會合作開始的地方；即雖然沒有所有人一律平等的命題（在基本的善或人們關心的事物上的平等），但也許在人們的共同合作中有一種支持平等的理由。然而，釐清這方面的證據是困難的；肯定並非所有共同合作者都會明確地同意，把這種平等命題作為他們相互合作的條件。接受這種命題對那些狀況較好者而言是一個不幸的刺激，將使他們拒絕與比他們狀況差的人合作。因為如果進入這種對狀況較差者有利的社會合作，將會為了創造狀況較差者與狀況較好者之間預定的平等關係，而嚴重地損害狀況較好者的地位。下一章我將探討一個最近提出的，但結果證明是錯誤的支持平等的主要證據。在此我們只須注意，在不應得的自然資質與某種有關分配份額的結論之間建立的連結性論據D，實際上是把平等假定為一個規範（它能夠，也只能夠從道德理由推論出來）；因此論據D本身不能被用來建立任何有關平等的結論。

否定的論據

我們看到，尋找一種有說服力的肯定的論據，以把人們不應得他們的自然資質的命題，與持有的差別不應當基於自然資質之不同的結論連繫起來的嘗試是不成功的。現在，我們轉向我們所稱的否定性論據，亦即用人們不應得的他們的自然資質的主張，來反駁可能對羅爾斯的觀點提出反對論據。（如果平等的論據D能被接受，那麼反駁可能之反對意見的否定性工作，就變成肯定性工作的一部分，且說明一種支持平等的命題，在特殊情況下是不可推翻的。）請考慮下面可能對羅爾斯提出的反對論據E：

（一）人們應得他們的自然資質。
（二）如果人們應得X，他們也應得任何來自X的Y。
（三）人們的持有來自於他們的自然資質。

因此，

（四）人們應得他們的持有。
（五）如果人們應得某物，那麼他們就應當擁有它（這就排除了任何可能對這個東西提出的平等要求）。

羅爾斯將藉由否定其第一個前提來反駁這一論據。這樣我們就看到，自然資質之分配是任意的命題，與分配份額不應當依賴於自然資質的陳述之間存在著某種連繫。然而，不能太看重這一連繫。因為還存有其他同樣有力的反對論據，例如論據F：

（一）如果人們擁有X，且他們之擁有X（不管他們是否應當擁有它）並未侵犯其他人對

X的（洛克式）權利，且Y是經由一種本身不侵犯任何人之（洛克式）權利的過程而來自X（從X產生）。66 那麼，這個人就對Y擁有權利。

（二）人們擁有他們的自然資質，並不侵犯其他人的（洛克式）權利。

我們可以繼續論證說，人們對他們製造的東西、對他們的勞動產品、對別人贈給他們或與他們交換的東西是擁有權利的。但以下說法是不真實的：例如，只要一個人掙得（或者應得）他在掙取Y的過程中使用的無論什麼東西（包括自然資質），那麼他就是應得Y（如保留他創作之繪畫作品的權利；撰寫《正義論》的權利）。他使用可能恰好擁有的某些東西是不正當的。構成應得的基礎本身不必從頭到尾都是應得的。

至少，我們可以比較這些有關應得的陳述與有關權利的陳述。又如果正確地把人們描述為對他們的自然資質是有權利的（即使並非說他們應得其自然資質）；那麼，對應於前面論據E完全以「有權利」代替「應得」的論據，將是可以成立的。這便產生了我們可以接受的論據G：

（一）人們對其自然資質是有權利的。

（二）如果人們對某種東西有權利，那麼他們對來自它（經由某些規定的方式）無論什麼東西也是有權利的。

（三）人們的持有來自於他們的自然資質。

因此，

（四）人們對其持有是有權利的。

（五）如果人們對某物是有權利的，那麼他們就應當擁有它（這就排除了任何可能對這一持有提出的平等要求）。

不管人們的自然資質從道德觀點來看是否是任意，人們對其自然資質是有權利，而且對來自於自然資質的東西也是有權利。67

為避免那種將導致更強烈（比再分配理論通常會產生的）對他人的財產權之差別原則的嚴格應用，承認人們對其自然資質擁有權利（論據G的第一個前提）可能是必要的。羅爾斯覺得他避免了這一點，68因為在他的原初狀態中的人，把自由原則看得比差別原則更優先，這一自由原則不僅適用於經濟福利，而且適用於健康、壽命。

我們找不到任何有說服力的論據來幫助證實：由自然資質的差別而產生之持有的差別，應當被排除或盡量縮小。人們的自然資質從道德觀點來看是任意的命題，能夠另外用來證明（比方說）原初狀態的某種構造嗎？顯然，如果設計這種構造是用來使因為自然資質的差別，而造成之持有的差別無效的話，我們就需要對這一目標做論證，而我們就又回到原先不成功的嘗試：尋找證明應當取消這種持有之差別結論的途徑。另一方面，這種構造也許能經由使原初狀態中的人，不知道他們自己的天賦而產生。這樣的話，自然資質從道德觀點來看是任意的事實，就將幫助建立和證明無知之幕。但這件事是怎樣做的呢？為什麼對自然資質的知識應該被從原初狀態中排除呢？大概的基本原則是：如果某些特徵從道德觀點來看是任意的，那麼在原初狀態中的人就不應該知道他們具有這些特徵。但這將使他們不知道有關他們自己的任何事情，因為他們的每一特徵（包括理性、選擇的能力、較長期的生活計畫、有記憶力、能夠與類似的其他存在者溝通）都將依據下述事實：產生他們的精子和卵子包含著特殊基因。那些特殊的精卵配合包含有特殊的有機化合物這一物理事實，從道德觀點來看是任意的，是一個偶然事件。在原初狀態中的人們，還是需要知道他們的某些特質。

也許我們僅僅因為理性等特徵產生於道德上之任意性的事實，就建議排除它們的知識是太性急了。因為這些特徵也有道德上的重要性；亦即，道德事實依賴於或產生於它們。在此我們看到：認為一個事實從道德觀點來看是任意的說法是曖昧不清的。它可能意味著沒有什麼道德理由解釋這一事實為何竟是這樣；也可能意味著，這樣的事實是沒有道德上的重要性。理性和決策能力在第二種意義上並非是道德上任意的。但如果它們據此免掉了被排除的命運，現在的問題就是：自然資質，以及羅爾斯希望從原初狀態中排除對它們的知識，在第二種意義上也不是道德上任意的。然而，權利理論有關道德權利可以從這種事實中產生，或者部分依據於這種事實的主張尚有爭議。因此，在缺少一種主張自由資質的差別而產生之持有的差別，應當被取消的論據的情況下，人們不清楚有關原初狀態的一切，怎麼能建立在自然資質的差別，從道德觀點來看是任意的（曖昧不清）命題。

集體的資產

羅爾斯的觀點似乎認為：所有人都對自然資質的總體（這總體被視為一個供應倉庫）有某種權利或權利要求，但沒有任何一個人有特定不同的權利要求。「自然才能」的分配被視為一種「集體的資產」：[69]「這樣我們就看到差別原則實際上代表這樣一種安排：把自然才能的分配看作是一種共同的資產，並共享這一分配的利益（無論這一分配的結果是什麼）。那些先天有利的人，不論他們是誰，只能在改善那些不利者之狀況的條件下從他們的幸運中得到……沒有人能說他的較高天賦是他應得的，也沒有任何優點配得到社會中較有利的出發點，但我們不能因此得到應當消除這些差別的推論。我們另有一種處理的辦法。社會基本結構可以被安排來用這些偶然因素最不幸者謀利。」[70]

人們把自然才能視為一種共同資產的意見是不一致的。有些人回應羅爾斯對功利主義的批評，[71]抱怨這種觀點「沒有認真地對待人們之間的差別」；他們懷疑對康德如此地重構——把個人的才能視為別人的資源——是不是恰當。「兩個正義原則……甚至排除了把人們作為另一個人之幸福的手段的傾向。」[72]只要我們極力強調人與其才能、資質和特徵之間的區別，那麼任何連貫的人的概念是否還能保留下來就是一個尚未解決的疑問。為什麼擁有種種複雜特徵的我們，要讚賞如此純化的人呢？只有他們才不被視為手段嗎？這些問題都是不清楚的。

人們的才能是一個自由聯合體的共同資產，這一聯合體內的其他人從他們的在場（而不是在其他地方或者不存在）得益而改善自己的狀況。（否則，他們就不會去關注對他們的態度了。）生活並不是一種總和不變的遊戲，其中如果較大的能力或努力將使一些人得益較多，這意味著其他人必定有所損失。在一個自由的社會裡，人們的才能的確有利於他人，而不僅僅是有利於他們自己。正是這種抽取甚至更多的利益給別人的觀點，將證明把人們的自然資質視為一種共同資產是正當的嗎？又是什麼證明這種抽取是正當的呢？

沒有人能說他的較高天賦是他應得的，也沒有任何優點配得到社會中較有利的出發點。我們不能因此得到應當消除這些差別的推論，我們另有一種處理的辦法。社會基本結構可以被安排來用這些偶然因素為最不幸者謀利。[73]

如果沒有「另一種處理的辦法」呢？是不是就將推論說應當消除這些區別呢？對自然資質將有什麼計畫和打算呢？如果人們的資質和才能不能強制去為他人服務，那麼要怎麼做才能消除這些特別的資質和才能呢？要怎麼才能禁止人們利用它們來為自己或為他所選擇的別人謀利呢？（即使這一禁止並不改善那些無法利用別人的才能，來為自己謀利的人們絕對地位）這難道不是非常不合理，以致可以指責說嫉妒構成了這一正義觀的基礎，形成其根本概念的一部分嗎？[74]

我們已用有關持有正義的權利觀來考察羅爾斯的理論，藉由使其作用於這種深刻的精緻分配正義觀來加深我們對權利觀的理解。我相信，我們已探尋到羅爾斯理論中深藏的缺陷。我注意到羅爾斯反覆談到的一點，即不能經由強調一個理論的某一單獨特徵或某一部分來評價它，而是必須對整個理論加以評估（讀者只有在讀過羅爾斯所有的著作之後才能知道一個完整的理論會是什麼），且不能期望有一種完善的理論。但無論如何，我們考察了羅爾斯理論中的重要部分及其至關重要的一些根本假設。我也意識到我對持有正義之權利觀的討論還很簡略。但我相信，我們不需要像羅爾斯那樣，在拒斥功利主義之前，建立一個完整的替換理論（alternative theory）；我們無需陳述一種完整的替換理論，以拒斥羅爾斯的（不可否認地）大大優越於功利主義的理論。我們還需要什麼或我們能擁有什麼，以朝向更好的理論邁進，而不是去勾劃一個合理的替換觀點呢？（從其不同的角度可以突顯出現存的最好理論之不足）在此，就像在許多方面一樣，我們是學習羅爾斯。

我們開始本章對分配正義的探討是為了考慮這樣一個命題，這個命題認為比最小限度國家功能更多的國家，能根據它是達到分配正義的必要或最恰當的手段而被證明為正當。根據我們提出的持有正義的權利觀，沒有任何基於分配正義之前兩個原則（即獲取和轉讓原則）的論據，可以支持這種功能更多的國家。如果持有系列是恰當地產生，亦將沒有任何支持功能更多國家的論據可基於分配正義而建立。[75]（我們也不認為洛克的條件，實際上會為功能更多的國家提供機會。）然而，如果這些原則被侵犯，矯正原則就要發揮作用了。或許最好把某些分配正義的模式化原則，視為是將達到採用矯正不正義原則之一般效果的規則。例如，在很缺乏歷史訊息的情況下，可以假設：（一）不正義之受害者的狀況，通常比它們本來可以有的狀況要差；（二）那些最有可能是最嚴重之不正義的受害者的狀況最差之群體（或其後代），應該從那些在不正義中得益的人那裡得到賠償（假定這些得益者是那些狀況較好者；雖然，有時也可能是狀況最差群體中的其他人）。這樣，一個大致的矯正不正義的經驗規則也許就是：組織社會，以便最大限度地提高這一社會中最後處在最不利狀況的那個群體的地位。這一特例也許看來並不合理，但對每個社會都會提出一個如下的重要問題：在其特殊歷史情境下，什麼樣可行的規則能最接近在這一社會中運用矯正原則所帶來的結果呢？這些問題是很複雜的，最好留給充分闡述矯正原則的理論去解決。在缺少這樣一種可用於個別特殊社會的闡述的情況下，一個人不能夠用在此提出的分析和理論去譴責任何特殊的轉讓支付（transfer payments）體制；除非顯然沒有任何有關矯正不正義的考慮能用來證明它。雖然引入社會主義作為對我們之罪惡的懲罰是走得太遠了，但過去的不正義可能如此嚴重，以致一種旨在矯正這些不正義的功能更多的國家，在短期內是必要的。

第八章 平等、嫉妒、剝削及其他

平等

改造社會制度以達較大的物質條件平等，其正當性雖然常常被假定，但實際上卻很少得到證明。一些作者注意到：在一個既存的國家裡，占所有人口ｎ％的最富有者所占財富的百分比，大於這一百分比ｎ％；而占所有人口ｎ％的最貧窮者所占有的財富，卻達不到與其人口比例相同的百分比ｎ％；而如果要從最貧窮者那裡達到占有最上層ｎ％的財富，我們就必須考慮最低層ｐ％的人（在此，ｐ遠大於ｎ），然後才能直接考慮如何去改變這種狀況。按照持有正義的權利觀念，人們不能僅僅根據分配的外觀或者諸如此類的事實，來決定國家是否必須做些什麼以改變這種狀況。改造與否的問題依賴於分配是怎麼來的。有些產生貧富懸殊結果的過程是正當的，而各方對他們各自的持有是擁有權利。如果這些分配事實確實是由正當的過程產生，那麼它們本身就是正當。這不是說它們就不可以被改變，而是要在不侵犯人們權利的條件下才能做這種事。任何贊成一種特殊目的模式的人們，都可以自願地轉讓他們自己持有的某些部分或全部，以使分配（至少暫時）較接近於實現他們所想望的模式。

持有正義的權利觀念不贊成平等，或任何其他目的的狀態或模式化的命題為前提。人們不能夠只是假定平等必須被放進任何正義理論。對能夠與構成非全面性和非模式化的蘊含正義觀之思想，緊緊相扣有關平等的論據是非常缺乏的。[1]（然而，卻不缺乏贊成平等之預設且無根據的論述。）我將考慮近年來最受哲學家們注意的論據，這是由威廉斯（Bernard Williams）在其極有影響力的論文〈平等的觀念〉（The Idea of Equality）中提出來的。[2]（無疑，許多讀者將覺得一切都取決於某種別的論證；但我在此想仔細弄清這個論據是怎樣展開的。）

撇開預防性的醫療不談，分配醫療服務的恰當基礎是生病，這是一個必然的真理。那麼，在許多社會裡，當生病作為得到醫療服務的一個必要條件起作用時，它並不是作為一個充分條件活動，因為這種服務是昂貴的，並非所有病人都買得起，因此擁有足夠的錢變成了實際得到服務的一個額外的必要條件……當我們面臨這樣的狀況：例如，財富是得到醫療服務的額外必要條件的狀況，我們能再一次應用平等與不平等的概念，但現在不是連繫於健康人與病人之間的不平等，而是連繫於富有的病人與貧窮的病人之間的不平等。因為我們直接面臨這樣的狀況：那些有同樣需要的人卻沒有得到同樣的服務，雖然那些需要正是這種服務的基礎。這是一種非理性的事態……這是一種理性未在其中充分活動的狀況，是一種未受到理智充分控制，因而也未受到理性本身充分控制的狀態。[3]

威廉斯似乎是在論證說：如果在對一個活動的不同描述中，有一種描述包含著這個活動的「內在目標」，那麼（這是一個必然的真理）實行這一活動（或其分配；如果它是匱乏的話）唯一恰當基礎就連繫於這內在目標的有效實現。如果這個活動是對別人做的，那麼分配這個活動的唯一恰當標準就是他們對它的需要。這就是威廉斯所說的（作為必然真理）分配醫療服務的唯一恰當標準，就是對醫療的需要。那麼，分配理髮服務的唯一恰當標準也就是理髮的需要了。但為什麼這個活動的內在目標必須優於（比方說）這個人實行這一活動的特殊目的呢？（我們撇開一個活動是否能做兩種涉及不同的內在目標的描述不談。）如果某人成為理髮師是因為他喜歡與許多不同的人談話；那麼，他把他的服務分配給那些他最願與之談話的人們是不公正的嗎？或者，如果他作為一個理髮師是為了掙取學費，他可以只為那些出手闊綽或給小費的人理髮嗎？為什麼理髮師就不能像別的活動的內在目標不涉及其他人，用完全同樣的標準來分配他的服務呢？一個花匠必須把他的服務分配給那些最需要他的草坪嗎？

一個醫生的情況與此比較有什麼不同呢？為什麼他的活動就必須經由醫療服務的內在目標來分配呢？（如果沒有「短缺」，那麼某些醫療服務是否可以按別的標準分配呢？）看來很清楚的是，他不必這樣做。難道正因為他有這種技藝，他就應當承擔按需要分配的代價嗎？在從事醫療工作的特殊環境中，為什麼他要比別人少一些追求自己目標的權利呢？所以，是社會設法把事情安排得使醫生在追求他自己的目標時，也能按照需要來分配；例如，社會付錢給他讓他這樣做。但為什麼社會必須做這件事呢？（社會也應當對理髮的例子這樣做嗎？）這大概是因為醫療服務是重要的，人們很需要它。這對食物而言也是一樣，雖然耕作並不像醫療那樣有涉及他人的內在目標。當層層剝開威廉斯的論據時，我們看到的就是下述命題：社會（即在某種組織形式中一起行動的每一個人）應當為其所有成員提供重要的需求。當然這一命題以前也被敘述過許多次，儘管外表不太一樣，但實際上威廉斯未成功地對它提出任何論證。[4]就像別人一樣，威廉斯只看到分配的問題。他忽略了要被分配的事物或行為是從哪裡來的問題。因而，他就沒有考慮它們已經屬於對它們擁有權利的人（這一例證肯定也適用於那此作為人們之行動的服務性行為），而這些人因此可以自己決定，他們將根據什麼理由把這些物品或活動分給什麼人。

機會平等

機會平等在許多作者看來是最低限度的平等主義目標；如果有問題的話，僅在於這一要求是否太弱。（許多作者也注意到，家庭的存在如何阻礙這一目標的充分達成。）有兩種試圖提供這種平等的方式；一種是直接削弱那些機會較好者的狀況；一種是改善那些機會較差者的狀況。後者需要使用資源，所以也涉及到削弱某些人的地位：他們被取走一些持有以改善別人的地位。但是，這些人擁有權利的持有可能是不可以被奪取的，即使這是為了提供他人的機會平等。在缺少魔杖的情況下，還剩下的達到機會平等的唯一手段就是說服人們自願地貢獻一些他們的持有。

為了獎金賽跑的例子常被用來討論機會平等。某些人的起點比另一些人更靠近終點的賽跑是不公平的。同樣地，某些人被迫背負重物或鞋裡放石子的賽跑是不公平的。但生活並不是我們都競爭以獲取某種獎金的賽跑；並不存在任何統一的，由某人裁判速度的賽跑。相反地，生活是不同的人在分別給別人不同的東西。那些給予者（時常是我們每個人）通常並不關心應得的問題，不關心對方所遇到的障礙；他們關心的只是他們實際上要得到的東西。沒有任何集中的過程來裁判人們對其機會的使用，這也不是社會合作與交換的目的。

有一個理由可以說明：為什麼某種機會的不平等看來是不公平的，而不只是某些人什麼機會也沒有的不幸（有時真是這樣，即使別人並不因此有較大的利益）。有權轉讓的持有人經常並沒有一定要把它轉讓給某人的特殊願望，這相對於遺贈財物給孩子或送禮物給某人的情況。這個持有者願意向任何滿足了某一條件的人轉讓（例如，能提供給他某種好處或服務以為交換的人；能做某種工作，或能付某種薪水的人），他也願意向任何滿足了這一條件的人轉讓。是某人得到這一轉讓，而非另一個較少機會滿足轉讓者之條件的人得到這一轉讓，這不是不公平嗎？既然給予者並不在乎他轉讓給誰，而只要接受者滿足某個一般性的條件；所以作為一個接受者的機會平等，在這種情況下將不會侵犯到給予者的任何權利。它也不會侵犯任何有較多機會者的權利；當機會較多者對他持有的東西擁有權利時，他並無權利一定要將其所持有的東西給別人。但如果機會較少者有一平等的機會豈不更好？如果有人能如此增加他的機會，而不侵犯別人的權利，他不是應當這樣做嗎？這不是更公平嗎？如果這將是更公平的，這種公平能不能證明逾越某些人的權利以獲得資源，來援助那些機會較少者進入較平等的競爭地位是正當的呢？

這一過程是競爭性的，就像下面這樣：如果機會較多者並不存在，轉讓者就可能和那些本來機會較少者交易，這些人在這種情況下就變成可以交易的最好人選。這不同於下述狀況：在其中，沒有連繫但是相似的存在物生活在不同的行星，面臨著不同的困難，並有不同的機會實現他們互異的目標。在那裡，一個存在者的狀況並不影響另一個存在者的狀況，雖然若條件較差的行星得到比它現在要好的條件是較好的事情（如果條件較好的行星得到比它現在更好的條件，那也是較好的事情），但那不是較公正的。它也不同於下述狀況：在其中，一個人雖然能夠，但不願意去改善另一個人的狀況。在我們所討論的這種特殊情況中，如果某個機會較多者不存在，機會較少者的狀況就會變得好些。我們不僅可以把機會較少者看作是生活得較好的人，或不願助他人的人；還可以把他視為是阻止或妨礙機會較少者處境變好的人。[5]這種阻礙另一個人成為較具吸引力的交易夥伴的情況，固然不能直接與削弱（例如經由偷竊）別人的地位相提並論。但是，機會較少者也不能合理地抱怨，他被另一個並不應得其較好機會以滿足某些條件的人所阻礙嗎？（暫且不談另一個機會更少者可能對這個抱怨者做出類似抱怨。）

雖然我們可以感受到前面兩段所提出的問題的力量，我還是不相信它們能推翻一種徹底的權利概念。如果那個後來成為我妻子的女子，因為我而拒絕另一個求婚者（若不是因為我，她將會和他結婚）；且這種拒絕部分是由於我的敏銳智力和英俊相貌，而這兩個優點並不是我努力掙來的、應得的；那麼，那個智力和相貌稍遜的被拒絕者，可以正當地抱怨說這不公平嗎？我對別的求婚者贏得女性歡心的這種妨礙，是否證明我取走某些資源為他做美容手術進行特殊的智力訓練，或者發展他的某些我沒有的優越特徵，以使我們被選中的機會平等是正常的呢？（我在此已假定那種直接削弱機會較好者的地位，以達到機會平等的方式是不允許的。這種方式在這個例子中表現為例如使機會較好者破相，或藉由注射藥物、製造噪音，而使他不能充分運用他的智力。[6]）沒有任何這樣的結論可以被推演出來。（這個被拒絕的求婚者將對誰、對什麼事，有合理的抱怨嗎？）如果不平等的機會是來自於人們隨其意願行動，或轉讓其權利的累積結果，情況也沒有什麼不同。至於那些不可能被合理地指責為對第三方有妨礙結果的消費品，這種論證甚至更為容易。如果一個孩子在有游泳池的家庭裡長大，他每天使用它。即使他並不比另一個家裡沒有游泳池的孩子更應得它，這是不公平的嗎？這樣一種狀況應當被禁止嗎？如果不應禁止，為什麼就應當反對經由遺贈把游泳池轉讓給一個成年人呢？

有人說，每個人對諸如機會平等，生命等都有權利，並可強行這種權利；這種說法的主要缺點是：這些「權利」要求某些事物、物質和行為作為其基礎，而其他人可能對這些東西已經擁有權利。對於為了實現某事，而需要使用別人擁有權利的事物或活動的東西，任何人都不對它擁有權利。[7]其他人對特殊事物、那枝鉛筆、他們的身體的權利，以及他們選擇使用這些權利的方式，形成了任何個人及他能用的資源的外部環境。如果他的目標需要使用別人擁有權利的資源，他必須求得他們的自願合作。甚至實行他決定怎樣使用自己擁有的東西的權利時，都可能需要其他獲得權利的資源（例如使他生存的食物）；他必須把其可行的方案與他人的合作連結起來。

特殊的人對特殊的事物有著特殊的權利，各人也有與他人達成協議的特殊權利——只要你和他們都有達成協議的資源。（沒有人必須提供給你一支電話，以便你可以和另一個人達成協議。）在這種與特殊權利基礎的衝突之中，並沒有任何權利存在。既然任何純粹達到一個目標的權利，都不可避免地要和這種基礎發生衝突，因而沒有任何這樣的權利存在。對事物的特殊權利填滿了權利的空間，而沒有給在某種物質條件下存在的一般權利留下餘地。與此相反的理論，只想把這種普遍持有的、欲達某些目標，或在某種物質條件下存在的一般權利作為其基礎，以便決定其他的權利；但就我所知，還沒有人認真地嘗試去敘述這一相反的理論。

自尊與嫉妒

把平等與自尊連繫起來是合理的。[8] 嫉妒的人如果不能夠擁有一件別人擁有的東西，才能……他就寧願別人也不擁有它。比起別人有而自己沒有來說，他寧願大家都沒有。[9]

人們常常指責說，嫉妒構成了平等主義的基礎。另一些人則回答：既然平等主義原則是可以另外證明，我們不必把名聲不好的心理歸之平等主義者；他只是希望正確的原則被實現而已。鑒於人們在設想出原則來使自己的情緒合理化方面本領高超，以及在難於發現平等本身是有價值的論據下，這一回答（至少）可以說是未獲證明。（一旦人們接受平等主義原則，他們便可能支持削弱自己的地位實行這一原則的事實，也無法證明這一點。）

在此我更願注意嫉妒情緒的奇妙性質。為什麼有些人寧願別人在某方面得分不比他們高，而不願為別人的狀況較好或幸運感到高興呢？他們不是至少可以不屑一顧嗎？有一條看來特別值得探討的線索：在某方面有得分的某人A，希望另一個得較高分數H的人得分不要這麼高，即使這不會提高他自己的得分；因為在某些人得分比他高的情況下，這會威脅或破壞他的自尊，並使他感到自己在某一重要方面劣於別人。別人的行動或其特免權怎麼會影響一個人的自尊呢？我的自尊、自我價值感，不是應當僅僅依賴於與我有關的事實嗎？如果我評價的還是我自己，那麼涉及他人的事實怎麼能夠在此起作用呢？答案（當然）是：我們是經由把我們的行為與別人能做的事情比較，而判斷我們做得有多好。假設一個生活在偏僻山村裡的人，在一百五十次的籃球跳投中能命中十五次，而村裡其他的人跳投一百五十次只能命中一次，他就會（像別人一樣）認為他是長於此道的。然而在某一天，來了一位籃球明星，這時情況會怎樣呢？再如，一位非常努力工作的數學家，偶爾想出一個有趣的推測，並巧妙地證明一個命題。然後他發現一群數學天才，他努力提出推測，但他們很快就證明它或者否定它，並建構出很精緻的論據，且他們自己也想出非常深刻的命題；這時情況會怎樣呢？

在這兩個例子中，當事人最後都將做出結論：他並不很擅長或精於此事。如果不參照別人是怎樣做或能否做這件事，就沒有某件事做得有多好的標準。托洛斯基（Leon Trotsky）在他的《文學與革命》（*Literature and Revolution*）中，描述過人（最終）在共產主義社會將變成什麼樣子：

> 人們將變得無可比擬地強壯、聰明和機智，他的身體將變得更和諧，他的活動將更有韻律，他的聲音將更具音樂性。生活方式將變得富於生氣和戲劇性。一般人將提升到亞里斯多德、歌德或馬克思的水準。而在這些山峰之上，又將有新峰頂出現。

如果這樣的情況發生，那麼那些只是處在亞里斯多德、歌德或馬克思的水準上的一般人，將不認為自己很擅長或精於這些活動。他仍會有自尊的問題。某個處在如前面所述的投籃者或數學家地位上的人，可能寧願別人沒有他的那份才能，或至少不再在他面前表現；這樣他的自尊將免受打擊而得到支持。

這將是一個可能的解釋：為什麼某些收入的不平等，或工業社會中權力地位的不平等，或企業家相對於其雇員之間的不平等會如此刺傷人；這並不是導因於那種較優越的地位是不應得的感覺，而是由於它是應得的和掙取來的。它可能傷害某人的自尊，使他在知道別人成就較大或發展較快時，感到自己作為一個人的價值較低。工廠裡的工人，剛開始對先前也是個工人成功者感到吃驚時，將不斷產生這樣的想法：為何不是我呢？為什麼我沒有這種成就呢？然而若不是每天都碰到他，人們是很容易使自己忽略別人在別處取得較大成就。這一點並不依賴於一個人是否應得他在某方面的優越地位。某人跳舞跳得很好，這將影響你對自己跳舞跳得有多好的評價；即使你認為舞蹈大部分都依賴於並非由努力得到的天賦。

作為一個體現這些問題的結構（而不是作為一種心理學理論的探討），試考慮下列簡單的模型。有一系列不同的面向及人們在其中將隨之不同的面向的特質，D_1，D_2……D_{11}，而人們被認為這些特質是有價值的。人們可能對究竟哪些面向是有價值的，以及他們認為有價值的面向其價值有多高（非零值）有著不同的意見。對每個人來說，將有一種事實描述顯示他在各個面向的客觀地位；例如，在籃球跳投方面，我們可能有這樣的描述：「從二十英尺外跳投一百次的通常得分為──」，而一個人的得分可能是二十、三十四，或六十七。

為簡明起見，讓我們假定一個人對有關他的事實描述的看法是相當準確的，並將有一種評價性描述來表現這個人，是怎樣評價他自己在事實描述方面的得分。在這方面還有一些評分標準（如優良、尚可、滿意、差、極差）來表現他對自己在各面向的評價。這些個人評價──不管他是怎樣從事實描述中得到的──將依賴於他對相似的別人的事實描述的實際看法（即「對照組」），以及他童年時就確定的目標。所有這些評價決定著他的抱負的水準，而這個水準在一定時間裡將以大致可覺察的方式變化。每個人都將對自己做某種全面的評價；在最簡單的情況中，這將只依賴於他的評價性描述和他對各個面向的評價。這種依賴的方式將因人而異。有些人可能把他們在所有面向的得分加權起來衡量，另一些人則只要他們在某些重要的面向做得不錯就對自己滿意了；還有一些人則可能覺得只要自己在某個重要的面向失敗就會一蹶不振。

在人們普通同意某些面向是很重要的社會裡，如果人們在這些面向存在著差距、且某些制度公開地根據他們在這些面向的地位來組織他們的社會；那些得分較低的人可能會覺得自己劣於那些得分較高的人們，他們可能覺得自己作為人是低劣的。（因此，卑微的人可能變得把自己看作是卑微的人。）一個人可能試圖經由改造社會來避免這種劣等的感覺，或者把人們區別開的面向變得不那麼重要；或者使人們沒有機會公開實行他們在這些面的能力；或者使大家沒有機會知道別人這些面向上的得分。[10]

很明顯的是，如果人們因為他們在某些面向做得很糟而感到低人一等，那麼，如果這些面向的重要性減低，或者大家得分相等，他們將不再感到低人一等。他們感到自己低人一等的理由被排除了。但別的面向很可能取代被貶低的面向（對另一些人），並產生同樣的效果。在貶低或拉平其他的面向（比方說審美力、魅力、智力、探險、體質）；那麼，這種現象將重新出現。[11]

人們都根據他們與別人在某些最重要面向的差別來判斷自己。他們並不會把自己作為人類的通常能力，與有這此力的動物相比較而從中得到自尊。（「我是相當不錯的；我有與其他手指相對的拇指，而且能講某種語言。」）。人們也不會因為他們擁有投票選舉政治領袖的權利而得到或保持自尊，雖然當選舉權並不被廣泛享有時，情況可能有所不同。同樣，今天的美國人不會因為他們能寫能讀而感到自己會有價值，雖然在歷史上許多別的社會裡會有這種情況。當所有人或幾乎所有人都擁有某種東西或特質時，這種東西或特質並不作為自尊的基礎起作用。自尊是建立在有差別的特質，這就是稱其為自尊的原因。就像研究對照組的社會學家喜歡指出的那樣：他人就是改變你的人。知名大學的一年級學生，可能有進入這個大學的自豪感。這種自豪感在他們要進又尚未進這個大學前的一段時間裡最為明顯。但與他們交往的所有人都處在同一地位時，進這個大學的事實就不再是自尊的基礎了；除了放假回家（或在想像中）面對那些並非與他處在同樣地位的人的時候。

那麼，你怎麼為那個也許因為能力有限，而在其他人認為重要的面向都比其他人得分低的人建立自尊呢？你可以告訴那個人，雖然他的絕對分數是低的，但他已經做得很好了（以他有限的能力）。他比大多數人更多地實現自己的才能，比別人更充分地運用自己的潛力；考慮到他的起點，他已經取得很大的成就。這將經由引用另一個重要的面向而再提出比較性的評價，在這個面向上，他與別人比起來確實做得很好。12

這些考慮使我們多少產生下述疑問：經由扯平在自尊（碰巧）依賴的某一面向的差距，來平衡自尊和減少嫉妒是否可行。想想有多少種能引起別人嫉妒的特質，就能了解為什麼有那麼多自尊不平等。現在回想一下托洛斯基的推測：在共產主義社會裡，所有人都將達到亞里斯多德、歌德或馬克思的水準，同時新的高峰又將在那裡出現。這樣，處在歌德等人的水準上的事實，將不再給每個人超過其語言能力和用手抓物能力的自尊和個人價值感。某些簡單和自然的假設甚至可能導致一個使嫉妒保留的原則。人們可能擔心：如果諸面向的數量不足無限的，且時間做出了巨大的努力來排除差別；那麼隨著有差別的面向的減少，嫉妒將變得更為嚴重。因為在有差別的面向不多的情況下，許多人將發現他們在這些面向上都情況不佳。雖然對一系列各個不同的常態分配，其加權總額將是常態的，但如果（知道他在各面向得分）每個人對各面向的加權方式不同，那麼所有不同個人的不同加權的總額就不必然是一種常態分配；即使每個面向的得分都是按標準分配。每個人都可能認為自己處在分配的較高處（即使這是一種常態分配），因為每個人都是經由他選定的特殊加權方式來看待分配。可比較之面向的數量越少，一個人也就越沒有機會成功地使用不統一的衡量辦法——即更重視他得分高的面向——而為其奠定基礎。（這暗示著嫉妒只能經由對所有差別的排除而消滅。）

即使嫉妒比我們所想的要容易處理，但經由干預來削弱一個人的狀況，以減少知道這個人狀況的其他人的嫉妒和不幸，也是應當反對的。這樣一種辦法可視為對某種行為的禁止（例如，禁止膚色不同的夫婦手牽手走路），而其禁止僅僅是因為知道這種行為將使某些人不愉快（見第十章）。這涉及到同一種外部干預。一個社會要避免懸殊的自尊差別，最有希望的方式是在這個社會中沒有對諸面向的統一權衡；相反地要有許多不同的面向及權衡方式。這將擴大每個人發現這樣一些面向的機會——這些面向是某些別人也認為重要的，而自己在這些面向又做得不錯，因此能對自己做出一種正常的贊許評價。這種對統一的社會評價的打破，將不可能經由消除某些重要面向的集中努力來達到。而且，這種努力越是得到集中和廣泛的支持，就越是使某一面向引人注目地成為普遍同意奠定人們自尊的基礎。

有意義的工作

常有人認為：在一工作體系中處於從屬地位將損害自尊；這是根據社會心理學的法則或如下的基本通則：這一通則認為，長期的接受命令和處於非你選擇的他人權威之下，會削弱人的自尊，使之感到低劣；而如果你在以民主方式選擇這些權威者的過程中發揮了作用，不斷地給予他們建議並對他們的決定進行投票，就可以避免上述後果。

但是，一支交響樂團的成員們卻是不斷地在接受樂團指揮的命令（常常是任性和專斷的命令，有時還會發怒），而且指揮並不諮詢他們對工作的整體意見。但他們還是保持著很高的自尊，並不感到他們低人一等。應徵入伍的士兵也是不斷地被人命令怎樣穿著、櫥櫃裡該放些什麼東西，然而他們也不感到低人一等。社會主義工廠裡的幹部們也同樣接受命令，像別人一樣從屬於相同的權威，但他們也不喪失自尊。在組織層級中往上升的人們要花許多時間來執行命令，而他們並不感到自己卑微。鑒於「處在受支配地位上執行命令會削弱自尊」的通則有許多例外，我們就必須考慮下面的可能性：自尊感較低的被支配者主動開始，或因其地位而被迫面對他們存在的事實，思考他們作為一個人對自我價值的評價基礎為何，並且不輕易做出回答。如果他們相信發言者有權利這樣做，可以基於某種個人之優越性發號施令，那麼他們將很難找到上述問題的答案。當然，按照權利理論，情況不會是這樣的。人們可能有權決定某些資源，其條件是別人也可使用。或許，關心自學之差別的讀者將有助於使權利理論更為人所知，因而消除自尊感較低這種狀況的一個根源。當然，這不可能消除所有這樣的根源。有時，一個人的權利將明顯來自他自己的特質和他先前的活動，而在這些情況下所面臨的比較將是不愉快的。

有意義和令人滿意的工作的論題，常常被放進有關的討論中。有意義和令人滿意的工作包括：（一）有可以發揮自己才能和潛力、面對要求創新和自主性活動之挑戰的機會（因而不會是令人厭倦的重複性勞動）；（二）處在當事人認為是有價值的活動之中；（三）在這種工作中，他知道他的活動在達到某種總體目標所扮演的角色；（四）這樣，他有時在決定他的活動時，必須考慮他所致力的更大事業。據說，這樣一個人就能夠對他所做的工作及其間的良好表現感到驕傲；他能夠感到他是一個有價值的人，做了一個有價值的貢獻。此外，據說除了這種工作的內在可欲性和創造性之外，從事別類工作就將削弱個人，使他們在其生活的所有層面都變成較不完整的人。

規範性社會學，即研究問題的原因應當是什麼的社會學，把大家都給迷惑住了。如果X是壞的，那麼同樣壞的Y就能經由一個看似合理的陳述連繫於X，我們很難抗拒把事物加上因果連繫的誘惑。我們總是想使一件壞事成為另一件壞事的原因。[13]如果人們應當做有意義的工作，如果這是我們想要人們做的，如果我們藉由某種陳述能把沒有做這種工作（這是壞事）與另一件壞事（普遍缺乏獨創性、消極懶散的活動）連繫起來，那麼我們就可以適當地跳到下述結論：第二件壞事導因於第一件壞事。當然，其他的壞事可能是由於其他的原因而存在。的確，假使某些工作是可以選擇的，這兩種壞事的關聯就可能導因於以下事實：傾向於做獨立性較低的工作的人，正是那些本性最願意從事獨立性較低的活動的人。

人們常常注意到，那些限制了獨創性的瑣碎事務、機械性的工作和詳細規定的活動，並不是專屬於資本主義生產方式的問題，而似乎是工業社會的問題。資本主義能怎樣回應工人們要求有意義的工作的願望呢？如果一個工廠把工作任務劃分得更有意義時，工人們的生產率就會上升，那麼追求利潤的廠主就會重視生產過程；如果工人的生產率在這種有意義的分工下保持不變，那麼，正在競爭獲取勞動者的公司，也將改變它們的內部工作結構。

所以，唯一值得考慮的情況是：一家公司把工作劃分為更有意義的部分，並且大家輪流擔任時，比較少意義之分工的效率要低（按市場的標準判斷）。這種低效率會經由三種方式產生（或它們的結合）。首先，工廠中工人們可以自己要求有意義的工作，這種工作有其理論家所描述的所有優點；工人們認識到這一點，並願意放棄某些東西（某些工資）以從事有意義的工作。他們拿較低的工資，但他們認為就其工作的總體而言（較低的工資加上有意義的工作所帶來的滿足），要比拿較高工資卻做較無意義的工作更符合他們的心願。他們以某些工資與他們工作所增加的意義、增加的自尊等進行交換。許多人實際上都在做非常類似的事情：他們並不僅根據所預期的未來金錢收入的貼現價值來選擇他們的職業，他們也考慮社會連繫、個人發展的機會、興趣、工作的保障、工作辛苦程度、能自由支配時間的多少等等。（許多大學教師若在企業機構工作能賺更多的錢。大學裡的祕書們也是放棄企業中的更高工資，以得到一個壓力較小、在她們看來也較有趣的環境。對此，還可以舉出許多別的例子。）但並非所有人都想要同樣的東西，或同等強烈地想要某種東西。他們根據職業給予他們的總體利益來選擇。同樣地，那些重視某種不同的工作組織的工作者，可能會願意放棄某些工資；而那些對其最重視者實際上會在其可選擇的工作範圍內這麼做。農人的生活節奏不同於生產線上的工人（其總數不到美國體力勞動者的五％），其收入和生活也不同於售貨員。

假定一個工人並不很重視較有意義的工作，他並不願意拿較低的工資以得到它。（在他生命的什麼階段他會認為這種工作並沒有很大的價值呢？如果是在一開始，那麼他的價值觀本身就並不是從事無意義工作的產物，我們就應當小心地把他後來的特質歸之於他的工作經驗。）

別人不會承受這種因效率較低而帶來的貨幣成本嗎？他們可能會這樣做，因為他們相信支援有意義的工作這一事業是重要的；即使這對那個工作者來說，沒有重要到足以使他願意承擔這筆貨幣成本。所以，第二，或許個人消費者將藉著為他們購買的東西付較多的錢而承擔這一成本。一群人可能結為一個消費者聯盟，只購買那些其工作活動是有意義的工廠的產品；或者我們可以個別地決定這麼做。而我們要做到什麼程度，將依賴於這種活動相較於其他活動對我們的價值。（其他活動如：購買較多的其他產品，或以較低廉的代價從並非有活動意義的工廠裡購買物品，而把省下來的錢用來支持其他有價值的事業。）例如，我們要比較醫學研究、援助貧困藝術家，或別國的戰爭受害者何者價值較大。

但如果這樣做對個別的工作者，或是對個人消費者（包括社會民主運動的成員）都沒有足夠的價值呢？還有什麼別的選擇嗎？第三種可能性是：可以禁止工人們在那些工作缺乏意義的工廠裡工作，或者禁止消費者購買這些工廠的產品。（在沒有黑市的情況下，一個禁令實際上將引發另一個禁令。）或者可能從企業家的利潤中拿出一部分，來設立把工作安排得有意義的企業。這最後一點涉及到我必須把它留到他處再談的大問題。但要注意的是：即使沒有個人所有者，所有公司都由其工人所有，還是存在著工作活動要如何組織的問題。有些公司在組織生產中將決定要共同分配增加的貨幣利潤。其他公司或者也必須這樣做，或者不得不為每個工人設定較低的年收入；再不就是必須說服某些消費者，為它們的產品付較多錢。或許一個如此建立的社會主義政府將禁止無意義的工作；但除了它如何立法的問題之外，它能根據什麼理由把這一觀點強加於那些想實現其他目標的工人呢？

工人自治

資本主義體系下的公司，也許能為那些想要有意義工作的人們提供這種工作。它能同樣提供內在民主的權力結構嗎？在某種程度上肯定是可以的。但如果這種民主決策的要求擴大到像所有權這樣的權利，那它就不能夠了。當然，作為另一種選擇，人們可能組織一個他們自己進行民主管理的合作企業。任何購買一間舊工廠或建立一間新工廠的激進富有者或工人團體，都可以不受阻礙地建立他們最喜愛的微觀工業體制；例如，建立工人自治、民主管理的公司。這樣然後，這間公司就能直接把其產品投入市場。在此我們碰到了類似前面討論過的可能性。這樣一間工廠的內部運作程序將不會降低由市場標準判斷的效率。因為即使花在工作上的時間較少

（有些時間被用於民主決策的過程），但在這較少的時間裡，工人們可能因他們對自己工廠的籌劃有發言權而工作得非常有效率和勤勉，以致於他們根據市場標準優於他們較正統的資本家競爭者〔參考布蘭克（Louis Blanc）的觀點〕。情況如果是這樣，要建立這種財務上成功的工廠不會有什麼困難。在此我略去這種工人自治體系如何運作的難題不談，如果事情都是由工廠的工人投票決定的，而當許多投票的工人，不能得到足以超過從現行分配中抽走的利益時，將導致對那些回收較晚的計畫投資不足；這或者是因為這些投票者將不再在此工作而一無所獲，或是因為他們即將退休。

這種投資不足及其對未來工人之地位的損害，可以經由每個工人擁有這個工廠的股份（這一股份他可以賣出或遺贈）來避免，因為那時預期的收入將提高他現在股份的價值。如果每個新的工人都可獲得對年利潤的平等份額（或平等股份）的權利，這就將影響這個團體吸收新工人的決定。現在的工人（因而也是這間工廠）將有很強烈的誘因去選擇最大限度地增加平均利潤（每個人的利潤）而非總體利潤，因而要比一個只要有利就雇用所有人的工廠雇用較少的人。[14] 但這樣的話，要擴大生產的額外資本如何獲得呢？在工廠內是否有收入的差別呢？（這種差別是怎樣被決定的呢？）既然工團主義者（syndicalist）企業體制將引起不同企業間工人收入的嚴重不平等（因為每個工人的資本額不同，各企業也有不同的獲利率），我們很不明白贊成某種平等主義目的模式的人們，怎麼會把它視為對平等模式的恰當實現。

如果如此組織的工人自治的工廠，按市場標準來看是效率較低的，它就不能像一個主要致力於低成本生產，而將其他考慮放到第二位甚至予以排除的工廠那樣，廉價地出賣自己的產品了。像前面一樣，這種困難可以容易地以兩種方式中的一種（或其結合）來解決。首先，工人自治的工廠可以付給每個工人較少的錢；亦即，經由某種形式的共同決定，使他們自己的收入較那些私有制企業所雇用的工人為低，這樣就使他們的工廠能以競爭價格在市場上出賣其產品。然而，如果工人因為收入比他們本來可得到的低而拒絕在工人自治的工廠工作，也就是說，如果這種工作的非貨幣利益在他們看來不如別處能使他們掙得的額外貨幣重要，那麼工人自治的工廠或可嘗試第二種辦法，即付給工人們競爭工資而提高其產品的價格。這將要求這些產品的購買者，比他們從較正統的競爭者那裡購買這類產品付更多的錢，並告訴這些購買者，這樣做將支持一個工人自治的工廠，從而就為社會正義盡了一份力量。和前面一樣，某些消費者可能願意承擔這筆額外的費用，另一些人則可能不願對工人自治的工廠做這種慈善性質的購買，而寧願買較便宜的產品，並把省下來的錢用於別的目的，包括別的慈善活動。如果沒有足夠的人數支持這間工廠，那麼在沒有大量的與消費無關的私人補助的情況下，它將會破產。如果有足夠的工人及消費者願意在某種程度上使用非貨幣的標準來支持這間工廠，那麼它就能維持。在此重要的是：存在著一種實現工人自治體制的手段，而這種體制是經由自由社會中人們的自願行為而產生。15

可能有人認為：在一個包含許多私有企業的社會裡，工人自治的工廠即使有效率也不可能產生。但如果它們被相信為是有效率的，它們將能在市場經濟中得到某種支持。因為這種企業或公社，或任何你希望的試驗組織一旦繁榮起來（達到相當數目），就能以它們的成功回報任何最初的投資——即使它們不喜歡私人投資的原則。認為支持某個如果成功將結束或削弱私人投資體制的企業，違反了投資者的階級利益，這種說法是沒有意義的。投資者並不如此具有利他主義傾向。他們是為自己，而不是為階段利益活動的。另一方面，在國家體系中如何能為創辦一個私有企業聚集充分的資源：假定有人願意成為這一私有企業的勞動者和其產品的消費者，則是一個更不易處理的問題。

即使得到外部投資比上文說的還要困難，工會金庫現在也有足夠的資金來使許多能償還本息貸款的工人自治的工廠資本化；就像許多私人所有者用銀行貸款，甚至於用工會貸款所做的一樣。為什麼某些工會或工人的組織就不能開創他們自己的事業呢？工人們有很便捷的途徑來掌握生產工具，像是購買機器、租用場地等等，就像私人企業家所做的一樣。那麼為什麼工會竟不開創新事業？工人們又為什麼不共同出資？這樣的思考是極富啟發性的。

馬克思主義中的剝削

馬克思主義的經濟理論還留下什麼，是個重要的問題。隨著勞動價值論的解體，其特殊的剝削理論的基礎也隨之消失。這一理論對剝削的定義的魅力和簡明性業已喪失。因為人們認識到，按照這一定義，任何社會中只要其投資是為了擴大再生產（也許是因為人口的增長），這一社會就將存在著剝削；又如果在任何社會中，那些不能工作或不能做生產性工作的人們受著別人的勞動資助，那麼這種社會也將存在著剝削。但究其根本，馬克思主義解釋剝削現像是根據工人沒有掌握生產工具。工人們不得不向資本家出賣他們的勞動（或勞動力），因為他們必須使用生產工具來生產，而不可能獨自生產。一個或一群工人不可能先租用生產工具，然後等到幾個月之後再出賣其產品；他們缺少現金儲備以得到機器，或等到把現在正在製造的產品賣出去而得到收入。因為工人們同時還必須填飽肚子。[16]因此，工人們就不得不和資本家打交道。（並且，候補的未受雇之勞動者使資本家無需經由競爭獲取勞動者並抬高勞動的價格。）

我們要注意，一旦這一理論的其餘部分被棄之不顧，那麼構成剝削之基礎的關鍵事實就是工人們不掌握生產工具。由此可推論出：在一個工人們不再被迫與資本家打交道的社會裡，對勞動者的剝削將不再存在。（我們略去了工人們是否被迫與某一別的、較集中的團體打交道的問題。）所以，如果有一個由公共占有和控制（你所欲的）生產工具的部門，且其規模很大，足以使任何希望加入的都能加入其中工作，那麼就足以排除對勞動者的剝削了。特別是，如果除了這個公共部門之外，還有一部分私人占有生產工具的部門，它們雇用自願在其中工作的工資勞動者，那麼，這些工人也就不是被剝削的了。（儘管人們試圖說服他們不在私有制企業工作，但他們還是選擇在那裡工作，這或許是因為他們在那裡能得到較高的工資或報酬。）因為，他們並不是被迫與生產工具的私人擁有者打交道。

讓我們看看這種情況。假設私人部門擴大，公部門就會變得越來越小。並假設越來越多的工人將選擇在私人部門中工作。而在私人部門中的工資比公部門的工資要高，並且不斷增長。

現設想在一段時間之後，這一被剝削的公部門變得完全無足輕重，甚或完全消失了。那麼在私人部門將會有什麼相應的變化呢？（根據假設，既然公部門已經是很小的了，到私人部門去的新工人對工資將不會有太大的影響。）上述剝削理論似乎將有某些重要的變化，但這樣說是非常不合理的。（對此並無好的理論論據。）如果在私人部門中的工資水準或提升將沒有什麼變化；那麼，能說以前未被剝削而目前在私人部門中工作的工人們正在遭受剝削嗎？而他們甚至不知道公部門已經沒有了（因為他們一直很少去注意它），那麼，他們現在就是不得不在私人部門中工作、在資本家裡工作，因而事實上就是被剝削嗎？所以這一理論看來是需要予以維持的。

即使這種沒有掌握生產工具的觀點在某個時期可能是真實的，但在我們的社會裡，勞動階層中的大部分人現在都有自己的私人現金儲備，而工會的退休基金中也有大量的現金儲備。這些工人可以等待，而且能夠投資。這就引出了這樣的問題：為什麼這些錢沒有用來建立工人自治的工廠？為什麼激進分子和社會民主論者不大力推行工人自治企業？

也許這些工人們缺少那種鑑別獲利活動的機會，並按照這些機會組織公司的企業家的能力。在這種情況下，他們可以試著雇用企業家和經理人來為他們創立一間公司，然後在一年之後把權威性的機能還給作為所有者的工人們。（就像科茲納（I. Kirzner）強調的，在決定雇用誰時也需要企業家的見識。）這樣，不同的工人團體就將競爭以獲取有企業家才能的人，從而抬高了這種服務的價格；而另一方面，擁有資本的企業家則試圖雇用工人們在傳統的私有制企業中工作。我們在此略去這種平衡在市場中看來將會怎樣的問題不談，而是問為什麼工人團體現在不這樣做。

這樣創立一家新公司是冒險的。工人們不可能容易地鑑別企業家的才能；而這很大程度上要依賴對未來需求和可用資源的評估，要依賴機會或不可預測的障礙等等。那麼，可以建立特殊的投下資本的投資制度和機構以對付這些危險。有些人不想冒險投資或支持新的冒險事業，資本主義社會允許把承受這些冒險與其他活動分離開來。在福特汽車公司的某一分部工作的工人們不必承擔公司冒險的損失，他們不必因此而交回他們的一部分薪水。而在社會主義的社會裡，一個人必須分擔他在其中工作的企業的風險損失，或者所有人都要分擔集中投資之管理者的投資決定所帶來的冒險損失。在此沒有人能使自己免於這些冒險，也沒有人能像在資本主義社會所能做的那樣，選擇這種冒險而非其他種冒險。

為了比較馬克思主義理論如何對待這種冒險，我們必須簡略地瀏覽一下這個理論。馬克思的理論是一種生產資源的價值理論。這種理論認為：一個事物X的價值V等於體現在X中的社會生產資源的總額。用一種更有效的形式來看，兩個事物價值的比率：V（X）／V（Y），等於體現在它們的生產資源總額的比率：（體現在X中的資源）M／（體現在Y中的資源）M；在此M是這一總額的一種測量尺度。這種理論要求對一種其價值乃獨立於價值比率的測量尺度M給予解釋。如果我們把生產資源的價值理論與生產資源的勞動理論（認為勞動是唯一的生產資源）結合起來，我們就得到勞動價值論。針對勞動價值論提出的許多反對意見，也適用於生產資源理論。

一種可替換生產資源的價值理論的觀點可能認為：生產資源的價值是由從它們產生（能從它們造出）的最終產品之價值所決定，而最終產品的價值在某種意義上又恰恰是由用於它的資源之價值決定的。如果一台機器能被用來製造出X（此外便沒有任何別的東西），另一台機器能被用來製造出Y，而每台機器都使用同樣多的同一原料來製造出自己的一個產品；但X比Y要有價值，因而第一台機器就比第二台機器更有價值——即使兩台機器都用同一種原料，花同樣多的時間去製造其產品。第一台機器由於有價值較高的最終產品，就將要求其價格要高於第二台機器。這可能引起以下錯覺：它的產品價值較高是因為它比較有價值。但這使事情顛倒了；它比較有價值事實上是因為它的產品價值較高。

但生產資源的價值理論並不討論生產資源的價值，而只關心它們的量。如果只有一種生產因素，而且它是同質的；那麼生產資源理論至少可以不被循環地論述。但如果不止一個因素，或者雖然是一個因素，但它是不同質的；那麼要確立一個測量尺度M而非循環地敘述這個理論就成問題了。因為，人們必須決定，一種生產因素的多大量能等於另一種生產因素的既定量。為解決這一等比問題，必須建立一個程式來參照最終產品的價值以確定這一尺度。但這一程式將根據最終價值的訊息來界定這一尺度，所以不能用來解釋根據各種投入量的訊息來解釋的最終價值。[17]另一個程式將用來發現能被X與Y以不同量製造出來的某種共同物，並用最終產品的各種量的比率來決定投入的量。這避免了首先察看最終價值的循環；即一個人開始察看某物最終的各種量，然後用這種訊息來決定投入的量（界定尺度M）。但即使有一種共同產品，也可能並非各種生產因素都是最適於製造它的，所以用它來比較它們可能導致一個錯誤的比率。我們必須按每一生產因素各自最好的功能來比較它們。就算如果兩個不同的產品能由每一資源生產出來，而其間量比率也還是不同的；還是有要挑選哪個比率來保持資源間持久平衡的問題。

我們能藉由考慮史維茲（Paul Sweezy）對簡單純粹勞動時間概念的說明來澄清這些困難。[18]史維茲探討了如何平衡技術勞動與非技術勞動的問題，並同意下述看法：根據最終產品的價值來平衡將是一種循環論證，因為需要被解釋的正是最終產品的價值。然後史維茲說，技術依賴於訓練和天賦差別這兩個因素。史維茲把訓練與在訓練中花費的時間等同看待，而沒有考慮教師的技術。即便這種技術是用教師花在訓練中的時間來大致衡量的。史維茲建議，經由使兩個人做同一件事情來判斷天賦的差別；看他們各做了多少，由此發現衡量他們的比率。但如果某種技術勞動並不是比非技術的勞動生產某種更快的勞動，而是一種生產較好的產品的勞動，那麼這種界定尺度M的方法就失敗了。（像林布蘭德（Rembrandt）的技術與我的技藝比較，關鍵並不在於畫畫比我快。）詳細列舉勞動價值論的反例將是令人乏味生厭的：比方說發現天然物體（其價值在得到它所必需的勞動的價值之上）；發現不能無限複製的稀有物品（如拿破崙的書信）；同樣的物品在不同地區之價值差異；有技藝的勞動造成的差別，因為供給和需求M波動而引起的變化；其生產需要漫長時間的物品（如陳年老酒）等等。[19]

至此所提到的問題，都涉及到簡單純粹的勞動時間的性質；人們提出這種勞動時間是想用它作為衡量其他所有勞動的標準單位。我們現在必須引入另一個額外的複雜問題。因為馬克思理論並不認為，一件物品的價值是與生產它的簡單純粹勞動時間相等，而是認為其價值是與生產它的簡單純粹的社會必要勞動時間相等。[20]為什麼提出社會必要勞動時間這一額外的要求呢？讓我們慢慢考察這一點。

勞動價值論如果要避免某些反對意見的話，就必需要求一個物品有功利效用。現假設，一個人把精力花在製造某些沒有人想要的絕對無用的東西上。例如，他花許多時間很有效率地打了一個大繩結，沒有其他人能打得比他快。花這麼多時間打這個繩結是有價值的嗎？一個理論不應當有這種結論。馬克思如此避免它：「如果某物體沒有功利效用，它就不會是個有價值的物體。如果某物毫無用處，那麼包含於其中的勞動也是沒有用的；這種勞動不能稱為勞動，因此不能創造價值。」[21]這不是一種特別的限制嗎？若與這一理論的其餘部分連繫起來看，它是對誰適用呢，為什麼不是所有有效率的勞動都創造價值呢？如果一個人必須使產品對人們實際有用，並且是人們實際上想要的（假設它是有用的，但沒人想要）；那麼，或許一個人僅僅考察對那些無論如何必須被考慮到的需求，就能得到一個完整的價值理論。

即便加上產品必須有某種效用這一特殊限制，也還是存在著問題。因為，「假設某人工作了五百六十三個小時造出某種效用很低的東西（沒有其他辦法使其更有效率），這滿足了產品須有某種效用之價值的必要條件；那麼，它的價值現在是由勞動量決定的嗎？它是很有價值的嗎？不是！因為耗費在商品上的勞動，只有耗費在對別人有用的形式上，才能算數。」馬克思繼續說：「但是，這種勞動是否對別人有用，它的產品是否能夠滿足別人的需要，只有在商品交換中才能得到證明。」[22]如果我們這樣理解馬克思，而說效用並非是一必要的條件，且勞動量（一旦被滿足）並不能決定價值；而是功利效用的等級將決定花在這一物品上的（有用的）勞動有多少，那麼我們就有了一種與勞動價值論很不相同的理論。

我們可以從另一個角度討論這個問題。現假設某些有用的物品是被盡可能有效率地生產，但它們被生產得太多而不能以某種價格出售。其市場拋售價低於其顯而易見的勞動價值；花在生產物品上的有效勞動時間，大大超過了人們願意為它們付的價格（每小時的定價）。這是否表示，用於製造一個有重大功利效用之物體的平均時間量並不決定其價值呢？馬克思的回答是：如果有這種生產過剩，以致在市場上不能以某種價格銷售，那麼勞動的使用就是沒有效率的（低於本來應當有的價值）——即使勞動本身並不是沒有效率的。因此並非那些勞動時間的總和構成社會必要勞動時間。這個物品的價值並非低於花在它上面的社會必要勞動時間的價值；而是因為比起外表看來，花在它上面的社會必要勞動時間並沒有那麼多。

假定市場上的每一塊麻布都只包含社會必要勞動時間。即使這樣，這些麻布的總數仍然可能包含耗費過多的勞動時間。如果市場不能以每碼兩先令的正常價格吞下麻布的總量，這就證明，在全部社會勞動時間中，以織麻布的形式耗費的時間太多了。其結果就像每一個織布者花在他個人的產品上的時間，超過了社會必要勞動時間一樣。[23]

因此，馬克思承認：這一勞動並不都是社會所必要的。而什麼是社會必要勞動，其時間是多少，將要由市場上發生的事情來決定。[24]這已經不再有任何勞動價值理論了；社會必要勞動時間這一關鍵概念，本身要藉由一個競爭市場的過程和交換比率來界定。[25]

我們回到先前的問題，即投資和生產的風險。我們看到這個問題把勞動價值理論轉變為一種由競爭市場的結果來界定的理論，現在考慮一種根據簡單純粹的社會必要勞動時間支付報酬的體系。在這一體系下，風險與由工人們參與其中而形成的生產過程相連繫。不管一個工人以多高的效率工作多少時間，他只有到弄清有多少人願以何種價格購買其產品時，才能知道他的工作的社會必要勞動時間。所以，一個根據社會必要勞動時間付酬的體制，會對某些辛苦工作的勞動者幾乎分文不付（例如，那些在呼拉圈的風潮過去之後為呼拉圈製造者工作的人，或那些福特汽車公司實驗工廠的工人），並只付給另一些人很少的報酬。（在一個經常很難做出投資和生產決策的社會主義社會裡，這個社會的統治者如果敢明確地根據工人們工作的「社會必要」勞動時間來付酬，將是很令人驚奇的。）這樣一種體系將迫使每個人都嘗試去預測他的產品的未來市場；這將是非常無效率的，且將使那些懷疑某種產品未來將會暢銷的人放棄他們能做得很好的工作——即使別人深信值得為它的成功風險。[26]顯然一個允許人們轉移他們自己不想承受的風險，並且不管冒險過程的結果如何，都將允許付給他們一定報酬的體制是具有某些優勢的。而允許承擔風險之專業化的機會則是巨大的優勢，這些機會將導致典型的資本主義制度。

馬克思試圖回答下列康德式的問題：利潤如何可能？[27]如果一切事物都得到其充分的價值，如果沒有欺詐發生，怎麼可能有利潤呢？在馬克思看來，答案在於勞動力的獨特性質，勞動力的價值也就是生產它的價格（進入其中的勞動），但它本身還能產生比自身價值更大的價值。（這對機器來說也是如此）。經由把某固定數量的勞動L放進生產之中，一個人生產了某種包含有比L大的勞動量的東西。由於個人缺少資源而等不及出售其勞動產品可得到的報酬（見上文），他們不可能收集這些出自他們自己潛能的利益，而不得不與資本家打交道。鑒於馬克思經濟理論的困難，人們將期望馬克思主義者仔細研究有關利潤之產生的替代性理論，包括那些由「資產階級」經濟學家所闡述的理論。雖然我在此強調的是有關風險和不確定性的問題，我也應當提及創新〔熊彼得（J. Schumpeter）〕，以及別人尚未注意的另一很重要的問題：（被廣義地理解的）套利交易的機敏性，以及尋求套利交易的新機會的問題。[28]一種替換的解釋理論如果適當的話，也許將能除去許多構成馬克思主義經濟理論基礎的科學動機，最後可能餘下這樣的觀點：馬克思主義所說的剝削，是那些對經濟學缺乏理解的人們所說的剝削。

自願的交換

有些讀者反對我常常提及的自願交換，他們的理由是：某些行為（例如，工人們接受某種工資）實際上並不是自願的，而只是因為在他們面前只有僅限的選擇，他們常常只能兩害相權取其輕。一個人的行為是不是自願的，依賴於限制他選擇的對象是什麼。如果是自然的事實，那麼這一行為就是自願的。（雖然我更願意坐飛機去某地，但沒有飛機，我步行去那裡就是出於自願。）別人的行為限制著一個人可利用的機會。而這是否使一個人的行為成為非自願的，要依這些人是否有權利這樣做而定。

考慮下面的例子。假設有二十六名女子和二十六名男子都想結婚；無論男性還是女性，每一性別的所有人都一致同意對方二十六個人的某種先後次序，而這種次序是根據作為結婚對象的可欲程度排列的。它可以分別按下降方向稱為A↓Z，A′↓Z′。A與A′自願選擇結婚，兩人都比較喜歡對方而非其他對象。B本來是最想與A′結婚，B′本來也是最想與A結婚，但由於A和A′自己的選擇，這兩人就不在B和B′的選擇對象範圍之內了。當B與B′結婚時，不能僅憑他們本來寧願做另一種選擇的事實，就說他們的選擇是非自願的。這另一種最可取的選擇需要被選擇者的合作，而合不合作都是他們的權利。B和B′與A和A′面臨的選擇對象要少，而這種選擇對象的減少將繼續下去，直到Z和Z′，這兩個人都面臨一種非此即彼的選擇：要麼與對方結婚，要麼不結婚。他們兩人都更喜歡異性中另外二十五人中的任何一人，但由於他們有自己的選擇，他們就都不在Z與Z′的考慮之列了。Z與Z′最後自願選擇相互結婚。他們兩人唯一可行的其他選擇（即不結婚）在他們看來是更壞的事實；以及別人以某種方式實行他們的權利，從而對Z和Z′造成了很有限的選擇地位的事實，並不意味他們不是自願結婚的。

同樣的考慮也適用於工人與資產者的市場交換。Z面臨著工作或是要挨餓的選擇，而其他人的選擇和行為都未能給增加什麼別的選擇對象。（他對做什麼工作可能有各種選擇。）Z是在自願地選擇工作嗎？（一個困在荒島上，必須勞動才能活下去的人是自願地選擇勞動嗎？）如果從A到Y的每個人都自願行動，且未越出他們的權利，那麼Z的選擇也就是自願的。然後我們必須看看其他人的情況。我們一個個往上詢問，直到那個選擇了某種行動，從而造成C的外在選擇環境的A（或者A和B）。我們再下溯到A至C自願選擇影響D的選擇環境，以及A至D的選擇影響到E的選擇環境，如此一直到Z。其他人在其權利範圍內自願地選擇和行動，從而沒有提供給最後一個人一個較理想的選擇對象的事實，並未使他只能就次佳理想對象進行的選擇成為非自願的。

我們應當注意致力於與他人連繫，（包括自願交換）的權利構成一種有趣特徵。[29]致力於某種連繫的權利並不是一種與任何人建立這種連繫的權利，甚至不是一種與任何想要或願意進入此種連繫的人建立這種連繫的權利；而是一種與任何有權利致力於這種連繫的人建立這種連繫的權利。致力於某種連繫或相互作的權利上附有鈎子，它們必須能滿足自身的另一個人的權利的相應鈎子才行。如果有個囚犯被監禁而不能聽我談話，這並不侵犯我言論自由的權利；如果這個因犯被禁止與我溝通交流，這也沒有侵犯我接受訊息的權利。如果霍爾（Edward Everett Hale）所謂的「無國家的人」不被允許讀某些出版社成員的作品，這些成員的權利並不受到侵犯；如果戈貝爾斯（Josef Gebbels）被處死，因而不再能給人們提供讀物，讀者的權利也沒有因此被侵犯。在這兩種情況中，權利是一種與其他同樣有權，成為某種連繫的另一方的人發生這種連繫的權利。成年人通常擁有這種權利（與任何也有此權利的相互同意的成年人），但這種權利也可能因做了不正當的事而喪失。這種附在權利上的鈎子其複雜性並不切合我們所討論的例子。但它也有某些牽連；例如，它使直接譴責在公共場所打斷某人演講的問題複雜化了——若這種譴責僅僅是因為這種打斷，侵犯了其他人聽他們想聽的意見的權利。如果致力於某些連繫的權利半路中斷，這些其他人的確有聽他們想聽的意見的權利，但只能從有權利與他們溝通交流的人那裡聽到。如果演講者的權利沒有與聽者們的權利相聯接的鈎子，聽者們的權利就沒有被侵犯。（演講者缺少帶鈎子的權利可能只是因為他做過某件事，而不是因為他現在正打算說的內容。）我在此的思考並不是要為打斷某人演講辯護，而只是警告不要以太簡單的理由提出譴責，這種譴責也是我自己容易犯的。

慈善

我曾指出，個人為何可能自願幫助和支持某些他們贊成的活動、制度或狀況；例如，幫助和支持工人自治的工廠、擴大他人機會、減少貧困、促成有意義的工作等等。但即使是那些贊成這種事業的人們，在提高他們納稅負擔的情況下，也將支持這種對他人的慈善捐助嗎？他們難道不想排除或消滅貧困和無意義的工作嗎？他們的捐助不只是杯水車薪嗎？如果別人都不捐助而只有他們捐助，他們看起來不是像傻瓜嗎？他們難道不可能都贊成某種強制性的再分配嗎？（即使沒有這種對所有人的強制，他們本來不會做這種私人的慈善捐助。）

讓我們設一種狀況，在其中存有一種人們普遍贊成的強制性再分配，使富有者向貧窮者做出轉讓。但讓我們假設是政府（也許為了節省轉讓費用）在運作這一強制體系，迫使每個富人每個月用匯票把定額的錢送給窮人，他們相互並不知道對方的身分。[30]這樣，整個轉讓就成了這些個別轉讓的總和。而根據假設，每個付錢的人都支持這一強制體系。

現在讓我們假設這一強制被取消了。個人將自願繼續他們的轉讓嗎？我們看到，先前的每一捐助都是幫助一個特定的人。因而，不管別人是否繼續捐助，某人進行他的捐助都將繼續幫助那個特定的人。為什麼有的人不再想捐助了呢？有兩個值得考慮的原因：首先，他的捐助對解決這個問題比在強制體制下的效果要小；其次，他的捐助比在強制體系下涉及較多的犧牲。他在強制體系下的付出所完成的事情是值得他支付的。他不再在一個自願體系下捐助，或許是因為這個捐助對他來說不太值得，或是因為它的花費較高。

為什麼其他人捐助時，他的捐助的效果就會削弱呢？為什麼這時的捐助對他來說不太值得呢？首先，這個人可能希望經由捐助來消除貧困（或無意義的工作、被分配的地位等等），他把這種消除看得比消除某一個人的貧困更重要。[31]沒有貧困等理想的實現，在他看來有著獨立自存的價值。[32]只要社會不是只講求效率，且不再有任何人捐助的情況就絕不會發生。但既然只要別人捐助他就將繼續捐助（並把他自己的捐助看得很重要），這就不可能是導致任何人停止捐助的原因。也許有必要提醒一下，除了壞事是否會蔓延的問題外，還有一個人為什麼想排除各種壞事、某些壞事，之不可欲有何特殊理由的問題。一件壞事從二減為一和它從一減為零是同等重要的。而一個意識形態型的思想家則是否定這一點。他們傾向於建立強制的捐助體系，因為他們深受其意識形態的糾纏；他們更願花時間試著使他們同胞的抽象概念得以落實。或者，他們至少將贊成這樣一種強制體系，這種體系僅僅包括那些服從其意識形態的純潔分子（支持這種強制體系的人）。

為何自願捐助對一個贊成強制體系的人來說不太值得，因而成為他在自願體系下停止其捐助的理由，還有第二個，也是更值得重視的原因；這個就是以下這一信念：要被排除的現象包括內在地使情況惡化的相互作用。只有在同時處理所有構成要素的情況下，對單個構成要素的處理才有意義。這樣（同時和整體）的處理有助於處理單個構成要素，也能減少它對其他構成要素的惡化；但這種減少本身可能是不易察覺的，或者低於某種基線。在這種情況下，你拿n元給某人，而許多其他的人也分別拿出n元給其他個人；而由於所有這些受惠者的相互影響，就可能使你的給予對你的受惠者產生一種值得你放棄這些錢的有意義的效果；而當你獨自拿出幾元給你的受惠者時，將不會對他產生如此重要的效果。既然實際產生的效果可能不值得你拿出這些錢，你將不會自願捐助。但這樣並不是這些給予者為何要停止捐助的理由，而是這些給予者為何在別人停止捐助時也將停止的理由；因此也是開創這種普遍的捐助之所以困難的理由。那些致力於建構強制體系的人們，能夠把他們的精力用在建立一種統合的起始點上。這一工作由於下列事實將會變得容易些：人們不僅想減少或消除某些壞事，他們也想對這一工作有所助益，並為緩和這一問題盡一份力。這種欲望消除了「搭便車者」的問題。

現在讓我們轉向為何這個人的捐助（與在強制體系下同樣多的錢）可能造成他較多的問

題。他可能會覺得，當別人都逃脫做此事時，只有傻瓜或書呆子才會去做這種特殊的犧牲；或者他可能因他的狀況相對於那些不捐助者逐漸變壞而感到困擾；又或者這種相對地位的變壞，可能使他在要去得到他想要的東西時，處在較差的競爭地位（相對於其他逃脫者）。一個團體中的每個人都可以感覺到這一點（對自己和其他人），所以這一團體中的每個人都可能較喜歡強制所有人捐助的體系而非自願體系。33（這些感覺可以和先前舉出的兩個其他理由一起發生作用。）

然而，如果所有人在其他人也給予的情況下願意給予，那麼大家就能共同締約以對其他人的給予提出定額。假設有些人會在別人給予的情況下仍不願給，這是沒有道理的。因為這一把現款直接送交受惠者的體系（經由對受惠者的隨機選擇）將把「搭便車者」的動機減少到最低限度——因為每個人的捐助都將有各自單獨的效果。即使某些人有這種動機，如果其他人的數目足夠多，足以不受他們缺席的影響並獨立出來，他們就能（再一次）經由共同締約給（餘下的）人規定捐助的定額。這樣，要考慮的狀況就涉及某個所得階層中，不論別人給不給自己都拒絕給予的人。他們並不是想做「搭便車者」；他們根本就不想搭車。但其他人可能還是願意給予——只要所有能給予的人都給。拒絕者則與所有被迫捐助的人意見不同；所以，與我們的假設矛盾的再分配，就不是一種柏雷托較佳觀點（Pareto better position）。34既然強迫那些對其持有擁有權利的人們，違反意願去捐助將侵犯道德限制，這種強制的倡導者應試圖說服人們，忽略那些遊離於自願捐助體系之外的相對少數。或者，雖然自己本來不會選擇如此，但被那些不想覺得自己是傻瓜的人迫使去捐助的人們，可能是相當多的？

對影響你的事情的發言權

另一個可能導致支援功能較多國家的觀點認為：人們對嚴重影響到他們生活的決定有發言權。[35]（就論證說：需要一個功能較多的國家來實現這一權利；這種國家是使這一權利得以實行的一種制度形式。）權利理論將考察嚴重影響到人們生活的各種方式。有些嚴重影響到人們生活的方式，侵犯了他們的權利（洛克所承認的那些權利），因此在道德上是被禁止的；例如，殺死某人，砍斷他的手臂。但另一些嚴重影響到他人生活的行為方式，則是在施加影響者的權利範圍內。如果有四個男子向一個女子求婚，她究竟與誰結婚的決定，將嚴重影響到這四個人的生活、她自己的生活，以及任何想與這四個男人中的一個結婚的人的生活等等。會有人建議由這五個人（或縮減到三個）來投票決定她與誰結婚嗎？她有權決定怎麼做；而另外四個人，對將嚴重影響他們在此被忽視的生活的這一決定，則沒有發言權。他們對這個決定沒有任何發言權。托斯卡尼尼（Arturo Toscanini）指揮紐約愛樂交響樂團之後，指揮了一個名為空中交響樂的樂團。這個樂團能否繼續在其活動中獲利，有賴於托斯卡尼尼是否繼續做它的指揮。如果他退休，其他音樂家將必須尋找另一份工作，而他們大多數人將只能找到一份差得多的工作。既然托斯卡尼尼是否退休的決定將嚴重影響他們的生活，那麼在這個樂團內的所有音樂家都將對這一決定有發言權嗎？蒂德維科（Thidwick）（童話中一隻心地慈善，寬宏大量的駝鹿）必須服從住在他鹿角裡的所有動物的投票，因而不能越過湖泊到一個食物更豐富的地方去嗎？[36]

假設你有一輛旅行車或大客車，當你出國時你把它借給一群人使用一年。在這一年中，這些人變得相當依賴你的交通工具；它與他們的生活已經結為一體。到年底你回來時，你說你要收回這輛車；假如這些人說，你要將這輛車收歸己用的決定，將嚴重影響他們的生活，所以他們對決定這輛車的前途有發言權。當然，這要求肯定是沒有道理的。這輛車是你的，借給他們使用一年已經改善了他們的狀況，這就是他們圍繞著它安排自己的行動和依賴於它的原因。即使他們把這輛車保養得很好，也不會使事情有任何改變。如果這問題早一點提出，如果情況看來似乎可以有這種發言權，那麼你和他們將同意提出借這輛車的條件，就是一年後對這輛車的決定權是完全屬於你的。如果你借給他們使用一年的是你的印刷機（他們因而過得比本來要好，情況也沒有什麼不同）。其他人對有權做出將嚴重影響他們生活的人的決定，並沒有什麼發言權（像對那位女子、托斯卡尼尼、蒂德維科、客車所有者、印刷機所有者的決定）。（這並不是說別人在做他有權做的決定時，不應考慮它對別人的影響。）[37]在我們從考慮中排除了上述兩種行為決定之後：一種是別人有權做出的決定；一種是將侵犯我、偷竊我因而侵犯了我的（洛克式）權利的決定，我們不清楚還有沒有僅提出以下問題的決定：是否我對那些嚴重影響我的事情有發言權。無疑地，即使還有什麼東西可以說的話，它們也不足為一種不同的狀態提供例證。

出借客車的例子也有助於反對另一個原則的提出：這個原則認為，人們對某物在一個時期內的享用和占有，給了他們一種對它的權利。這類原則構成租金控制法的基礎，這種法律給住在某棟公寓裡的房客按某種固定租金住在裡面的權利——即使這棟公寓的市場價格已大大提高。出於好意，我可能向租金控制法的支持者提出一種利用市場機制更有效的替代方法。租金控制法的一個缺陷是它們的低效率，特別是它們對出租房間的定位不當。假設我以每個月一百美元的租金在一棟公寓裡住了一段時間，在此期間其市場價格升到了兩百美元。在租金控制法下，我將仍能以每個月一百美元住在這棟公寓裡。但你也許願意每個月付兩百美元來住這棟公寓；而如果我能因此每個月得到兩百美元，我很可能寧願放棄它，把它轉租給你：每年付一兩百美元租金給房主，卻從你那裡得到兩千四百美元的租金。我可以在市場上找到別的出租房間，每月租金比方說是一百五十美元。這將每個月給我五十美元的額外收入用在別的事情上。捨棄其市場價格和控制租金之間的差額而住在這棟公寓裡（每個月為它付一百美元），對我來說是不值得的。如果我能得到這個差額，我將願意放棄它。

只要允許我自由地以市場價格轉租這個房間，並且可以隨便轉租多久，那麼這將是很容易安排的。我在這種安排下生活，比在禁止轉租的租金控制法下生活得要好。它給了我一個額外的機會，雖然它並不強迫我使用它。而你的狀況也變好了，因為你以你願意付的每個月兩百美元得到了這個房間；這是你在不允許轉租的租金控制法下得不到的。（也許，在你的租約期間，你還可以把它再轉租給另一個人。）房主的狀況也沒變壞，因為無論什麼情況，他每年都是收到一兩百美元。這樣，同意轉租的租金控制法，就允許人們經由自願交換去改善他們的狀況；它優越於不許轉租的租金控制法。而如果後者又比完全沒有租金控制要來得好，那麼允許轉租的租金控制就更不必說了。那麼，人們為什麼會覺得允許轉租的租金控制法是不可接受的呢？[38]它的缺點是它使對房主的部分剝奪顯得明確了。為什麼是公寓的房客而非房主得到轉租這個房間的額外收入呢？他為何應當得到由租金控制法給予他的津貼，而不是由房主得到的問題，可以容易地忽略不計。

非中立的國家

既然經濟地位的不平等常常導致政治權力的不平等，那麼為了避免常與經濟不平等有相互關係的政治不平等，是不是需要較大的經濟平等（以及達成此一目的的功能較多的國家）呢？這種較大的經濟平等是否可以由此目的得到證明呢？在一個非最小限度的國家中，經濟狀況好的人們想要更大的政治權力，因為他們能用這種權力為自己謀取各種經濟利益。在這種權力存在的地方，人們試圖把它用於自己的目的是不足為奇。為獲取個人經濟利益而進行的對國家權力的不正當運用，是以國家的先前存在的不正當權力為基礎——這種權力是在損害別人的基礎上使某些人富足的權力。若排除了那種能帶來不同經濟利益的不合法權力，你也就排除或嚴格限制了想得到政治影響力的動機。（確實，某些人仍將渴望政治權力，在支配別人中得到內在的滿足。）最小限度的國家，最有效地減少了那些渴求權力或經濟利益的人們接管或操縱國家的機會，特別是在它擁有一群合理明智的公民的情況下；因為，它是這種接管或操縱的可欲性最低的目標。這樣做得不到多少東西，公民們要承受的負擔也是最低限度。如果要採取強化國家、擴大其功能範圍的做法，來防止國家成為某一部分人中飽私囊，只會給腐敗造成更多機會，使國家成為官吏們撈取各種好處的目標。因此，（即使溫和地說）這種強化國家的辦法是一種糟糕的辦法。

可能有人認為：最小限度的國家對其公民來說也是非中立的。畢竟，它強行契約，禁止侵犯和偷竊，這種活動將造成人們經濟狀況的差別。而若是沒有這些強行或禁止，造成的分配情況可能有所不同，某些人的相對地位也可能會顛倒。假設搶奪或攫取其他人的財產是符合某些人利益，那麼最小限度的國家使用或威脅使用強制力來阻止這種事，實際上對其公民不也是非中立的嗎？

並非一切使人們得到有差別利益的強行禁止，都使國家成為非中立。假設有些男子是對婦女的潛在強姦者，卻沒有任何女子是對男子或相互間的潛在強姦者。那麼對強姦的禁止就是非中立（即偏袒女子）的嗎？根據假定，它使人們的獲利有所差別；但如果潛在的強姦者抱怨說這種禁令對兩性不公平、是性別歧視，這將是荒唐的。禁止強姦有一獨立的理由，這理由就是人們有權支配自己的身體，選擇她們的性伴侶，並且不受暴力的侵犯和威脅而得到保障。對於可以被如此獨立地證明的這一禁令，即使確實不同程度地影響到不同的人們，也沒有理由譴責它是非中立。只要它是因為自我證明的理由，而不是為了產生利益差別而制定和實行。（如果這種禁令確實可以被獨立證明，但實際上是因為其產生的利益差別來支持和維護的，我們怎麼看待這種禁令呢？）指責一個禁令或規則之非中立預設了它是不公平的。

這對最小限度國家的禁令和強行來說也是一樣。這樣一個國家保存並保護一種結果會造成持有之差別的過程。因此，只要它強行的規則和禁令沒有自己獨立的證明，就可以譴責它是非中立的。然而它有這種獨立的證明。或至少，譴責它為不中立的人，不能逃避其結構和規範的內容是否可以被獨立證明的問題。[39]

在本章和前一章中，我們檢視了一些初看起來是合理的，想證明比最小限度國家功能更多的國家的最重要論據。我們經由仔細的探究，發現這些論據沒有一個能夠成立（它們的結合也是一樣）；最小限度的國家仍然是能夠證明功能最多的國家。

再分配如何進行？

我們在這兩章中的基本任務已經完成，但也許還應當談一下再分配方案的實際運行。自由放任的資本主義和激進主義者的支持者常常注意到：美國的窮人並不是政府對經濟的計畫和干預的純受益者。政府對工業的許多調節措施，其制定和貫徹都是為了保護既有公司的地位，使它們免受競爭之害；而許多計畫最大程度上都是使中產階級受益。據我所知，對這些政府的計畫批評（無論左派還是右派），都沒有提供為什麼中產階級是最大受益者的解釋。

關於再分配計畫的另一個疑問是：投票者中狀況較差的五一%，為什麼不投票贊成那些以狀況較好的四九%為代價、卻將大大改善他們地位的再分配政策呢？確實，這與五一%的人的長遠利益不符，但這聽來並不像解釋他們為何不這樣做的真實理由。說這些下層的多數人缺乏組織和政治見識等等，也沒有提供恰當的解釋。那麼，人們為何沒有投票贊成這種大規模的再分配呢？這一事實似乎是令人困惑的，但如果我們注意到這些下層的五一％並不是唯一可能的（持續的）投票多數；還有一個比方說上層的五一％，情況就不一樣了。投票多數究竟是上層的五一％還是下層的五一％，有賴於中間的二％如何投票。設計和支援可以使中間的二％的人成為其盟友的方案，是符合上層四九％人的利益。對這上層的四九％的人來說，去買中間二％人的支持，要比被下層的五一％的人（部分地）剝奪更划得來。而下層的四九％卻不可能比上層的四九％提供得更多（給中間的二％）而使他們成為盟友。因為，下層的四九％提供給中間的二％的利益將來自（在政策確定之後）上層的四九％；而且下層的四九％自己也將從上層的四九％那裡獲取利益。上層的四九％總是能經由對中間的二％提供稍稍多於下層四九％將提供的東西，而節省自己的開支；因為，這樣他們也避免了支付那可能聯合成下層的五一％的另一部分，即避免了對下層的四九％的支付。上層團體將能夠總是買到在中間搖擺二％的人的支持，以抵制將更嚴重地侵犯其權利的措施。

當然，說中間的二％是過於精確了；人們並不準確地知道他們屬於哪一百分比，而政策也不會容易恰恰配合地在某處存在的某個中間二％的利益。所以，人們就將期望一個比二％大得多的中間群體，作為在投票中與上層聯合的受益者。[40]在投票中與下層的聯合將不會形成，因為對上層團體來說，購買在中間搖擺的中間團體要比讓這種聯合形成更為划算。在解答這一困惑時，我們發現了一種可能的解釋，來解釋另一個常常被人注意到的事實——再分配計畫為何主要是對中產階級有利。如果我的解釋正確，那麼這一解釋意味著：一個根據民主選舉決定政策的社會，將發現自己很難避免使其再分配計畫最有利於中產階級。41

第九章
民主化

我們已經證明最小限度的國家，否定個人主義的無政府主義者的反對意見，並說明所有支持功能更多或更有權力的國家之主要道德論據都是不恰當的。儘管如此，一些讀者將還是會覺得最小限度的國家太單薄，缺乏實質內容。[1]在他們看來，強大（robustness）將構成國家（即共同構成國家的個人）與仍留在自然狀態中的個人，在權利上的某種不均衡。而且，一個強大的國家將有比保護性功能更多的權力，及更大的合法活動範圍。但問題是並沒有任何正當的方式可以達到這種權利上的不均衡。有沒有辦法繼續我們對（最小限度），國家從自然狀態產生的敘述，說明它如何只經由不侵犯任何人權利的正當方式，成為較接近於現代國家呢？[2]如果這樣一種敘述是可能的，它將說明現代人正生活在其下的功能較多之國家的本質特徵，暴露出它們的本性。我將按此方向做一審慎的努力。

一致性與平行的例證

但我們首先必須提到，用平行的例證來說服某人改變他對一種論點的評價的困難。假設你試圖以這種方式來說服我改變自己的評價；如果你的平行的例證與我的例證不是很相近，我可能在接受你的評價時，同時仍保留我的最初評價。而平行的例證越是相近，我就越容易從我最初評價的角度來看待它。（「這畢竟沒有那麼糟，因為它就像……」）、演繹性的論證也有相似的困難。因為人們會寧願否定他原先接受的一個前提，而不接受一個他不喜歡的結論；但這種困難通常不那麼緊迫。因為一長串演繹推理能使一個人從其確信的前提走得相當遠，因而無法洞察他對某一結論之拒斥的標準。而一個例證，要想成為一個有說服力的平行的例證，就必須是非常相近。（當然，推理過程越長，這個人就越容易懷疑從中推出結論；一個人在看清了他接受的陳述的推論之後，可以重新考慮他是否接受這些陳述。）

你也許會試著經由提出一系列的例證，來把我對你起始點的判斷或評價，與我對被影響之事物的判斷或評價分離開來（藉此達到一長串推論的效果）。你從一個離得很遠的例證開始，再一步步地達到一個在結構上完全平行於所涉論點的例證。這一挑戰將是對我這個在最初離得很遠的例證上同意你所提出的（這個例證離所質疑的論點很遠，因而不受它的觀察角度的影響），在一對對相似的例證過程中，為解釋條件和原因，我改變自己的判斷。但這種劃線式的挑戰幾乎無法說服什麼人。（「我承認劃線是一個問題，但無論線怎樣劃，它必須劃在與我對所涉論點的明確判斷平行的另一邊。」）

你的最強有力的論點，將由一個完全平行的例證做出；這一例證本身是非常合理和清楚的，所以我對它的最初判斷，將不會受到我對所涉論點判斷之影響及否定。發現這種好的例證是很困難的。甚至在有了這樣一個例證的情況下，你仍將需要解釋它在哪些方面不同於它的平行對象，以致我對它做出了一個判斷，而對其平行對象做出了另一個判斷；以及說明這一差別並不能達到這些論點，因為兩種論證的目標是不行的。[3]

對一致性的論證有一種普遍的困惑，它強烈地表現於以下這個問題：「你怎樣區別這個論點和那個論點呢？」科學哲學家們常常聲稱：對任何一組既定的事實，有無限多可能的解釋；對一種解釋E和一組事實d來說，在它們之間有無限多的其他潛在的解釋。我們不想仔細考慮這樣說的原因。（僅僅說經由任何有限的點，能劃出無限多的不同曲線，就真的夠了嗎？）據我所知，還沒有人提出任何論證，說明對每組事實至少存在著一種解釋，更不必說存在著無限多的解釋了！在缺乏對E的充分解釋的情況下，要知道這一聲稱是否真實（人們想看到它被證實一個命題）是困難的。如果我們還具有的都是對於E的必要條件，那麼也許為達到充足理由而加予的進一步條件將限制E，使無限多解釋的情況不會出現於E到d之間。（雖然也許有一種普遍的論證說明：一個人如何能夠總是在E的任何看似合理的闡述之外，發現新的介於E與d之間的解釋；而這種新解釋是獨立於舊解釋，而且不是非重複的。）

對解釋的條件要求：介於E與d之間的解釋，本質上包含著某些類似法則或理論的陳述。

在道德論點中，相應於這種類似法則陳述的是道德原則。假設對任何一組既定的道德判斷，都能用無限多的不同道德原則來解釋（它們並非都是對的），這不是相當合理（或不合理）嗎？人們通常要求道德原則不包括專有名詞和索引似的陳述等等，這與科學哲學家要求基本的類似法則的陳述不能包括狀態述語是一致的。[4]為了達到只有一個普遍道德原則與一大組特殊道德判斷相容的結果而希望使用普遍化的條件，看來類似於假設：只有一個基本的類似法則陳述將解釋一組既定的事實。而想要某人把其道德判斷與另一個他拒絕做出的判斷區別開來——即使與對立判斷相容——從而改變他判斷的嘗試，看來類似於假設：對某組邏輯上一致的事實，沒有任何一個或一組能解釋它的基本類似法則之陳述。

這些假設是很強的，遠遠超越了人們所說明的範圍。那麼，人們能希望在倫理學中用普遍化的論據證明什麼呢？有的人相信：任何基本的道德陳述（即令人滿意的普遍化條件），都不可能解釋一個人做出的兩種道德判斷；而比起這一信念，另一信念看來更為合理，即沒有任何只使用這個人可用的概念的基本道德陳述，能做到這一點。人們可能認為，一個人能合理地提出要求：這個人即便提不出能解釋他的判斷的基本道德陳述，至少在他的道德世界裡要有一個這種陳述；也就是說，要有一個只使用他的道德概念的陳述。在這方面並沒有什麼擔保；但要求他不可以僅僅這樣回答是合理的：「某個道德天才可能想出至今難以想像的新道德概念和理論術語，藉由這些概念術語，就可以用純粹的基本道德原則來解釋我所有的特殊道德判斷。」人們必須解釋和探究一個人為什麼不能滿足下述信念：某種基本道德原則（用某些概念）將解釋他所有的判斷。這種探討看來是一種可以進行的工作。

前面提到的有關平行例證的困難，適用於我們現在的程式。我也許是徒勞地希望：當我們從一個論點的角度去觀察另一個論點時，我們還是能為這種判斷上的混淆不清做點什麼；我要求讀者在發覺自己這樣想時提醒和約束自己——「但這沒有那麼糟，因為它就像……」。現在，就讓我們看看功能更多的國家，是如何從我們最小限度的國家引出。

功能更多國家的引出

讓我們假設，在自然狀態中，財產最初是按照獲取的正義原則獲得的；隨後進行的財產與財產或財產與服務、諾言以及贈送形式的交換，也都是符合讓轉的正義原則。也許，所有權的精確輪廓，是經由對有關事物的外觀怎樣被最有效率地內化（以最小的代價）的探討而形成。[5] 這一概念值得做些考察。就你被要求因你對別人財產的損害而賠償他們而言，他人的所有權把你活動的否定性外觀內化了；就你的活動提高了你能首先獲得其所有權的事物的價值而言，你的所有權把你活動的肯定性外觀內化了。若劃出邊界，我們就能大致抽象地看到一個使所有否定性外觀內化的體系會是什麼樣子。然而，對所有肯定性外觀的充分內化涉及到什麼呢？在其最強的形式中，它將涉及到每個人都因其對他人的活動而得到之充分利益。既然利益是難以創造，讓我們設想這涉及到利益由別人向你的轉讓，並使別人回到本來（如果不是因為你的活動）將占據同一無異曲線上。（在缺少可無限轉讓的功利的情況下，這一內化並不保證一定使行動者得到與他作為接受者，在沒有這種內化的情況下一定能收到同樣多的利益。）首先，一個人會想到：這種強的內化將排除所有與他人一起生活在社會中的利益；因為你從他人收到的每份利益都被取走，都（盡可能）轉回到他們手裡了。但由於人們希望收到對方給出利益的回報，在一個自由社會裡，就將出現向他人提供利益的競爭。提供這些利益的最後市場價格將低於接受者願意付的最高價格，而這種消費者剩餘就是與他人生活在一個社會中的利益。即使這個社會不是自由的，不允許利益的潛在提供者之間進行價格競爭（而是改用別的選擇諸法來決定誰將提供利益），也還是有一種與他人生活在一個社會中的利益。在每一種對收到的利益充分回報的情況中，也有對提供給他人之利益的充分接受。所以，生活在這樣一種社會體制下的優點，就不是別人提供給你的利益，而是他們因你提供給他們的利益而給予你的回報。

然而，在此如果把這個體制推到另一水平，它就會變得前後不一了。因為你從生活在社會中得益是由於別人給你回報。這種由於別人的存在提供給你的利益也要被內化，以便你能充分地回報它嗎？例如，你要回報你期望從別人那裡得到的回報嗎？顯然，這個問題可以被重覆無數次，而既然收到回報是與他人共存的一種利益，在把所有肯定的外觀內化方面就不可能有任何固定的結果。有關引起這些活動的討論，將導致某人X因Y提供「通常的」利益而回報Y的體系，而不是導致一個這樣的體系。在此，Y因為從X收到利益而回報X；而Y從X收到利益又是由於X的存在，和在「通常的」體系之下付給Y的利益。因為在後一種體系下，利益將不是最初的提供。而且，既然它凌駕於「通常的」利益之上，它也不可能替代後者。在缺少「通常的」體系及其回報利益的情況下，後一種體系將無由運轉。

經濟學家們有關使肯定性外觀內化的討論，並不針對利益之充分回報的強原則進行。他們的關注寧可說是：對實行具有肯定性外觀之活動的人，給予超過能抵消代價的充分回報的回報，以使這種活動得到鼓勵。正是這種足以滿足經濟效率回報的弱形式，構成了有關使（肯定性）外觀內化的經濟學文獻的主題。

現在回到我們對一個比最小限度國家功能更多的國家的推演：人們並不把所有權看成是占有一個事物，而是把它看成理論上可分離的占有權。所有權被視為在實現某事物的一組可允許的方案中選擇其中一個的權利。可允許的選擇是那些未侵犯別人道德邊界的選擇。再舉一個例子，一個人對一把刀的所有權，並不包括違背他人意志而把它插入其肋骨的權利（除非是在正當的懲罰犯罪或自衛時）。一個人可以對某物有某種權利，另一個對同一物則可以有另一種權利。緊離一幢房子的鄰居們，可以購買權利以決定房子外部要塗什麼顏色，而住在這幢房屋裡的人，有權利決定內部的裝修。而且，幾個人可以共同擁有同一種權利，使用某種程式來決定怎樣行使這種權利。至於人們的經濟狀況，像市場的自由運作、某些人的自願聯合（集體農場等）、私人慈善事業等等，大大地減少了私人的貧困。但我們可以假定這種貧困未被完全排除，或是有些人渴求更多的物品和服務。把所有這些作為背景，一個功能更多的國家而非最小限度的國家是怎樣產生的呢？

在渴求更多金錢的人們中，有一些人想到組成股份有限公司的主意，他們結為一體，並經由出售其股份來籌措資金。他們分割權利，直到每個人都獨自擁有一系列對自身的分立權利。這些權利包括決定他要嘗試以什麼職業謀生的權利、決定要穿什麼樣的衣服的權利、在願與他結婚者中決定其配偶的權利，以及決定住什麼地方或讀什麼書和抽不抽大麻等事情的權利。在這一大堆權利中，有一些他們繼續像以前一樣自己持有，另一些他們則投入市場，賣掉他們對自身權利的一些份額。

一開始（只是開玩笑或基於新奇），人們付錢購買這種權利的部分所有權。漸漸地，把這種可笑的對自己或第三者的股份贈送給別人，成為一種風尚。但甚至在這種風尚衰退之前，有些人就看到了一些更嚴肅認真的可能性。他們建議，在他們中間拍賣那些可能對別人真正有用或帶來利益的權利：像是決定他們能向誰購買某些服務的權利（他們稱這種權利為職業許可權）；決定他們將從哪些國家購買物品的權利（進口控制權）；決定他們是否使用迷幻藥、海洛因或烟草的權利（藥物權）；不管他們是否贊成某些目標而決定他們要拿出多少收入用於這些目的的權利（稅收權）；決定他們性活動的類型和態度的權利（放縱權）；決定何時和是否他們可以相互戰鬥和殺死誰的權利（徵兵權）；決定他們能從事交換的價格範圍的權利（工作物價控制權）；決定在雇用、出售或出租時，哪些理由是不合法的權利（反歧視權）；迫使他們加入一個司法體系活動的權利（傳審權）；要求把身體的某些部分移植給更需要者的權利（身體平等權）等等。因為他們自己的各種理由，因為別人想要這些權利或對之有發言權，所以大量的所有權份額被買賣有時是以相當高的金額買賣。

也許不會有人把自己完全賣為奴隸，或者，保護性社團不會強行這種契約。無論如何，至多只有一些真正的奴隸。幾乎所有出賣任何這種權利的人，都只出賣足以把總數（雖然非常廣泛）提高到對其範圍加以某種限制的所有權。既然對別人持有的對他們的權利有某些限制，他們就不是處於奴隸狀態。但許多擁有對他們自己的分立權的人，可能將其都拿出來拍賣，而被一個人或一個小團體買下。因此，即使對這個或這些所有者的權利有所限制，這些被一個人或很少人持有的人們還是感到相當壓抑，受制於他們的份額持有人的欲望。而既然這種範圍很廣的某些人對其他人的支配，是由一系列正當步驟產生，是經由自願交換從一個並非不公正的原初狀態中產生；它本身就不是不公正。但雖然它不是不公正，一些人卻發現它無法忍受。

人們重新組成股份有限公司，並把下述條款寫進每一股份的條件之中：不把股份賣給任何已經擁有這種股份某一定額的人。（由於條件限制越是嚴格，股份的價值就越低，且這個數量不會定得很低。）經過一段時間，許多最初對某人的小型持有公司解體了；這是因為持有者因經濟需要以零散的方式出售了他們的份額，或者是因為許多人都買這個持有公司的份額，最終使對那個人的權利份額的持有更為廣泛分散。隨著時間過去，因為這種或那種理由，每個人都賣掉自身的一些權利，同時又對每一權利都保留一份作為自己的權利；因而如果願意，他們可以出席股東會議。（假定他們在這些會議上的投票只有微弱的影響力，且他們偶爾的發言也不被人注意；那麼，他們保留自身的一些份額，也許只是出於情感的原因。）

份額的大量持有以及這些份額之所有權的分散，導致很大的混亂和低效率。規模浩大的股東會議不斷舉行，做出各種現在是受制於外部環境的決定：有的是關於某人髮型的決定，有的是關於他的生活方式的決定，還有的是關於另一個人髮型的決定等等。有些人花很多時間出席股東會議，或是簽約讓別人代理。勞動分工創造了股東代表這種專門職業，這些代表們把他們所有的時間都花在不同的會議上。各種被稱為「聯合運動」的改革出現；其中有兩種被廣泛地試行。一種是涉及個人的聯合股東會議；在這種會議上，所有對某個特定的人擁有任何權利股份者，聚集在一起投票。他們一次投票決定一個問題，由那些在每個問題上有投票權的人投票。（這種聯合增加了效率，因為對某人的任一權利擁有某種份額的人們，一般來講也會對他的其他權利擁有份額。）另一種是涉及權利的聯合股東會議；在這種會議上，有某種特定權利擁有股份的人，聚集在一起投票；例如有關藥物的會議，而投票是由每個人依次進行的。（在此效率的增加是因為：購買了對某人的某種特殊權利份額的人，也傾向於獲得對其他人的同樣權利的份額。）然而，即使有這些聯合，它仍是一種令人吃不消的複雜狀況，要花非常多的時間。人們試圖出售份額，只持有其中一種，就像他們所說的，「有某種發言權」。當人們都試圖出售時，每一份額的價格就急劇下跌，導致別人購買他們尚未持有的權利代用份額。（這類份額就像職棒卡一樣被交易，而人們都試圖收集一套完整的卡。孩子們也被鼓勵去收集，以便為他們將來的股東角色做準備。）

這種份額的廣泛分散，實際上結束了一個人受另一個特定的人或小團體支配的情況。人們不再受另一個人支配，而是幾乎所有人都在決定他們，他們也幾乎在決定所有人。其他人對某一個人擁有權力的範圍並未被縮減；變化是發生在由誰持有的方面。

發展到這一步的社會體系，還是太耗費時間且難於應用。補救辦法是一次盛大的聯合會議。人們從四面八方趕來，交易並出賣份額，等到三天十分熱鬧的交易結束時，每個人恰恰都擁有了對其他人的每一種權利的一份，包括對他自己的權利在內。所以，現在可以只舉行一種會議了；在這種會議上，要為所有人決定所有事情，而且每個人都只能投一票（自己去投，或者由別人代理）。過去是分別決定每一個人的問題，現在則是為所有人做出普遍的決定。起初，每個人都能出席三年一次的股東會議，並且投票；但這樣的參與太大，討論也太煩人了，且會因為每個人都想暢所欲言而使其拖長。因此，最後就做出決定，只讓那些有權至少投十萬票的人出席大股東會議。

一個主要的難題是怎樣把兒童包括進來。現假設大聯合公司股票是有價值的和被重視的持有，一個人若沒有這種股票，就是一個孤立的非股票持有人，對他人就沒有影響力。對兒童們來說，若等到他們父母去世才能繼續份額，將使他們在成年的大部分時間裡不享有份額；而且並非每個家庭都恰好有兩個孩子。股份也不可能直接給予一個年輕人。因為那樣的話，要把誰的股份給出去呢？當別人都購買股份時，卻以轉讓的方式把大聯合公司的股票給出去是公平的嗎？這樣，劃分股份看來就可以作為一種讓年輕人進入股東行列的辦法。假設自上次三年一屆的股東會議以來，有m個股東死了，有n個人已達成年。這些m個份額復歸回董事會且被停止使用，而餘下的份額s的每一份額就被分為（s＋n）／s給一個人；這樣就以這個除式把它們融合為ｎ個新份額，而這些份額是要分配給進來的年輕人。但這並不是免費分給他們（這是不公平的），而是要以他們進入聯合公司，把對他們自己的所有股份簽約讓與公司作為交換條件。作為對自己股份的交換，他們每人都得到一張大聯合公司股票並且成為股票持有者中的一員，有權參與公司的共同決定，而且是其他每個人的權利的部分所有者。每張舊股票都能劃分，因為新人的流入意味著每一股票都成為對更多人的股份。所以新人的加入和股票的劃分能夠互相證明。

人們把這種交換視為一種絕對公平的交易。在交換之前，一個人有對自身的全部分額，而沒有對任何別人的（哪怕是部分的）份額。如果社會中有ｓ＋ｎ－ｉ個其他人（用與上文相同的字母），每個人都使自己加入ｓ＋ｎ的份額，把這些份額的每一個都簽約讓與董事會。作為交換，他得到了對這一社會的其他ｓ＋ｎ－ｉ個人中每一個人的ｉ／ｓ＋第ｎ個份額，再加上對他自己的同樣份額。因而他就有ｓ＋ｎ個份額，每個都代表著對這一社會的ｓ＋ｎ－１個個人中，每一個ｉ／ｓ＋第ｎ個所有權。用每一份額代表某人的所有權的分數，乘以他持有的份額數，我們就得到了（ｓ＋ｎ）（ｉ／ｓ＋ｎ），即等於ｉ。他進行交換的最終結果合起來是一個充分的所有權，這個所有權正是他簽約讓與董事會的數額。人們這麼說，也這麼認為：當每個人都擁有每個人時，實際上是誰都不擁有誰。[6]每個人都相信其他任何人都不是專制君主，而是像自己一樣的人，處在同樣的地位上。既然所有人都在同一條船上，就沒有人把這種情況看作是一種支配；船上的大多數乘客就會努力使這條大船比單人小舟更舒服。既然決定同等地適用於所有人，一個人就得到了非個人和非專斷的規範而不由別人統治。每個人都被認為是從他人明智的統治中得益，且每個人都在同等地進行這種努力，有和他人一樣平等的發言權。這樣就建立了一個股東一票的體制。也許，當人們認識到他們都不可能擺脫這種連繫，每個人都同樣是份額持有人和份額被持有人；每個人都是他的同胞的管理者，同時又受他的同胞管理時，就會發展出一種兄弟似的感情。

偶爾會有少數幾個不滿的人，拒絕接受他們的大聯合公司股票，拒絕在股東的資格檔上簽字；不僅不想成為這一體系的成員，也拒絕讓這一體系介入他們的生活，其中還有幾個人甚至號召廢除這一公司。董事會中性急的人則要求監禁他們。但由於這些年輕人拒絕加入合作，他們並不承認董事會有這樣做的權利。董事會的一些成員堅持說：由於這幾個年青人接受了在這個公司庇護下成長的利益，並仍然留在它的影響範圍內，他們實際上已經默示同意了自己的份額可以被持有，所以無需他們再做進一步的表示。但由於其他所有人都認識到，默示的同意還不如一張白紙；這一主張只得到很少的支持。董事會的某個成員說：既然所有的兒童都是由他們的父母所生，其父母就擁有他們；所以，董事會對父母的所有權份額，也給了它對這些孩子的所有權份額。這一奇特的說法，在這樣一種敏感的時刻是不適用的。

我們現在放慢戲劇性敘述，以考慮洛克有關父母對孩子的所有權的觀點。[7] 洛克必須仔細地討論費爾默（R. Filmer）的觀點，這不僅是因為要為新的觀點清出場地，而且是為了說明：為什麼這種觀點不能從他自己的某些觀點中推論出來，而有的人可能認為是可以推論出來的。

這就是為何洛克寫完《政府論》下篇又繼續去寫上篇的原因。[8] 對一個人所創造的東西的所有權，是來自洛克的財產理論。因此，如果創造和擁有世界的上帝，只給了亞當對世界的所有權，洛克就將面臨一個真正的難題。即使洛克論證說事情並非如此（第四章），他也必須考慮如果事情如此發生將有什麼結果。他必須考慮，他的觀點是否將規定：如果事情真的如此，別人就需要亞當的允許才能使用其財產來維持他們自己的物質生活，因而也就處在亞當的權力範圍之內。這一觀點的結果要令人滿意（沒有人受別人的支配），有賴於一種本來可能發生（假如上帝沒有對亞當這樣贈與），否則將允許某人如此讓人不舒服地持有他們的偶然性。（我在此不考慮下面這一回答，即認為上帝必然是善的，所以他不作這種贈與不是一種偶然。一種必須以這種方式來避免自己，被看來是偶然的事實推翻的道德觀點，一定是根基不穩的。）因此洛克就在上篇第四十一、四十二節討論了其理論中的一個基本觀點；他說每個人都有「從另一個人的豐富財產中拿出一部分，以使自己不被餓死的權利」，這種權利是別人不可剝奪的。

同樣地，洛克必須解釋為何父母對自己的孩子並無所有權。他的主要論點（上篇第五十二—五十四節）是植基於下列觀點：一個人只有在控制並理解創造某事物的全部過程時，才能說他擁有他創造的這一事物。按照這一標準，那些在自己的土地上播種和灌溉的人，並不擁有隨後長出的樹木。無疑地，我們大多數人所做的事，大都是從旁干預或開創一些事情；對這些事情的整體運作我們則並不理解，它們產生一種我們不可能預先設計好的結果。（誰知道物理學家所說的有關事物的物理性質和活動過程的話，是不是都切合事實呢？）但在許多這樣的事例中，洛克還是認為我們擁有我們所生產的東西。

洛克提出的第二個論據是：「即使上帝自己對人類行使的權力，是基於父親的權利，這種父親的權利卻還是完全排除了所有人間父母的同一種權利；因為上帝之所以是主，在於他的確是我們所有人的創造者，而所有的父母都不能以兒女的創造者自居。」（上篇第五十四節）澄清這一點是不容易的。如果它的意思是說，人們不能占有他們的孩子，是因為他們也是被占有的，所以不能有所有權；那麼，這也將適用於對他們創造的一切別的東西的占有。如果它的意思是說，一個孩子的創造者是上帝，而不是這個孩子的父母；那麼這也適用於洛克認為可以被占有的許多其他事物（植物、動物），乃至適用於一切事物。（這種占有的程度問題，是建立一個理論的非實質性基礎。）我們要注意：洛克並不是主張，因為孩子們本性中的某種東西，而使他們不能被其父母所占有，儘管是父母生了他們。他也沒有聲稱，是有關人們的某些情況（他們並沒有做任何不公正的，以致可剝奪他們生命的事情），阻礙了父母對其兒女的所有權；因為他認為，上帝是經由創造出人的所有高貴的自然性而對人有所有權（第六節）。

既然洛克不認為：（一）人們的某些內在性質阻止那些創造他們的人擁有他們；那麼，為避免父母對其孩子有所有權的結論，他必須論證：（二）在所有權如何從生產過程中產生的理論內部，有某些條件排除了產生父母對孩子的所有權的過程；或者必須論證：（三）有關父母的某些情況，阻止他們進入這種所有權的關係；或者論證：（四）父母實際上並沒有創造自己的孩子。在洛克試圖處理（二）、（三）、（四）時，我們看到了一些問題。後兩種論證是沒什麼希望的；想遵循洛克觀點的人，必須在（一）或（二）方面做文章。

我們要注意：洛克對父母創造了他們的孩子，創造了這些存在者的觀點的強烈反對意見，抽去了父母關心他們孩子的責任的基礎。因此洛克就回到自然法，說自然法要求這種父母的關心（第五十六節），並說這顯然是動物界的一種道德事實。但這仍留下了一些未被解釋的問題：為什麼它要求這種關心須來自父母，為什麼這種關心不同於那種某人「沒有權利得到的，建築在他人的痛苦上的利益」（第三十四節）。

我們的故事必須在此結束了。對於這些年輕人，最後的結論是他們不必一定要加入股票持有人的行列。他們可以毫無愧疚地拒絕其利益，離開這一公司的範圍。（但由於在火星上並沒有地方可生存半年以上，就有強有力的理由仍然留在地球上，並成為一個股票持有人。）對於要麼加入，不然就離開的要求的一個回答是聲稱：既然這一公司並不擁有所有的土地，因而任何人都可以在這一公司的地域內買一塊地，按自己喜歡的方式生活。雖然這一公司本身實際上並沒有買下所有的土地，但透過參加大聯合會議的所有人所同意之最初的公司規則，被視為是禁止土地脫離這一公司的控制。[9]這一公司能允許另一公司在它中間產生嗎？它能忍受孤立的股份持有者可能帶來的危險嗎？總而言之，它能忍受聯合嗎？

有些人建議：可以允許不加入公司的反對者繼續留在其地域內。為什麼他們不應當被允許待在這一公司的領域範圍內，只簽訂他們所願意與這一公司簽訂的契約呢？為什麼不讓他們決定自己相對於其他人以及這一公司的權利和義務（不僅僅是不侵犯），為他們得到的特殊事物付款、獨立自主地生活呢？[10]

但另一些人回答說，這將使事情太過混亂，並且有可能損壞這一公司的基礎。因為其他（據說是「易受騙的」）人，也可能被誘使退出股份持有人的行列。這樣的話，誰將留下呢？恐怕只有那些最缺乏謀生本領的人們了。而誰來照料他們呢？那些留下的人將怎樣自己照顧自己呢？沒有普遍的份額持有，不去迫使所有有能力的人幫助別人，兄弟似的感情能同樣蓬勃發展嗎？幾乎所有人都從他們的歷史經驗中得知，這種每個人對所有別人的生活都有平等發言權（在某些限制條件下）的體系，是所能想像的最好和最公平的體系。他們的社會理論家一致同意，他們的民主化體系，即民有、民治、民享的體系，是社會生活的最高形式，是一個絕不可從地球上消失的形式。

從詳細說明這一離奇的故事中，我們最後達到了被認為是現代國家的政體，它對其公民擁有巨大的權力。我們確實得出了一個民主國家。我們對它如何經由一系列在論證上難以反對的個別步驟，以沒有侵犯任何人權利的方式，從最小限度的國家產生，所給出的假設性的敘述，使我們更能注意並仔細思考這樣一種國家的本質，及其人與人間關係的基本模式。因而，這一過程是值得考察的。

其他有些起源於不公正的故事也可能被提出。考慮下面一些事例，我們稱它為「奴隸的故事」，並請設想它與你有關：

（一）有一個完全受其殘暴的主人任意支配的奴隸，他常常被殘忍地鞭打，在半夜的時候被叫來幹活等等。

（二）主人比較和善；只有在這個奴隸公然違反他的規則時才會打他（如沒完成所分擔的工作等）。他讓這個奴隸有一些自由時間。

（三）主人有一群奴隸，他根據恰當的理由決定物品如何在他們之間分配（考慮到他們的需要、功勞等等）。

（四）主人允許他的奴隸們一周有四天時間歸自己支配，而只要求他們在其地上勞動三天；其餘的時間都屬於他們自己。

（五）主人允許他的奴隸們離開，在城裡（或任何他們想去的地方）工作掙取工資。他只要求他們把他們工資的七分之三交給他。他也保留在有緊急事情時把他們召回的權力，以及提高或降低要求交給他們的工資（七分之三）比例的權力。他還進一步保留了限制奴隸們參加某些將損害他的財政收入的危險活動（例如登山、抽煙等）的權力。

（六）除此之外，主人允許他的一萬名奴隸都參加投票；共同的決定是由他們所有人一起做出的。在他們之中可以公開討論，他們有權決定從你的（和他們的）收入中拿出多大比例來用作何種用途，並且有權決定可以合法地禁止你從事哪些活動等等。

讓我們暫時停止這一列舉而來考察一下。如果這個主人如此締約轉讓他的權力（以致他不可能取消這一契約），那麼，你的主人就改變了。你現在有一萬個主人而不僅是一個主人；或寧可說你有一個有一萬個頭腦的主人。也許這一萬個人甚至都比例（二）中的主人更和善，但他們還是你的主人。然而，我們也還可以繼續進行下去。單獨一個和善的主人（如例二）可能允許他的奴隸們有發言權，並可以試圖說服主人做出某種決定；而這一個有一萬個頭腦的主人也可以這樣做。

（七）雖然你還沒有投票權，你卻有自由（被給予這種權利）參與這一萬人的討論，可努力說服他們採納各種政策，以某種方式對待你和他們自己。然後他們就進行投票，決定在他們廣泛的權力範圍內的政策。

（八）由於欣賞你對討論的貢獻，這一萬個人允許你在他們相持不下時參與投票；他們服從這一程式。在討論之後，你在一張紙上寫下你的決定，而他們離開去投票。萬一他們在某個問題形成僵持局面：五千票贊成，五千票反對，他們就看你的票，把它計入投票結果。如果這種情況不發生，他們就決無機會看你的票。（單獨一個主人也可能讓他的奴隸來來決定有關他的任何問題，對這些問題這個主人是絕對中立的。）

（九）他們把你的票和他們的票放在一起。如果他們正好勢均力敵，你的票將產生決定性的作用；否則對投票的後果就不會有什麼影響。

現在的問題是：從例（一）到例（九），哪一種轉變將使這個故事不再是一個奴隸的故事呢？[11]

假設的歷史

一個比最小限度國家功能更多的國家，能經由聯合抵制的過程產生嗎？贊成這種國家的人們，可能拒絕與那些不介入這種國家的額外功能的人（包括聯合抵制那些完全不加入者）來往或交易或發生社會關係。簽約抵制不加入者的人越多，這些不加入者的機會就越受限制。如果這種聯合抵制全面形成，所有人最終可能都會選擇加入功能更多的國家的額外活動，這的確可能允許它隨後迫使他們做違反其意願的事。

在現在所談的這種制度安排下，如果某人願意面對可能針對他而來的，不管多麼有效的社會聯合抵制而不退縮，他可能可以拒絕進入或選擇待在額外的過程和限制之外，這就不像一個每個人都被迫參與的功能較多的國家。這種反映了一個功能較多國家的某些制度特徵的安排，說明人們可能採取的某些共同行動，可以達到某些結果而不侵犯任何權利。但在一個人數眾多的社會裡，一種如上所述的實際聯合抵制是很難成功維持的。將有許多反對這種國家的額外功能的人們；他們能找到足夠的交易對象，建立一個保護性機構等等，以致能在一塊獨立的被國家所包圍的領土上（不一定是地理上的）抵抗這種聯合抵制。此外，他們能提供誘因使某些參加抵制者退出這種抵制（也許是祕密的，以迴避其他繼續支持抵制者的反應）。隨著越來越多的人看到別人這樣做且從中得利而跟著脫離它時，這種抵制就將歸於失敗。只有在這種情況下，這個社會中幾乎所有人都將支持功能較多的國家的理想，因而歡迎它的額外限制，願意犧牲個人利益而貫徹這一抵制；且只有在他們如此深切地關心和介入，因而不斷地在塑造他們與這一理想的連繫時，一個類似於功能較多國家的實體才能建立。它只是一個類似功能較多國家的實體，在其中每個人都留有是否加入的選擇權；這種選擇權是正當的，但只以前述的方式出現。

這種假設的歷史將如何影響我們現在對社會制度結構的判斷呢？讓我們嘗試做一些評論。如果一個現存社會是從合乎正義的歷史中衍生出來的，那麼這個社會也是正義的。如果一個現存社會的實際歷史是不正義的，且沒有任何假設的正義的歷史能導致這種社會結構，那麼這一社會結構就是不正義的。較複雜的是下述情況，即一個社會的實際歷史是不正義的，但某種假設的正義的歷史卻能導致它的現行結構（雖然也許並非持有或地位的現行分配）。如果假設的正義的歷史「接近」於實際的歷史——其中的不正義在產生或維持這種制度結構方面不扮演重要的角色，這一實際結構將像人們所能期望的那樣公正。

如果假設的正義的歷史涉及每個人對這一制度結構的同意，以及對這一制度所體現的，對他權利的任何限制的同意（由有關他人行為的道德邊際限制所規定的限制）；那麼，如果某人並不同意，人們就必須把這一制度結構視為不正義的（除非經由其他某種假設的歷史而把它看作是正義的）。同樣地，如果假設的正義的歷史涉及某些以前不同意的人的同意，而現在某些人也將不同意那些同意者，那麼人們就必須承認這一制度結構是不正義的。如果這種制度結構能經由某種假設的，不涉及任何人對這一制度結構之同意的正義的歷史而產生；那麼，一個人對這種結構的評價，將有賴於他對產生這種結構過程的評價。如果這一過程被視為是比實際歷史更好的過程（在除了正義以外的其他面向；因為假設它是超越正義），這也許改善一個人對這種結構的評價。但說一個正義的過程本來將導致這種制度結構，只是因為受了卑鄙的個人操縱而流產，這將不會提高一個人對這種制度結構的評價。

既然一種能經由不涉及個人同意的正義過程產生的制度結構，將不會限制個人的權利，也不會體現個人並不具有的權利，所以就權利而言，這種結構就較接近由於道德邊際限制所規定的個人權利起始點；並且，它的權利結構就將因此被視為是正義的。由於控制了實際歷史不斷產生的非正義，這種較接近於個人按道德邊際限制享有權利的制度結構，就比離權利較遠的制度結構更合乎正義。如果一種只體現個人權利的制度結構，能夠不公正地產生；那麼即便它真的如此，人們將仍願堅持這樣一種制度結構（但要矯正其具體的有關地位和持有的不正義），並讓它轉變為可由它產生的無論什麼別的制度結構。而如果一個制度結構偏離體現在道德邊際限制中的個人權利，人們將不願讓它繼續運作，即使它能夠經由某種假設的正義的歷史產生；因為，對權利的現行限制，將嚴重地影響到它所產生的東西，甚至那些現存的限制或許都不會被同意。個人享有權利的狀態，將不得不被重新建立。

第三部
烏托邦

第十章
一種用於烏托邦的架構

沒有什麼比最小限度國家功能更多的國家更能夠得到證明，但最小限度的國家這一觀念或理想不是缺少吸引力嗎？它能激動心靈或鼓舞人們為之奮鬥或犧牲嗎？人們願意聚集在它的旗幟之下嗎？[1]它與另一極端、與烏托邦理論家的希望和夢想比較起來，似乎是蒼白無力的。無論最小限度的國家有什麼優點，但很清楚的是：它絕不是烏托邦。那麼，我們期望：對烏托邦理論的深入探討，將不只是顯示作為政治哲學目標之最小限度國家的缺陷。這樣一種探討本身也有其內在的旨趣。現在就讓我們來探究烏托邦理論，直到抵達我們願意停止的地方為止。

模式

我們希望加諸那些顯然有資格被稱為烏托邦社會的所有條件，若放到一起看，顯然是有矛盾的。不可能同時且連續地實現所有社會的和政治的善；而這正是人類狀況中一個值得我們探討和悲嘆的令人遺憾的事實。然而，我們在此的主題是所有可能的世界中最好的世界。[2]那麼這是對誰而言呢？所有可能的世界中對我最好的世界，將不會是對你最好的世界。在所有我能想像的世界中，那個我最願意居住的世界，將不會恰好是你將選擇的世界。雖然在某種嚴格的意義上，烏托邦是對我們所有人而言最好的世界，是我們每個人所能想像的最好的世界。[3]這個世界能在什麼意義上存在呢？

想像一個可能在其中生活的世界；這個世界不必包括現在活著的其他人，但它可能包括實際上並未存在過的人。在你想像的這個世界中，每個和你一樣有理性的[4]存在，都有同樣的權利去想像一個他自己可能在其中生活的世界（在其中，其他的理性居民也有同樣的想像權等等）。你想像的這個世界的其他居民，可能選擇停留在一個為他們創造的世界裡（他們也是為此而被創造的），或者他們可能選擇離開它，而居住在一個他們自己想像的世界裡。如果他們選擇離開你的世界而生活在另一個世界，你的世界裡就沒有他們了。而由於沒有移居者來到你想像的世界，你可能放棄你想像的這個世界。這個過程繼續下去：一些世界被創造，人們離開它們，又創造新的世界，又離開它們，等等。

這一過程將無限延伸嗎？所有這種世界都是瞬息即逝的嗎？有沒有某些穩定的世界，在其中，所有最初的居住者都將選擇留下？假如這一過程能產生某些穩定的世界，這些世界滿足了哪些有意義的一般條件？

如果有穩定的世界，它們每個都經由其建立的方式而滿足了一種很可取的描述；亦即，這個世界內的居住者都無法想像出另一個他們寧願生活在其中的更好世界，並且（他們相信）這個世界將繼續存在下去——只要它的所有理性居民擁有同樣的想像和移居的權利。這一描述是如此吸引人，因而釐清所有這些穩定世界所具有的其他共同特徵，將是很有助益的，並使我們不必繼續重覆一長串描述。讓我們稱一個所有理性居民都能離開，前往他們所能想像之其他世界（在那裡又是所有理性居民都能離開而去另一個想像的世界）為一個聯合體；並且稱其中某些理性居民，不被允許遷往他們所能想像的某些聯合體的世界為一個「東柏林」。這樣，我們最初的吸引人的描述就意味著：在一個穩定的聯合體中，任何成員都不能想像另一個（他相信是）穩定的，他願作為它的一個成員的聯合體。

這種穩定的聯合體會是什麼樣子呢？在此，我只能提供一些直覺的和非常簡單的論證。你不能建立一個你在其中是一絕對君主，剝削其他理性居民的聯合體。因為那樣的話，他們在一個沒有你的聯合體中將生活得更好；至少，他們都寧願選擇居住在一個除了你之外包括他們所有人的世界，而不願生活在你創造的世界裡。沒有任何穩定的聯合體能夠這樣，以致於生活在其中的所有人（除了一個人）都一起想離開他們自己的聯合體；因為這將與「最初的聯合體是穩定的」前提相衝突。這一論據也同樣適用於兩個、三個或幾個這樣的人——沒有他們，聯合體中的其他人都將生活得更好。因此，我們就得到了一個穩定社會的條件：如果A是一個穩定社會中的一組人，那麼在A中就不會有這樣的子集合S——其中S的每一成員在僅僅由S的成員組成的社會中的狀況會比在A中的狀況更好。因為，如果有這樣的子集合S，其成員將會脫

離A，建立他們自己的聯合體。 5

假設在我想像和創造的世界中，你是所有理性存在者（除我之外）的發言人。你所做的停留在我的聯合體A_1中，還是開創另一個包括你們大家而不包括我的聯合體A_1'的決定，與考慮是否允許我作為一個新成員，進入你們都已從屬的聯合體A_1'（給我像在A_1中同樣的地位）的決定是同一個決定。在這兩種情況中，決定的關鍵事實是同樣的：你們是在有我還是沒有我的情況下會生活得更好。這樣，為了在我能想像的許多世界A_1，A_2……決定一個世界。在這個世界，所有理性成員都寧願與我聯合，而不願構成包含其他人卻僅僅把我排除在外的聯合體A_1'，A_2'……我們可以把所有A_1'，A_2'……的聯合體作為已經存在的聯合體來考慮嗎？可以探尋其中哪一個將允許我成為其新成員，並探尋其加入條件嗎？

如果我從這個聯合體取走的比給予的要多，任何聯合體都不會接納我；它們不會願意因接納我而遭受損失。但我從這個聯合體拿取和我從這個聯合體獲得並不是一回事；我拿取的東西的價值，是由他們對這一聯合體所給予我的東西的評價決定，而我得到的東西的價值，則是由我對我的成員的評價所決定。在此假設這個團體是統一的，能夠由一個功利函數代表（$U_y(x)$表示x對y的功利），一個聯合體A_i'將僅在下列條件下接納我：

U_{A_i}'（接納我）$\geq$ U_{A_i}'（排除我）；

亦即 U_{A_i}'（處在A_i中）$\geq$ U_{A_i}'（處在A_i'中）；

亦即（那些在A_i'中的人因我加入的所得）≧（他們若允許我進入這個聯合體將付與我的東西）

從任何聯合體，我都不能得到他們認為比我的貢獻更有價值的東西。我必需從任何聯合體接受比這少的東西嗎？如果一個聯合體提供給我的東西，比他們將從我貢獻的獲得的東西少；那麼另一個同樣欣賞我的聯合體，為了使我加入他們，將提供我比第一個聯合體所提供之更多的東西（雖然還是少於他們的所得）——這樣做是符合它的利益。同樣地，也會有第三個聯合體對第二個聯合體這樣做……依此類推。各聯合體之間不可能串通好來對我的支付降低，因為我能想像無數別的聯合體，進入購買我加入的市場；所以，各聯合體將對我競相出高價。

我們看來有了經濟學家的一個競爭市場模式的實例。這是很好的，因為它使我們直接接近一種有力而精緻的理論分析。許多聯合體競相爭取我的加入，在結構上等同於許多公司競相雇用我。在這兩種情況中，我都得到我的邊際貢獻。如此看來，我們就有了這樣的結果：在每個穩定的聯合體中，每個人都得到他的邊際貢獻；在每個這樣的世界中，其理性成員都能夠想像各種世界並能向這些世界移居；同時每一理性成員又都不可能想像另一個更好的和他更願意居住的世界（在其中每個人也有同樣的想像和移居權），每個人都得到他對這個世界的邊際貢獻。

我們的論證迄今為止一直是直覺性的；我們在此將不提供任何正式的論證。但我們將對這個模式的內容再說幾句話。這個模式的設計是為使你選擇你所欲的社會，唯一的限制只是：別人也可以為自己做同樣的選擇，拒絕留在你所想像的世界裡。但僅僅這一點，並沒有在這個模式中創造在實行權利方面所必需的那種平等；因為你想像和創造了那些人中的一部分，而他們並沒有想像你。你可以想像他們帶有某些意願，特別是你可以想像他們由於你所創造的品格而最願意生活在某個世界中；即使在這個世界中他們是最下賤的奴隸。如果這樣的話，他們將不會為了一個更好的世界而離開你的世界；因為在他們看來，不可能有比這更好的世界。任何別的世界也不可能成功地爭取到他們的加入。所以，對他們的支持，在一個競爭市場中，就不會被抬高價格。

為了避免這一結果，對被想像的諸如此類的存在，應當加上一些什麼樣的自然或直覺的限制呢？為避免描述這種限制所造成之正面攻擊的麻煩，我們施加了以下限制：即不能把這個世界想像得足以在邏輯上推論出（一）其居民們（或其中一個）最（或第n個最）想生活在其中；或者（二）其居民們（或其中一個）最（或第n個最）想和某一類人生活在一個世界裡，做他吩咐的無論什麼事情等等。因為無論那一種都會引起麻煩；而一旦我們（或別人）設想一個會出現這一麻煩結果的世界，我們就能夠用一個限制條件明確地排除它。只要有一定數目的方式能推翻這一結構，這一程式對我們的目的來說就將是有效的。施加這一限制條件並不會使我們的結構繁瑣化。因為達到按邊際貢獻支付的論證是有意義的理論步驟，是由經濟理論和博奕理論提供的；而強調特殊的人或特定世界的意願卻形成了一道障礙，使我們不能從起始點到達這一論證結果。除此之外，還有一種獨立的直覺理由使我們排除強調這種意願的假設。而為了避免這些意願而對最初狀態所加諸限制的細節本身，不太可能有獨立的意義。它最多只是起排除這些意願的作用。

我們不必為這種狀態的認識論因素煩惱。任何人都不能根據下述事實——「從中推出」不是一個有效概念——而逾越這一限制。因為只要知道（一）或（二）（或一附加的條件）的確會被推論出來，這一想像世界就要被排除。較嚴重的是以下這一問題，即有些東西儘管並非是邏輯地推出的，卻可能是因果地推出的。這樣的話，明確地說這些被想像的人中有一個人最想要X就成為不必要的了。按某種有關意願之產生的因果理論（例如，某種有關作用條件的理論），這人可能設想某人經歷了一段恰是他的經驗理論所告訴他的過去的歷史，這段歷史因果地產生出對X的意願——一種比他的其他意願都強的意願。各種特別的限制條件再一次出現，但看來最好只加上一個額外的限制，即想像者不可以如此描述人們和世界，以致他知道它將因果地推出（像在邏輯地推出中一樣的推論）。這只是他知道的東西引出我們希望排除的結論。要求沒有任何這類事情從他想像的描述中產生，那是太高的要求。如果他不知道這一點，他不可能利用它。

雖然這個世界的想像者不能設想其他人是特別贊成他自己的觀點，但他可以設想別人接受某些一般原則。（這些一般原則可能對他有利。）例如，他可能設想這個世界的所有人（包括他自己），都接受一個平等分配產品的原則，允許這個世界的任何人擁有相同的份額。如果一個世界的人們一致接受某種有關份額的一般原則P，那麼這個世界中的每個人都將得到他們的p份額而非他們的邊際貢獻。在此，一致接受是有必要的；因為接受另一個不同的一般原則P′的持異議者，將遷往另一個只容納P′之支持者的世界。當然，在每個人都收到其邊際貢獻的世界裡，任何個人都可能選擇把他的某些份額贈送給別人；除非他們的有關分配的一般原則要求根據邊際貢獻分配，並規定了不許贈送的條款（雖然很難看到這樣做的動機何在）。因此，在每個人都得到其邊際產品的世界中，他可能把其中一些轉讓給其他人，那些其他人就得到比他們的邊際產品更多的東西；或者是所有人都一致同意某一別的分配原則。在此注意到下面這一點是恰當的：並非所有世界都是可欲的；某個世界的所有居民都贊成的某個原則P，可能是相當惡劣的。我們的想像結構，只是用來強調人與人之關係的某些方面。

這一結構的特殊細節，不僅允許需要某人加入的無數共同體，而且允許無數可供他加入的共同體嗎？如果回答是肯定的，這將是一種不幸；因為在一個有無限供應和無限需求的市場中，價格在理論上是不確定的。[6] 但我們的結構，涉及到每個設想一定數目的人們與他一起在他的世界裡生活的人。如果這些人離開，他可能還會設想許多別的一定數目的人。第一批離開的人現在已在考慮之外，他們並不與新的加入者競爭，而是忙於他們自己建構世界的工作。雖然對一個人在這一過程中可想像的數目並沒有一個上限，卻沒有那種在其中實際上有無數的人競爭份額的世界。設想一個（由於外部環境）某人的邊際產量很低的世界，將使這個人不可能選擇留在這個世界裡。

真的有什麼穩定的世界嗎？為取代一個某人得到其相當低的貢獻的聯合體，這個人將想像另一個他在其中貢獻較高的聯合體，並將離開第一個聯合體（從而使之不穩定）。按照這一推理，他不是將想像和遷往那個他的貢獻（因而收入）在其中是最大的聯合體嗎？每個人不是都要與最欣賞他的社團夥伴居住於他的聯合體中嗎？有沒有某種其成員互相都最欣賞的團體呢？也就是說，有沒有某個這樣的團體G，對於G的每一成員x，G－｛x｝（即G的其他成員）對x的重視超過任何其他可能的也重視x的團體？即使有某個這樣的團體G，有沒有一個適合於所有人的這樣的團體呢？亦即有沒有一個所有人都是其成員互相最欣賞的團體呢？

幸運的是，這種競爭並不是太激烈。我們不必這樣考慮團體G：對於G的每一成員x，G－｛x｝對x的重視，超過任何其他可能的也重視x的團體。我們只需這樣考慮團體G：對於G的每一成員x來說，G－｛x｝對x的重視，超過任何其他可能的也重視x的穩定團體。一個穩定團體G，是一個對每個成員x來說相互都最欣賞的團體。G－｛x｝對x的重視，超過任何其他可能的穩定的團體。顯然，這一對「穩定性」的循環解釋沒有什麼效果；而說「一個將繼續維持，其中沒有人將往外移居的團體」，並不能把理論概念緊密結合得足以產生有意義的結果——如產生出有穩定團體的結論。有關穩定聯合的類似問題，在博奕理論者那邊只取得部分的成功；而我們的問題在理論上是更為困難。的確，我們還沒有足以可保證有一個穩定的有限團體存在的條件，因為這與我們所說的並不矛盾：在某種量度表的n之上，一個擁有n個成員之團體的功利收入＝n^2，如果這個團體平等地劃分功利，那麼隨著人們離開每一團體而加入更大團體，功利將無限地擴大。

當我們認識到：「每個人都只得到別人給予他的這一假定太強時，穩定聯合體的前景就得到改善。一個世界可能給予一個人這樣的東西——它在這個人看來，要比在那些給予者看來更有價值。例如，一個人的主要利益，可能來自在這一社會中與他人的共存，來自他是正規的社會組織的一員。給予他這種利益，可能實質上並不涉及到別人的任何犧牲。因此，在一個世界中，一個人可能得到比最重視他加入的穩定社團對他的支付更有價值的東西。雖然別人給得較少，但他得到的卻較多。既然一個人希望最大限度地增加他所得到的（而非給予他的）東西，就將不會有人設想這樣一種相互最欣賞的社會——在那裡他對低劣者的存在是至關重要的，就將沒有人選擇做女王蜂。

一個穩定聯合體也不會由一些在相同面向競爭最優地位的自戀者組成。我們寧可說，它將包括各種不同的人；他們有不同的優點和才能，每個人都從與他人生活在一起而得益，每個人也都是他人的利益與歡樂之源，如此形成互益互補。每個人都更同意生活在一群與自己相同水準且具不同才能和優點的人們中間，而不願在一群相對平庸的人們中獨自大放光芒。所有人都讚賞別人的個性，沐浴於那些自己相對不發展而由別人充分發展的潛力和才能的光輝之中。[7]

我們在此粗略勾勒的這一模式，看來值得仔細探討；它具有內在的意義，預許著深刻的結果，是一種探討所有可能世界中最好的世界的自然方式。它也為那些討論理性行為者之選擇的，近年來進展最大的理論（即決策理論、博奕理論和經濟分析理論）的應用建構了一個領域，為政治哲學和倫理學提供了重要的工具。它可應用這些理論，不僅是指可將這些理論的結果用於它們所打算探討的領域，而且是指可用它們來討論一種狀態，一種並非某一領域的理論家專門考慮的狀態；也就是說，是在邏輯學家的技術意義上所言的各種理論的模式。

投向我們現實世界的模式

在我們的現實世界裡，相對於可能世界之模式的是一些廣泛不同的聯合體。人們如果被允許就能進入這些聯合體，如果他們想離開，他們也能離開。其社會形式是根據他們的意願決定的。在這一社會中，可以進行各種烏托邦性質的試驗，容有不同的生活方式；各種善的觀念也可個別或共同地被追求。我們稱為「架構」的這樣一種社會安排的細節和某些優點，將在我們討論它的過程中顯示出來。在想像的模式與模式向現實世界的投影之間，有一些重要的差別。這一架構在現實世界中如何運作的難題，來自於我們侷限於地球的現實生活與我們討論過的可能世界之模式的差異，這種差異導致這樣的問題：即使模式本身的實現是理想的，但其在現實世界之投影的實現是否是我們在此所能做的最好事情？

（一）與想像的模式不同，我們不可能創造所有我們想要他們存在的人。所以，即使有一個包括你在內的可能是相互最欣賞的聯合體，其他的成員實際上可能並不存在；而你事實上與之生活的其他人，可能不是你最喜歡的一群人。也可能有一個特殊的、你希望生活在其中的共同體，卻沒有足夠多的真實的人，能被說服自願生活在這樣一個共同體中以使其成立。在想像的模式中，由於有大量不同的非剝削性的共同體，因而就總是有足夠的其他人願意生活在一個共同體中。

（二）與想像的模式不同，在現實世界的共同體之間存在著衝突；有外交關係和自衛的問題，有必要的裁判模式和解決共同體之間的爭端。（在想像的模式中，一個聯合體與另一個聯合體的衝突，僅表現於從對方那裡拉走一些成員。）

（三）在現實世界中，有發現別的共同體及了解它們情況的訊息費用；以及從一個共同體遷往另一個共同體的遷移費用。

（四）此外，在現實世界中，有些共同體可能試圖不讓其成員知道他們可加入的其他共同體的性質，試圖阻止他們自由地離開這一共同體而加入另一共同體。這就產生了當有一些人想限制遷徙的自由時，如何使這種自由制度化並被執行的問題。

面對現實世界與可能世界之模式的這種巨大差別，說後者是幻想是否貼切呢？我們無論在哪裡都不應匆忙地下此結論；因為這些模式揭示了許多我們的真實情況。若不知道可行的選擇對象與我們的幻想之間有多大的差距，我們就不可能知道我們對自己所達到成績的滿意程度；只有把這種幻想及其力量考慮進來，我們才能理解人們擴展他們現行的選擇對象的努力。某些烏托邦作家所描述的細節，顯示他們在幻想與可行之間劃出的界線是很模糊的，更不必說劃清幻想與實際預測之間的界線了。例如，傅立葉（C. Fourier）認為海水將變成檸檬汁，進化將產生與獅子、老虎相反的與人友好的動物等等。甚至最虛無漂渺的希望和預測（像托洛斯基在《文學與革命》結尾時的預測），也表現出我們人類的形象中不可忽略的痛苦和渴望；忽略它們將使這一形象變得貧乏。我並不想嘲笑我們的希望的內容，它不僅超越了現實和可行的世界，甚至也超出了事件的可能性；我也不想辱沒幻想的名聲，或者盡可能最大限度地減少人類的痛苦。

可能世界的實現涉及到各種條件的滿足；事實上我們不可能滿足所有這些條件，但我們能滿足其中許多條件。在我們不能滿足所有條件的情況下，對於那些有可能一起滿足的條件，我們是不是應當試著去滿足每一個可能被滿足的條件也是不清楚的（即使全滿足它們是最好的狀況）。也許不滿足全部條件比巨大的差異要壞；也許我們應當刻意地違反某些可能被滿足的條件，以補償或調節對別的一些考慮的（必要的）違反。8

我們對這一架構之其他論證的考慮，以及對其反對意見的討論，將為下列命題提供一個證明（但不是建立它）：實現這一架構，優於實現比它更偏離我們的可能世界之模式的對象。在此我們應當注意這一架構偏離可能世界之模式的某些方式，這些方式雖然使這一架構不如可能世界之模式那樣可欲，但還是比任何其他的可行狀態更可欲。例如，在這一架構的實際運作中，將只有有限數目的共同體；因而對許多人來說，沒有哪個共同體能準確地符合他們的價值。在這一架構下，每個人都願意生活在一個人們最可能實現他最重視的東西的共同體中。但任何共同體都不能準確地符合某人的價值這一問題的出現，僅僅是因為人們對自己的價值和重要性的意見不一致。（如果沒有意見的分歧，就將有足夠的其他人居住在完全符合其欲望的共同體中。）所以，如果只有某一價值體系能被滿足，就沒有辦法滿足多於一個人的所有價值。其他人也將使他們的價值多多少少被滿足。但如果有許多互異的共同體，那麼，比起只有一種共同體來說，就有較多的人更能按照他們希望的方式生活。

架構

如果對烏托邦的特殊描述的充足理由，只有一種論證或推理，那將是使人困惑的。烏托邦既然是如此多的渴望的焦點，就一定有許多通向它的理論思路。讓我們略述一些可供選擇、相互支持的理論思路。[9]

第一條思路從人是有差別的事實開始。他們在氣質、興趣、理智能力、渴望、自然傾向、精神追求，和希望採用的生活方式方面都不相同。他們在各自擁有的價值上存在歧異，並對他們享有的價值有不同的評估。我們毫無理由認定只有一個共同體可作為所有人的理想，而是有很多理由認為有不止一個共同體。

我們可以區分下列命題：

I　每個人都有一種客觀上對他來說是最好的生活：

a 人們是非常相似的，以致有一種客觀上對他們每個人都最好的生活；

b 人們是有差別的，以致客觀上對每個人最好的生活不止一種，以及：

1不同種類的生活是非常相似的，以致有一種（滿足某些條件）客觀上對每個人最好的共同體；2 不同種類的生活是如此地不同，以致客觀上對每個人最好的（滿足某些條件）共同體不止一種（不管這些不同的生活中哪一個是對他們最好）。

II 對每個人來說，只要善的客觀標準能夠生效（在其存在的範圍內），就有許多很不同的生活都可以說是最好的；在這一領域內，有一種生活對他來說是客觀上最好的生活，但這一領域內的任何一種生活，客觀上都不比其他生活更好。[10]故而，對於每組其生活在客觀上並不稍劣的選擇者來說，就不是只有一個客觀上可讓其生活得最好的共同體。

以上Ib_2或II將用於我們的觀點。

維根斯坦、泰勒（Elizabeth Taylor）、羅素（Bertrand Russell）、默頓（Thomas Merton）、貝拉（Yogi Berra）、金斯伯格（Allen Ginsburg）、沃夫森（Harry Wolfson）、梭羅（Thoreau）、斯坦格（Casey Stengel）、猶太教教士、畢卡索、摩西、愛因斯坦、赫夫納（Hugh Hefner）、蘇格拉底、福特、布魯斯（Lenny Bruce）、達斯（Baba Ram Dass）、甘地、希拉蕊爵士

（Sir Edmund Hillary）、盧比茲（Raymond Lubitz）、佛陀、西納特拉（Frank Sinatra）、哥倫布、佛洛伊德、梅勒（Norman Mailer）、蘭德（Ayn Rand）、羅思席德（Baron Rothschild）、威廉斯（Ted Williams）、愛迪生（Thomas Edison）、門肯（H. L. Mencken）、傑佛遜（Thomas Jefferson）、艾里森（Ralph Ellison）、費雪（Bobby Fischer）、戈德曼（Emma Goldman）、克魯泡特金（Peter Kropotkin），你，和你的父母。對所有這些人，真的只有一種最好的生活嗎？想像一下他們都生活在任何你曾見過的仔細描述的烏托邦裡；或試著去描述那個對他們所有人的生活都將是最好的社會。這種社會將是農村還是都市？是極盡物質上的奢侈還是嚴格儉樸？性關係如何？有任何類似於婚姻的制度嗎？它是不是一夫一妻制？孩子是由其父母撫養嗎？有沒有私有財產？有一種安寧靜謐的生活還是一種充滿冒險、挑戰、危機和表現英雄主義的生活？有沒有宗教？如果有，是有一種還是有很多種？宗教在人們生活中的重要性如何？人們認為他們的生活重心是私人事務還是公共事務？他們是一心一意致力於某種特殊的工作和成就，還是要成為萬事通？抑或他們把注意力集中在充分和令人滿意的休閒活動？對孩子們的培育是自由寬大還是嚴格控制？他們的教育以什麼為中心？運動在人們的生活中重要嗎（作為旁觀者還是加入者）？藝術呢？是感官快樂還是理智活動居於支配地位？或者居於支配地位的是別的什麼活動？在服裝上有流行風潮嗎？流行美容嗎？對死亡的態度怎樣？技術和發明在社會中扮演重要的角色嗎？等等。

認為對所有這些問題有一種最好的綜合答案，認為有一個所有人都能生活在其中的最好的社會，在我看來是不可思議的。（認為如果有一個這樣的社會，我們現在就能清楚地描述它的觀點，甚至是更令人難以置信。）如果某人最近重讀了莎士比亞、托爾斯泰、奧斯汀（Jane Austen）、拉伯雷（Rabelais）、杜思妥也夫斯基的作品，它們提醒他注意人們是多麼迥然不同；那麼，他將不會去試圖描述一個烏托邦。（這也將提醒他考慮人們是多麼複雜；見下節的第三條理論思路。）

烏托邦作家們都堅信自己所描繪之社會的美妙和唯一正確性，他們提出來競爭的制度和生活方式各個不同（其差別不亞於前面列舉的人的迥異生活。）雖然他們每個人提出來的理想社會的藍圖都過於簡化（甚至接著將討論的單元共同體也是這樣），我們還是應當重視其間的差異。沒有任何烏托邦作家讓所有人在其社會中都過完全相同的生活，分配完全相同的時間去做完全同樣的事情。為什麼不這樣呢？這些理由不是也可用來反對只有一種共同體的觀點嗎？

我們的結論是：在烏托邦中，將不是只有一種共同體，也不是只有一種生活方式存在。烏托邦將由各種烏托邦組成；其中有許多相當歧異的共同體，在這些共同體中，人們在不同的制度下過著不同的生活。對大多數人來說，某些共同體將比別的共同體更吸引人；而各種共同體的盛衰不一。人們將離開某個共同體而去別的共同體，或者在某一共同體中度過一生。烏托邦是各種烏托邦的一個架構，是一個人們可以自由地聯合起來，在理想的共同體中追求並實行他們自己認為好的生活觀念的地方；但在那裡，任何人都不可把自己的烏托邦觀念強加給別人。[11] 烏托邦社會是具有烏托邦精神的社會。（有些人當然可以滿足於他們的現狀。並非每個人都將加入特殊的試驗性共同體，而很多最初拒絕的人將在隨後情況明朗時才加入某些共同體。）我所希望提出的這個一部分真實、一部分虛構的陳述，是說烏托邦是一種基本烏托邦：它是一種在其中可進行各種烏托邦試驗的環境；是一種在其中人們可自由地做自己事情的環境；是一種若要使較多的特殊的烏托邦觀點被穩定地實現，它就必須在很大程度上被首先實現的環境。

就像我們在本章開始時所注意到的，如果所有的善並不能同時實現，那就必須達成某些交易協定。第二條理論思路則注意到：認為一個獨特的交易體系將得到普遍的同意，是沒有什麼道理的。各種不同的共同體（每個都有一些稍稍不同的混合）將作為一系列選擇對象出現；每個人都能選擇最近似於他對各種價值之平衡的共同體。其反對者將稱上述觀點為自助餐廳式的烏托邦觀點；而他們比較喜歡只供應一道正餐的餐館，或寧可說，他們比較喜歡菜單上只有一道菜且全城只此一家餐館。

設計手段與過濾手段

通往烏托邦架構的第三條理論思路，建立在人們是複雜的事實基礎上。人們之間可能有的各種關係也是同樣複雜。假設先前的論證是錯誤的（雖然並非如此），而且有一個對所有人來說是最好的社會。我們如何描述這個社會呢？在此有兩種描述方法，一種我們稱為設計手段（design devices），另一種我們稱為過濾手段（filter devices）。

設計手段以某種程式建構某事物（或其描述）；這一程式本質上並不涉及建構這一事物的

其他類型的描述。這一過程的結果是一個對象。應用於社會，設計過程的結果就是對一個社會的描述；這一描述是經由人們（或一個人）坐下來思考何為最好的社會而得到的。在做出決定之後，他們就著手按這一模式模仿一切事物。

面對以下種種情況一人的極其複雜性，人的多種多樣的欲望、渴求、衝動、才能、錯誤和愚笨，人的複雜交織的各種關係的繁茂濃厚（試把社會科學家對人的單薄描述與小說家的豐富描述比較），社會制度和人際關係的複雜，眾多人合作的複雜；面對這些情況，即使有一個理想的社會模式，也很難達到這一先驗的範式（相對於現行知識而言）。即使假設某個偉大的天才確實與這一藍圖一起出世，誰又能確信它能被好好地實現呢？[12]

由於我們前面已有一段歷史，因而設想一個對完善社會的描述當然不是從零開始。我們可利用我們的、並非來自設計手段的部分知識，包括下面將描述之過濾手段的知識的部分應用。想像穴居人聚在一起，設想出一個永遠是最好的可能社會，然後著手建立它；這是很有幫助的。但這些理由應用在我們身上時沒有使你覺得好笑嗎？

過濾手段是一個把許多選擇對象排出選擇範圍之外的過程。決定其結果的兩個關鍵因素，一是過濾過程的特殊性質（和它確定反對的性質）；二是過濾過程所作用的選擇對象系列的特殊性質（和這一系列是怎樣產生的）。對於那些知識有限、不能準確知道可欲目標之性質的設計者來說，過濾過程是特別恰當的。因為它使他們能夠利用有關他們不想侵犯之特殊條件的知識，合理地建立一個過濾裝置來拒斥那些侵犯者。設計一個恰當的過濾裝置，也許最終是不可能的；一個人可能嘗試用另一個過濾過程來進行這一設計。但一般來說，產生一個恰當的過濾裝置，甚至一個僅僅集中於一種特殊產品的過濾裝置，看來比從頭生產一種產品所要求的知識要少（包括什麼東西為可欲的知識）。

此外，如果過濾過程是一種可變的產生新的候選對象的方式，以致這些對象的性質隨著前面過濾後仍保留之成分的性質改善而改善，過濾過程也就涉及到一種可變的過濾裝置——這一過濾裝置隨著送入它的候選對象的性質改善，而變得愈加具有選擇性（亦即，它拒斥某些先前成功地通過了過濾裝置的候選對象）；那麼一個人就可以合理地期望：在連續而長久的過濾之後仍保留下來的東西，的確有很突出的優點。我們對過濾過程的結果不應當太傲慢，因為我們自己也是一種過濾的結果。從導致我們在建構社會時推薦一種過濾過程的有利角度來看，進化是一種創造生物，由一個謙虛的神適當地挑選的過程，而這個神並不確實知道他希望創造的是什麼樣的生物。[13]

確定一個可以設想的社會的過濾過程是這樣的過程：在此，設計理想社會的人們考慮了許多不同性質的社會，他們批評一些，排除一些，修正另一些，直到達到他們認為是最好的一個社會。毫無疑問，任何設計者或團體都是這樣工作的，所以不應當假定設計手段排除了過濾的特徵。（過濾手段也無需排除設計因素，特別是在產生過程中。）但人們不可能事先確定哪些人將想出最好的觀念；所有觀念都必須試一試（不僅僅是在電腦上模擬而已），以弄清它們將如何運行。[14]而有些觀念將只能在我們試圖（事後）描述，從許多人的自發性合作中產生的類型時出現。

如果各種觀念都必須實際去試一試，那就一定有許多試驗不同觀念的共同體。我們的架構所涉及的，排除共同體的過濾過程是很簡單的人們嘗試在各種共同體中生活，他們離開或修正他們不喜歡（或發現有缺點）的共同體。一些共同體將被捨棄，另一些將互相競爭；還有一些將會分裂；再有一些則興旺發達、接受新成員，並且在別的地方被摹仿。每個共同體都必須贏得並享有其成員的自願支持。沒有哪種類型可強加給任何人，而只要每個人都自願選擇根據某種共同體的類型生活，結果就將是一種類型。[15]設計手段是在產生特殊的，要經過嘗試和在其中生活的共同體時引入的。任何一群人都可以設計一種類型，並試圖說服別人加入這種類型之共同體的試驗。幻想家與瘋狂者、瘋子與聖徒、修士與放蕩者、資本主義者、共產主義者和直接參與的民主主義者，以及支持兄弟會、[16]集體農場、[17]瑜珈隱修會等組織的人們都可以嘗試建構他們的理想，創立一個吸引人的範例。不要認為每一種經過試驗的類型都將被重新設計；有些類型將被用來修正其他已經存在的類型（當看到它們的缺點時），不管這些修正多麼小。當共同體對其居民更具吸引力時，以前用的最好的類型就將被拒絕。隨著人們生活在其中的共同體（在他們看來）得到了改善，新的對共同體的觀念也常常得到改善。

這樣，我們在此提出的第一用於烏托邦之架構的運作，就實現了過濾過程的各種優點：它把過濾裝置與產生過程的遺留物之間能相互改善之互動結合起來，使得被產生且未被拒斥的產物的性質也得到改善。[18]此外，在人們擁有對歷史的回憶和記錄的情況下，這一架構也有這樣的特點：可以再去嘗試一個已被拒斥的對象（或其修正形式）；這也許是因為新的或變化的條件使它現在看來較有希望成功或較為恰當。這不像生物的進化；在生物的進化中，當條件變化時原先被拒斥的突變不可能輕易地被撤銷。進化論者也指出，遺傳上的異種（多類型和多形態）在條件發生巨大變化時具有優勢。而一個歧異、按不同方式組成的共同體——它也許能鼓勵不同類型的性格、能力和技藝——也具有同樣的優勢。

作為烏托邦共同基礎的架構

使用一種有賴於人們個別地決定，是留下還是離開某些特殊共同體的過濾手段，是特別恰當的。因為建構烏托邦的最終目的，就是要找到人們想居於其中，自願選擇在其中生活的那些共同體。或至少這是成功的烏托邦建構的一個副產品。我們提出的過濾過程將達到這一目的。此外，一種依賴人們之決定的過濾手段，相對於一個機械式運作的過濾手段來說，擁有某些優勢；因為我們不能預先明確地概括出，足以處理所有複雜問題和應付各種情況的原則。我們常常敘述一些流於表像的原則，而沒有考慮我們是否能預先指出這一原則的所有例外。但雖然我們做不到這一點，我們還是認為，我們經常能辨認我們面臨的某種特殊狀況是一例外。[19]

同樣地，我們將不能預先自動地設計出一種過濾手段，用來僅僅拒斥所有那些應當被拒斥的東西（客觀地，或是按我們現在或隨後的觀點來看是應當被拒斥的東西）。我們必須留點空間讓人們判斷每一種特殊情況。這本身並不是每個人替自己下判斷的論據。對被明確概括之規則的機械運用的唯一替換對象，也不是一種完全根據選擇而沒有任何指導原則的運動——就像我們的法律體系那樣。所以，不能預先陳述或設計無例外的原則這一事實，本身並不足以使我轉向我較喜歡的每個人都自己選擇，不預先建立任何指導原則的替換對象（除了那些保護這一論證的指導原則）。

我們論證了：即使有一種對所有人都是最好的共同體，由此建立的這一架構也是發現這種共同體之性質的最好手段。我們還能夠，也應當為以下觀點提供更多的論據：即使有一種對所有人都是最好的社會，這一架構的運作：（一）對任何人提出的這一社會的圖景來說是最好的手段；（二）對任何人確信這幅圖景的確是最好社會而言是最好的手段；（三）對大多數如此確信的人來說是最好的手段；（四）是安定且持久地生活在這一特殊制度下的人們穩定這樣一個社會的最好手段。但我在此不可能提供這些證據。（我在其他地方也不可能提供所有的論據，說明支援這一觀點的原因。）然而，我希望人們注意到：當我們拿掉那個認為有一種所有人都能在其中生活得最好的社會的（錯誤）假設，因而停止對一種每個人都應居於其中之共同體的錯誤解釋時；在此提供和描述的這一架構的論證，甚至會更加有力。

這一架構相對於任何其他烏托邦的描述來看有兩個優點：第一，它是未來某個時候的幾乎所有烏托邦思想家都可以接受的，而不論他的特殊觀點是什麼；第二，它與幾乎所有特殊之烏托邦觀點的實現都是相容的，雖然它並不擔保其中任何一個將會實現或者普遍勝利。[20] 如任何烏托邦思想家都將同意，我們的架構對由良善的人組成的社會來說是一個恰當的架構。他認為，只要良善的人們像他一樣理智，並因而能同樣看到這一制度的優越性，他們都將自願選擇生活在他所贊成的特殊制度之下。大多數烏托邦思想家將同意，在某個時刻，我們的架構將是恰當的架構；因為在那時（在人們已經被改造為良善的人，不會腐化的世代已經產生之後），人們將自願地選擇生活在他所贊成的制度之下。[21]因此，我們的架構就遲早要被各種歧異和對立的烏托邦思想家接受為一個恰當的共同基礎。因為他們每個人都認為自己的特殊觀點將在其中實現。

那些相信這一架構是實現其夢想之適當途徑——並在其夢想實現之後允許它存在——的烏托邦思想家，可能一起合作以試圖實現這一架構，甚至在相互知道他們的預言和偏好不同的情況下也是如此。只有當他們的不同希望涉及一種特殊類型的普遍實現時，這些希望才會發生衝突。我們可以區分三種烏托邦觀點：第一是帝國主義式的烏托邦理論，它贊成強迫所有的人進入一種共同體類型；第二是傳道式的烏托邦理論，它希望說服所有人生活在一種特殊的共同體，但並不強迫他們這樣做；第三是存在主義式的烏托邦理論，它希望一種特殊的共同體存在（並能維持下去），雖然不一定普遍化，卻使那些渴望它的人能在其中生活。最後這種烏托邦思想家將會全心全意地支持這一架構。這些充分意識到他們的差別的各種不同理想的支持者，可能一起合作以實現這一架構。傳道式的烏托邦思想家雖然渴望普遍的理想，但亦將加入他們來支持這一架構，因為他們把對類型的贊成必須完全自願這一點看作是至關重要。然而，他們將不會特別讚賞這一架構的另一個優點，即它允許許多不同可能性的同時實現。另一方面，帝國主義式的烏托邦思想家只要有某些人跟他們意見不一，他們就將反對這一架構。（然而，你不可能滿足所有人；特別是如果有那種除非每個人都被滿足，他們才會滿意的人的話。）既然任何特殊的共同體都可能在這一架構內建立，這一架構就都與所有特殊的烏托邦思想相容；但它並不擔保哪一個將會實現。烏托邦思想家應當把這視為一個巨大的優點；因為，他們的特殊觀點在非他們自己之烏托邦體制下，將無法得到像在這一架構內一樣好的發展。

共同體與國家

這一架構的運作有許多優點，但也存在一些缺陷；這些優缺點正是人們在自由主義觀點中所發現的優缺點。因為，雖然有很大的自由可以選擇共同體，但在許多個別的共同體內部，卻可能有許多從自由主義立場來看是無法證明的限制；這些限制也就是當自由主義者遭到集中的國家機制強迫時所譴責的那些限制。例如，對人們生活的家長式干預；對可在某一共同體內流通的書籍範圍的限制；對某些形式之性行為的限制等等。但是，事情的另一面是：在一個自由社會裡，人們可以締約，確立各種政府不能正當地強加給他們的限制。雖然這一架構是自由主義和自由放任的，但在它內部的各個共同體卻不必如此，或許在它內部的任何共同體都不會願意毫不干涉。因此，這一架構的特徵就不必普遍滲透於各個共同體之中。在這一自由放任的體制中，結果可能是雖然資本主義制度被允許，卻沒有實際運作的這類制度存在；或者某些共同體裡有這種制度，而某些共同體裡沒有；或者某些共同體含有這種制度的一些成分，或者含有你所意欲之別的制度成分。22

在前幾章中，我們曾說過，一個人規避某些社會安排之特殊規定的情況。為什麼我們現在說，在一個特殊的共同體中可以施加各種限制呢？共同體可以不允許其成員逃避這些限制嗎？是的，一個小團體的創建者及其成員，可以非常合理地拒絕允許任何人逃避平等的一份職責——即使這是可以安排的。說內部的逃避只要可行，每個共同體或團體就應當允許它，這不是一個普遍的原則。因為有時這種內部的逃避本身將改變這一共同體的可欲性質。在此有一個有趣的理論問題。一個國家或保護性機構不可以在一個共同體與另一個共同體之間強迫進行再分配，但一個像以色列集體農場那樣的共同體，卻可以在其內部進行再分配（或者分給另一個共同體或外面的個人）。這樣一個共同體不必向其成員提供這樣的機會：即當其還是這一共同體成員時逃避這些安排的機會。但我認為，一個國家應該提供這種機會；人們有權如此逃避一個國家的要求。那麼，在一個國家與一個共同體之間存在著什麼不同，使它們在對其所有成員強加某種模式時，一個合法，一個卻不合法呢？

一個人將容某事物P的不完美（這一事物可能是一種保護性安排，一種消費品或一個共同體），因為這一事物總體來說比起購買另一不同事物（與P完全不同或有某些變化的事物）是較為可欲的；在此的條件是，沒有任何其他可欲的不同事物值得他付出高於P的費用，這一費用包括吸引足夠多的人來一起從事另一種嘗試。我們假定的對國家的費用計算就是這樣一種費用計算，以致它能允許內部的逃避。但由於兩點理由，這並非是一個完整的敘述。首先，在個別的共同體內，也以很少的行政費用（那是他可能願付的）安排內部的逃避也許是可行的，但不必總是如此做。其次，國家與個別團體不同；在個別團體中，個人本身不需要承受逃避某些別的強制條款的行政費用；而別人必須為好好地設計他們的強制性安排，以使這些安排不為那些想逃避者所用而付出代價。差別也僅僅在於有許多可供選擇的共同體，而可供選擇的國家卻很少。即使幾乎所有人都希望生活在一個共產主義的共同體中，以致沒有任何非共產主義的共同體能夠生存；也沒有哪個個別的共同體必需（雖然希望它這樣）允許一個成員逃避他們的平等的份額安排。這個抗拒者沒有別的辦法而只有服從。但其他人並沒有強迫他服從，他的權利並沒有被侵犯。他並沒有這種權利：要求別人的合作以便使他的不服從成為可能。

在我看來，差別在於一個直接接觸的共同體和一個國家的不同。在一個國家中，一個人雖知道有不服從的個人，但不必直接面對這些人或面對他們不服從的事實。即使一個人覺得別人的不服從是一種冒犯，即使知道存在著不服從者的事實刺疼了一個人或使他很不悅，但他並未受到別人的傷害或權利遭到侵犯。而在一個直接接觸的共同體內，一個人不可避免地要直接面對他覺得是冒犯的事情。一個人的生活在這種直接環境中受到了影響。

另一個差別在於，一個直接接觸的共同體與一個並不普遍管理的共同體之間的區別。一個直接接觸的共同體，能存在於由其成員共同擁有的土地上；而一個國家的土地卻不如此被持有。這種共同體作為一個實體，將有權決定在其土地上要服從那些規定；而一個國家的公民並不共同擁有這個國家的土地，所以不能夠以這種方式調節土地的使用。如果所有擁有土地之個別的個人經由協議訂出一個共同的規則（例如，任何不把其收入的某個百分比捐獻給窮人的人，就不能住在這塊土地上），就將達到像國家經由立法可達到的同樣效果。但由於全體一致這一條件的強度，只不過是它最弱一環的強度，甚至在層次較低的聯合抵制（它是完全合法的）中也是如此；所以，面對討好賣乖似地允許一些人逃避某些限制時，維持這樣一種全體一致的聯合就是不可能的。

但某些直接接觸的共同體並不存在於共同占有的土地上。一個小村莊裡的多數投票者，可以通過一個禁令，不許那些他們認為是冒犯的事情在公共街道上出現嗎？他們可以立法禁止裸體像、通姦、受害者甘心情願的性虐待，或者不同種族的配偶在街上攜手同行嗎？任何私人擁有者都能隨其所願地佈置他自己的房屋。但在人們不易避開他們認為是冒犯事物的公共街道上要怎麼辦呢？大多數人必須把自己關在家裡以避免見到被認為是冒犯的少數嗎？如果多數人可以對公開的可見行為施加限制；那麼，他們除了可以禁止沒穿衣服的人出現在公共場所之外，還可以禁止佩帶某種徽章的人出現在公共場所嗎？（這種徽章是用來證明自己今年捐獻了某一百分比的收入給貧困者。）而他們的根據是：看到沒佩帶這種徽章（既沒有捐獻）的人，是對他們的冒犯。這種由多數人決定的緊急權利是從哪裡來的呢？或者，將不會有任何公共的場所或道路嗎？（這方面的某些危險，在第二章中曾經提過，而將由第七章的洛克式條件避免。）由於我還不夠清楚如何解決這些問題，所以我提出它們僅作為一種對照。

發生改變的共同體

個別的共同體可能擁有任何不與這一架構之運作相衝突的特徵。如果一個人發現某一個別共同體的特徵不適合他，他無需選擇居於其中。一個人自己決定要進入哪個共同體的確很好。但假定某個共同體正在改變其特徵，正在變成一種他不喜歡的共同體。說「如果你不喜歡這裡，別加入」，比起說「如果你不喜歡這裡，那就離開」要來得有力多了。當某人在一個共同體中度過了他生命的大部分時光，他在其中紮根、交友、對這個共同體做出了貢獻之後，再讓他做出收拾東西走路的決定是困難的。共同體之如此訂立一條新規定，或廢除一條舊規定，或在特徵上發生了重要的變化，將影響到它的各個成員的某些方面，其方式就像一個國家修改法律將影響其公民一樣。因此，一個人不是將更不願意給予共同體這種組織其內部事務的大量自由嗎？如果說某些規定由國家制定將構成對個人權利的侵犯，那麼不是也應當對共同體的立規加予某些限制嗎？擁護自由的人們絕不會認為美洲的存在就使帝制時之俄國的行動變得正當，那麼為什麼在共同體的情況中就應當有所不同呢？[23]

有各種各樣的矯正辦法，我將在此討論其中的一種。任何人都可以開創他們希望之任何新的共同體（只要與這一架構的運作不牴觸）。但任何人都可以不進入它。（不可以根據家長制的理由排除任何共同體，也不可施加任何想消除那些人們決定過程中的缺陷，也帶有家長制傾向的規定。例如，強制的訊息限制，強制的等待時間。）修正一個已經存在的共同體則被看作是一件不同的事情。較大的社會可能為較小的共同體挑選某些較可取的內部結構，並可能要求共同體因為這一結構的改變，而多少賠償這個共同體中的持異議者；亦即因為這個共同體決定做出的改變而給予賠償。但在描述了對此問題的這一解決辦法之後，我們看到它是不必要的。因為，要想達到同樣的目的，個人只需把下述規定任何成員（包括他們自己）都將根據某些特定條件，因偏離某種結構（不必是社會選定的結構）而得到賠償。明確寫進他們進入共同體時與其訂立的協議（契約）中就行了。（人們可以用這一賠款來作為離開這一共同體的費用。）

全面控制的共同體

在這一架構之下，將存在一些成員雖有限，但管理著他們生活所有層面的共同體。（我假定，並非所有人都願意加入一個這樣的大公社或公社聯邦。）另外，有些生活層面的某些事情涉及到每一個人；例如，每個人都有不可被侵犯的各種權利，都有若未得到同意就不可被逾越的各種邊界。有些人將覺得這種只是對一部分人生活之所有層面的管理，只是對所有人生活之某些層面的管理是不夠的。這些人將渴望一種兩方面都全面管理的體系，這一體系管理所有人生活的所有層面；例如，要求所有人在他們所有的行為中都表現出某種熱愛、友好、樂善好施的感情；所有人都一起致力於某種共同且重要的工作。

試考慮一支籃球隊都熱中於打好籃球的隊員們。（略去他們試圖贏球的事實；雖然當某些人聯合起來與另一些人競爭時，這種常常出現的想贏的情感並非偶然。）他們主要不是為了錢打球。他們有一個優先的共同目標，每個人都使自己為達到這一共同目標而努力，因而其得分比他本來可得到的要少。如果所有人都經由共同參與某種行動而結為一體，齊心協力去達到一個共同目標，並把這一目標視為是他最重要的目標；那麼，兄弟似的感情將大為發展。他們是團結無私的，他們將成為一個整體。但籃球選手們當然並無一個共同的最高目標，他們有各自的家庭和生活。然而我們還是可以想像一個所有人都合作，以達到一個共同的最高目標的社會。在這一架構下，任何人們組成的團體都能如此聯合，形成一個運動等等。但這一架構本身是歧異的，它本身並不提供或擔保將有某種所有人都追求的共同目標。在考慮這樣一個問題時，談到個人主義和（選來與它相對的）社會主義是非常恰當的。無疑地，任何人都可以嘗試去統一類似的精神；但是，不論他們的希望和憧憬是什麼，任何人都無權把他們的統一的理想強加給其他人。

烏托邦的手段與目的

對烏托邦主義提出眾所周知的反對意見，如何應用於我們在此提出的觀念呢？很多批評意見強調，烏托邦思想家們沒有討論達到夢想的手段，或者他們探討的是將不會達到目的的手段。批評者尤其指出：烏托邦思想家們常常相信他們能經由現存社會結構中的自願行為而創造新的條件，培養他們的特殊共同體。他們的信念基於三個理由。首先：他們相信，當某些人或團體對一種遠非理想之類型的持續存在有興趣（因為他們在其中占據特權的地位，故而能從被理想類型排除之現實類型的不公和缺陷中獲利，而如果為實現理想類型，經自願行為而獲得他們的合作是有必要的；這就能夠說服他們自願實行那些（違背他們利益）將有助於產生理想類型的行為。烏托邦思想家們希望經由論證和別的訴諸理智的手段，使人們信服理想類型的可欲性和正義性，並相信他們的特權的不義和不公，從而改變他們的行為。其次，（烏托邦的批評者繼續指出）烏托邦思想家們相信，即使現存社會結構允許某些聯合的自願行動，而這些行動足以產生由那些不從這一社會的不公和缺陷中獲利的人們推動的重大社會變化；那些其特權受到威脅的人們也不會積極干預，不會以暴力和強制來粉碎這一試驗和改革。第三，批評家們指出烏托邦思想家們太過天真，他們竟然以為即使在並不要求特權者的合作，這些人也不會用暴力干預改革過程的時候，經由自願合作在很不同的外部環境中（即常常是敵對於試驗目標的環境中）進行這種特殊的試驗也是可能的。然而，一些小的共同體怎麼能戰勝這一社會的整個傾向呢？一些孤立的試驗不是注定要失敗的嗎？對這最後一點，我們在第八章中看到了一個工人自治的工廠在自由社會中建立的情況。總之，我們的觀點認為：有一種經由人們的自願行為，在自由社會中實現各種局部狀況的手段。人們是否將選擇實行這些行為則是另外一個問題。但在一個自由社會體系中，任何浩大、廣泛和革命性的運動，還是能經由這樣一種自願過程達到其目標。當越來越多的人了解它如何運作時，就將有越來越多的人希望加入或支持它。所以，無需強迫所有人或多數人或任何人進入這一模式，它也能夠發展壯大。[24]

即使這些反對意見都無效，有些人還將反對依賴人們的自願行為，堅持說人們現在非常腐化墮落，以致他們不願意為建立正義、高潔和良善的生活的試驗而自願地合作。（即使如果他們真的選擇這麼做，這一試驗就將在一個完全自願的環境，或某種現行環境中成功。）此外，如果他們確實並不腐敗，他們就將加入合作。所以（他們繼續論證說）必須迫使人們根據好的模式行動，而且必須禁止那些把他們往壞的老路上導引的意圖。[25]這一觀點值得擴大討論，但不可能在此進行。既然這一觀點的支持者們本身顯然也會犯錯，大概就很少人會願意給他們或允許他們，擁有一種清除他們認為是腐敗的觀點所必需的獨斷權力。可取的是一種這樣的社會組織：它對那些遠非理想人格的人們來說是最佳的，對那些優秀得多的人們來說也是最佳的；生活在這樣的組織中本身就易於使人們變得更好更接近理想。我們與托克維利（A. de Tocgueville）一樣相信：人們只有經由自由才能發展並訓練德性、能力、責任感，以及自由鼓勵這種發展的自由人而言的健全判斷；而現實生活中的並不是如此腐敗，以致有可能構成一種極端的例外不配享有自由，因此自願的架構是一個值得採行的架構。

不管對烏托邦傳統作家們有關手段之觀點的批評是多麼正當，我們並沒有做出任何這樣的假定：人們可能自願放棄某些建立在不合法地，直接或經由政府去干涉別人生活之基礎上的特權地位；我們也沒有假定：面對那些拒絕再讓自己的權利被侵犯的人們可允許的自願行為時，那些其自身不合法的特權受到威脅的人們會平心靜氣地做壁上觀。的確，我在此並沒有討論在這種情況中可以合法做的事情，和什麼策略是最好的問題。讀者們只有在接受了自由主義的架構之後，才會對這種討論感興趣。

許多批評是針對烏托邦傳統作家們的特殊目的，和他們所描述的特殊社會而發的。但有兩個批評意見看來是適用於所有烏托邦思想家。

首先，烏托邦思想家們想根據一個詳細的計畫來改造整個社會；這一計畫是預先概括的，以前從未接觸過的。他們把一個完善的社會作為他們的目標，因此，他們描述的是一個靜態的、嚴密的社會，沒有任何改革或發展的機會或期望，這一社會的居民亦無任何機會選擇新的社會類型。（因為如果某種變化是一個較好的改變，那麼這一先前的社會狀態由於可以被超越，因而就不是完善的；而如果某種變化是一個較壞的改變，那麼允許退步的這一先前的社會狀態也就不是完善的。至於中性的變化，它有何必要呢？）

其次，烏托邦思想家們假定他們所描述的特定社會，將可以在沒有什麼問題產生的情況下運作，其社會機制和制度將如他們所預測的那樣活動，人們不會按照某些動機或利益行動。他們輕易地迴避了某些明顯的、任何有社會經驗的人都清楚的問題；或者，他們對怎樣避免和解決這些問題做了最樂觀的假設：烏托邦傳統的定向是最大極大值。

但我們並沒有仔細闡述這一社會內之每一特殊共同體的特徵，我們並設想這些共同體的性質和構成會定期發生變化。任何烏托邦作家們實際上都沒有確定他們的共同體的全部細節。既然有關架構的細節將必須被確定，我們的程式是如何不同於烏托邦作家們的程式呢？他們希望預先確定所有重要的社會細節而撇開那些瑣屑的細節，這些枝微末節或者是他們不關心的，或者不涉及任何有意義的原則問題。然而，在我們看來，各種共同體的性質是很重要的，以致於它們不應由任何別人代為解決。然而，我們希望特別詳細地描述這一架構之被固定下來不再改變的性質嗎？我們假定這一架構將毫無問題地運作嗎？我真的希望描述以下這一種架構，亦即一種容有各種各樣之試驗自由的架構。[26]但這一架構的所有細節將不會被預先確定。（這麼做將比預先設計一個完善社會的細節來得容易。）

我也不認為有關這一架構的所有問題都已解決。讓我們在此提出一些。在有關某種集中權威（或保護性社團）扮演的角色方面將存在問題：怎樣選擇這一權威呢？怎樣保障它所做的事情呢？它要做些什麼事情呢？在我看來，它的主要作用將是強制實行這一架構的運作。例如，防止某些共同體侵犯和掠奪別的共同體的成員或資產。此外，它將以某種合理方式裁判那些不能和平解決的共同體間的衝突。我不希望在此探討這樣一種集團權威的最好形式是什麼；在此，不一勞永逸地把形式固定下來，而留下改善的餘地看來是可取的。我在此也不談如何控制一種集中權威這個困難和重要的問題（這樣的控制必須足夠有力，以使集中權威履行它的恰當功能而不越權），因為我對有關聯邦、邦聯、權力的分散和制衡等方面的經典文獻，並沒有特別的補充。[27]

正如我們所說的，烏托邦思想的一個固有特徵是以下這種感覺：覺得存在著某些明顯能為所有有良善意圖的人接受的原則。這些原則非常精確，能在特殊情況中給出明確的指導；這些原則非常清楚，能使所有人都了解其指令；這些原則非常全面，能含括所有將實際發生的問題。（既然我並不認為存在著這種原則，我也就不認為對政治領域的研究將會衰退無用。一個人期望一種井然有序、簡單明瞭的烏托邦體系，卻不清楚政治機制的細節，不清楚如何控制它，這是不太適合的。）

除了裁決共同體之間的衝突外，集中權威或機構還有別的工作要做；例如強行一個人離開共同體的權利。但如果一個個人能被合理地認為，欠了他希望離開的共同體的其他成員某些東西，例如，他以他將在這一團體運用他獲得的技藝或知識的明確協議為條件所受的教育；或者，他負有某些若轉換共同體他就將放棄的家庭義務；或者沒有這些關係，他只是想離開。他可以拿出一些什麼呢？或者，他希望在他冒犯了別人而共同體將懲罰他時離開？顯然，處理這些問題的原則將是複雜的。而涉及到兒童時問題就更為複雜了。在某種意義上，是必須保證孩子們會被告知這個社會的其他選擇對象的訊息；但是，某個共同體卻可能把不告訴他們的兒童在百里外有一個性開放的共同體看成是重要的。我提出這些問題，是為了指出對一種架構的細節需要做出的一些思考；也是為了澄清，我並不認為這種架構的性質現在就能最終確定。[28] 即使這種架構的細節沒有確定，對它就不存在某些嚴格的限制，就沒有某些不可改變的特徵嗎？它有可能轉變為一種允許強行排除某些不同生活方式的非自願架構嗎？如果一種架構可能被設計得不能轉變為這樣一個非自願架構時，我們願意設立這一架構嗎？如果我們設立了這樣一種永久地自願的一般架構，我們不是（在某種程度上）排除了某種可能的選擇嗎？我們不是等於事先說人們不可能選擇以某種方式生活嗎？我們不是確立了一個人們能夠活動的嚴格範圍，從而犯了靜態的烏托邦思想家常犯的錯誤嗎？涉及到一個個人的可與此對照的問題是：一個自由體系是否將允許這個人把自己賣為奴隸？我相信它將會允許（但有一些人不同意我的觀點），一個自由體系也將允許他不去進行這種交易。但是，對於某些個人而言可以自己選擇的事情，卻無人可以代替別人選擇。只要人們認識到：架構的這種嚴格不變的特徵是處在多麼一般的水準上，它允許的特殊生活和共同體是多麼的歧異，答案就將是：「是的，這一架構應當確立在自願的基礎上。」但是我們要記住，任何個人都可以締約建立對自己的任何特殊限制，所以也可以用這一自願架構去締約，以使自己擺脫它（如果所有的個人都這樣做，這一自願的架構就只有等到下一代的人們成年後才能運作）。

烏托邦產生什麼結果？

「那麼，結果將會怎麼樣呢？人們將朝什麼方向發展呢？共同體將有多大呢？有沒有大都市呢？規模經濟將如何運作以確定各個共同體的大小呢？所有的共同體都是按地理位置分佈的嗎？將有許多重要的次級團體嗎？大多數共同體將追求特殊（雖然歧異）的烏托邦的夢想嗎？或者有很多共同體本身是開放的，是不由任何這種特殊的夢想推動的嗎？」

我不知道，但你應該不會對我對這一架構在可預見的未來將發生什麼事情的猜測有興趣；至於長遠的事情，我不會嘗試去猜想。

「那麼，說烏托邦是一個自由社會，就是我們獲致的結果嗎？」烏托邦並不只是一個在其中實現了這一架構的社會，因為誰會相信在這一架構建立十分鐘後，我們就將得到烏托邦呢？

事情將與現在沒有什麼兩樣。值得人們熱烈談論的，是那些自發地從許多個人在一段長期裡的選擇中產生的事物。這一過程的任何特殊階段，都不是我們所有的欲望所指望的目的狀態；這一烏托邦過程被其他靜態之烏托邦理論的烏托邦目的狀態所取代。）許多共同體將達到許多不同的目的。只有一個傻瓜（或一個預言家），才會（比方說）在這一架構運作一百五十年之後，試圖去預測共同體的範圍、限制和特徵。

我不想充當前述的兩種角色，讓我在結束時強調在此提出的烏托邦觀念的雙重性質。即有一種烏托邦的架構，在這一架構中有各種特殊的共同體；在我們看來，幾乎所有的烏托邦文獻都只是關心這一架構內的特殊共同體的特徵。我沒有提出某種共同體的特殊描述的事實，並不意味著（我認為）這樣做是不重要的、次要的或無意義的。情況不可能是這樣。我們就生活在特殊的共同體中；而正是在這些共同體中，一個人對理想或良善社會的非帝國主義式的觀念要被提出和實現。讓我們這樣做正是這一架構的目的。沒有這些推動和促使我們創造具有各種特殊可欲性質的特殊共同體的理想，這一架構就將缺少生氣和活力。這一架構和許多人的特殊理想結合起來，使我們能得到所有可能世界中的最好世界。

我們在此論述的觀點，是完全拒絕預先詳細地計畫一個所有人都生活在其中的共同體，卻贊成自願的烏托邦試驗，並為這種試驗提供能使其發展的背景。這一觀點是屬於烏托邦還是屬於反烏托邦的陣營呢？我很難回答這個問題，但這個問題卻使我認為這一架構包括了這兩種觀點的價值和優點。（如果這一架構反而把這兩種觀點的錯誤和缺陷結合在一起的話，經由自由和公開討論的過濾過程將使人們辨明這一點。）

烏托邦與最小限度的國家

我們描述的這一烏托邦架構，就等於是最小限度的國家。這一章的論證是獨立於第一和第二部的論證，它是從另一個方向得到其論證的結果：即最小限度的國家。在第一章的討論中，我們並沒有把這一架構看作是比最小限度的國家功能更多的東西，但也沒有明顯地依賴於我們前面對保護性機構的討論（因為我們想使這兩條獨立的論證思路匯合）。我們不必使我們在此的討論，與前面有關支配性保護機構的討論混合起來；除了注意到：不管人們對一個集中權威（對他的控制等等）的角色達成什麼結論，都將形成他們願意作為其委託人之保護性機構的內在形式和結構。

我們在第一部中論證了最小限度國家在道德上是正當的；在第二部中論證了沒有任何功能更多的國家能在道德上得到證明，以及任何功能更多的國家都將侵犯到個人的權利。我們現在看到：這一道德上可取的國家、道德上唯一正當的國家、道德上唯一可以忍受的環境，正是能最好地實現無數夢想家和幻想者之烏托邦理想的國家。它保存了所有我們從烏托邦傳統中所能保留下來的東西，並把這一傳統的其餘部分留給我們個人的渴望。現在回到本章開始時提出的問題：最小限度的國家，亦即這種烏托邦的架構，難道不是一種令人振奮和鼓舞的理想嗎？

最小限度的國家把我們視為不可侵犯的個人：即不可被別人以某種方式用作手段、工具、器械或資源的個人；它把我們看作是擁有個人權利及尊嚴的人，經由尊重我們的權利來尊重我們；它允許我們個別地，或者與我們願意與之聯合的人一起地——就我們力所能及，並在與其他擁有同樣尊嚴的人之自願合作的援助下——來選擇我們的生活，實現我們的目標，以及我們對於自己的觀念。有什麼國家或個人聯合體敢比這做得更多呢？它們不是比這做得更少嗎？

致謝

本書的前九章是在一九七一到一九七二年，當我還是位於帕洛阿托（Palo Alto）行為科學高級研究中心的研究員時寫下的。這個研究中心是一個很小，近乎個人主義的無政府組織的學術機構。我很感謝這個中心及其職員提供我有益的工作環境。第十章曾發表在一九六九年，美國哲學協會東岸支會一次會議中的「烏托邦和烏托邦主義」的研討會，那次發表的一些論點現在散見於其他章節。整部書稿於一九七三年夏天改寫完成。

芭芭拉．諾齊克（Barbara Nozick）對書中一些論點所持的反對意見，有助於精煉我的觀點，此外，她在其他各方面也給我很多幫助。幾年來，嚴謹的沃爾澤（Michael Walzer）對書中某些主題提出不同觀點時，我也從他的評論、質疑和反面的論證中獲益匪淺。我寫作這本書時，收到奎因（W.V. Quine）、帕費特（Derek Paifit）、哈曼（Gilbert Harman）對書稿詳細且富於教益的書面意見。還有羅爾斯和米歇爾曼（Frank Michelman）對於第七章，以及德紹維茲

（Alan Dershowitz）對於第一部初稿的詳細且很有幫助的書面評論。此外，我也從德沃金有關競爭性的保護機構如何（或為何不能）運作的討論，以及德羅賓（Burton Dreben）的建議中獲益匪淺。數年來，本書手稿各個部分的不同段落，亦曾在倫理與法律哲學協會（SELF）會議上被研讀和討論，而與其會員定期的討論，更是我智識上的激勵和快樂的源泉。六年前，與羅斯巴（Murray Rothbard）的一次長期對話，激起了我對個人主義者的無政府理論的興趣。甚至更早以前與戈德伯格（Bruce Goldberg）的辯論，使我認真地思索自由主義的觀點後想要予以駁斥，並進一步探尋這一主題。現在呈現在讀者面前的這本書正是其結果。

注釋

第一部

第一章

1 相對於認為國家是經由自然且不可避免的退化過程，而從自然狀態中產生的理論，它並不能證明國家為正當。儘管可能使我們忍受其存在。

2 見漢森（Norwood Russell Hanson）的《發現的類型》（*Patterns of Discovery*），（紐約：Cambridge University Press, 1958），第一一九—一二〇頁；他的引語來自海森伯格（Heisenberg）（第一一二頁）。雖然一個物體的X（顏色、熱度）可以經由「某種X性質的成分所構成」來解釋，但整個X的範圍不可能以這種方式來解釋或理解。

3 亨佩爾（Carl G. Hempel）：《科學解釋的狀況》（*Aspects of Scientific Explanation*），（紐約：The Free Press, 1965）第二四七—二四九、二七三—二七八、二九三—二九五、三三八頁。

4 或者，如果過程Q沒有導致這一現象，另一過程R將導致其產生；儘管過程R沒有導致這一現象，過程P亦將導致其產生。所以這段附注應被讀為：如果｛Q，R……｝這個集合中沒有任一元素導致這一現象的產生，則過程P將導致其產生。但在此我們不考慮一種複雜性，即：使Q無法導致這一現象產生的因素，也可能使P無法導致其產生。

5 這一主張有其限制。如果有人說，我們所知道的潛在性解釋是錯誤的，則這種解釋將不會增進我們對下列領域的理解：如藉由特定的舞蹈儀式、女巫所造出的領域。認為對某一領域的解釋，必須展現一種支配這一領域的機制是合理的（或者做某些同樣能增進理解的事情），但這並不是在確定陳述一種機制若要解釋一個領域，就必須滿足的條件。書中對這一主張的確實界定，尚有待解釋理論的進一步發展。還有一些其他的困難，也有待這方面的發展。參見金姆（Jaeqwon Kim）的〈因果關係、名義分類與事件的概念〉（Causation, Nomic Subsumption, and the Concept of Event），載於《哲學雜誌》（*The Journal of Philosophy*），一九七三年四月號，第二一七—二三六頁。

第二章

1 洛克，《政府論》上下篇；拉斯雷特（Peter Laslett）編，紐約：Cambridge University Press, 1967。除非特別注明，否則所有的引語都來自《政府論》下篇。

2 蒲魯東（P. J. Proudhon）曾描述國家內在的「不便」。他說：「被統治就是被那些既無權利又無智慧及德性這麼做的人：觀察、監視、調查、指導、立法、計數、規範、入籍、教訓、勸誡、控制、檢視、估量、評價、檢查、命令。被統治就是在一切行動和交易中，被注意、登記、計算、抽稅、衡量、統計、評估、批准、授權、監督、防範、禁止、糾正、懲罰。也就是以公用事業及普偏的利益為藉口，被迫做出貢獻，並被訓練、詐取、剝削、壟斷、強奪、壓榨、勒索、搶劫。然後，若有最輕微的反抗或開始抱怨，就要被鎮壓、處罰、辱罵、侵擾、追捕、虐待、挨打、繳械、拘留、監禁、審判、定罪、槍殺、押送、犧牲、出賣、陷害；被示眾、嘲笑、譏諷、施暴、侮辱。這就是政府，這就是它的正義，這就是它的道德。見其《十九世紀之革命的普偏觀念》（*General Idea of the Revolution in the Nineteenth Century*），羅賓遜（J. B. Robinson）譯，（倫敦：Freedom Press, 1923），第二九三—二九四頁。

3 關於把自己限制在一個地位上的困難，以及這種默契，見謝林（Thomas Schelling）《衝突的策略》（*The Strategy of Conflict*），（Cambridge, Mass.: Harvard University Press, 1960）。

4 沒有他的召喚，別人也可以實行懲罰。見本書第五章進一步討論。

5 我們會看到金錢如何不經由一種建立交換媒介的明確協議，而在自然狀態中產生。某些個人主義的無政府主義傳統的作家，提出並討論過私人保護性服務的問題。可參見斯普納（Lysander Spooner）、塔克（Benjamin R. Tucker）、馬丁（James J. Martin）、坦廸（Francis Tandy）、羅斯巴（Murray N. Rothbard）、坦尼希爾（Morris and Linda Tannehill），及弗里德曼（David Friedman）等人的著作。

6 見辛格（I. B. Singer）《在我父親的法庭上》（*In My Father's Court*），（紐約：Farrar, Strauss, and Giroux, 1966）。最近一個「反文化」的例子見《勝利雜誌》（*WIN Magazine*），一九七一年第一卷，第一一一—一一七頁。

7 給讀者的練習：描述在此及稍後討論的考慮，如何導致每一地區內都有一個支配性的機構或機構聯合體。即使這一地區最初便有一組機構存在，這組「幾乎贏得所有戰鬥」之機構的關係，是相互關聯且不可轉移。

8 見包丁（Kenneth R. Boulding）《衝突與防衛》（*Conflict and Defense*），（紐約：Harper, 1962），第十二章。

9 為指出這樣一組規則的複雜性，可見美國法律協會：《法的衝突：法的再次重述》（*Conflict of Laws: Second Restatement of the Law*），一九六七—一九六九年提出的官方草案。

10 見布羅岑（Yale Brozen）〈政府是壟斷的根源嗎？〉（Is Government the Source of Monopoly?），載於《國際組織評論》（*The Intercollegiate Review*），第五卷第二期（一九六八—一九六九），第六七—六八頁；馬盧普（Fritz Machlup）：《壟斷的政治經濟學》（*The Political Economy of Monopoly*），（Baltimore: Johns Hopkins Press, 1952）。

11 洛克假定，生活在自然狀態中的大多數人（雖然不是全部）將接受自然法。見埃許克羅夫特（Richard Ashcroft）的〈洛克的自然狀態〉（Locke's State of Nature），載於《美國政治科學論叢》（*American Political Science Review*），一九六八年九月號，第八九八—九一五頁。

12 見莫里斯及坦尼希爾《趨向自由的市場》（*The Market for Liberty*）；關於自願合作對政府活動的重要性，見羅伯特（Adam Roberts）所編《作為國防的公民抵制》（*Civilian Resistance as National Defense*），（Baltimore: Penguin Books, 1969）；以及夏普（Gene Sharp）《非暴力行動的政治》（*The Politics of Non-Violent Action*），（波士頓：Porter Sargent, 1973）。

13 見密塞斯（Ludwig Von Mises）《財富與信用的理論》（*The Theory of Money and Gredit*），（New Haven, Conn.: Yale University Press, 1953），第三〇—三四頁。

14 論述「看不見的手」的解釋，必須考慮的各種問題之始，可參見海耶克（F. A. Hayek）〈論行為規範體系的進展〉（Notes on the Evolution of Systems of Rules of Conduct）和〈人的行為而非人的計畫之結果〉（The Results of Human Action but not of Human Design），收錄在《哲學、政治學與經濟學研究》（*Studies in Philosopry, Politics, and Economics*），（芝加哥：University of Chicago Press, 1967），以及《自由憲章》（*Constitution of Liberty*）第二及第四章，（芝加哥：University of Chicago Press, 1960）。亦見本書第十章有關設計手段及過濾手段的討論。為弄清我們與這一開端有多近，可注意此間並沒有解釋，為何並非每一有關變數間之功能關係的科學解釋，都是一種「看不見的手」的解釋。

15 見韋伯《社會與經濟組織理論》（*Theory of Social and Economic Organization*），（紐約：Free Press, 1947），第一五六頁；以及雷斯坦（Max Rheinstein）編的《韋伯論經濟與社會中的法》（*Max Weber on Law in Economy and Society*），（Cambridge, Mass: Harvard University Press, 1954），第十三章。

16 比較哈特（H. L. A. Hart）在《法的概念》（*The Concept of Law*），（牛津：The Clarendon Press, 1961）一書中對法律體系之存在的類似問題的論述。第一一三—一二〇頁。

17 我曾聽說，有人認為國家可以藉著經營獎券或彩票而在財政上支持自身。但既然國家沒有權利禁止私人企業做同樣的事情，有什麼理由認為國家會比其他競爭者更能成功吸引顧客，來購買其獎券或彩票呢？

18 有關醫師在這方面的主張，見凱塞爾（Reuben Kessell）〈在醫學中的價格歧視〉（Price Discrimination in Medicine），載於《法律與經濟論叢》（*Journal of Law and Economice*），一九五八年十月號，第二〇—五三頁。

第三章

1 在此節和下節，我概述並豐富了我在〈論蘭德的論證〉（On the Randian Argument）一文的附注四對這些問題的討論，見《人格主義者》（*The Personalist*），一九七一年春季號。

2 弗利曼（Milton Friedman）的《資本主義與自由》（*Capitalism and Freedom*），（芝加哥：University of Chicago Press, 1962），第六章。當然，弗里德曼的學校擔保人允許選擇由誰來供應產品，因此與此處所想像的保護擔保人不同。

3 為清楚說明這一觀點是錯誤的，見羅爾斯的《正義論》（*A Theory of Justice*），（Cambridge, Mass: Harvard University Press, 1971），第三〇、五六五—五六六頁。

4 可惜，雖然在道德觀方面的確有一些有趣的理論結構，但迄今還很少有明確的結構模式。因此，反對目的狀態之極大化結構的邊際限制結構，所作的論證是不得要領的，因為這種論證並未窮盡所有的道德觀。我們必須精確地陳述並研究一組結構，或許其中會有某個新奇的結構是最適當的。邊際限制的觀點是否能納入無邊際限制之目的論形式，這個問題是很難處理的。例如，可能有人會認為，每個人都可以在其目標中區分他的侵犯權利及他人之侵犯權利。而在其目標中極端地重視不侵犯別人權利的問題，而不甚重視阻止他人之侵犯權利的問題，可能比他之侵犯某人的權利還重要。除了目標中得到極端重視那一部分之外，索引式的語法也將顯示「我所做的事情」。一種仔細界定「限制觀點」的陳述，將排除那些把邊際限制變形為足以構成目的論之觀點的花招。把強制性之最小化的問題，轉變為一系列對輔助功能之非強制性的最小化的數學方法，是在菲亞科（Anthony Fiacco）與麥柯米克（Garth McCormick）著作中提出。見《非線性程序：系列的非強制性之最小化技術》（*Nonlinear Programming: Sequential Unconstrained Minimization Techniques*），（紐約：Wiley, 1968）。這本書在其方法，以及其方法對說明我們所關心之領域的局限性方面都是有趣的。關於這些邊際限制是否是絕對的，或是否可以侵犯它們以避免巨大的道德災難（若是後者，所產生的結構會是什麼？）這是我在此希望避免的問題。

5 哪個利用哪個？一個有用的問題常以下列方式提出：「一位禪宗大師和一位分析哲學之間有什麼不同？」

6 〈道德之形而上學的基礎〉（Groundwork of the Metaphysic of Morals），佩頓（H. J. Paton）譯；載於《道德法》（*The Moral Law*），（倫敦：Hutchinson, 1956），第九六頁。

7 見羅爾斯《正義論》，第五、六、三〇節。

8 見哈曼（Gilbert Harman）〈對最佳解釋的推論〉（The Inference to the Best Explanation），載於《哲學評論》（*Philosophical Review*），一九六五年，第八八—九五頁；以及《思想》（*Thought*），（普林斯頓：Princeton University Press, 1973），第八、十頁。

9 見湯姆森（Judith Jarvis Thomson）〈墮胎之辯〉（A Defense of Abortion），載於《哲學與公共事務》（*Philosophy and Pubic Affairs*），一九七一年秋季號，第五二—五三頁。在我寫下觀點之後，哈斯伯

（John Hospers）在這篇分兩部分刊登的論文中討論類似問題：〈有關懲罰和報復性地使用強制力的問題〉（Some Problems about Punishment and the Retaliatory Use of Force），載於《理性》（*Reason*），一九七二年一月號及一九七三年一月號。

10 可以回憶意第緒語（Yiddish）中的諧語：「生命是如此可怕，還不如不降生。」「是啊，但誰能這麼幸運呢？活在世上的沒一個。」

11 見邊沁《道德與立法原則》（*An Introduction to the Principle of Morals and Legislation*），第十七章，第四節，注一。

12 這一點是我從克里斯多菲克（Thom Krystofiak）那裡得到啟發。

13 傳統的許多宗教觀，在與超越物質世界的實體接觸方面有不同觀點。有的認為這種接觸產生永恆的福祉或極樂，但他們沒有把這一點與那種僅是非常久遠的體驗機的體驗區別開來。有人則認為，履行創造所有人更高的存在意志，在本質上是可欲的。其他人則想像與一種更高實體融合，卻沒有說明其可欲性或這種融合將置我們於何地的問題。

14 有些人根本不會去用變形機，因為它看來像是在欺騙。但是以前對變形機的使用無法消除全部的挑戰，我們仍將面臨新的要克服的障礙，面臨新的可更加努力的高地。這一高地和天賦及童年環境，提供的條件一樣是努力掙得或應得的嗎？如果變形機可以無限頻繁地使用，以致我們能經由按紐使我們變形成能輕易完成的任何事的人，那麼將不再有我們必須努力或嘗試超越的限制。還有什麼事情留給我們去做呢？一些神學的觀點把上帝放在時間之外，是不是因為一個全知全能的存在，無法填滿他的時光呢？

15 至少一個哲學家會質疑，是否我們有好的理由把動物的利益看得比我們的利益輕，故而加諸於動物的行為約束不如加諸於人來得嚴格。見尼爾森（Leonard Nelson）《倫理學體系》（*System of Ethics*），（New Haven, Conn.: Yale University Press, 1956），第六六—六七節。我對動物的討論寫完後，這個問題在辛格（Peter Singer）一篇有趣的論文中又被提及，見〈動物的解放〉（Animal Liberation），載於《紐約書評》（*New York Review of Books*），一九七三年四月五日，第一七—二一頁。可惜，辛格把是否應殺死老鼠以防止牠們咬傷孩童的問題視為一個難題。在此應用於對待無辜威脅的原則是有用的。

16 我們略去關於決定把生物置於何種等級地位的困難，以及不同物種間的比較問題。一個物種位於何種等級是如何被決定呢？一個有機體（如果有缺陷），會被放在其應有的物種地位嗎？因為某甲在某物種中是正常的部分，而某乙則是另一種物種中的異常部分，因而不允許將兩個相同的有機體視為一樣，這是不是反常呢？物種內人與人比較的問題，在那些不同物種的比較問題之前是相形見絀。

17 有些人會說，我們在此給予人類一種相對於他人的絕對價值，有一種目的論的觀點。但旨在將總體價值極大化的目的論，將不會禁止某些人為了其他人而被犧牲。為別人而犧牲某些人不會產生純益，但也不會是淨失。既然同等重視每個人生命的目的論，僅排除總體價值降低的狀況（要求每一行為都增加總體價值，將排除中性的行為），它將允許一個人為另一個人犧牲。若沒有類似先前提到的巧妙方式，例如在被極端重視的目標中使用索引式的表示；或給予某些目標（代表限制）相對於其他目標之更高層次的絕對重要性。那麼體現地位二的觀點，就不會是代表目的論。這印證我們較早時的評論：「目的論」和「邊際限制論」，都沒有把道德觀的可能結構囊括無遺。

第四章

1 可與康德的以下觀點相對照：「每個人都可以用暴力的手段迫使另一個人進入一個司法社會。」《正義的形而上學因素》（*The Metaphysical Elements of Justice*），拉德（John Ladd）譯，（Indianapolis: Bobbs-Merrill, 1965），第四十四節；亦見我們在第六章的進一步討論。

2 這種把一個人包圍起來的可能性，向一種對所有道路、街道實行私有制，而不留下任何公共通道的自由主義理論提出了難題。某人可能經由購買另一個人周圍的土地而把他圍住，使其不侵越便無法離開。說某人若不從鄰接之土地的所有者那裡獲得進出的權利，就不應去或不應在一個地方是不行的。即使我們不談這樣的問題：亦即讓一個雖然沒有做什麼可懲罰的錯事，卻因沒購買進出權而被某個惡意但富有的敵人陷在一個地方不得動彈的體系是否可取；但仍然留下「出去到那裡」的問題？不管一個人如何防備，他還是可能被網撒得夠大的敵人包圍。自由主義理論的適當性不能植基於可採取的技術方法；例如使用能超越私有之空間高度的直升機，以便在不侵越別人的情況下通行。我們將在第七章用有關轉讓和交換的條件來處理這個論題。

3 如果沒有別的辦法，一個人可以侵越另一個人的土地以向他索取適當的賠償或給予他應得的懲罰（倘若此人拒絕付款或乖乖受罰）。如果在索取A欠B的、A卻拒絕償還或以物交換的錢的過程中，B抓住A的皮夾子或打開它（倘若A拒絕這樣做），這樣並沒有侵犯A的財產權。A必須付他所欠的。如果A拒絕把它交付給B，那麼作為堅持其權利的手段，B可以做他本來無權做的事情。因此，波西亞（Portia）堅持夏洛克（Shylock）有權準確地割一磅肉，但不能使安東尼（Antonio）流一滴血的推理性質，就如她及別人一起要求夏洛克必須皈依基督教並交出財產才能免其一死的憐憫性質一樣勉強。

4 羅斯巴看來贊成這一辦法。見《權力與市場》（*Power and Market*），（Menlo Park, Calif.: Institute for Humane Studies Inc. 1970），第一九七頁，注三。

5 亦見〈政府是必要的嗎？〉（Is Government Necessary?）論文集，載於《人格主義者》，一九七一年春季號。

6 自然權利理論必須克服的有關問題，在高夫曼（Erving Goffman）的《公共的關係》（*Relations in Public*）一書中得到有趣的闡述，（紐約：Basic Books, 1971），第二、四頁。

7 禁止行動的充分條件並不是必要條件。一種行為可能在其受害者不能充分得到賠償，或甚至完全沒有賠償的情況下被禁止。我們此處的目的並不需要提出對禁止的一般性解釋。

8 一個人是在下面兩種狀況的什麼時候被衡量為無差異的？是在付出賠償的時候（這將鼓勵越界行為，因為時間治療了傷痕），還是在最初受到傷害的時候？

9 如果洛克允許特殊的家長制限制，那麼一個人或許可以正當地給別人許可和權利去做他不可以對自己做的事情。例如，一個人可以允許醫生根據其最佳判斷來醫治他，雖然他無權這樣醫治自己。

10 這些問題以及隨後的討論，重覆我一九七二年二月一篇以本書第一部的題目為題流傳的手稿。卡拉布雷西（Guido Calabresi）和米拉美得（A. Douglas Melamed）的〈財產規則、債務規則與不可讓渡性〉（Property Rules, Liability Rules, and Inalienability）獨立地討論一些類似問題和論點；載於《哈佛法律論叢》（*Harvard Law Review*），一九七二年四月號，第一〇八九—一一二八頁。

11 例如，我們可以假設每個人的財產淨值都被紀錄在某部電腦中，所以每個人都有能力足以償付任何反對他的主張。購買因此增加了賣者的償付能力（這是從購買者那裡得到的）。我們提及此點是要突顯我們的問題，而不是推薦一種電腦化的體系。

12 我們也不考慮報復是否包括它要報復之行為的錯誤程度。那些主張懲罰多少應與罪行相適應的報復理論面臨了一個困境：不是懲罰無法與罪行的錯誤程度相適應；就是它與罪行的錯誤程度相適應了，卻因此無法被證明為正當。

13 回想一下：C＋D＋E＋R計算行為者的損失。但這是相對於其原初狀態，而不是相對於他經由加諸危險於另一方而從中得益後的狀態。

14 我們應注意這樣一種有趣的可能性：現代政府可以以罰款代替（除了賠償以外的）刑罰，並用它們來補助各項政府的活動……大概一個保護性社團也將用這種基金來降低它的服務價格。

15 對這些論題的有趣討論，可見弗雷查（George P. Fletcher），〈比例與精神病攻擊者〉（Proportionality and the Psychotic Aggressor），載於《以色列法律論叢》（*Israel Law Review*）第八卷，第三期，一九七三年七月，第三六七－三九〇頁。儘管弗雷查主張：一個人可以對患精神病的攻擊者使用武力以求自衛這種說法，和我們臣屬於某種比例規則這種說法是不相容的。但我相信我們在文中展現的結構可以同時產生上述兩種結果，並滿足人們想加諸於它的各種狀況。

16 見紐曼（Peter Newman）的《交換理論》（*The Theory of Exchange*），（Englewood Cliffs, N.J.: Prentice-Hall, 1965），第三章。

17 一個人可能試圖對某一領域定出界限：在其中，完全的賠償經由對在生產性過程中使用某物作為資源和在這一過程中傷害某物作為邊際效應的區分而被允許。在上述的後一種情況中，只有付出完全的賠償被視為是可允許的；而前一種情況，因為區分經濟交換的利益，因此市場價格被視為是可欲的。但這種途徑是不會有效果的，因為效應的發生基礎也是可價格化和可市場化的資源。

18 關於中間人之較常見的角色，見阿爾基恩（Armen Alchian）與亞倫（W. R. Allen）的《大學經濟學》（*University Economics*）第二版，（Belmont, Calif.: Wadsworth, 1967），第二九—三七、四〇頁。

19 一個類似的問題，隨著經濟學家對交換的一般的解釋而產生。早期的觀點認為，在貨物之間一定會有某些使得人們願意相互交換的相同之處。因為若非如此，其中某一方將成為損失者。而經濟學家的回應指出：相互有利的交換只需要一種相對的喜好。如果某人喜歡另一個人的貨物而不喜歡擁有自己的貨物；同樣地，另一個人喜歡擁有前者的貨物而不喜歡擁有自己的貨物。那麼，這種交換是對二者都有利的。即使在他們的貨物之間沒有相同之處，也沒有任一方會受損失。但反對者可能認為「相對的喜好」是不需要的。例如，在三支棒球隊的交易中，某隊可能為了一個他們不那麼喜歡（和被賣掉的球員相比）的球員而賣掉自己的一名球員；而這是為了用那名球員與第三支球隊交換一名他們更喜歡（甚於他們賣掉的球員）的球員。針對這種看法，可能有人回應：既然第一支球隊知道可以用第二名球員換得第三名球員，他們當然喜歡擁有第二名球員，而較不喜歡擁有自己隊的那名球員。因此，第一次的交換並不是為了一個較不被喜好的目的，這次交換也沒有使第一支球隊降到較低的無異曲線上。一般的原則是：任何知道一種貨物可以變換為另一種貨物（經由交換或其他的方式）的人，將優先地把第一種貨物和第二種貨物排列在至少同樣高的地位。但這一原則，同時必須解釋與先前藉由「相對的喜好」對交換的解釋相衝突的那種簡單的三邊交換。因為這一原則帶有「一個人不喜歡擁有另一個人的貨物而喜歡擁有自己的貨物」的結論；這是因為他自己的貨物可以變換成其他的貨物，因而他將優先地把它和其他的貨物排在至少同樣高的地位。跳脫這一困境的各種方法似乎都涉及各種假設條件和虛擬因素的複雜結合。

20 注意：並非每種為他人製造較少效益的行為通常都可以被禁止；它必須侵越別人的權利邊界。另外也要注意：這種恐懼的考慮不能應用到那種准許任何行為（經由邊界被侵越者的事先同意）的體系。任何擔心在這一體系下可能笨笨地去同意某些事情的人，可以經由自願性的方法（契約等等）保證許種情況不會發生；其次，其他人也不可能合理地被制止去阻止一個人對自己的恐懼。

21 被不一定出現的事件所增強嗎？見塞列格曼（Martin Seligman）的〈無法預測和無法控制的反感事件〉（Unpredictable and Uncontrollable Aversive Events），收錄在布拉許（Robert Brush）編的《反感狀態與學習》（*Aversive Conditioning and Learning*）一書中，（Academic Press, 1971），第三四七—四〇〇頁，尤其是第四節。

22 中介深刻（intermediate depth）的理由可經由中介的可能性所提供；這種可能性使得在某種或其他社會環境下之任何特殊的恐懼都是可消除的（雖然不是將所有恐懼一起消除）。我們應注意，某位同意某種特殊恐懼無法經由社會環境的改變而消除的人，可能仍會懷疑這些恐懼是否太過不理性，因而無法以社會政策來改變它們。

23 見哈特的論文〈法律責任與赦免〉（Legal Responsibility and Excuses），收在《懲罰與責任》（*Punishment and Responsibility*）一書中，（紐紐：Oxford University Press, 1968），第二章。這一論證不能從懲罰擴展到賠償，因為這些代價在某些地方會勾銷。對這些問題，可見布倫（Walter Blum）和卡文（Harry Calven）在《對私法問題的公法觀點：自動賠償計畫》（*Public Law Perspectives on a Private*

Law Problem: Auto Compensation Plans）一書中的討論，（波士頓：Little, Brown, 1965）。

24 如果被減輕的可能性驅散了恐懼，一個可能有危險後果的行為可能不會引起恐懼。即使它（如果被得知）的確會造成危險的後果。

25 一張範圍廣泛的巨網，經由對其危險結果所造成的恐懼之任何行為的禁止（這種行為可能是製造恐懼的類似行為之總合）而公布。

26 一個人可能合理地主張從連續不同的可能性開始，要求劃出某條曲解問題的界限；並可以保證這條界限的任何位置（除了0或1）將是曖昧不清。一個替代性的程序將始於對那些大概差不多的可能性作「直接的」考慮，並在理論上將其發展為有關危險行為之問題的答案。可能可以發展出兩種類型的理論：一種可以指出界線應劃在何處，而其位置卻不需要是曖昧不清的；因為雖然這條界線不是因著可能性的面向而指定，卻是因著這個理論所考慮的不同面向而被區分。或者，一種理論可以提供決定何為危險行為的標準，這種標準並不包含因著可能性的面向去劃一條界線；因此所有行為若落在界線的一邊將被以某種方式對待，而落在另外一邊的行為將以另一種方式被對待。這種理論的考慮並未把行為放在受可能性面向影響的相同等級上；也沒有用界線的某個一致的間距來把行為分割為幾個相等的層級。這種理論的考慮只是對問題提出不同的引證，並因此得到結論：當其他具有較高的傷害期待值的行為被允許時，某個行為就會被禁止。不幸地，這兩種可能的理論類型迄今尚未令人滿意地被發展。

27 除了賠償以外，代理人可以提供鎮靜劑給那些被加諸危險的人，以使他們不那麼感到害怕嗎？他們應該使自己平靜下來，以致於若他們未這麼做並因而感到恐懼時都與代理人無關嗎？對這類議題的啟發性的探索，見柯斯（Ronald Coase）的〈社會成本的問題〉（The Problem of Social Costs），載於《法律與經濟論叢》（*Journal of Law and Economics*），一九六〇年，第一—四四頁。

28 《價值的解析》（*An Anatomy of Values*），（Cambridge, Mass.: Harvard University Press, 1970），第九章。

29 在經濟上對決定死亡的賠償額之標準的最複雜討論，見米山（E. J. Mishan）〈對生命與肢體的評價：一種理論方法〉（Evaluation of Life and Limb: A Theoretical Approach），載於《政治經濟學論叢》（*Journal of Political Economy*），一九七一年，第六八七—七〇五頁。

30 我想，我在此提出的這個建議，能夠抵禦米歇爾曼（Frank Michelman）在其〈作為侵權行為的汙染〉（Pollution as a Tort）一文中提出之精緻的對立觀點。我並非要把上述計畫視為控制汙染的唯一解決辦法。反而，我只是希望提出並使這個被某些制度性安排用來馬上解決問題的觀點看來是合理的。一般的討論通常把汙染問題和保護自然資源合併起來。要再次說明的是，錯誤行為的最明顯例子發生在沒有明確的私人財產權的地方：像是被木材公司強占剝奪的公共土地等。

31 我將把上述條件視為充足的反對意見歸功於哈莫威（Ronald Hamowy）。

32 但如果他並不存在，另一個人不能因其擁有某個獨特的消息而要求較高的保持沉默的價格嗎？如果這將會發生，這個受害者不是會因他的勒索者真的存在而過得較好嗎？去精確地陳述這一觀點以排除這種複雜性並不值得它所要求的努力。

33 一個喜歡公開祕密的作家或其他人可能不同的收費方式。這一考慮並未有助於下面關於勒索者的討論，即使他是殘酷成性且沉浸於這一工作的。他的威脅行為被道德限制所排除，且在不論這一行為是否被要求收費的情況下被禁止。相對於我們的勒索觀點的另一觀點，將勒索等同於經濟交易：「勒索在自由社會中將不是非法的。因為勒索是收取金錢以與不公開某人的訊息之服務做交換，其中並不涉及對人或財產的暴力侵犯或威脅。」見羅斯巴（Murray N. Rothbard）的《人類、經濟與國家》（*Man, Economy, and State*），第一卷，第四四三頁。

第五章

1 哈特：〈有自然權利嗎？〉（Are There Any Natural Rights?），載於《哲學評論》，一九九五年；羅爾斯：《正義論》，第十八節。我對這一原則的陳述與羅爾斯較接近。羅爾斯為這一原則提供的論證，只構成對較狹義的忠誠原則的論證。雖然，若不能避免「無法起步」的困難（關於忠誠原則）卻不是訴諸於公平原則時，它將構成對公平原則的論證。

2 哈特：〈有自然權利嗎？〉。

3 我以一種顯然是含糊的、對某些權利存有意義的說法來概括我的評論；因為我想，這賦予哈特的論證最合理的解釋。

4 我掩蓋了使制度成為你在創建或決定其性質時並無公平發言權的問題，因為在此羅爾斯將反駁說它並不滿足其兩個正義原則。雖然羅爾斯並不要求每一具體制度滿足他的兩個正義原則，而只要求社會基本結構滿足；但他似仍認為：具體制度若要產生公平原則下的義務，就必須滿足這兩個原則。

5 我們的程序之能為我們所接受，可能依賴於我們不知道這一信息。見特賴布（Lawrence Tribe）的〈運用數學的審判〉（Trial by Mathematics），載於《哈佛法律論叢》，一九七一年。

6 他們關於何者比較好的判斷必須將他們成功的機會考慮進來嗎？存在著某種誘因，使得人們將衝突的範圍定義為一種錯誤的機會（為某特定的目的而言）被視為和錯誤本身一樣糟的情況。因而一種關於這種可能性和錯誤之道德重要性的互動關係的理論是非常需要的。

在把這個問題看成是否衝突的得益比其代價重要的同時，本文過分地簡化了這個論題。不用這種簡單的代價：得益原則，正確的原則要求一種行為在道德上必須是可允許的；不僅其道德上的得益比其道德上代價重要，而且也沒有其他可選擇的道德上的代價較少的行為。〔對這些論題的詳細探討可以看我的〈道德的複雜性以及道德結構〉（Moral Complications and Moral Structures）載於《自然法論壇》（*Natural Law Forum*），一九六八年，第一—五〇頁；特別是對於第七原則的討論。〕如果有人把這種原則和有關錯誤或傷害之道德重要性的理論以某種可能性結合起來，以獲得這種原則明顯之可能性的層面的話，他將能夠對很多論題做進一步的討論。我在這邊只提及一個可能不會湧上心頭的應用情況。一般常假定，和平主義者的立場（這是一種道德立場）是絕對禁止暴力行為的。任何考慮到其施行技術之有效性的和平主義者的立場都被認為是策略上而非道德上的。但如果一個和平主義者主張：因為某些具有重大有效性的技巧是可得的（民間的反對運動，非暴力的防衛，不合作主義等等），所以去從事或準備戰爭在道德上是錯誤的；他便主張一個易於理解，且合乎道德的立場。這種立場要求，關於和平主義者的技巧之有效性的問題必須訴諸事實。由於不同行為的效果缺乏確定性，所以規範那種是否非和平主義者的行為是道德上可允許的道德討論的原則，就是之前簡述過之原則（第七原則）的可能性的層面。

7 這是洛克觀點的一個結論：每個公民都是處在涉及國家之最高訴諸程序的一種自然狀態中，因為沒有更進一步的訴諸。因此他是處在涉及作為一個整體的國家的自然狀態中。公民也有「訴諸上天的自由。如果人民集體或任何個人被剝奪了權利，或處在不根據權利而行使之權力的支配之下，而在人世間又無可告訴，那麼每逢他們處理這個十分重要的案件時，就有權訴諸上天。因此，雖然人們在這種場合不能成為裁判者而根據社會憲章擁有較高的權力來對這個案件做出決定和實行有效的宣判；但他們基於一種先於人類所有明文法而存在且凌駕其上的法律，為自己保有屬於一切人類的最終決定權，決定是否有正當理由可以訴諸上天。這種決定權是他們不能放棄的……」。《政府論》下篇，拉斯雷特編，（紐約：Cambridge University Press, 1967），第一六八節；亦見第二〇、二一、九〇—九三、一七六、二〇七、二四一、二四二節。

8 雖然我認為這一段論證是有力的，但並沒有完全消除我對在此被討論之觀點的不安。反對本書觀點的讀者可能主張：國家有其特殊的道德原則，並發現這一議題值得深究。但即使我在此有犯錯，那也是涉及責任而非涉及國家。

9 有辦法知道訊息的人可以說因為他還沒有仔細考察訊息，所以要抵制任何人現在對他應用的程序嗎？如果這一程序是眾所周知且非最近才形成的，恐怕就不行。但即使在此，或許可以給他一些額外的時間。

10 如果委託人本身無法說明他是否有罪，他無疑地將授權其保護性機構這麼做的權力。或許他是無意識地同意賠償任何其機構必須付給預定之懲罰者的賠償額。

對僭稱無罪的這種制止也可能制止某些無辜的人在明確的證據之下仍主張自己的無辜。這樣的例子很少，但可能可以避免這種不合心願的制止。在其中，主張無辜卻在合理的懷疑之下被發現有罪的人，並未因其做偽誓而受到處罰。

11 關於賠償之索求的範疇將是小卻豐富的。索求賠償可能涉及人們恐懼的行為，因為其可能涉及強迫他們從事賠償性的勞動；這是否是一種令人懼之結果的直接負擔，只因為這樣可以使受害者回到其先前無異曲線的位置上？

12 哈曼在〈奎因論意義與存在〉（Quine on Meaning and Existence）一文中，提出一種簡單的可互譯性，作為用語上之不同的標準。載於《形而上學論叢》（*Review of Metaphysics*），一九六七年九月號。如果我們想說，兩個信仰相同但語言不同的人只是用語上有差別，那麼哈曼的標準將包括像語言互譯那樣複雜的「簡單性」。對這些情況無論決定了什麼，這一標準都可用於現在的事例。

13 禁止者可為未被禁止之行為的實行對他產生的代價（例如時間、精力）而向被禁止一方收費嗎？

14 就像在本書其他地方一樣，「傷害」只是指越界。

15 克拉德（Lawrence Krader）：《國家的形成》（*Formation of the State*），（Englewood Cliffs, N.J.: Prentice-Hall, 1968），第二一—二二頁。

第六章

1 洛克認為，人們可以組成市民社會或保護性社團，以便「有更大的保障來防止共同體以外任何人的侵犯。無論人數多少可以這麼做，因為它並不損及其他人的自由：他們仍然像在自然狀態中般保有其自由。」（《政府論》下篇，第九五節）。但這雖然不會因縮減他們的權利而損及其自由，卻會使他們更易遭受不公正的侵害而減損其保障，因為他們無法有效地保衛他們自己的權利。洛克在另一處也認識到這一點，並在討論專斷行為時加以討論。雖然它也適用於，根據明確和公開之規範而行動的人：「一個人置身於某個能支配十萬人的人之專斷權力下，其處境遠比置身於十萬個具有專斷權力的個人之下更為惡劣。」（第一三七節）

2 在決策理論的術語中，如果一個行為相對於世界上任何國家的行為都不會較差，而且相對於世界上某些國家的行為反而較好；那麼這一行為便是稍具支配性地位的（比之於其他行為）。而如果相對於世界上每一國家的行為都是較好的，那麼這一行為便具有強烈的支配性地位。

3 有關優越性的原則對某些疑難問題之適用性的討論，見瑞斯卻爾（N. Rescher）編《紀念亨佩爾文集》（*Essays in Honor of C.G. Hempel*）中我的文章：〈紐坎的問題與兩個選擇原則〉（Newcomb's Problem and Two Principles of Choice），（Holland: Reidel, 1969），第一一四—一四六頁；亦見加德勒（Martin Gardner）的〈數學遊戲〉（Mathematical Games），載於《科學的美國人》（*Scientific American*），一九七三年七月號，第一〇四—一〇九頁。

4 關於囚徒困境，見盧斯（R.D. Luce）和萊法（H. Raiffa）的《遊戲與決定》（*Games and Decisions*），（紐約：Wiley, 1957），第九四—一〇二頁。

5 有關論題，見謝林的論文：〈對突然攻擊的相互恐懼〉（The Reciprocal Fear of Suprise Attack），載於《衝突的策略》，（Cambridge, Mass.: Harvard University Press, 1960），第九章。

6 前一種情況包括使過程開始運作，但其可能造成的傷害並非植基於新的重大的決定。對這些例子來說，禁止（隨後給予賠償）和預防的區別在於先前的不穩定。有時一個行動的採取是否在過程之後、且在其危險被理解之前開始是不清楚的；但對這個行動之禁止的侵犯者仍將因其危險的過程而被懲罰，或去預防危險的發生。

7 既然沒有任何東西能比國家的領導者優越，那麼下列情況是沒什麼值得驚訝的。若A國禁止B國武裝且將B國併入A國（聲稱這將為B國的公民提供保護），因而構成A國賠償因禁止加諸於他們之損失的義務的承認與滿足。A將主張其行動是受允許的。這留給讀者一個練習的機會：陳述為何這一藉口無法掩飾侵略行為。

8 這並不是說憲法上對言論自由的限制應該更窄些。但既然責任可以經由其他人的選擇而繼續，或許各大學可以對其教職員工加諸較嚴格的限制，並在處理自己校內的學生事務時占有特別的地位和威信。（這也同時主張：教職員工們的工作要求他們對自己的意見及言語要特別的小心嚴謹。）所以，像下列的狹義原則或許是可擁護的：如果一個大學用來懲罰或規範其學生及教職員工之作為的行動是正當的，那麼如果某位教職員工企圖使校內的學生實行這些行動且獲得成功，則這所大學因此懲罰或規範這位教職員工將是正當的。

9 我在這些問題上得益於卡茨（Jerrold Katz）。

10 「但是，因為政治社會本身如果沒有保護所有物的權力，從而可以懲罰這個社會中所有人的侵犯行為，它就不成其為政治社會，也不能繼續存在。真正和唯一的政治社會是：在這一社會中，每一成員都放棄了因於自然法而擁有之裁判與懲罰的自然權力，把所有不排斥他可以向社會所建立的法律請求保護的事項都交由社會處理」（洛克《政府論》下篇，第八七節；劃線的字是我所加）。洛克的意思是：獨立者的存在使那個地區無法產生政治社會，還是獨立者並非的確存在於那一地區之政治社會的成員？（可與第八九節比較，那裡仍未解決這個問題。）洛克認為，「雖然有些人認為君主專制政體是世界上唯一的政體，但它其實是和公民社會相矛盾的，因而根本不可能形成公民社會」。他又說：「當人們沒有這樣的權威可以向其申訴並決定他們之間的爭論時，這些人仍處在自然狀態中。因此，每一專制君主對其統治下的人們而言，也是處在自然狀態中。」（第九〇節）

11 第七四—七六、一〇五—一〇六及一一二節（洛克《政府論》下篇），可能使人傾向於認為我們的狀況的確包含一種契約。雖然在這些章節中洛克是用「同意」而不是「契約」。在其他章節及文中主要部分，則使人傾向於相反方向，也使得洛克的評論者有這種傾向。在考慮洛克有關財產的討論時（第三六、三七、四七、四八、五〇、一八四節），我們可以忽視像「財產的發明」、「同意一小片的黃色金屬……是有價值的」、「經由相互同意」、「美好的虛擬價值」等語句，而代之以強調「默許」以試圖使洛克的描述能符合我們在第二章曾說過的故事。

12 企圖以其國民的態度和信仰來解釋政府正當性的概念在當要解釋其國民之態度和信仰的精確內容時，會面臨避免再提出正當性這一概念的困難；雖然這並非太過困難而使得範圍無法擴大：一個正當的政府是那種其大部分國民都視其為具有正當的統治權的政府。

13 芬伯格（Joel Feinberg）在其文章：〈正義與個人應得〉（Justice and Personal Desert）中討論「權利」與「應得」的區分。這篇文章重印在其《行為與應得》（*Doing and Deserving*）一書中，（普林斯頓：Princeton University Press, 1970），第五五—八七頁。如果正當性依賴於「應得」或「功過」而不是「權利」，那麼一個支配性保護機構，可能經由占有支配性的市場地位而擁有正當性。

14 下面的陳述（一）顯示A被授權使用權力，然而A之被授權成為唯一使用權力者是顯示於陳述（二）及（三）。

（一）a是某個個人X，X使用權力P且X被授權使用P；而P幾乎含括所有權力。

（二）a被授權成為某個個人X，X使用權力P且X被授權使用P；而P幾乎含括所有權力。

（三）a被授權成為某個個人X，X使用權力P且X被授權使用P；而X聲稱P含括（幾乎）所有權力。

15 羅斯巴想到，在一個自由社會中，「任兩個法庭的決定都將被認為是有拘束力的；也就是說，其決定都將是法庭能夠對被判為有罪者採取行動的關鍵。」見其《權力與市場》，第五頁。誰將認為它有拘束力呢？為什麼未進一步同意這兩個法庭原則的人要受約束呢？

16 這一類似契約論的觀點將被小心地陳述，以避免不公正地允許錯誤的（被判為有罪的）判決。

17 見路易士（David Lewis）的《慣例》（*Convention*），（Cambridge, Mass.: Harvard University Press, 1969）。他對謝林的對等遊戲的概念有一哲學性的推敲，特別注意其第三章有關社會契約的討論。我們對國家的解釋比之於密塞斯對在第二章曾討論過的交換媒介的解釋，較少對行為做有意的協調。

18 第一個觀點見羅斯巴：《人、經濟與國家》（*Man, Economy, and State*）第二卷，（洛杉機：Nash, 1971），第六五四頁；第二個觀點可見蘭德（Ayn Rand）的〈專利與版權〉（Patents and Copyrights），收在《資本主義：未知的理想》（*Capitalism: The Unknown Ideal*）一書中，（紐約：New American Library, 1966），第一二五—一二九頁。

19 無論如何，當我們解釋構成這些體系的理由時，德蕭維茲（Alan Dershowitz）提醒我：禁止個人私自強行正義，可能有一些別的非保護性的理由。如果以這些理由重新考察這一問題，那麼強調所有禁止個人私自強行正義的法律體系，都是以某種保護性考慮的正當性為前提，這種說法就是不正確的。

20 是不是在即使限制者付出完全的賠償，使得被限制者回到至少和他本來將占有的無異曲線一樣高的位置；而不是只賠償被強加的損害的情況下，這點仍然成立呢？

21 既然只有損害必須被賠償，而賠償或許會稍少於一個地方的人們選擇為滿足的額。然而，隨著一個社團的激烈改變，要估計損害的程度就變得很困難。如果受損害意指關於某行為相對於其他人而言受到妨礙，那麼像拘留這麼嚴格的限制就將要求對損害的完全的賠償。

22 如果公眾過於貧困而無法賠償那些若不加以限制將會非常危險的人時要怎麼辦呢？一個自給性農業社團不能預防性地限制任何人嗎？當然這種限制是可以的，但只有在限制者交出足以賠償的東西，使得限制者降低了的地位（經由放棄其財貨並進入賠償的領域）和那些被限制者的地位大致相等時才可以。這時被限制者仍多少遭受損害，但並不多於任何其他人所受的損害。如果一個社會的預防性限制無法賠償那些因限制而受損害的被限制者，那麼這一社會便是貧困的。貧困的社會必須為損害付出賠償，直到被限制者和未被限制者的地位相等時為止。這裡提到的「相等」的概念可以被賦予兩種不同的解釋：在絕對的地位上作同等的損害（這一解釋在考慮到有些未被限制者可能處於相當高的地位的事實時似乎是過於強烈的）；另外則是以相等的間距、相同的百分比降低損害，就像是以某個標準線來作判斷一樣。要釐清這些複雜的問題，除了其邊際重要性之外，還要進一步加以詳察以符合本書的中心關懷。

第二部

第七章

1 讀過本書第二部分討論羅爾斯的理論的讀者，可能把第一部分中反對其他正義理論的論證，都誤認為是針對羅爾斯的。然而情況並非如此，也有其他的理論需要批評。

2 獲取之正義原則的應用也可能在從一種分配轉到另一種分配時發生。你可能現在發現一個無主物並占有它。有時為了簡化，我只談到經由轉讓者的轉換；但獲取也可被理解為包含在其中。

3 可參見比特克（Boris Bittker）的著作《對黑人賠償的論證》（*The Case for Black Reparations*），（紐約：Random House, 1973）。

4 如果旨在矯正對前兩個原則之侵犯的原則，產生了多於一種的有關持有的描述，那麼就必須對要實現哪種描述做一選擇。在這種次要的選擇中，我所反對的有關分配正義和平等的考慮或許將扮演正當的角色。

5 有人可能藉由詳述一種將導致這一模式的「轉讓原則」，來試圖把模式化的分配正義原則擠進權利觀的架構之中。例如：如果某人擁有多於平均收入的收入，他就必須把大於平均收入的所有物品轉讓給那些低於平均數的人，以使他們也達到（但不超過）這一平均收入。我們可以為「轉讓原則」概述一個標準來排除這類義務性的轉讓，或者我們可以說根本沒有正確的轉讓原則——在自由社會中沒有任何轉讓原則是像那樣的。前者可能是較好的方向——雖然後者也是對的。另一方面，人們可能想藉由可以表示出一個人的權利（經由某種具實質效果的功能）之相對強度的矩陣，來使權利觀包含一個模式。但即使對自然的面向之限制無法排除這種功能，其產生的結果也將不會使我們的權利體系從屬適應於某些特殊事件。

6 海耶克的《自由憲章》，（芝加哥：University of Chicago Press, 1960），第八七頁。

7 這一問題並不意味著，他們將容忍任何模式化的分配。克里斯托（Irving Kristol）最近在討論海耶克的觀點時，考慮到人們將不會長久忍受一個根據價值而非道德價值產生模式化的分配的體系。〈當德性失去了它的可愛性時——對資本主義和自由社會的反思〉（'When Virtue Loses All Her Loveliness'——Some Reflections on Capitalism and 'The Free Society'），載於《公共利益》（*The Public Interest*），一九七〇年秋季號，第三—一五頁。克里斯托（遵循海耶克的某些看法）把道德價值體系與正義劃上等號。既然根據給予他人之利益的分配的外在標準可以得到某些例證，我們就可以考慮探詢一種較弱的（因而是較合理的）假設。

8 由於巨大的經驗誘因，使別人花許多時間和精力盤算怎樣經由提供我們想購買的物品而服務於我們，我們肯定是從中得益的。懷疑資本主義是否應該因其最有利於、因而鼓勵了那些從事服務性行業並競爭顧客的人們，而非有利於那些像盧梭一樣的個人主義者而受到批評，這不僅是一種矛盾，而且人們也不必為了捍衛資本主義，而認為商人是最好的一種人。（我也不是說商人就是普遍不好的。）那些認為最優秀者應該獲得最多的人，可以嘗試去說服其同伴根據這個原則轉讓資源。

9 持續地從這一有限制的情況中對我們產生的不同狀況，將迫使我們明確地確定權利的基本原理；並考量是否有關權利的考慮將辭典式地優先於對一般的分配正義觀的考慮，以致於權利的最瑣碎薄弱的要素都比對一般的分配正義觀的考慮來得重要。

10 一種轉讓不可能對第三方產生有利的效果，並改變其可能的選擇嗎？（但如果參與轉讓的兩造各自獨立地使用他們的持有時，情況會怎樣呢？）稍後我會討論這個問題，但在此要注意：這一問題承認了可轉讓的本質上並非是有利的物品之分配的觀點。人們也可能反對下述說法：轉讓可能使第三方更加羨慕或嫉妒，因為轉讓使其相對於其他人而言的地位變壞了。我無法理解這種反對怎麼會被認為包含了正義的主張。有關嫉妒的討論，見第八章。

在本章，混合了純粹程序正義之要素的理論，如果放在適當的位置，將可能是可以接受的；也就是說，如果能夠滿足分配份額的某些條件的基本制度存在的話，這一理論可能是可以接受的。但如果這些制度本身不是人們自願行為的總和或「看不見的手」的結果，其所施加於人們的限制就必須經過證明。我們的論證並未假設任何功能大於最小限度之守夜人式國家（只限於保護人們免於謀殺、攻擊、偷竊、欺詐等等）的基本制度。

11 見麥凱（John Henny Mackay）的小說《無政府主義者》（*The Anarchists*）的精選；收錄在克理姆曼（Leonard Krimmerman）與培里（Lewis Perry）編的《無政府的模式》（*Patterns of Anarchy*），（紐約：Doubleday Anchor Books, 1966）。在那裡，一個個人主義的無政府主義者向一個共產主義的無政府主義者提出下列問題：「在一個你稱為『自由共產主義』的社會體系中，你將禁止個人們經由他們自己的交換媒介來交換他們的勞動嗎？以及：你將禁止他們為了個人使用的目的而占有土地嗎？」書中繼續說到：「這個問題是無法避免的。如果他回答說是，他就承認社會有控制個人的權利，而把他曾經熱烈捍衛的個人的自主權拋到一邊；反之，如果他回答說不，他就承認了他曾堅決否認的私有財產權了……那麼，他就回答說：『在無政府社會，任何人都必須有形成自願的聯合體以實現其觀念的權利。我無法理解，怎麼能說把一個人從其使用和占有的土地和房屋中驅逐出去是公正的……每個人都必須表明態度：或者擁護社會主義，因而擁護強制並反對自由；或者擁護無政府主義，因而擁護自由並反對強制。』」相對的，我們發現喬姆斯基（Noam Chomsky）寫道：「任何前後一致的無政府主義者都必須反對生產工具私有制。」「那麼，前後一致的無政府主義者就將是某種特殊的社會主義者。」見其為格林（Daniel Guerin）的《無政府主義：從理論到實踐》（*Anarchism: From Theory to Practice*）寫的導論。（紐約：Monthly Review Press, 1970），第一三、一四頁。

12 穩定的模式化的原則僅僅要求分配符合「柏雷托最適境界」嗎？某人可能給予另一個人禮物或遺贈，而這種禮物或遺贈是這個另一個人和第三者可能為了相互的利益而交換的。在第二個人進行這一交換之前，並沒有「柏雷托最適境界」。穩定的模式是從能夠滿足某個進一步的條件C的一些符合「柏雷托最適境界」的狀況中選擇出來的嗎？這看來是不會有反例的，因為難道不會有任何自願的交換被設計來免於使第一種狀況不符合「柏雷托最適境界」嗎？但原則是必須超越時空、在新的可能性產生時被滿足。一個在這時能滿足「柏雷托最適境界」之標準的分配，在當某些新的可能性產生時就可能不再滿足那個標準；而雖然人們的行動將傾向達到一個新的符合「柏雷托最適境界」的狀況，這一新的狀況也不必然滿足條件C。為確保對條件C的持續滿足，持續地干涉將是必須的。（一個模式經由某種「看不見的手」的過程而被維持下來的理論可能性應該被調查。這一「看不見的手」的過程在當偏差發生時將仍使模式維持均衡。）

13 斯恩（Amartya K. Sen）：《集體選擇與社會福利》（*Collective Choice and Social Welfare*），Holden－Day公司，一九七〇年版，第六章。

14 如果制度並不禁止某些破壞模式的行為，而是使之無效而不被實行；那麼壓制（oppression）就較不會那麼引人注目。

15 我們將在本章第二部分論及的羅爾斯的差別原則，其說服力的一個指標在於其作為一個管理原則的不適當性——即使在每個人都彼此相愛的家庭中亦然。一個家庭應該奉獻其資源以最大限度地改善其中狀況最差或天賦較低的孩子的地位嗎？應該限制其他小孩或只有在他們將願意一生致力於最大限度地改善他們的不幸的兄弟之地位時才能使用其教育及發展資源嗎？當然不是的。那麼，這一說法如何能被認為對較廣泛社會中的強行而言是適當的呢？（稍後我討論了我認為的羅爾斯可能的回答：某些無法應用於個體狀況的原則，將可以應用於總體層次。）

16 見弗拉斯托（Gregory Vlastos）：〈柏拉圖的作為愛的對象的個人〉（The Individual as an Object of Love in Plato），見其《柏拉圖研究》（*Platonic Studies*），（普林斯頓：Princeton University Press, 1973），第三一—三四頁。

17 我不確定是否我稍後陳述的論證將顯示：這種所得稅僅僅是強制勞動；所以「是同等的」意指「是其中一種」。或者另一方面，是否這些論證強調這種所得稅和強制勞動間的巨大的相似性，以顯示出根據強制勞動來看待這種所得稅的合理性和啟發性。後一種途徑將使人憶及威斯頓（John Wisdom）是如何理解形上學者們的主張的。

18 沒有任何東西會依隨我所談到的需要而發生，因為我每一次都將拒絕包含需要的正義的標準。然而，如果某樣東西的確依賴於此，人們將願意更仔細地予以考察。一種懷疑論的觀點，可見米諾格（Kenneth Minogue）的《自由心靈》（*The Liberal Mind*），（紐約：Random House, 1963），第一〇三—一一二頁。

19 這一論述應包括的進一步細節，見我的論文〈強制〉（Coercion），收在摩根貝塞（S. Morgenbesser）、薩皮斯（P. Suppes）及懷特（M. White）編的《哲學、科學與方法》（*Philosophy, Science, and Method*），（紐約：St. Martin, 1969）。

20 有關這一段及下一段的論題，見阿爾基恩的著作。

21 可將此與沃夫（Robert Paul Wolff）的〈對羅爾斯正義論的反駁〉，（A Refutation of Rawls' Theorem on Justice）相比較；載於《哲學雜誌》（*Journal of Philosophy*），一九六六年三月號。沃夫的批評並不適用於羅爾斯以差別原則確立基線的觀念。

22 我不曾見過精確的評估。弗里德曼（David Friedman）：《自由的結構》（*The Machinery of Freedom*），（N. Y.: Harper & Row, 1973），第一四、一五頁；其中討論了這一論題並建議以美國國民總所得的百分之五作為前面提過的前兩種要素的上限。然而，他並未試圖評估以過去的這種收入為基礎之現在的財富的百分比。

23 傅立葉主張：既然文明的過程剝奪了社會組成分子的某些自由，那麼一種由社會保證的給予人們作為損失賠償的最低限度的條件就能得到證明。見葛雷（Alexander Gray）：《社會主義傳統》（*The Socialist Tradition*），（紐約：Harper & Row, 1968），第一八八頁。但這一主張的觀點過於激烈了。這種賠償對那些文明的過程對他是一種淨損失的人而言才是理所當然的，對那些文明帶來的利益未能抵消他的某些自由被剝奪之損失的人而言，才是正當的。

24 例如拉許達爾（H. Rashdall）提出的例子：某個在沙漠中碰見唯一水源，且處在另一個也將到達水源地並完全占有它的人之前幾英里的人。見其〈財產之哲學理論〉（The Philosophical Theory of Property），收於《財產：其義務與權利》（*Property, Its Duties and Rights*），（倫敦：MacMillan, 1915）。

我們也應當注意蘭德的財產權理論；見《自私的價值》（*The Virtue of Selfishness*）中〈人的權利〉（Man's Rights）一節，（紐約：New American Library, 1964），第九四頁。其中論證財產權來自於對生命的權利，因為人們需要某些物品才能生存。但對生命的權利並不是對生存必須品的權利；別人可能對這些東西是有權利的（見本書第三章）。對生命的權利，至多是一種擁有或爭取生存必須品的權利——假設擁有它並不侵犯別人的權利。涉及實質的物品，問題在於擁有它是否侵犯別人的權利。對所有無主物的占有也是這樣嗎？拉許達爾的例子中對水源的占有也是這樣嗎？既然特殊的考量（像洛克式的條件）可以引入涉及實質的所有物，那麼在人們應用任何假設的對生命的權利之前，首先需要一種財產權理論。因此，對生命的權利並不能為財產理論提供基礎。

25 如果他的泉井未乾涸是因為他採取的特殊防範措施，那麼情況又不同了。可將我們的討論與海耶克的《自由憲章》第一三六頁比較，也可與哈莫威（Ronald Hamowy）載於《新個人主義者評論》（*New Individualist Review*）一九六一年四月號，第二八—三一頁的文章〈海耶克的自由概念：一種評論〉（Hayek's Concept of Freedom: A Critique）相比較。

26 我在〈道德的複雜性與道德結構〉（Moral Complications and Moral Structures）一文中討論了逾越及其道德痕跡（moral traces）的問題；見《自然法論壇》（*Natural Law Forum*），一九六八年，第一—五〇頁。

27 第四章中的賠償原則導入了模式化的考慮嗎？答案是否定的。因為它雖然要求對那些想免遭危險的人所施加的不利給予賠償，但它並非一個模式化原則。因為它只尋求消除加在那些可能給別人帶來危險者身上的禁令所造成的不利，而不是要消除所有的不利。它對那些發出禁令者規定了一種義務；這種義務源於他們自身的特殊行為，是要消除那些被禁者可能提出的抱怨。

28 Cambridge, Mass.: Harvard University Press, 1971。

29 羅爾斯：《正義論》，第四頁。

30 見弗利曼（Milton Friedman）的《資本主義與自由》（*Capitalism and Freedom*），（芝加哥：University of Chicago Press, 1962），第一六五頁。

31 對於經濟為何包含（多於一個人的）公司，以及為何每個個人不與其他人簽訂契約和續約的問題，可見柯斯（Ronald H. Coase）的〈公司的本質〉（The Nature of the Firm），收在史帝格勒（George Stigler）和包丁編的《價格理論讀本》（*Readings in Price Theory*），（Homewood, Ill.: Irwin, 1952）；亦可見阿爾基恩和丹塞茲（Harold Demsetz）著的〈生產，訊息價格與經濟組織〉（Production Information Costs and Economic Organization），載於《美國經濟論叢》（*American Economic Review*），一九七二年，第七七七—七九五頁。

32 然而，我們並不假定那些經濟學家的人為模型所規定的所謂「完全競爭」條件全都得到滿足。克茲納（Israel M. Kirzner）提出一個適當的分析模式，見其《市場理論與價格體系》（*Market Theory and the Price System*），（Princeton, N.J.: Van Nostrand, 1963）；亦見其《競爭與企業家》（*Competition and Entrepreneurship*），（芝加哥：University of Chicago Press, 1973）。

33　我們應該注意，收到這些東西並不等於收到人們使之存在或產生之東西的等價物。一組F1關於因素F2……Fn的邊際產品是一種連續性的概念；而這正是最有效率地使用F1……Fn所產生的總產品與最有效率地使用F2……Fn，及缺少F1的一組因素所產生的總產品之間的不同。但這兩種不同的最有效率的對F2……Fn以及缺少F1的一組因素的使用（一種有額外附加的F1，另一種則沒有），對這些因素的使用將是不同的。而F1的相對於其他因素的邊際產品——即每個人將合理地付給額外附加的F1的東西——將不會是它使之產生的結合F2……Fn和另一組F1因素的東西；而是它所產生的不同（這種不同在如果沒有F1而其餘的因素又被最有效率地組織起來以適應F1的缺少時將會存在）。因此，邊際生產理論對實際被生產的產品而言，並不被認為是最佳的理論；對那些其因果起源包括某一特定因素的東西而言，也不是最佳的理論。反而對其不同是經由一個因素的呈現，而產生的理論而言是最佳的理論。如果這樣一種觀點與正義的觀點連結起來，將會是最適合於權利觀的。

34　相信馬克思對資本家與工人間的交換關係之分析的讀者，將反對「由自願的交換所導致的持有是正當的」的觀點。或者，相信稱這種交換為「自願的」是一種曲解的人，將可以在第八章找到某些被引用的相關的理由。

35　見布勞格（Marc Blaug）的《經濟理論回顧》（*Economic Theory in Retrospect*），（Homewood, Ill.: Irwin, 1968），第十一章及其中引用的參考書籍。最近有關資本之邊際生產問題的探討，見哈考特（G. C. Harcourt）的〈有關資本理論的一些爭論〉（Some Cambridge Controversies in the Theory of Capital），載於《經濟文獻雜誌》（*Journal of Economic Literature*），一九六九年六月號，第三六九—四〇五頁。

36 羅爾斯：《正義論》，第一二頁。

37 羅爾斯：《正義論》，第一四－一五頁。

38 羅爾斯：《正義論》，第一六節，尤其是第九八頁。

39 在此我們簡化（五）的內容，但並不損害我們現在的討論。

40 雖然羅爾斯並未明顯地對（一）與（二）、（三）、（四）做出區分，但我並不認為他從假設法的陳述（一）、（三）得出直說法的陳述（二）、（四）是不正當的步驟。即使它是不正當，這一錯誤仍然值得指出，因為這一錯誤很容易發生，且可能去支持我們論證所反對的觀點。

41 羅爾斯：《正義論》，第一五頁。

42 他們不必天生就是天賦條件較好的人。根據羅爾斯的用法，「天賦條件較好」意味著：實現較大的經濟價值、這麼做的能力，以及擁有較高的邊際產品等等。羅爾斯書中將人們分類為天賦條件「較好」和「較差」，只是為了批評他替自己的理論所引用的論據。權利理論並不依賴任何「分類」在其中是重要的、或甚至是可能的假設；也不依賴任何菁英論的預設。

既然權利理論家並不接受「根據其自然資質給予每個人」這一模式化原則，他就可能同意：被運用了的天賦在場市中產生的結果將依賴於其他人的天賦及他們如何運用其天賦，依賴於表現在市場上的買主的想望，依賴於對他所提供的東西以及其他人可能用來替代他所提供的東西的交替的供給，並且依賴於其他總結其他人之無數的選擇和行為的狀況。同樣地，我們先前看到羅爾斯引用的有關社會因素（勞動的邊際產品依賴於其上）的類似理由將不會困擾權利理論家。即使他們可能駁斥，由以邊際產品為基礎的模式化分配原則的支持者提出的原因。

43 假設他們可以將自己與他人視為是同一的，他們可能嘗試經由團結在一起（組成一個團體）並共同與他人達成協議來要求較大的份額。在大多數人包含在內，且由某些天賦條件較好的個人們打破階級並與天賦條件較差者達成個別協議的誘因存在的情形下；如果這樣一個天賦較好者的聯合不能對其背叛者施加制裁，它就將會解散消失。仍待在聯合體中的天賦較好者可以用抵制作為一種「制裁」，並拒絕與背叛者合作。為了打破這種聯合，那些天賦較差者將提供某些天賦條件較好者足夠的背叛的誘因，並彌補他不再能夠與其他天賦條件較好者合作所遭受的損失。這一問題是錯綜複雜的，而在下述明顯事實（不管我們如何使用羅爾斯的分類性的術語）下將更為複雜：在人們決定哪些團體將形成的天賦之間並沒有明確的區分界線。

44 羅爾斯：《正義論》，第一〇三頁。

45 我在此將羅爾斯的討論視為是有關於（知道自己之狀況的）天賦條件較好和天賦條件較差的個人的。另一方面，可能有人認為這些考慮會經由原初狀態中的某人而被加重。（「如果我變成天賦條件較好的人，那麼將……；如果我變成天賦較差的人，那麼將……」）但這種解釋是行不通的。為何羅爾斯說「這兩個原則……在那些天賦條件較好或其社會地位較佳者可以期望其他人之自願合作的基礎上，似乎是一公平的協議」（《正義論》，第一五頁）。那時候是誰在期望呢？這一說法又如何被解釋被原初狀態中的某人所預期的假設性陳述呢？同樣地，羅爾斯的下列說法也引起一些問題：「現在的困難是說明A也沒有理由抱怨。或許由於他要讓渡一部分利益給B，他得到的就比本來可能得到的要少。現在我們能對這個較有利者說什麼呢？……這樣，差別原則看來就提供了一個公平的基礎，在這一基礎上，那些天賦條件較好者……能夠期待其他人與他們一起合作……。」（《正義論》，第一〇三頁，斜線部分是我自己標記的）。我們是將這一說法理解為：在原初狀態中的某人，當他考慮他將變成天賦條件較好者的可能性時，懷疑將如何自處嗎？然後他將說差別原則看來是合作的一個公平的基礎嗎？儘管存在著他正在預期他是天賦條件較好者的可能性；或者他將說，即使後來如果他知道他是天賦條件較好者的話，差別原則對他也將是公平的嗎？而他可能什麼時候開始抱怨呢？不可能是在原初狀態的時候，因為那時他是同意差別原則的。而當他在原初狀態的決定過程中，他也不必擔心他稍後是否會抱怨；因為他知道他自己在原初狀態中理性地選擇的任何原則，將使他沒有理由抱怨。他會抱怨自己嗎？對任何抱怨的回答不是「你贊同它（或是如果在如此原始的狀態下，你將會贊同它）」嗎？羅爾斯在此所關切的是什麼樣的「困難」呢？而在原初狀態中的那些有意地持有或利用某些道德概念的理性自利之個人們當中，「公平的協議」或「公平的基礎」又發生了什麼作用呢？

我看不出有任何首尾連貫的方式，能把羅爾斯如何看待及討論天賦條件較好及較差者間之合作這一議題與原初狀態之結構與前景合併討論。因此我的探討認為羅爾斯在此乃致力於原初狀態之外的個人們（不論是那些天賦條件較好者或其讀者），並欲說服他們：羅爾斯從原初狀態中得出的差別原則是公平的。在此，比較羅爾斯如何證明社會秩序對一不平等社會中之狀況最差群體中的個人的重要性是有益的。羅爾斯試圖告訴這個人：所有的不平等結果都將導致對他的利益。下述說法也告知了知道自己處境的某人：「社會秩序對每一個人都是可以被證明的，特別是對那些較不利者而言」（第一〇三頁）。羅爾斯不想說，「你將會冒險，而且你輸了」，或任何諸如「你在原初狀態中的時候將選擇它」的話；他也不想僅說服某個原初狀態中的人而已。他還想對原初狀態之外的情況做一考察。說「你擁有較少，以使我能發展」，將無法說服某個知道自己之較差地位的人，而羅爾斯很正確地拒斥了這種說法；如果我們能明白這一點，我們的論證將會是有力的。

46 在原初狀態中的人們曾經懷疑他們是否有權決定每一事物要如何分配嗎？或許他們都意識到：既然他們在對這一問題做決定，他們必須假設他們有權這麼做；因而特定的人不能對持有擁有特定的權利（因為他們沒有權利對所有持有要如何分配共同做出決定）。也因此，每一事物都可被正當地視為是來自天堂的嗎哪。

47 我並非要假設所有的老師們都是如此，也沒有假設大學中的學習應該被定出等級或評分。我所需要的是某種有關權利的例子、某些讀者們耳熟能詳的細節，以用來檢視在原初狀態中做出的決定。定出等級或評分是一個簡單的例子（儘管不是完美的），但當其與現行社會提供的最終社會目的一起考察時，將會造成紛亂。我們可以忽略這一複雜性，因為他們基於其能有效率地提供這些目的而選擇的歷史原則，將會對我們以後的觀點（他們的基本關懷和原則都是目的狀態的）有所啟發。

48 但重述為何使用權利量表（magnitudes of entitlement）的原因，並未能準確地掌握權利理論。

49 好幾年前，海耶克在《自由憲章》第三章中論證道，一個自由資本主義社會，會比任何別的制度結構更提高那些處境最差者的地位。用現在的術語來說，他論證出：自由資本主義社會最佳地滿足了由差別原則概括出的正義的目的原則。

50 可能有人認為權利原則以一種道德上有異議的方式來看待是特別適合的，所以他可能拒絕我的認為無知之幕所完成的大於其被陳述之目的的主張。既然對特別適合的原則來說就是為了某人之利益不公平地去適用它們，又既然權利原則之公平性的議題正是問題所在；因而就很難決定是誰犯了以假設作為論據的謬誤：是我對無知之幕的強有力的批評，還是反對我的這一批評的觀點？

51 鑒於羅爾斯之論證，第八二節，他論證自由原則在辭典式的順序上優先於差別原則的弱點，這一問題特別嚴重。

52 「原初狀態的觀念是要建立一個公平的程序，以使其中同意的任何原則都是公正的。其目的是要把純粹程序正義的概念作為理論的一個基礎。」羅爾斯：《正義論》，第一三六頁。

53 差別原則因此造成了兩種利益衝突：一種是頂層和底層群體之間的利益衝突；以及中間階層和底層群體之間的利益衝突。因為如果那些處在底層的人走了，差別原則就可用來改善原來在中間階層的人們的地位；這些人將變成新的底層群體，其地位將最大限度地被提高。

54 令第二個群體擁有（相應於第一個群體的個人們）對D得到一半分數的個人們及擁有兩倍的份額；而在第一個群體中，任兩個人的份額和他們對D的得分之間的比率是相同的。這就得出：在第二個群體之中，任何兩個人之份額的比率將與其得分的比率相同。但在不同群體之間，這種比率上的相同並不存在。

55 斯坎農（Thomas Scanlon）：〈羅爾斯的正義論〉（Rawls' Theory of Justice），載於《賓西法尼亞大學法律論叢》（*University of Pennsylvania Law Review*），一九七三年五月，第一〇六四頁。

56 見我的〈道德複雜性與道德結構〉（Moral Complications and Moral Structures），載於《自然法論壇》，一九六八年；尤其是第一一一二二頁。

57 羅爾斯：《正義論》，第七二頁。羅爾斯繼續討論他所謂的，對兩個正義原則的自由主義解釋，這種解釋排除社會偶然因素的影響。但這種解釋「仍然有缺陷……因為它仍允許財富和收入的分配，由能力及天賦之自然分配來決定……分配份額由天生的命運來決定；這一結果從道德觀點來看，是任意專橫的。我們沒有理由允許收入和財富的分配由自然資質來決定，就像沒有理由允許它們由歷史和社會的命運決定一樣。」（第七三—七四頁）。

58 羅爾斯：《正義論》，第一〇四頁。

59 羅爾斯：《正義論》，第三一一—三一二頁。

60 羅爾斯：《正義論》，第一五頁。

61 羅爾斯：《正義論》，第五三八—五四一頁。

62 「為了顯示正義原則多少是基於嫉妒的，就必須建立一個或數個說明原初狀態乃源於這種傾向的條件。」《正義論》，第五三八頁。

63 例如：

（一）任何兩個人的持有之間的差別應該是道德上應得的；道德上不應得的差別不應該存在。

（二）人們在自然資質方面的差別是道德上不應得的。

（三）由其他不應得的差別所部分決定之人們的差別本身是不應得的。

因此，（四）人們持有之間的差別，不應該部分地由他們自然資質的差別來決定。

64 羅爾斯：《正義論》，第三二〇頁。在這一節的其餘部分，羅爾斯繼續批評根據道德應得分配的觀點。

65 「對一種平等的利益分配，不需要給予任何理由，因為它是『自然的』，是正當和公平且無需證明的；因為它在某種意義上被認為是自我證明……這種假定是：平等不需要理由，只有不平等需要理由；統一、規律、相似、對應……不需要解釋，而差別、無組織的行為、行為的改變卻需要解釋，而且需要證明。如果我有一塊蛋糕，想分給十個人。如果我分給每人十分之一，這無論如何不會要求提出證明；而如果我偏離這種平等分配的原則，我將被要求提出一個特殊理由。正是這個緣故，使平等觀念在表面看來是不偏不倚的……」見柏林（Isaiah Berlin）：〈平等〉（Eguality），重印於歐拉夫森（Frederick A. Olafson）編的《正義與社會政策》（*Justice and Social Policy*），（Englewood Cliffs, N.J.: Prentice-Hall, 1961），第一三一頁。如果洛克式權利的詳細內容未被含括，則他可能會同意第一個前提的真實性，但否認第二或其他步驟的真實性。

66 我用「洛克式的」權利來指涉那些反對強制力、欺詐等在最小限度國家中被承認的行為。既然我相信這些是人們所持有的唯一權利（除了他們的特別需要之外），我就不需要含括洛克式權利的詳細內容。相信某人對其他人的勞動果實擁有權利的人，將否認前述第一個前提的真實性。如果洛克式權利的詳細內容未被含括，則他可能會同意第一個前提的真實性，但否認第二或其他步驟的真實性。

67 如果任意或偶然產生的東西毫無道德重要性，那麼任何特定個人的存在也將沒有道德重要性；因為從道德觀點看來，在眾多精子中何者能成功地與卵子結合（就我們所知）完全是任意的。這引出了另一個對羅爾斯觀點的實質精神而非字面意義的較含糊曖昧的看法。每一既存的個人都是下述過程的產物；在這一過程中，成功地與卵子結合的那個精子並不比其他失敗的精子在道德上更應得。我們應當希望那個過程要「較公平」（以羅爾斯的標準來判斷）嗎？所有在其中的「不平等」必須被矯正嗎？我們應該對將在道德上譴責使我們存在之過程的任何原則感到憂心，因為這一原則抽去了我們現在存在的正當性。

68 但亦可見我們下面對羅爾斯把天賦視為集體資產之觀點的討論。

69 羅爾斯：《正義論》第一七九頁。

70 羅爾斯：《正義論》第一〇二頁。

71 羅爾斯：《正義論》第二七頁。

72 羅爾斯：《正義論》第一八三頁。

73 羅爾斯：《正義論》第一〇二頁。

74 羅爾斯主張的原初狀態中自由的優先性，將能阻止差別原則對資質和能力提出人頭稅的要求嗎？人頭稅的正當性是羅爾斯在談到「集體資產」和「共同資產」時提出的。那些正在利用其資質和能力的人濫用了公共資產。（浪費了公共財產嗎？）羅爾斯可能並不打算做出這種推論，但我們需要知道更多理由，以說明原初狀態中的人們為何將不接受這種強的解釋。自由的概念需要一種將排除人頭稅，卻允許其他稅制的解釋。資質和能力可以無需人頭稅而受到統制管理；就像一匹馬被套上一輛馬車一樣，如果馬移動了，它一定是拉著馬車走的。

關於嫉妒，差別原則若應用於在A有10、B有5與A有8、B有5之間進行選擇，它將選擇後者。因此，不管羅爾斯的觀點是什麼，差別原則在它有時將贊成一種反對柏雷托較佳原則、卻較不平等的分配時是無效率的。這種無效率可以經由把簡單的差別原則轉換成交錯的差別原則而消除；而交錯的差別原則要求最大限度地提高處境最差群體之地位，並從屬於以下限制：最大限度地提高處境次差群體的地位。這一觀點斯恩也曾提出，見其《集體選擇與社會福利》（*Collective Choice and Social Welfare*），第一三八頁的附注；斯恩的觀點並被羅爾斯所接受。但這樣一種交錯的原則並未體現贊成羅爾斯的那種平等的預設。羅爾斯如何能向最差群體中的人證明一種專屬於交錯原則的不平等呢？或許正是這些問題，使羅爾斯是否接受交錯原則變得不清楚了。

75 「但正義不受同情的影響嗎？」當然會受影響，但不是透過政府的槍砲。當個人們選擇轉讓其資源以幫助其他人時，這完全符合正義的權利觀。

第八章

1 對於並非最基本層次上之平等的各種論證之有效考慮，見卡文編的《累進稅制的困難》（*The Uneasy Case for Progressive Taxation*），第二版，（芝加哥：University of Chicago Press, 1963）。

2 威廉斯（Bernard Williams）：〈平等的觀念〉（The Idea of Equality），收在拉斯雷特和盧西曼（W.G. Runciman）編的《哲學、政治學與社會》（*Philosophey, Politics, and Society*），（牛津：Blackwell, 1962），第一一〇—一三一頁；亦收在芬伯格編的《道德概念》（*Moral Concepts*），（紐約：Oxford University Press, 1969）。

3 威廉斯：〈平等的觀念〉，第一二一—一二二頁。

4 我們曾經未引用本質論者的見解（認為行為必然有其特定目的）而討論威廉斯的觀點。取而代之地，我們把這些目的與對這些行為的描述連結在一起。因為本質論者的觀點只會使討論變得混亂，而他們仍對下述問題未有定見：為何安置這些行為的唯一適當的基礎，是其本質論的目的？

5 或許我們應該把羅爾斯對社會合作的強調，理解為是基於這種三方面的個人概念：即經由與第二個人交易，而妨礙了第三個人與第二個人交易。

6 見馮勒格特（Kurt Vonnegut）在其《歡迎來到猿屋》（*Welcome to the Monkey House*）中的故事〈哈

里森・伯格隆〉（Harrison Bergeron）；（紐約：Dell, 1970）。

7 這一點見湯姆森的〈墮胎之辯〉，載於《哲學與公共事務》，一九七一年秋季號，第五五—五六頁。

8 人類大部分就像他們對自己的感覺一樣，而他們都從其同伴眼中來評價自己。這種經由緩和過去之野蠻的不平等而獲致的個人自尊和社會環境的進步，就如同物質條件的改善一樣，是對人類文明的一大貢獻。托尼（R. H. Tawney）：《平等》（*Equality*），（紐約：Barnes & Noble, 1964），第一七一頁。

9 關於你、另一個人，和擁有某種對象或附屬物的狀況，有四種可能性：

	他	你
（一）	擁有它	擁有它
（二）	擁有它	未擁有它
（三）	未擁有它	擁有它
（四）	未擁有它	未擁有它

如果你喜歡（四）不喜歡（二），而又較喜歡（三）而不喜歡（四），你的嫉妒心便是強烈的（envious）（相對於他和那個對象或附屬物）。同樣，如果你喜歡（一）不喜歡（二），而又對（三）與（四）漠不關心，你也是嫉妒心強烈的。基本觀念是，如果你因為他擁有它而想擁有它，你便是嫉妒心強烈的。所陳述的對嫉妒的條件是：你只是因為他擁有它而想擁有它。而一個較弱的條件是：如果你不只是因為他擁有它而想擁有它。也就是說，如果你喜歡（一）不喜歡（二）的程度大於你喜歡（三）不喜歡（四）的程度，那麼你便是嫉妒心強烈的。同樣地，我們可以為嫉妒概括一個很弱的條件。一個嫉妒心強烈的人寧願其他人不擁有他所沒有的東西。而一個嫉妒心不那麼強烈的人可

能願意其他人擁有他本人可能無法擁有的東西；但和這點比起來，他更寧願其他人擁有他本人已擁有的東西。也就是說，他喜歡（二）不喜歡（四）的程度小於他喜歡（一）不喜歡（三）的程度。如果你喜歡不喜歡（一），而又較喜歡（三）不喜歡（四），那麼你就是小氣的。如果你喜歡（四）不喜歡（一），而又較喜歡（三）不喜歡（四），那麼你就是壞心眼的。如果你喜歡（三）不喜歡（四），而又對（一）與（四）漠不關心，那麼你就是具競爭性的。一個具競爭性的人是小氣的。一個壞心眼的人也是小氣的。也有那種並非在較弱條件意義上的嫉妒心強烈的人。大部分因恐懼失去其權利而嫉妒的人都是嫉妒心強烈的人這句話——雖然不是一個法則——是一種合理的心理學上的推測。而壞心眼的人是嫉妒心強烈的這句話，毫無疑問的是一種心理學上的法則。

試與羅爾斯提出的有些不同、卻類似的區分方法相比較（《正義論》，第八〇節）。羅爾斯的嫉妒的概念比我們的要稍微強烈。我們可以令i（X）為某物X在上列矩陣中的第i列、i（Y）為某物Y在上列矩陣中的第i列。如果你喜歡（四）（X）和（四）（Y）而不喜歡（二）（X）和（一）（Y），那麼你就是（在羅爾斯的較強意義上）嫉妒心強烈的；也就是說，如果當你只擁有Y而他卻擁有X和Y的情況相比，你寧願你們什麼也不擁有的話，你便是嫉妒心強烈的。因為你寧願放棄某樣東西以消除差別。羅爾斯用「嫉妒」和「小氣」二者來指涉我們的「小氣」，卻沒有與我們的「嫉妒」一致的概念。我們在此用的「壞心眼」這一概念要比羅爾斯的較為強烈，而他也沒有與我們的「具競爭性」一致的概念。

10 如果一個社會之最重要的面向以常識來看是無法辨察的，不能直接決定一個人在這方面的歸屬；那麼人們將相信他在這一面向的得分是與他在另一個面向（他們在其中可以決定其相對地位）的得分相關的（光環效應）。因此，認為神恩是最重要面向的人們，將相信其他有價值且可辨察的事實指示著神恩；例如，世俗的成功。

11 比較哈特雷的小說《表面的正義》（*Facial Justice*），以及布倫和卡文的《累進稅制的困難》，第七四頁：「每一種經驗似乎都證實了，嫉妒將發現其他可能較不具吸引力的生根固定之處的可怕假設。」亦見休伊克（Helmut Schoeck）的《嫉妒》，由格列尼及洛斯翻譯，（紐約：Harcourt, Brace, Jovanovich, 1972）。

12 有任何重要的、比較上並不適合做自我判斷的面向嗎？試考慮李利（Timothy Leary）的下列陳述：「作為一個最神聖、明智且慈善的人而活著是我的野心。現在這聽起來似乎是誇大的，但我真的不了解為何……活在這個世界上的每一個人不應該有這種野心。還有什麼是你應該嘗試去做的呢？會議的主席？某部門的主管？抑或是這種或那種東西的擁有者？」見《忘我的政治學》（*The Politics of Ecstasy*），（紐約：College Notes and Texts, Inc., 1968），第二一八頁。想要盡可能做一個神聖、明智且慈善的人，肯定不會有什麼反對意見；但想成為最神聖、明智且慈善的人而活著的野心就是奇怪的了。同樣地，一個人可以希望盡可能地文明，但如果他希望成為最文明的人或比任何其他人都較為文明的人，那就是奇怪的了。一個人如何評價另一個人的文明程度僅僅依賴於這一點。這顯示出：絕對地最重要的事情對這種比較性的評價是沒有幫助的；果真如此的話，本文中的比較性理論將不會普遍地成立。然而，由於例外情況的本質，這一事實只有有限的社會學的旨趣。而那些並非比較性地自我評價的人們將不需要某些面向中平等化的發生來維持其自尊。

13 有可能因根本沒有工作而成功；而其他人則因那種並不要求持續的注意，且留下很多空想之機會的反覆性工作而成功嗎？

14 既然工人們之根據自身利益所為的行動將破壞工人自治工廠的有效運轉，或許基礎廣泛地革命運動應該嘗試用其「無私的」成員來管理這類工廠。

15 如果這些都失敗了的話，還有另一個辦法：強制人們（工人和消費者們）在一工人自治體系中合作，並放棄他們本來可得到的物品或薪資。

16 生產工具是從那裡來的呢？以前是誰放棄當時的消費以得到或製造生產工具呢？現在又是誰放棄消費以支付工資和原料價格，從而只有在最終產品賣掉以後才得到回報呢？在這整個過程中，是誰的企業家的機敏在發生作用呢？

17 然而，如果在已知某些最終產品之價值的情況下，比率上的相等將可被用來規定出尺度M，並能用來生產其他最終產品的價值；那麼這一理論就將是內容豐富的。

18 《資本主義發展理論》（*The Theory of Capitalism Development*），（紐約：Monthly Review Press, 1956）。亦見米科（R. L. Meek）：《勞動價值論研究》（*Studies in the Labour Theory of Value*），（倫敦：Lawrence & Wishart, 1958），第一六八—一七三頁。

19 見波亨波克（Eugene Von Böhm-Bawerk）的《資本與利潤》（*Capital and Interest*），第一卷，（South Holland, Ill.：Libertarian Press, 1959），第十二章；及其《馬克思及其體系的終結》（*Karl Mark and the Close of His Systerna*），（Clifton, N.J.：Augustus M. Kelley, 1949）。

20 「社會必要勞動時間是一種被要求在正常的生產條件下，在伴隨著社會中普遍存在的技藝水準和勞動強度的條件下，生產某種商品所須的時間。」馬克思，《資本論》（*Capital*），第一卷，（紐約：

Modern Library, n.d.），第四六頁。我們也想解釋為何正常的生產條件是那個樣子的？為何一種特殊技藝及勞動強度被用在那一特殊的生產上？因為這與一個社會中普遍存在的技藝水準並無關聯。大部分在製造某種產品上有較多技藝的人們，卻可能有更重要的事情要做；只留下那些技藝較差的人們製造這種產品。真正有關聯的是那些實際在製造這一產品品者的技藝。人們也希望能有一種理論來解釋：是什麼決定了具有不同技藝的人們中的誰來參與製造某一特殊產品。當然，我提出這些問題是因為它們能經由一種替代性理論而得到解答。

21 《資本論》，第一卷，第一篇，第一章，第一節，第四八頁。

22 《資本論》，第一卷，第一篇，第二章，第九七—九八頁

23 《資本論》，第一卷，第一篇，第三章，第一二〇頁。

24 比較曼戴爾（Ernest Mandel）的《馬克思主義的經濟理論》（*Marist Economic Theory*），第一卷，（紐約：Monthly Review Press, 1969），第一六一頁。「經由競爭可以精確地發現，體現在商品中的勞動量是否構成社會必要的勞動量……當某一特定商品的供給超過了對它的需求，這便意味著人類的勞動超過了社會必要的量被用來生產這一商品……然而，當供給少於需求於時，便意味著人類的勞動小於社會必要的量被用來生產這一商品。」

25 比較米科在《勞動價值論研究》中對此問題的探討，第一七八—一七九頁。

26 對每一投資生產計畫的這種風險是無法確定的。對這些風險將有不同的評估方式；而一旦這些風險被確定，就將只會有較少的誘因產生作用以產生有利的替代方案。所以一種「保證」將必須留心或監視某人的行動，以避免所謂的「道德危機」。見亞羅（Kenneth Arrow）：《風險承擔理論評析》

（*Essays in the Theory of Risk-Bearing*），（芝加哥：Markham, 1971）。阿爾基恩和丹塞茲在一九七二年的《美國經濟學論叢》（*Amercan Economic Reuzew*）的第七七七—七九五頁，討論了監視活動。

27 見布勞格在其《經濟理論回顧》一書中對馬克思理論的詳細討論，（Homewood, Ill. Irwin, 1962），第二〇七—二七一頁。

28 見克茲納：《競爭與企業家》，（芝加哥：University of Chicago Press, 1973）。

29 由於我不很確信這一點，我把這一段嘗試性地作為一種有趣的推測提出來。

30 或者他送 n 張面額不同的匯票給 n 個不同的接受者；或 n 個有錢人每人都送一定數額的錢給某特定的人。既然這並不影響論證，我們在此便採用簡化了的假設（有同樣多的富人和窮人）。

31 設有 n 個人處於貧窮狀態；那麼對某人而言，使所有人都不陷於貧困的功利將大於：

$$\sum_{i=1}^{n} u$$（在其他人都處於貧窮狀態的情況下，個人 i 並非處於貧窮狀態）

這一陳述使用有條件的功利概念；可參見我未發表的博士論文《個人選擇的規範理論》（*The Normative Theory of Individual Choice*），（Princeton University, 1963）第四章第四節，以及盧斯和克朗茲（David Krantz）的〈有條件的期望功利〉（Conditional Expected Utility），載於《計量經濟學刊》（*Econometrica*），一九七一年三月號，第二五三—二七一頁。

32 有時候我們的確會遇到一些人，在他們看來，普遍消除某種事有很大的價值；而部分消除卻幾乎沒有價值。這些在抽象上關心人的個人，對任何特定的人卻沒有這種關心。

33 雖然每個人可能都支持某種強制性體系而不支持自願性體系，但並不需要那種每個人都最支援的強制性體系，或甚至並不需要每個人都超過自願性體系而支持的體系。財源可經由比例稅制，或任何不同種類的累進稅制而取得。所以，對某一特殊體系的一致同意是如何發生的，我們並不清楚。這一觀點來自我的論文〈強制〉（Coercion），收在摩根貝塞（S. Morgenbesser）、薩皮斯（P. Suppes）及懷特（M. White）編的《哲學、科學與方法》（*Philosophy, Science, and Method*）中，（紐約：St. Martins Press, 1969），第四四〇—四七二頁，注四七。

34 一個人可能認為前面的例證是這樣的。見哈克曼（H.M. Hockman）和羅傑斯（James D. Rodgers）：〈柏雷托最適再分配〉（Pareto Optimal Redistribution），載於《美國經濟論叢》，一九六九年九月號，第五四二—五五六頁。亦見戈德法波（Robert Goldfarb）：〈柏雷托最適再分配：評論〉（Rareto Optimal Redistribution:Comment），載於《美國經濟評論》，一九七〇年十二月號，第九九四—九九六頁。他的認為強制性再分配在某些情況下更為有效的論證，在面對我們所設想的直接的個人相互轉換之體系時將是複雜的。

35 為什麼那些對他們生活影響輕微的事不也如此用加重投票的方式（票數不必然與影響的程度成比例），見我的〈加重投票及「一人一票」〉（Weighted-Voting and 'One Man One-Vote'），載於《再現》，潘納克（J. R. Pennock）及柴普曼（John Chapman）編，（紐約，Atherton press, 1969）。

36 索伊斯（Seuss）：《蒂德維科：寬宏大量的駝鹿》（*Thidwick, the Big-Hearted Moose*），（紐約：Random House, 1948）。

37 同樣地，如果某人在其土地上（其獲取在過去和現在都未違反洛克式的條件）開創一個私人的「城鎮」，那些選擇遷居並停留在此的人們，對如何管理這個城鎮並無權利發言；除非這種權利經由這個城鎮的擁有者所建立的決定程式同意。

38 由於存在著居民無論如何將搬離的機會，因而下一位居住者將比在轉租協議下時付較少的租金。所以可以假設：轉租的津貼可以限定只能給那些將不會搬離的人。

39 或許，認為國家及其法律是某一上層結構之部分的觀點，在基本的生產及財產關係的襯托下，將有助於認為它是非中立的。根據這種觀點，自變項（底部結構）在未引進依變項（上層結構）時，就必須被規定。但是，常常被提到的是：「生產模式」包括生產如何被組織和指導，因而包括財產、所有權、控制資源的權力等概念。被認為是上層結構之現象的法律秩序可經由基本的底部結構來解釋。或許生產模式可以在未引進法律上的概念、而只是在談到像「控制」這樣的（政治科學的）概念時被規定。無論如何，集中注意那些實際控制資源的人將使馬克思主義傳統免於認為：生產工具之「公共所有權」將導致一個無階級的社會。即使認為存在唯一能決定某一上層結構之底部結構的理論是正確的，這並不表示這一上層結構的某些部分就不能被獨立證明。（否則，將會產生有關這一理論本身的一些常見的問題。）因而可能有人會進一步思索何種上層結構是被證明為正當的，並著手建構一個適合於它的底部結構。

40 如果其他人指望經濟上的底層群體的投票在比例上是較少的，這將改變投票者中的中間遊離群體的地位。這因此有利於那些恰恰低於獲利群體（其支持促成最底層群體之投票的努力）的群體，使其得以成為關鍵性的遊離群體。

41 我們可以進一步強調論證的細節。為何不會有中層是五一%的聯合形式（上層的七五%又二分之一減去上層的二四%又二分之一）呢？支付這一整個群體的資源將來自於上層的二四%又二分之一。

如果允許這一中層的聯合形成，而不是去購買二六％又二分之一，以形成上層百分之五一％聯合的話，將成為狀況最差的群體。這一情況對那些在最上層的二％、但並非在最上層的一％的人而言是不同的。他們不會試圖與其後的五〇％聯合，但將與最上層的一％聯手以阻止那種將會排除他們的聯合形成。當我們將與收入和財富之分配有關的陳述和聯合之形成的理論合併來看，我們應該可以得到在多數決體系下有關收入之重分配的精確的預測。這一預測在當我們加入下述複雜性時變得寬廣了：人們不知道其精確的百分位數，且適當可行的重分配都是粗糙、未成熟。這一變動過的預測有多符合實際事實呢？

第九章

1 「把國家的目標侷限於外在與內在安全的保障，或侷限於法律秩序體系的實現；將使主權國家最終縮減到保障自由和個人財產之社會的層次。」見吉爾克（Otto Gierke）的《自然法與社會理論，一五〇〇—一八〇〇》（*Natural Law and the Theory of Society*, 1500-1800），第一卷，（紐約：Cambridge University Press, 1934），第一一三頁。對一個地區內的支配性保護社團，吉爾克更將抱怨了。

2 至於達到另一種功能更多國家的不正當的途徑，見歐本海默（Franz Oppenheimer）：《國家》（*The State*），（紐約：Vanguard, 1926）。雖然在此細心研究洛克到達較強力之國家的途徑是適當的，但這將是其他人從事過沉悶、反覆的工作。

3 對於後面幾點，可參見我的〈紐坎的問題與兩個選擇原則〉，收在瑞斯卻蘭編的《紀念亨佩爾文集》中，（Holland：Reidel, 1969），特別是第一三五—一四〇頁。

4 見亨佩爾：《科學解釋的狀況》，《紐約：Free Press, 1965》，第二六六—二七〇頁。我在此是在他的意義上，而非本書第一章的意義上使用「基本」這個字。這一從道德原則排除索引式語法（「我」、「我的」）的要求，缺少充分的證明。

5 見丹塞茲的〈邁向財產權理論〉（Toward a Theory of Property Rights），載於《美國經濟論叢》，一九六七年，第三四七—三五九頁。

6 「每個人都向全體奉獻自己，所以……他就並沒有向任何人奉獻出自己；而既然從任何一個結合者那裡，人們都可以獲得自己本身所讓渡給他的同樣的權利，所以人們就得到了與自己所喪失的一切東西的等價物……」。見盧梭（Jean Jacques Rousseau）的《社會契約論》（*The Social Contract*），第一篇第六章。

7 見洛克的《政府論》上篇，第六章有洛克對父母對自己的孩子有所有權這種觀點的批評；而第九章中有他反對這種所有權可傳遞轉移的意見。

8 在拉斯雷特編的洛克《政府論》的導讀中，他對洛克為何繼續寫上篇，並未提出一種內在的解釋。

9 比較洛克在第一一六和一一七節對類似論證的陳述，並參見第一二〇節，洛克在此從某人想望的社會不正當地轉而保護其財產理論，並允許個人對其財產有完全的裁量權。

10 見史賓塞（Herbert Spencer）的《社會靜力學》（*Social Statics*），（倫敦：Chapman, 1851），第十九章。史賓塞在修訂版中把〈忽視國家的權利〉（The Right to Ignore the State）這一章略去了。

11 見史賓塞的《人對國家》（*The Man Versus the State*），（Caldwell, Idaho：Caxton Printers, 1960），第四一—四三頁。

第三部

第十章

1 「一個道德中立，對所有價值漠不關心，只維持法律和秩序的國家，不可能得到生存下去所必要的忠誠。一位戰士可能為女王和祖國犧牲生命，但不可能為最小限度的國家做如此之犧牲。一位相信自然法和永恆之善惡的員警，可能與一武裝暴徒搏鬥；但如果他自認為是一個由小心謹慎的人們締約建立的相互保護社會的雇員，他就不會這樣做。要鼓舞那些若無其自由合作，國家將無法生存的人們，有些理想是必不可少的。」見盧卡斯（J.R. Lucas）的《政治學原理》（*The Principles of Politics*），（Oxford at the Clarendon Press, 1966），第二九二頁。盧卡斯為何假定最小限度國家的雇員，不會為它所保障的權利犧牲奉獻呢？

2 「最佳可能世界」這一概念是曖昧不清的。對應於決策理論家討論的不同決定標準，是不同制度設計的原則。制度設計的說法認為，能使壞人不再為惡；而制衡的說法則被解釋為，是最小極大化原則的促使而形成。見亞羅與赫維茲（Leonid Hurwicz）的〈無知狀況下之最佳決策標準〉（An Optimality Criterion for Decision-Making Under Ignorance），收在卡特（C.F. Carter）和福特（J.L. Ford）所編的《經濟學中的不確定性及可能性》（*Uncertainty and Expectations in Economics*），（Clifton, N.J.：Augustus M. Kelley, 1972），第一一一頁。每一個仔細思量過的人都會同意，最大的極大化原則一將選擇那種許多可能結果，都比其他行動的可能結果要好的行動，是一種不夠嚴謹的原則，某人若用它來設計制度將是愚笨的。任何制度是由這種過度的樂觀主義所形成的社會正走向沒落，或有可能過於危險而不適合人居住。但一個其制度並非仿自最大極大化原則的社會，將無法達到最大極大化社會所能達到的高度。哪一種社會是最佳可能的社會呢？是那種根據「最佳」制度設計原則產生的社會？或是那種在其中凡事都將變成最好的社會？或許，沒有任何人的烏托邦概念精確到能表示，應以何種方式來回答這一問題。撇開烏托邦不談，在此吸引我們的是有關制度設計之最佳原則的問題。

3 「對我而言最好的社會不是對你最好的社會」這句話對某些人來講，將顯示出至少我們其中之一的腐敗和衰亡。而我也並不驚訝（以他們的觀點來看），他們會認為我們並未得出烏托邦，且未根據烏托邦而發展。那麼，怎麼能期待我們成為烏托邦中的完美的居民呢？因此，在烏托邦的作品中強調不同的型塑年輕人的過程。但那些人將認為這一過程也是一種烏托邦。因為，他們和我們會有什麼不同呢？烏托邦是我們的孫子可能生活的地方。而這種隔代的代溝會小到足以使我們都愉快地了解到我們是同一家庭的成員。人們在其中不會被扭曲。他們烏托邦的描述不會開始於「首先我們進化，然後……」這種陳述；也不會開始於「首先我們像番茄一樣在地上爬行，然後……」這種陳述。

4 我用「理性的」或「有理性的存在」來指涉某種存在擁有某些屬性的情況；而因為這種屬性，一種存在將擁有人類所擁有的所有權利。我在此並不想討論那些屬性是什麼的問題。對此一議題的一些簡短、介紹性的意見可見第三章。

5 如果要作一更詳細的說明，我們就必須考慮是否會有這樣一種將停留在A中的S。因為S的成員不同意一種特殊之分配物品的方式，或是否不會有許多這種複雜的交互作用，使得每個人停留在A中的子集合S。

我們陳述的條件與「計畫核心」（the core of a game）的概念有關。如果在S的成員之中，有另一種將使他們狀況較好的分配，則某種分配將受到人們的聯合S的阻礙。計畫核心即是由所有那些未受到任何聯合阻礙的分配所組成。在經濟學中，核心包含對消費者而言的下述分配：在其中，沒有任何消費者的子集合能夠經由重新分配他們自己的資產，而改善每一成員的地位。每一在核心中的分配都是符合帕雷托最適境界，而在競爭性市場中的均衡分配都是在核心中。此外，對每個在核心中的分配而言，存在著一個對物品進行原始的分配，且將使其成為均衡分配的競爭性市場。

有關在條件中證明這些法則所需要的這些結果，見戴布魯（Gerard Debreu）和史卡爾夫（Herbert Scart）的〈對經濟制度之核心的有限法則〉（A Limit Theorem on the Core of an Economy），載於《國際經濟學論叢》（*International Economic Review*），一九六三年；亦見歐曼（Robert Aumann）的〈有許多商人的市場〉（Markets with a Continuum of Traders），載於《計量經濟學刊》，一九六四年；亦可見史卡爾夫的〈N人遊戲的核心〉（The Core of an N-Person Game），載於《計量經濟學刊》，一九六七年。這些文章導致更廣泛的文獻探討，見亞羅和漢恩（Frank Hahn）：《普偏的比較性分析》（*General Competitive Analysis*），（San Francisco: Holden-Day, 1971）。既然他們研究的「核心」這一概念，對我們的可能世界的狀況來說是關鍵的，人們將期望他們的研究成果能同樣地適用我們的情況。其他與可能世界模型有關的有用且具啟發性的資料，可見戴布魯的《價值理論》（*Theory of Value*），（紐約：Wiley, 1959）。不幸地，我們的可能世界模型在某些方面比這些相關之研究的模型要較為複雜，所以他們的研究成果無法直接、立即地適用於我們的情況。

6 認為供給總是有限的假定「在純粹交易經濟學中的價值是淺薄的，因為每個個人可交易的股份都是有限的。在生產發生的經濟學中，事態較不明顯。在一個既存的暧昧的價格體系中，生產者可能發現提供無限的供給是有利的；他的計畫之實現同時將要求他得到無限的某種生產要素。這類狀況當然和均衡是不相容的，但既然均衡之存在本身在此是值得懷疑的，這裡的分析就必然是脆弱的。」亞羅：〈經濟的均衡〉（Economic Equilibrium），載於《國際社會科學百科全書》（*International Encyclopedia of the Social Scierces*），第四卷，第三八一頁。

7 見羅爾斯：《正義論》，第九章第七九節：〈社會聯合的觀念〉（The Idea of a Social Union）；以及蘭德的《阿特拉斯聳肩膀》（*Atlas Shrugged*），（紐約：Random House, 1957），pt.III，第一、二章。

8 見李普塞（Richard Lipsey）和蘭卡斯特（Kelvin Lancaster）的〈次好的一般性理論〉（The General Theory of Second Best），載於《經濟研究論叢》（*Review of Economic Studies*），一九五六年十二月號；這篇文章激起廣泛的討論。

9 為了使此處的論證獨立於本書的前兩個部分，我在此不討論有關個人自由的道德論據。

10 比較羅爾斯：《正義論》，第六三節，注一一。羅爾斯書中此後的部分將如何被修改，以明確地把這一點考慮進來是不清楚的。

11 以這種強加為基礎的某些理論，曾在塔爾蒙（J.L. Talmon）的《極權民主的起源》（*The Origins of Totalitarian Democracy*），（紐約：Norton, 1970）和《政治救世論》（*Political Messianaism*），（紐約：Praeger, 1961）中被討論過。

12 沒有我（或你）知道的人或團體，能為一種存在所組成的社會提出合適「藍圖」，而這種「藍圖」不論對個人或人與人之間，都和這種存在本身一樣複雜。「事實上，任何頭腦清楚、神智健全的人在任何同意生活的條件下，都不會想到烏托邦。如果他可能避免的話。」見葛雷：《社會主義傳統》，（紐約：Harper & Row, 1968），第六三頁。有鑑於此，將會有一些在策略上激烈地想根據某一模式，完全重塑整個社會的團體；它們不想詳細陳述這一模式，並使我們對在他們的改變之後事情會如何進行一無所知。（「沒有任何藍圖。」）其跟隨者的行為因而較不易理解。但或許這種圖象越含糊，每個人就越能假定那的確正是他想要的狀況。

13 試與下述觀點比較：「這一由人類居住棲息的世界也不是上帝在地球上創造的第一批東西。祂在我們的世界之前已創造了好幾個世界，但把它們全都摧毀了，因為他認為它們都不夠好，直到他創造了我們的世界。」見金斯伯格（Louis Ginsburg）：《聖經軼聞》（*Legends of the Bible*），（紐約：Simon & Schuster, 1961），第二頁。

過濾手段之所有的不論是決定論或是推測的對象，以及它們如何因為職務種類不同而不同，都是非常有意義的問題。據我所知，並沒有任何有關最佳的過濾及其特色的詳細的理論（相對於它們的職務而言）。人們將期望有關進化的數學模型的作品（以及進化理論本身）對開始建構這樣一種一般性理論是有用且具啟發性的。見李易庭（R.C. Lewontin）的〈進化與博奕理論〉（Evolution and Theory of Games），載於《理論生物學論叢》（*Journal of Theoretical Biology*），一九六〇年；亦見李文（Howard Levene）的〈遺傳學上的歧異與環境的不同：一個數學上的探討〉（Genetic Diversity and Diversity of Environments: Mathermatical Aspects），載於《第五屆柏克萊論集》（*Fifth Berkeley Symposium*），第四卷；亦可見上述書中引用的參考書目：克勞和基姆拉的《人口遺傳學理論序論》（*Introduction to Population Genetics Theory*），（紐約：Harper & Row, 1970）。

我們可以把遺傳工程的問題視為是另一種啟發。很多生物學家傾向於把這一問題認為是設計的問題、認為是規定最佳種類的人們，以使生物學家能著手去創造他們的問題。因而他們擔心存在著什麼樣的人，而誰又將控制這一過程。他們並不認為一個他們在其中經營「遺傳的超級市場」的體系能符合充滿希望的父母們對個人內容的詳細要求（或許是因為這一體系抹滅了他們之角色的重要性）。他們也不認為存在著一些種類的人，其將使人們的選擇集中於它們一如果的確有任何這種集中的話。這一超級市場體系有個很大的優點，那就是它並不對未來人類的種類做一集權式的決定。如果有人擔心某些重要的比率（例如男性和女性的比率）將被改變，政府可以要求實行遺傳上的操控以符合某一特定比率。假設（為簡化起見）所欲的比率是一比一，那麼醫院和診所可能被要求把想要生男孩的夫婦和想要生女孩的夫婦配成一對（在補助其中任何一對夫婦實現他們的欲望之前）。如果有很多對夫婦都傾向某種選擇，他們將付錢給另一些人以形成與其相對的夫婦群；而市場將發展成有利於那些對他們的下一胎的性別不重視者的經濟利益。這樣一種整體比率的維持在一個純粹自由主義體系中將顯得更為困難。在純粹自由主義體系之下，每一對父母都將預約一種能顯示最近之出生狀況的訊息服務，因而知道那一種性別是供給不足的（因此將需求較多），並因而調整他們的行動；或者，有興趣的個人們將資助那種將提供特別津貼以維持這一比率的慈善事業；又或者，這一比率在新的家庭和社會型態發展的情況下仍將維持一比一。

14 對某些作者而言，最富意義的觀點是在他們認為他們已經對任何事情都慎思熟慮，並且開始替其歸因之後產生的。有時候（在這一階段）會有一種觀點的改變，或了解到必須寫的東西有些不同了。在社會生活的計畫與實踐之間的差別到底有多大呢？

15 對一種類似的過濾體制之運作和優點的富於啟發性的討論，見海耶克的《自由憲章》，第二、三章。某些烏托邦主義者的努力，在某種程度上符合這一點。

16 見紮布洛基（Benjamin Zablocki）：《令人歡樂的團體》（*The Joyful Community*），（巴爾的摩：Penguin Books, 1971）。

17 最近的報告見巴凱（Haim Barkai）：〈集體農場：一種小型社會主義的試驗〉（The Kibbutz: an Experiment in Micro-Socialism），載於荷威（Irving Howe）和格什曼（Carl Gershman）編的《以色列、阿拉伯與中東》（*Israel, the Arabs, and the Middle East*），（紐約：Bantam Books, 1972）。

18 這一架構並不是到達一個可欲的或最佳社會的唯一可能的過濾過程，所以過濾過程大於設計手段的普偏性的優點不能被單獨用來論證這一架構。

19 也就是說，我們認為如果面臨某一特殊原則的一組例外情況，我們將時常（雖然不必然總是）能夠辨明它是個例外，即使它並不符合我們以前曾經做過的對例外狀況的明確描述。面對特殊事例並了解它是某一原則的例外情況，將使我們對這一原則提供一個新的、明顯的對例外情況的區分。一個做出特定道德判斷卻無法陳述他相信沒有例外的道德原則的人，其道德觀的可能結構，在我的〈道德的複雜性與道德結構〉一文中有討論。見《自然法論壇》，一九六八年，第一—五〇頁。

20 我說到幾乎每一種烏托邦和幾乎所有特殊的烏托邦觀點，是因為這對強制和支配的「烏托邦」來說是不可接受且相牴觸的。

21 我說到「大部分的烏托邦」是因為下列情況：

（一）模式P是最好的。不僅對未腐敗的人是如此，對腐敗的人們來說也是如此。

（二）然而，腐敗的人們將不會自願選擇生活在模式P之下。

（三）此外，一個不幸的經驗事實是：我們沒有辦法得到我們和我們社會中的未腐敗的人。

（四）所以我們不可能達到大部分的人都想生活在模式P之下的情況。

（五）因此，既然模式P是對所有人（不論是否腐敗）而言最佳的模式，這一模式就將必須被不斷且持續地強加給所有人。

22 奇怪的是，很多與自然「和諧」、希望「任其自然」、不強行改變事物之自然傾向的年輕人，卻被國家經濟統制論者的觀點和社會主義所吸引，而均衡與「看不見的手」的過程持敵對態度。

23 我們在此談的是遷移出共同體的問題。我們應當注意，某人可能被拒絕進入他希望加入的共同體；這可能是基於個人因素，或是因為他被歸入了為保存此共同體的某一特色，而設下的限制之中。

24 發生在不同外在環境中的試驗，可能不會有公平的存留下來的機會（雖然它是被允許的，有成功的可能，並且不會被懷有敵意之人們的行為所干預）。因為如果這整個社會沒有一個自願性的架構，那麼可能會有一個在所有實際架構之自願地帶的試驗，這種試驗將在一個完全自願的架構中成功，但在實際的架構中將不會成功。因為在實際的架構中（當沒人被禁止去完成任何為了試驗之成功所需要的行動）可能會有某些加諸於其他行動的不正當的禁令，使得人們較不可能完成那些包含試驗之成功的自願的行動。我們可以舉一個較極端的例子：任何在一特定團體中的人可能被允許保有某一工作，但每個人都被禁止去教他們這一工作所需要的技藝，而這些技藝的檢定與證明又是保有這一工作的唯一可能的方式。

25 見馬庫色（Herbert Marcuse）：〈壓制的寬容〉（Repressive Tolerance）；收在沃夫等編的《對純粹寬

容的批判》（*A Critique of Pure Tolerance*），（波士頓：Beacon, 1969）。

26 某些作者試圖證明自由體系，是能得到最理想的試驗和革新對象的體系。如果「最理想」被界定為由自由體系而產生，其結果是沒有意義的；同樣地，如果「最理想」有著另一種特性，那麼它可能是經由強制人們革新及試驗（藉由向那些不願革新和試驗的人課較重的稅），所能達到的最佳結果。我們提出的體系為這種試驗留下了空間，但並不強求這種試驗；人們與革新一樣，也有腐敗的自由（只要他們願意）。

27 「對這個問題尚未有真正令人滿意之理論上的解決辦法。如果一個聯邦政府擁有憲法權威，能以強制力干預某一州政府，使其保證實行其作為聯邦政府成員的義務；就沒有適當的憲法手段來防止聯邦經由有力和堅決的集中管理而變為中央集權國家。而如果聯邦沒有這種權威，就沒有充分的保證，使聯邦政府能在有力和堅決的州政府充分利用其憲法自由各行其事時，維持這一聯邦的存在。」見麥克馬洪（Arthur W. Mac Mahon）編的《聯邦主義：成熟與危機》（*Federalism: Mature and Emergent*），（紐約：Doubleday, 1955），第一三九頁。亦見《聯邦主義者文選》（*Federalist Papers*）。戴蒙（Martin Diamond）在其《聯邦主義評論》（*Essays in Federalism*），（Institute for Studies in Federalism, 1961），有趣地討論〈聯邦主義者之聯邦主義觀點〉（The Federalists View of Federalism）。

28 我們當然可以在一個國家的不同地區試驗稍微不同的架構，並允許每一地區在看到其他架構的運作情況時，稍稍改變自己的架構。雖然其特點不會永久固定不變，但還是會有某種共同的架構。

參考書目

Alchian, Armen. "Uncertainty, Evolution, and Economic Theory." *Journal of Political Economy* 58 (1950):211-221.

Alchian, Armen and Allen, W. A. *University Economics*, 2nd ed. Belmont, Cal.: Wadsworth, 1971.

Alchian, Armen and Demsetz, Harold. "Production, Information Costs, and Economic Organization." *American Economic Review* 62 (1972):777-795.

American Law Institute. *Conflict of Laws; Second Restatement of the Law*, Proposed Official Draft, 1967-1969.

Arrow, Kenneth. "Economic Equilibrium." *International Encyclopedia of the Social Sciences*, 4, New York: Macmillan, 1968, 376-89.

Arrow, Kenneth. *Essays on the Theory of Risk-Bearing*. Amsterdam: North Holland, 1970.

Arrow, Kenneth and Hahn, Frank. *General Competitive Analysis*. San Francisco: Holden-Day, 1971.

Arrow, Kenneth and Hurwicz, Leonid. "An Optimality Criterion for Decision-Making under Ignorance." In C.

F. Carter and J. L. Ford, eds., *Uncertainty and Expectation in Economics*. Clifton, N.J.: Augustus Kelley, 1972.

Ashcroft, Richard. "Locke's State of Nature." *American Political Science Review* 62, no. 3 (September 1968):898-915.

Aumann, Robert. "Markets with a Continuum of Traders." *Econometrica* 32 (1964):39-50.

Barkai, Haim. "The Kibbutz: An Experiment in Micro-Socialism." In Irving Howe and Carl Gershman, eds., *Israel, the Arabs, and the Middle East*. New York: Bantam Books, 1972.

Bedau, Hugo. "Civil Disobedience and Personal Responsibility for Injustice." *The Monisi* 54 (October 1970):517-35.

Bentham, Jeremy. *An Introduction to the Principles of Morals and Legislation*. New York: Hafner, 1948.

Berlin, Isaiah. "Equality." In Frederick A. Olafson, ed., *justice and Social Policy*. Englewood, N.J.: Prentice-Hall, 1961.

Bittker, Boris. *The Case for Black Reparations*. New York: Random House, 1973.

Blaug, Marc. *Economic Theory in Retrospect*. Chicago: Irwin, 1962.

Blum, Walter and Kalven, Harry, *Jr. Public Law Perspectives on a Private Law Problem: Auto Compensation Plans*. Boston: Little, Brown, 1965.

Blum, Walter and Kalven, Harry, *Jr. The Uneasy Case for Progressive Taxation*, 2nd ed. Chicago: University of Chicago Press, 1963.

Bohm-Bawerk, Eugene von. *Karl Marx and the Close of His System*. Clifton, N.J.: Augustus Kelley, 1949.

Bohm-Bawerk, Eugene von. *Capital and Interest*. South Holland, Ill.: Libertarian Press, 1959.

Boulding, Kenneth. *Conflict and Defense*. New York: Harper & Bros., 1962.

Brozen, Yale. "Is Government the Source of Monopoly?" *The Intercollegiate Review* 5, no. 2 (1968-1969).

Buber, Martin. *Paths in Utopia*. New York: Macmillan, 1950.

Calabresi, Guido and Melamed, A. Douglas. "Property Rules, Lability and Inalienability." *Harvard Law Review* 85, no. 6 (1972):1089-1128.

Chomsky, Noam. "Introduction" to Daniel Guerin, *Anarchism: From Theory to Practice*. New York: Monthly Review Press, 1970.

Coase, Ronald. "The Nature of the Firm." In George Stigler and K. Boulding, eds., *Readings in Price Theory*. Chicago: Irwin, 1952.

Coase, Ronald. "The Problem of Social Costs." *Journal of Law and Economics*, 3 (1960): 1-44.

Crow, James and Kimura, Motoo. *Introduction to Population Genetics Theory*. New York: Harper & Row. 1970.

Dales, J. H. *Pollution, Property and Prices*. Toronto: University of Toronto Press, 1968.

Debreu, Gerard. *Theory of Value*. New York: Wiley, 1959.

Debreu, Gerard and Scarf, Herbert. "A Limit Theorem on the Core of an Economy." *International Economic Review*, 4, no. 3 (1963).

Demsetz, Harold. "Toward a Theory of Property Rights." *American Economic Review* 62 (1967):347-59.

Deutsch, Karl and Madow, William. "Notes on the Appearance of Wisdom in Large Bureaucratic Organizations." *Behavioral Science* (January 1961):72-78.

Diamond, Martin. "The Federalists's View of Federalism." In *Essays in Federalism*, Institute for Studies in Federalism, 1961.

Feinberg, Joel. Doing and Deserving. Princeton, N.J.: Princeton University Press, 1970.

Fiacco, Anthony and McCormick, Garth. *Nonlinear Programming: Sequential Unconstrained Minimization Techniques*. New York: Wiley, 1968.

Fletcher, George P. "Proportionality and the Psychotic Aggressor." *Israel Law Review* 8, no. 3:367-90.

Fried, Charles. *An Anatomy of Values*. Cambridge: Harvard University Press, 1970.

Friedman, David. *The Machinery of Freedom*. New York: Harper & Row, 1973.

Friedman, Milton. *Capitalism and Freedom*. Chicago: University of Chicago Press, 1962.

Gierke, Otto. *Natural Law and the Theory of Society*, 1500-1800. Cambridge: Cambridge University Press, 1934.

Ginsburg, Louis. *Legends of the Bible*. Philadelphia: The Jewish Publication Society of America, 1956.

Goffman, Erving. *Relations in Public*. New York: Basic Books, 1971.

Goldfarb, Robert. "Pareto Optimal Redistribution: Comment." *American Economic Review* (December 1970):994-96.

Gray, Alexander. *The Socialist Tradition*. New York: Harper Torchbooks, 1968.

Hamowy, Ronald. "Hayek's Concept of Freedom: A Critique." *New Individualist Review* (April 1961):28-31.

Hanson, Norwood Russell. *Patterns of Discovery*. Cambridge: Cambridge University Press, 1958.

Harcourt, G. C. "Some Cambridge Controversies in the Theory of Capital." *Journal of Economic Literature* 7, no. 2 (June 1969):369-405.

Harman, Gilbert. "The Inference to the Best Explanation." *The Philosophical Review* 74, no. 1 (1965):88-95.

Harman, Gilbert. "Quine on Meaning and Existence." *The Review of Metaphysics* 21, no. 1 (1967):124-51.

Harman, Gilbert. *Thought*. Princeton: Princeton University Press, 1973.

Hart, Herbert L. A. "Are There Any Natural Rights?" *Philosophical Review* 64(1955):175-91.

Hart, Herbert L. A. *The Concept of Law*. Oxford: Clarendon Press, 1961.

Hart, Herbert L. A. *Punishment and Responsibility*. Oxford: Oxford University Press, 1968.

Hartley, L. P. *Facial Justice*. London: Hamilton, 1960.

Hayek, Frederick A. *The Constitution of Liberty*. Chicago: University of Chicago Press, 1960.

Hayek, Frederick A. *Studies in Philosophy, Politics and Economics*. Chicago: University of Chicago Press, 1967.

Hempel, Carl G. *Aspects of Scientific Explanation*. New York: Free Press, 1965.

Herrnstein, Richard. *I.Q. in the Meritocracy*. Boston: Atlantic Monthly Press, 1973.

Hockman, H. M. and Rodgers, James D. "Pareto Optimal Redistribution." *American Economic Review* 49, no. 4 (September 1969):542-56.

Hospers, John. *Libertarianism*. Los Angeles: Nash, 1971.

Hospers, John. "Some Problems about Punishment and the Retaliatory Use of Force." *Reason* (November 1972) and (January 1973).

Jacobs, Jane. *The Death and Life of Great American Cities*. New York: Vantage Books, 1963.

Kant, Immanuel. *Groundwork of the Metaphysic of Morals*. Translated by H. J. Paton as *The Moral Law*. London: Hutchinson, 1956.

Kant, Immanuel. *The Metaphysical Elements of Justice*. Translated by John Ladd. Indianapolis: Bobbs-Merrill, 1965.

Kessell, Reubin. "Price Discrimination in Medicine. " *Journal of Law and Economics* 1, no. 1 (October 1958):20-53.

Kim, Jaegwon. "Causation, Nomic Subsumption, and the Concept of Event." *The Journal of Philosophy* 70, no. 8 (April 26, 1973):217-36.

Kirzner, Israel. *Market Theory and the Price System*. Princeton: D. Van Nostrand, 1963.

Kirzner, Israel. *Competition and Entrepreneurship*. Chicago: University of Chicago Press, 1973.

Krader, Lawrence. *Formation of the State*. Englewood Cliffs, N.J.: Prentice-Hall, 1968.

Krimmerman, Leonard and Perry, Lewis. *Patterns of Anarchy*. New York: Anchor Books, 1966.

Kristol, Irving. " 'When Virtue Loses All Her Loveliness'－Some Reflections on Capitalism and 'The Free Society.' " *The Public Interest* 17 (Fall 197o):3-15.

Leary, Timothy. *The Politics of Ecstasy*. New York: College Notes and Texts, 1968.

Levene, Howard. "Genetic Diversity and Diversity of Environments: Mathematical Aspects." In Lucian Le Cam and Jerzy Neyman, eds., *Fifth Berkeley Symposium on Mathematical Statistics*. Berkeley: University of California Press, 1967.

Lewis, David. *Convention*. Cambridge: Harvard University Press, 1969.

Lewontin, R. C. "Evolution and the Theory of Games." *Journal of Theoretical Biology* (1961):382-403.

Lipsey, Richard and Lancaster, Kelvin." The General Theory of Second Best." *Review of Economic Studies* 24 (December 1956): 11-32.

Locke, John. *Two Treatises of Government*. Edited by Peter Laslett. 2nd ed. Cambridge: Cambridge University Press, 1967.

Lucas, J. R. *The Principles of Politics*. Oxford: Clarendon Press, 1966.

Luce, R. D. and Krantz, David. "Conditional Expected Utility." *Econometrica* 39 (March 1971):253-71.

Luce, R. D. and Raiffa, Howard. *Games and Decisions*. New York: Wiley, 1957.

Machlup, Fritz. *The Political Economy of Monopoly*. Baltimore: Johns Hopkins Press, 1952.

Mandel, Ernst. Marxist Economic Theory, New York: Monthly Review Press, 1969.

Marcuse, Herbert. "Repressive Tolerance." In Marcuse, Herbert et al., *A Critique of Pure Tolerance*. Boston: Beacon Press, 1965.

Martin, James J. *Men Against the State: The Expositors of Individualist Anarchism in America*, 1827-1908. Dekalb, Ill.: Adrian Allen, 1953.

Marx, Karl. *Das Capital*, 1. New York: Modern Library, n.d.

Meek, R. L. *Studies in the Labour Theory of Value*. London: Lawrence and Wishart, 1958.

Michelman, Frank. "Pollution as a Tort." *The Yale Law Journal* 80 (1971).

Minogue, Kenneth. *The Liberal Mind*. New York: Random House, 1963.

Mises, Ludwig von. *Human Action*. New Haven: Yale University Press, 1949.

Mises, Ludwig von. *Socialism*. 2nd ed. New Haven: Yale University Press, 1951.

Mises, Ludwig von. *The Theory of Money and Credit*. 2nd ed. New Haven: Yale University Press, 1953.

Mishan, E. J. "Evaluation of Life and Limb: A Theoretical Approach. " *Journal of Political Economy* 79, no. 4 (1971):687-705.

Nagel, Ernest. *The Structure of Science*. New York: Harcourt, Brace & World, 1961.

Nelson, Leonard. *System of Ethics*. New Haven: Yale University Press, 1956.

Newman, Peter. *The Theory of Exchange*. Englewood Cliffs, N.J.: Prentice-Hall, 1965.

Nozick, Robert. "Newcomb's Problem and Two Principles of Choice." In N. Rescher et al., eds. *Essays in Honor of C. G. Hempel*. Holland: D. Reidel, 19,69, PP. 114-46.

Nozick, Robert. "The Normative Theory of Individual Choice." Ph.D. dissertation, Princeton University, 1963.

Nozick, Robert. "Moral Complications and Moral Structures." *Natural Law Forum* 13 (1968):1-50.

Nozick, Robert. "Coercion." In S. Morgenbesser et al., eds. *Philosophy, Science and Method*. New York: St. Martin's Press, 1969, pp. 440-72.

Nozick, Robert. "Weighted Voting and One-Man One-Vote." In J. R. Pennock and R. Chapman, eds. *Representation*. New York: Atherton Press, 1969.

Nozick, Robert. "On the Randian Argument." *The Personalist* 52 (Spring, 1971):282-304.

Oppenheimer, Franz. *The State*. New York: Vanguard Press, 1926.

Popper, Karl. *Objective Knowledge*. Oxford: Oxford University Press, 1972.

Proudhon, P. J. *General Idea of the Revolution in the Nineteenth Century*. London: Freedom Press, 1923.

Rand, Ayn. *Atlas Shrugged*. New York: Random House, 1957.

Rand, Ayn. *The Virtue of Selfishness*. New York: New American Library, 1965.

Rand, Ayn. *Capitalism: The Unknown Ideal*. New York: New American Library, 1966.

Rashdall, Hastings. "The Philosophical Theory of Property." In *Property, Its Duties and Rights*. London: Macmillan, 1915.

Rawls, John. *A Theory of Justice*. Cambridge: Belnap Press of the Harvard University Press, 1971.

Roberts, Adam, ed. *Civilian Resistance as a National Defense*. Baltimore: Penguin Books, 1969.

Rothbard, Murray. *Man. Economy and State*. 2 vols. Princeton: D. Van Nostrand, 1962.

Rothbard, Murray. *Power and Market*. Menlo Park, Cal.: Institute for Humane Studies, 1970.

Rothbard, Murray. *For a New Liberty*. New York: Macmillan, 1973.

Rousseau, Jean Jacques. *The Social Contract*. London: Everyman's Library, 1947.

Scanlon, Thomas M. Jr. "Rawls' Theory of Justice." *University of Pennsylvania Law Review* 121, no. 5 (1973): 1020-69.

Scarf, Herbert. "The Core of an N-person Game." *Econometrica* 35 (1967):50-69.

Schelling, Thomas. *The Strategy of Conflict*. Cambridge: Harvard University Press, 1960.

Schelling, Thomas. "Models of Segregation." *American Economic Review* 54 (May 1969):488-93.

Schoeck, Helmut. *Envy*. New York: Harcourt, Brace and World, 1966.

Seligman, Martin. "Unpredictable and Uncontrollable Aversive Events." In Robert Brush, ed. *Aversive Conditioning and Learning*. New York: Academic Press, 1971, pp. 347-400.

Sen, Amartya K. *Collective Choice and Social Welfare*. San Francisco: Holden-Day, 1970.

Seuss, Dr. *Thidwick, the Big-Hearted Moose*. New York: Random House, 1948.

Sharp, Gene. *The Politics of Non-violent Action*. Boston: Porter Sargent, 1973.

Singer, I. B. *In My Father's Court*. New York: Farrar, Straus, and Gireaux, 1966.

Singer, Peter. "Animal Liberation." *New York Review of Books* (April 5, 1973):17-21.

Slobodkin, Lawrence. *Growth and Regulation of Animal Populations*. New York: Holt, Rinehart and Winston, 1966.

Spencer, Herbert. *Social Statics*, 1st ed. London: Chapman, 1851.

Spencer, Herbert. *The Man Versus the State*. Ohio: Caxton, 1960.

Spooner, Lysander. *A Letter to Grover Cleveland on His False Inaugural Address: The Usurpation and Crimes of Lawmakers and Judges, and the Consequent Poverty, Ignorance, and Servitude of the People*. Boston: Benjamin R. Tucker, 1886.

Spooner, Lysander. *Natural Law*. Boston: Williams, 1882.

Spooner, Lysander. *No Treason: The Constitution of No Authority*. Larkspur, Col.: Pine Tree Press, 1966.

Spooner, Lysander, *The Collected Works of Lysander Spooner*. Weston, Mass.: M and S Press, 1971.

Sweezy, Paul. *Theory of Capitalist Development*. New York: Monthly Review Press, 1956.

Talmon, J. L. *The Origins of Totalitarian Democracy*. London: Seeker and Warburg, 1952.

Talmon, J. L. *Political Messianism*. London: Secker and Warburg, 1960.

Tandy, Francis. *Voluntary Socialism*. Denver: F. D. Tandy, 1896.

Tannehill, Morris and Tannehill, Linda. *The Market for Liberty*. New York: Arno Press, 1972.

Tawney, R. H. *Equality*. London: Alien and Unwin, 1938.

Thomson, Judith Jarvis. "A Defense of Abortion," *Philosophy and Public Affairs* 1, no. 2 (Fall, 1971):47-66.

Tribe, Laurence. "Trial by Mathematics." *Harvard Law Review* 84 (1971): 1329-93.

Trotsky, Leon. *Literature and Revolution*. New York: Russell and Russell, n.d.

Tucker, Benjamin. *Instead of a Book*. New York, 1893.

Tucker, Benjamin. *Individual Liberty*. New York: Vangard Press, 1926.

Vlastos, Gregory. *Platonic Studies*. Princeton: Princeton University Press, 1973.

Vonnegut, Kurt. *Welcome to the Monkey House*. New York: Dell, 1970.

Weber, Max. *The Theory of Social and Economic Organization*. Glencoe, Ill.: Free Press, 1947.

Weber, Max. *Max Weber on Law in Economy and Society*. Edited by M. Rheinstein. Cambridge: Harvard University Press, 1954.

Williams, Bernard. "The Idea of Equality." In Peter Laslett and W. G. Runciman, eds. *Philosophy, Politics and Society*. 2nd series. Oxford: Basil Blackwell, 1962.

Wohlstetter, Roberta. *Pearl Harbor: Warning and Decision*. Stanford, Cal.: Stanford University Press, 1962.

Wolff, Robert Paul. "A Refutation of Rawls' Theorem on justice." *Journal of Philosophy* 63, no. 7 (March 31, 1966).

Zablocki, Benjamin. *The joyful Community*. Baltimore: Penguin Books, 1971.

知識叢書 1070

無政府、國家與烏托邦（經典45週年新版）

Anarchy, State, and Utopia

作　者—諾齊克（Robert Nozick）
譯　者—王建凱（前言至第十章）、張怡沁（序文）
編　者—張啟淵
封面設計—兒　日
編輯總監—蘇清霖
董 事 長—趙政岷
出 版 者—時報文化出版企業股份有限公司
108019台北市和平西路三段二四〇號四樓
發行專線—（〇二）二三〇六—六八四二
讀者服務專線—〇八〇〇—二三一—七〇五
（〇二）二三〇四—七一〇三
讀者服務傳真—（〇二）二三〇四—六八五八
郵撥—一九三四四七二四時報文化出版公司
信箱—10899臺北華江橋郵局第九九信箱
時報悅讀網—http://www.readingtimes.com.tw
法律顧問—理律法律事務所　陳長文律師、李念祖律師
印　刷—勁達印刷有限公司
二版一刷—二〇一九年六月二十一日
二版二刷—二〇二二年四月一日
定　價—新台幣五五〇元
（缺頁或破損的書，請寄回更換）

時報文化出版公司成立於一九七五年，
並於一九九九年股票上櫃公開發行，於二〇〇八年脫離中時集團非屬旺中，
以「尊重智慧與創意的文化事業」為信念。

無政府、國家與烏托邦 / 諾齊克（Robert Nozick）著；王建凱, 張怡沁譯. -- 二版. -- 臺北市：時報文化, 2019.06
面；　公分. --（知識叢書；1070）
經典45週年新版
譯自：Anarchy, state, and utopia
ISBN 978-957-13-7822-0（平裝）

1. 國家 2. 人權 3. 烏托邦主義

571.9　　108007917

ISBN 978-957-13-7822-0
Printed in Taiwan